中央大学学術シンポジウム研究叢書 3

現代社会における 倫理の諸相

シンポジウム研究叢書編集委員会 編

中央大学出版部

まえがき

　本研究叢書は，2000年12月5日に「現代社会における倫理の諸相」という統一テーマで開催された第18回中央大学学術シンポジウムにおける報告および討論，シンポジウムに至るまでの各プロジェクトチームの研究活動を踏まえて，以下の内容を伴い刊行されたものである。
　第18回学術シンポジウムは，その趣意書（本書所収）にあるように，「現代社会における倫理の諸相」という統一テーマのもとに「現代社会に生じているさまざまな問題を通じてそこでの倫理の諸相を考え，それによってこれからの社会の在り方やわたしたちの生き方の指針を探ること」，「個別領域の倫理状況の分析・考察を通じて最終的に現代社会の倫理の全体像を提示すること」を意図したものであった。シンポジウム当日は，個別報告として，以下の3報告がなされた。すなわち，「今，倫理学に何が求められているか」（土橋研究員），「持続可能な開発と環境倫理」（西海研究員），「信頼される経営システムの設計と運用」（高橋研究員）である。これらの報告に引き続き，参加者によって活発な討論が行われた。本書には，前記報告および討論ならびにシンポジウムの準備段階で行われた各プロジェクトチームの研究報告等を基礎とした「現代社会に生じているさまざまな問題」にかかわる12の論文が所収されている。各論文の要旨は，本「まえがき」に続く，「本書の紹介」を参照されたい。
　中央大学の学術シンポジウムは，中央大学に設置されている各研究所（日本比較法，経済，企業，社会科学，人文科学，保健体育，理工学，政策文化総

合)における学際的研究を推進し，その成果を学内外に公開することを目的として企画・実施されてきた。同シンポジウムは，1980年の第1回から第15回まで，毎年各研究所の持ち回りで開催されていたが，第16回からは，2年ごと9研究所の合同開催という方式によっている。今回の学術シンポジウムも，前回の方式と同様，9研究所の合同開催の方式により，企画され，開催に至ったものである。今回の開催準備担当は，日本比較法研究所であった。シンポジウム企画委員会の発足，統一テーマの決定から，プロジェクトチームメンバー会議の活動を経て，シンポジウム開催に至るまでの経緯については，本書の「あとがき」を参照されたい。

　このように本書は，第18回学術シンポジウムにおいて取り扱われた「現代社会における倫理の諸相」という学際的テーマに関する研究の成果を学内外の多くの読者に公開し，それによって「現代社会の倫理の全体像」を示そうとするものである。

2003年1月

第18回学術シンポジウム　担当研究所長代行

（現日本比較法研究所所長）

丸 山 秀 平

現代社会における倫理の諸相

目　次

まえがき

本書の紹介

第18回中央大学シンポジウム趣意書

第1章　日本社会における「いのち」と「こころ」

生命(いのち)の世紀の課題
　——「いのちの大切さ」と理性的生命観の
　　形成をめざして—— ………………………… 甲斐　義幸 … 21

倫理の深層・こころの危機 …………………… 舟橋　一郎 … 71

第2章　「善への問い」とさまざまな応答

価値を現す言葉の系譜と「生きる力」……… 野崎　守英 … 111

寓話「エゴマニア」，あるいは倫理的閉塞の現状　小菅　奎申 … 143

心理学研究における倫理
　——研究者と協力者との関係から考える—— …… 都筑　　学 … 175

グローバル市民社会と倫理
　——共通の基盤を求めて—— ………… サドリア・モジュタバ … 203

人間本性と善
　——M・ヌスバウムによるアリストテレス的
　　本質主義の擁護—— ………………………… 土橋　茂樹 … 235

第3章　環境，開発，自然の権利

　環境倫理の原則的な諸問題 ……………………… 古田　裕清 … 275

　「持続可能な開発」と環境倫理 ………………… 西海　真樹 … 319

　地域自主アセスメントによる環境保全対策 …… 上田平三郎 … 349

第4章　公正な競争と企業経営

　EU 競争法における制裁金制度 ………………… 金井　貴嗣 … 459

　企業倫理を中心とした信頼される企業経営 …… 高橋　弘之 … 487

　あとがき

本書の紹介

　現在，社会のさまざまな分野，たとえば医療，情報，環境，政治，企業，教育などで，倫理が問題とされている。このことは，社会の急激な変動によって従来のシステムやわたしたちの価値観がゆらぎ，それらにとって代わるものがなかなか見いだせないという，今，わたしたちの生きている社会状況と無関係ではない。したがって，わたしたちが主体的に生きようとするならば，この社会に生じている多様な問題にどう対応すべきか，何がそこでは望ましいのか，ということが絶えず問われることになる。

　ところで，善悪の標準，徳，良心など人の道徳意識を対象とする倫理学は，古代ギリシャ以来の古い歴史を有し今日に至っている。他方，今世紀の一時期に倫理学が現実から遊離する傾向をもったことへの反作用として，応用倫理学（applied ethics）が生まれた。それは，個人的・社会的問題，政策，制度運営などの倫理的側面の探求を目的とした新しい学問分野である。そこでは「現実問題への応答」という姿勢がとられ，この実世界で日常的に生起する広範な諸問題が研究対象とされている。

　このような歴史性，今日性および包括性を有している倫理学を視野の片隅に入れつつ，現代社会に生じているさまざまな問題を通してそこでの倫理の諸相を考え，それによって，これからの社会の在り方やわたしたちの生き方の指針を探ってみようとの意図のもとで，2000年12月5日，「現代社会における倫理の諸相」と題する第18回中央大学学術シンポジウムが開催された。このシンポジウムの成果である本書は，全4章，12編の論文から構成されて

いる。各論文の要旨は以下のとおりである。

第1章(日本社会における「いのち」と「こころ」)は，甲斐義幸「生命(いのち)の世紀の課題」および舟橋一郎「倫理の深層・こころの危機」の二編から成る。

「甲斐論文」では，はじめに近代日本では経済的効率や利便性と引き換えに環境汚染，自然破壊が進み，かえって人々の生活や健康が脅かされていること，また生命科学の著しい発展と利用が社会的利益をもたらす一方，生命倫理の問題を生じ，人間の尊厳や人権を損ないかねず，こうした中で生命倫理や人権概念について，従来の慣習的考え方や判断の基礎がゆらぎつつあると指摘している。

これらの状況を踏まえ，論文全体の主旨を，人類の遺産でもある人権や生命倫理の基本理念を更に鍛え上げ新たな時代に適応したものにするための，自然研究者の立場からの提案と試論であるとしている。

論文の前半部分では，生命倫理や人権概念が新たな時代に適応したものであるためには理性的な考えに基づくことが重要であるとし，不可欠のものとして現代科学の自然認識と生命概念があることを主張する。そのためには現代の生命科学のもつ精神文化としての役割を正しく認知すべきであり，また生命科学自体もそれに見合った形態をもつ必要があると考え，その具体的事例を示している。論文は同時に重要なこととして社会には社会の領域があり，社会領域の課題を安易に科学技術に転嫁してはならないことを指摘している。つまり別掲載の「舟橋論文」にもあるように，心の問題で科学や医学的究明とともに社会的な弊害因子の解明を要し，そうして初めて生命や人間の全体の論理が構築されると述べる。論文の後半では，そうした点を踏まえ，具体的に生命倫理の基本として今日流布している「いのちの大切さ」という言葉について，倫理的道徳的な意味やその文化史的起源を含め，内容を考察して

いる。その考察から，かつて日本には人間と生命の尊厳にかかわる素朴な生命観があり，しかもその内容は根源において理性的でかつ現代的な意味すら持っていることを論じている。

「甲斐論文」は，今日の生命観はこうした歴史や日本的環境のもとにあり，それは社会的現象としての生命倫理の現れであるが，同時に自然における生命の営みに根ざしており，その意味で新たな生命倫理や人間の尊厳の確立のためには精神文化としての科学の役割が非常に重要であると結論づけている。更に今後も生命教育などを通じて「いのちの大切さ」を深く考え，新たな世紀において理性的「生命の文化」を継承発展させるべきだと提案している。そうした観点から論文の最後に「2000年人間宣言」を付記している。

「舟橋論文」では近年，日本において精神障害の疾患が増加しつつあること（受診率で高血圧に次いで2番目）また，教育現場での登校拒否，社会での成人のひきこもり，さらには衝動的短絡的な殺人事件など日本人の精神が蝕まれつつあるとして，その原因と改善策を考察している。特に，その要因のなかで巨視的に検討を加え，具体的な方法として生物学的環境変化と社会的環境変化を現在の若者が育った時代（10年〜20年前）と更に遡った時代（約50年前）を比較し，考察している。

前者では内分泌撹乱物質（環境ホルモン）による障害を中心に検討し，後者では，経済，政治，教育および家庭環境さらに遊びの5項目について巨視的観点から考察している。経済では基本的哲学を欠く物質的豊かさが精神的問題を生じ，人格の成長に影響していること，政治環境では日本の戦後政治の閉息的状況と世界的な権威の喪失により青年の志向性が育たないこと等を論じている。教育環境でも偏差値中心の教育や過度な競争が将来へのモティベーションを喪失させ，その他遊びや自由な発想，観察力を低下させている，とする。家庭環境では従来の家族伝統が途絶し，基本的な力が身につかず自立心のない成人が出現したり，さらにはマスコミの情報が選別されないまま

家庭内に入りこみ子供を直撃することなどを取り上げ，子供の遊びの変化と自然な情緒の発達がおくれることなどを論じている。

「舟橋論文」は，こうした要因をみると「こころの危機」が起っても不思議はないとし，一つのキーワードとして現代社会が極端な競争社会であることをあげる。しかもその内容が経済的利益の競争にあると考え，経済的にみて金銭の目的と手段が逆転していると指摘する。そうした脈絡のなかで「誤った資本主義経済」とその典型としての「アメリカ社会」を取り上げ，そうした方向は日本人の「こころの危機」を一層深める恐れがあると警告している。またそうした危機的方向から脱するためには「人間生活にとって大切なもの」は何かという原点にたちもどり，社会経済面でも節度のある社会を目指すべきであると結論している。　　　　　　　　　　　　　　　　（甲斐義幸）

　第2章(「善への問い」とさまざまな応答)は，野崎守英「価値を現す言葉の系譜と『生きる力』」，小菅奎申「寓話『エゴマニア』，あるいは倫理的閉塞の現状」，都筑学「心理学研究における倫理─研究者と協力者との関係から考える─」，サドリア・モジュタバ「グローバル市民社会と倫理─共通の基盤を求めて─」および土橋茂樹「人間本性と善─M. ヌスバウムによるアリストテレス的本質主義の擁護─」の五編から成る。

　ひとが「倫理」というものに関わる方向には，大まかに言って，自らの生への内省という内向きの方向と，自らを取り巻く自然環境や社会環境への働きかけという外向きの方向の二通りがあるように思われるが，実はそうした関心の延長線上では，現在，個々の学問領域における固有の倫理問題が随所で立ち現れ，その応対如何によっては，新たな，しかもより切迫した倫理問題が生じかねない状況である。本章では，そうした動きの全体像を，時に個別例をズームアップしながら，俯瞰することができるだろう。

　まず，「野崎論文」では，人の心の内で価値を現す言葉がどのように立ち上

がるか，その原初の場面を探ろうとする内面へと向けられた考察がなされるのに対し，「小菅論文」では，我々を取り巻く現実社会に色濃く反映された倫理的閉塞状況へと考察の目が向けられる。

　「野崎論文」は何よりも「言葉」に着目する。「現にある自分と現にある自分の向うに実現したいと願っている自分」，その二つをつなぐものが〈心〉であるとするならば，その〈心〉の働きを可能にするものこそ，「〈心〉のうちに埋蔵された〈言葉〉」である。言葉には，「事に一つの定まった意味を与え，意味の内容を指し示す」述定という働きがあるが，それはさらに事実述定，価値述定，人称述定(「私」とか「あなた」といった表現)とに分けられる。それぞれの述定方式については，具体的な例文を通して解説がなされるが，論考自体はその三つのうち，価値述定を主題化する方向へと向かう。

　では，価値述定というあり方は，人のうちでどのように働いているのか，その点に関するよりよい展望を得ることが次に目指される。そうした試みの中で提示されるのが，「生きる際のもっとも大きな価値となるのは〈生きる力をもって生きていることである〉」というテーゼである。その主張は以下のように展開される。日頃，私たちがそれとなく価値として〈よい〉〈願わしい〉としがちな場面から抽出された，その意味では常識的に共有された五つの〈よさ〉を，〈生きる力をもって生きていること〉と比較検討することによって，〈生きる力〉というものが，人が本当に〈よい〉ものをさらに追究しようとする限り，そうした五つの〈よさ〉を限界づけて，その枠を乗り越えようとする方向に発現する，というのがその論旨である。

　すると残る課題は，そうした乗り越えへの意志を絶えず磨き続けるにはどういうあり方が可能か，ということになる。「野崎論文」において最終的に展開されるのは，いわば価値語の「文法」と呼ぶべきものである。その試みは未完に終わっているものの，〈よい〉〈美しい〉〈正しい〉といった基礎的な価値語に加え，〈懐かしい〉〈優しい〉などの価値語もまた「生きる力」として

私たちの中で作用している，ということの解明に至る。ある意味では，価値語の文法に関する本論文のそうした探索自体が，「生きる力」の掘り起こしへと既に繋がっているのであり，そのことの提示こそが実は本論文の目論見なのである。

対して「小菅論文」は，ある一定の価値観を備えた社会のあり方に着目するところから論を起こす。「エゴマニア」という架空の社会をめぐる寓話を介して著者が批判的に語り出そうとしていることは，まさに私たちのこの国，この社会が抱えている倫理的閉塞状況であり，そこからの脱却の可能性の有無である。

偏執狂的自己愛者いわば「自己狂」の寄せ集め社会がエゴマニアである。そこでの対人関係では，自己利害ないし自己都合が何より優先される。外から見る限り他の社会と変わらない，しかし生粋のエゴマニア人は「世の中」としか呼ばないこの社会に固有の仕組みが，法律，経済，政治，教育の観点から，あくまで寓話の形を借りて順次説き明かされる。

さて，このような「唯我主義社会」エゴマニアで果たして倫理は成立するのであろうか。少なくとも唯我主義は，具体的な人間関係において相手の規範の整合性を認めるという限りでの最小規範は備えており，その限りで最小の倫理ではある。しかし，それは相手の規範を価値中立的でカタログ的な対応へと「タテマエ」化し無力化する点で，「倫理を貪り食う倫理」であり「反倫理」である。故にエゴマニアでは倫理の成立する余地はない。

以上を承け本論文は，「寓話が現状についての判断と推論から成る」という方法意識に基づきながら，エゴマニア寓話を私たちの社会の現実批判へと繋げていく。そもそも現に唯我主義に蚕食され始めた社会がその増殖を押さえる方途は，非唯我主義的倫理規範を価値中立的なマニュアルへとタテマエ化する隙を唯我主義に与えないことに尽きる。つまり「倫理規範にまったくタテマエ的な要素がない社会」を目指せばよい。しかし実は，そのように「生

きた倫理的紐帯」によって堅固に全体化・均一化された社会は，むしろ唯我主義と通底しているのである。著者によれば，それは「一般化された『個人』という考え方」が，「一方で伝統的な倫理的紐帯を破壊し，他方で唯我主義を醸成した」からである。その限りで，私たちはそうした唯我主義，「個人」思想の見直しに着手せねばならないのだが，そのことを寓話の形で，しかしあくまで現実の問題として本論文は提起したのである。

以上，野崎・小菅両論文が哲学的省察や寓話という手法を用いて提起した倫理への問い，すなわち人の「心」と「社会」に関わる倫理への，つまりは「善」への問いに対して，様々な学問領域からの応答が可能であろうが，以下の三論文は，心理学，国際政治学，倫理学といった学問領域からの応答の一例である。

「都筑論文」は，野崎論文のように，人の心を専ら内面から主観的に扱うというのではなく，研究者の観察によって客観的に心理を捉えていく際に生じる心理学研究に固有の倫理問題を扱う。そもそも心理学では，実験，調査，面接，観察などのさまざまな手法によってデータの収集がおこなわれ，そのプロセスにおいて対象者(人間だけでなく動物も含まれる)と直に接することになる。すなわち，心理学の研究においては，貴重な研究データを提供してくれる対象者の存在が不可欠なのである。そして，そこでは，研究者が対象者とどのように向き合っていけばよいのかが鋭く問われるのである。

本論文では，こうした研究者と対象者との関係について考察し，研究者倫理の基本的精神をよりいっそう深めることが目指される。そもそも両者の関係は，心理学発達史における「被験者」(subject) から対象者・「参加者」(participant: 本論文では「協力者」と訳される)への呼称の変遷にも明らかなように，協力者の人権を配慮するという点で大きな変化を遂げた。自らの研究業績を追求するあまり協力者の人権を侵害しかねない状況がかつては見られたが，現在では，自らの研究の動機や目的を確認し，協力者の人権の尊

重と福祉に十分配慮することが求められている。

こうした動向は，社会的状況の変化と相まって，日本心理学会を始めとする各学会に倫理綱領の作成を促し，今後さらに加速されることが予想される。その際，発達心理学会が倫理に関する重要な問題としてあげた，協力者へのインフォームド・コンセント，協力者のプライバシーの保護，協力者への研究結果のフィードバックが，今後の研究者倫理の根幹をなすといえよう。それらは，一方で協力者が自分にかかわる情報をコントロールする権利，つまり知る権利と知らせない権利から導出されたものであるが，他方では研究者と協力者という二つの主体の間にある関係性の質を常に問い直していくべき研究者側の自律と責任の要請からもたらされたものでもある。しかも研究者倫理には正解がない以上，研究者は価値観や倫理規範の変遷のただ中で絶えず研究者倫理について考え続けていかねばならないのである。

次に「モジュタバ論文」では，専ら「国」内の倫理的閉塞状況に着目した「小菅論文」と対照的に，国家間の相互依存の深まりと世界村の出現といった国際的な秩序変換の時にあって，「グローバル共同社会」の設立が重要かつ火急を要する問題であることが強調される。

本論文では，まず初めに近代国家の発達とその利己的な国益の追求に起因する問題点が考察される。近代以降の主権国民国家はその上位に位置する権威構造の欠如ゆえに，排他的国家主義と利己的な国益の追求こそが対外的な主権の表現とならざるをえなかったが，前述した新しい国際状況のなか，もはやそれらは平和と協力に向かう現代の潮流に反するものである。

そこで主権国家間の紛争と対立を乗り越え，平和と協力を推し進めるためには，国民国家の基礎的な単位に基づく国際的な協力統一体，すなわち「グローバル共同社会」（Global Common Society）の確立が求められる。その確立方法には，「地域共同社会」の実体的な拡大，および「グローバル協力社会」（Global Cooperation Society）の質的な強化という二つのコースが

ある。しかし，いずれにせよ現状を見る限り，私たちは未だ地球共同体の域には達していない以上，国家間の断続的な協力と共同作業は不可欠であり，そうした協力過程においてこそ，一連の共通倫理と規範が確立されるであろう。

そうした国際協力の深化をもたらすためには，国際的な無秩序状態においても秩序と相互依存の要素が存在し得るという新しい理解，国際関係の多様な要素によって国家にもたらされる複数のアイデンティティ，国益から「国際的な利益」への方向転換，紛争/協力のどちらの原理も優位になり得るという国際協力にとって肯定的な相対的利益の再評価，協力的社会構造を促進するための多国間共同的な国際制度の重要な役割の規制的/建設的両面における承認，支配的な優位よりもむしろ建設的リーダーシップの発揮が求められる超大国の新たな役割など，重要な理論的・実践的課題がクリアされねばならない。こうした国際無秩序状態の本質にかかわる理想主義的な理解は，たとえ悲観的な現実を前にしても，より良き世界への意志として極めて重要である。

次いで「土橋論文」では，野崎・小菅両論文で主題化された生きる意味の喪失や現代社会の諸々の病理といった，いわば倫理そのものをなし崩しにしていく現状を目の当たりにして，果たして倫理学を殊更に「学として」問い直す意味があるのか，という問いが立てられる。この際，近年の現場即応的な応用倫理学の勃興がその一つの有力な解答であることは確かであるが，同時に，そうした実学的倫理学の活動地平そのものを切り拓いていくような哲学的営みとしての倫理学もまた，今，実は切実に求められている。そうした要求に対して本論文は，「様々な切迫した問題を適切に議論するための哲学的・概念的枠組み」のモデルとして，M・ヌスバウムによって提唱されている「アリストテレス的本質主義」を取り上げ，それに対する現代倫理学の有力な思想からの批判に逐一照らし合わせつつ，その議論の正当性と実践的実

効性を擁護し，同時にその限界にも言及する。

　具体的には，まず現代英米系倫理学における前世紀の流れ，とりわけ「徳」倫理の再生に至るまでの動向が概観され，そこから導出されたアリストテレス再評価の意味がアリストテレス自身のテキストから見直される。その上で，こうしたアリストテレス倫理学＝政治学の特質を最も有効かつ精力的に展開しているヌスバウムのいわゆる「アリストテレス的本質主義」の考察へと向かうことになる。

　経済学者アマルティア・センと共に，経済的開発に伴う切迫した諸問題に関わる哲学的取り組みを押し進めているヌスバウムの中心的主張は「人間本性論の擁護」にある。その際，本質主義を「形而上学的実在論に基づく本質主義」と「内的本質主義」に二分し，前者を批判し後者を肯定する戦略が採られる。その議論はB・ウィリアムズの批判と対照されることによって，さらに詳細に検討されるが，その際に核となる概念は，多元性・地域性と普遍性の両立を意図した「濃密だが漠然としている善の概念」である。共同体のもつローカルで濃密な倫理空間と実践理性の熟慮によって拓かれる普遍性の両立が，社会政策的な実用を睨んだ上でもなお可能である地平の開拓，それはまた本論文が冒頭で問いかけた「学としての倫理学」の一つの可能性の開拓でもあるだろう。
　　　　　　　　　　　　　　　　　　　　　　　　　（土橋茂樹）

　第3章(環境，開発，自然の権利)は，古田裕清「環境倫理の原則的な諸問題」，西海真樹「『持続可能な開発』と環境倫理」および上田平三郎「地域自主アセスメントによる環境保全対策」の三編から成る。

　「古田論文」は，環境問題に倫理学がどのような文脈で関わり，発言するのかを敷衍する。環境問題に対しては，技術開発と法的規制による対応が最も効果的であり，倫理(学)が口をはさむ余地はない，という論調が日本には一部存在している。「古田論文」は，そうした論調に対する反論でもある。理論

環境問題に対する技術的対応や法的対応は，環境問題に対する何らかの価値判断を前提している。かつてマックス・ヴェーバーは，「どのような事実認識も一定の価値判断を前提せざるを得ない」という新カント派の考え方から出発して，「社会科学的認識を行う主体は，自らの拠って立つ価値判断を絶えず吟味するべきだ（価値自由の原則）」と説いた。環境問題に対する法的対応には，「対人危害を防除すべし」と「自然固有の価値を尊重すべき」の二つにまとめられる価値判断が前提される。価値は倫理学の主題であり，ここに環境問題と倫理学の接点ができる。いわゆる環境倫理学が生物保護，世代間倫理，地球全体主義という三つの主張を掲げることは加藤尚武の著作により日本でも知られているが，「古田論文」では人格概念に棹差して法と倫理の接点が確認され，環境問題への法的対応（規制）の背後にどのような文脈で倫理学の考え方が潜んでいるのか，が概観される。現代社会には，「個々の人格の自由な自己決定」を中心原則として，これに「他者危害禁止」（功利主義）あるいはより踏み込んで「公共善推進」（欧州の伝統的な社会設計，現代ではロールズ，セン等の考え方）という制限要因を課する，という倫理が受容されている。環境問題に対する法的対応は，この倫理原則に従った社会の具体的設計に他ならない。「古田論文」は，学際シンポジウムの精神に合わせて，哲学・倫理学の立場から特に法律学に対して共同研究を呼びかける目的で書かれている。哲学・倫理学の観点から見ると，環境問題は人格概念および所有概念に根本的な再考を迫っている。

「西海論文」は，国際環境法の立場から持続可能な開発（sustainable development）という概念を吟味する。この概念は1987年のブルントラント委員会報告書で提唱されて以来，急速に国際社会に広まり，現在では国際環境法の基本原則となっている。しかし，この概念は極めて包括的なもので，その構成要素として領域使用の管理責任，共通だが差異ある責任，よき統治，世代間・世代内衡平，予防原則など，さまざまなものが唱えられている。そ

の内容および法的効力については，各国の一致した合意が成立しているとは言い難い。多国間条約を含むさまざまな国際的文書(リオ宣言，地球憲章，生物多様性条約，気候変動枠組み条約など)に取り入れられている点で，この概念は法原則になっているのだが，その射程および実効性については，なお今後の実行の蓄積を待つ以外にない。「西海論文」では，この概念の歴史的な展開プロセスをたどった後，この概念の主要な構成要素が紹介され，更に，地球環境保全条約，国際判例および意見において，この概念がどのように法の世界に組み入れられ，解釈されているかが確認される。最後に，以上の検討を踏まえた上で，この概念のもつ法的・倫理的な意義が探られる。それによれば，持続可能な開発という概念は法の解釈，適用，発展のための解釈基準となっている。この概念はまた，すぐれて現代的な倫理原則でもある。それは，将来世代の生活の質を考慮に入れる通時的倫理(世代間倫理)という側面，南北格差の解消を目指した共時的倫理という側面を同時に持つ。この概念は，この世に生まれ，または将来生まれ出る人々すべてが，等しく人間としての自己実現の可能性を確保されるべきだ，という人間観(世界観)に立脚して，わたしたち自身の生活を全地球的規模で見直すことを促しているのである。

「上田論文」は，霞ヶ浦沿岸のオオヒシクイ越冬地をめぐる自然の権利訴訟を主題とする。オオヒシクイは1966年に国の天然記念物に指定された渡り鳥で，関東地方に残された越冬地が霞ヶ浦沿岸の茨城県江戸崎町にある。この越冬地を横切る形で圏央道の建設が計画され，90年代前半に茨城県により環境アセスメントが行われた。このアセスメントが不備であるとして，地域団体「牛久の自然を守る会」が中心となり自主的なアセスメントが行われ，これを基に95年12月に住民訴訟が提起された。原告はオオヒシクイおよびその代弁者，被告は茨城県知事。提訴理由は，茨城県知事が越冬地を鳥獣保護区に指定しないことにより，茨城県に対して文化財損傷という損害が与えられた，というものだった。これは，日本ではアマミノクロウサギ訴訟に続く

二件目の自然の権利訴訟だったが，翌年2月，水戸地裁はオオヒシクイについて弁論を分離し，訴えを却下した(代弁者についての裁判は継続)。3月，オオヒシクイは東京高裁に控訴したが，翌4月，やはり訴えは却下された。これは，裁判所が法的人格(自然人，法人)以外の自然存在を原告と見なした日本で最初の例であり，その意味で画期的なものである。他方，代弁者についての裁判は，2000年3月に訴え却下，更に東京高裁への控訴審でも同年11月訴えが却下された。結果的に，訴訟を通じてオオヒシクイに対する実効ある法的救済は何ら得られなかった。これによって，日本現行実定法が生物保護に冷淡であることの証拠が，また一つ積み上げられたと言える。「上田論文」には，この裁判の記録すべて(8センチの厚さがある B5 版の保存ファイル2冊)が付録として添付されているが，分量の関係で本書に加えることができないのは残念である。　　　　　　　　　　　　　　　（古田裕清）

　第4章(公正な競争と企業経営)は，金井貴嗣「EU競争法における制裁金制度」および高橋弘之「企業倫理を中心とした信頼される企業経営」の二編から成る。
　「金井論文」は，EUにおける倫理に係わる問題とそれへの対応の試みを，EU競争法上の制裁金制度を素材として論じるものである。EU理事会規則には，事業者または事業者団体が，競争阻害行為の禁止や支配的地位の濫用禁止に違反したときに制裁金を科すという規定がある。この規定に基づいて制裁金制度が40年余にわたり運営されてきた。同制度はわが国の制度改革にとってどのような点で参考になるのだろうか。
　「金井論文」はこのように問題を設定した上で，「カルテルだけでなく支配的地位の濫用も制裁の対象となる」「要件とされる故意・過失は客観的事実から認定される」「制裁金の算定の際に違反行為の性格や市場への影響などあらゆる事情が考慮される」「制裁金額は多様な要因に基づき加重または軽減され

る」「情報を提供する違反行為者には制裁金が減免される」などの同制度の特徴を，わが国が参考にすべき点として挙げている。

同論文は最後に，このような EU の制裁金制度を背後で支えてきたものとして，EU 委員会が制裁金の賦課・算定に関して広範で強力な権限を有していること，および，裁判所が EU 委員会のこのような権限行使を承認してきたことの二点を指摘している。

「高橋論文」は，生産管理・品質管理の立場から，信頼される経営のための日本の実態に即した提案を行うものである。従来，企業経営は，業績，効率，能率を評価基準として行われてきた。けれども，最近，企業経営の評価基準に新たな項目が追加された。その重要項目の一つとしてあげられるのが「企業倫理」である。このような傾向を踏まえ，同論文は，企業，業界，学会の倫理規定を収集し，その基本的な共通項目をまとめている。

具体的には，まず，品質問題の発生状況を食品，自動車，住宅の実態に基づいて示し，次に，生活に係わる法律規定およびそこに示されている期待を整理している。さらに，アメリカと日本の取り組みとして，行政(国家公務員，地方公務員)，学術学会(機械学会，矯正歯科学会，心理臨床学会)，言論・出版・放送関係，国立大学の教官に係わるそれぞれの倫理規定を収集，紹介する。最後に，信頼される経営システムに基づく活動を，TQM (Total Quality Management) の実績を踏まえて提案している。

同論文は結論として，企業倫理においては個人の問題もさることながら，この問題へのシステム・組織としての取り組み，継続的な教育，それに相互に自覚し合う仕組みが必要であると指摘している。　　　　（高橋弘之）

第18回中央大学学術シンポジウム企画委員会

第18回中央大学学術シンポジウム趣意書

テーマ「現代社会における倫理の諸相」
テーマの趣旨

　わたしたちの社会のさまざまな分野，たとえば医療，情報，環境，政治，企業，教育などで，現在，倫理が問題とされている。このことは，社会の急激な変動により従来のシステムやわたしたちの価値観がゆらぎ，それらにとって代わるものがなかなか見いだせないという，今わたしたちが生きている状況と無関係ではない。したがって，わたしたちが主体的に生きようとするならば，この社会に生じている多様な問題にどう対処すべきか，なにがそこでは望ましいのか，ということが絶えず問われることになる。

　ところで，善悪の標準・徳・良心など人の道徳意識を対象とする倫理学は，古代ギリシア以来の古い歴史を有している。今世紀の一時期に倫理学が現実から遊離する傾向をもったことへの反作用として，応用倫理学（applied ethics）が生まれた。それは，個人的・社会的問題，政策，制度運営などの倫理的側面の探求を目的とした新しい学問分野であり，そこには「現実の問題への応答」という姿勢がつねにうかがえる。そこでは，現実世界で日常的に生起してくる諸問題，たとえば科学技術，情報，医療，環境，経済，法，政治，教育，宗教といった広範な領域が研究対象になっている。

　この統一テーマの意図するところは，以上のような歴史性・今日性および包括性を有している応用倫理学の展開を視野のかたすみに入れつつ，現代社会に生じているさまざまな問題を通してそこでの倫理の諸相を考え，それによって，これからの社会の在り方やわたしたちの生き方の指針を探ることに

ある。上記のような広い対象分野を各プロジェクト・チームが分担してこれに取り組み，個別領域の倫理状況の分析・考察を通じて，最終的に現代社会の倫理の全体像を提示することができれば，このシンポジウムには十分な意義があると考える。

　以上に述べたことは今回のシンポジウムの骨子であって，実際の共同研究のための具体的課題は，今後のプロジェクト・チームの編成を待って，設定されることになる。以下の語群は，そのための素材である。

○科学技術の倫理: 近代科学の危機 / 科学技術の倫理的価値 / 科学技術と責任 ...(理工研・人文研・社研)　○情報の倫理: 客観的報道 / 表現の自由と人権 / インターネット ...(理工研・比研・人文研・社研)　○医療の倫理(バイオエシックス):医師と患者 / 自己決定 / 臓器移植 / 人体実験 / 遺伝子治療 / 生殖技術 / 生命操作 / エイズ / 尊厳死 ...(人文研・比研・理工研)　○環境の倫理: 環境と開発 / 持続可能な発展 / NGO の役割 / 環境と自由主義経済 / 世代間倫理と環境倫理学 ...(理工研・比研・社研・政策研)　○社会と経済の倫理: 市場社会 / ビジネス(企業)と倫理 / 金融危機 / 南北問題(開発援助 / 資源配分 / 貧困 / 国際援助 / NGO / 人権 / 人口問題) ...(経済研・企業研・社研・比研)　○政治の倫理: 贈収賄 / 政・官・財の癒着 / 戦争と平和(核兵器) ...(社研・比研)　○教育の倫理: 中等教育 / 高等教育 ...(人文研・社研・比研・保体研)　○宗教と倫理 ...(人文研・社研・比研)　○倫理学の現在(総括) ...(人文研)

第18回中央大学学術シンポジウムプログラム

日　　時　2000年12月5日(火)　13時30分～17時20分
場　　所　多摩キャンパス1号館4階1406号室
テ ー マ　「現代社会における倫理の諸相」

開会の辞(13:30～)　　　　　　　日本比較法研究所長代行　丸山秀平
挨　　拶　　　　　　　　　　　　　　　　経済学部長　一井　昭
総合司会　　　　　　　　　　　日本比較法研究所所員　金井貴嗣
報告テーマおよび報告者
　第1報告　「今，倫理学に何が求められているのか」(13:50～14:20)
　　　　　　　　　　　　　　　人文科学研究所研究員　土橋茂樹
　第2報告　「持続可能な開発と環境倫理」(14:20～14:50)
　　　　　　　　　　　　　　　日本比較法研究所所員　西海真樹
　第3報告　「信頼される経営システムの設計と運用」(14:50～15:20)
　　　　　　　　　　　　　　　理工学研究所研究員　高橋弘之
-------------------------- ブレイク(15:20～15:50) --------------------------
質疑応答・一般討論(15:50～17:00)
　司　会　　　　　　　　　　　人文科学研究所研究員　古田裕清
総括(17:00～17:20)　　　　　　人文科学研究所研究員　野崎守英
閉会の辞(17:20～)　　　　　　　社会科学研究所長　川崎嘉元

懇親会(17:30～)　1号館4階1408号会議室

第 1 章　日本社会における「いのち」と「こころ」

生命(いのち)の世紀の課題
――「いのちの大切さ」と理性的生命観の形成をめざして――

甲 斐 義 幸

はじめに

1970年代は生命倫理に新たな問題が表面化した時代であった。1972年にP. Bergら，そして翌年にはS. N. Cohenらが微生物を使い組み換えDNA実験に成功したのである。これらの研究についてバイオハザードや生命倫理に関するアシロマ会議が1975年にもたれた。また1978年には世界初の体外受精児が誕生し，当時は試験管ベビー[1]とよばれた。その後も遺伝子組み換え生物がつくられ，また遺伝子診断や脳死移植が実行に移され，1997年2月には体細胞クローン羊が誕生したというニュースが世界中を驚かせた。また2001年2月にはヒトゲノム解析の第一段階が完了し，二つの論文が専門雑誌「Nature」(論文『Initial sequencing and analysis of the human genome』)[2]と「Science」(論文『The sequence of the human genome』)[3]にそれぞれに発表された。最近ではクローン人間の議論もでるなど，生命科学技術の止まる所を知らない進展に伴って生命倫理や人権に関わる数多くの問題が生じてきている。

1970年代はまた，日本では水俣病，新潟水俣病，四日市喘息，イタイイタイ病のいわゆる四大公害裁判を経て公害問題に世間の注目が集まった時代で

あり、「経済との調和」条項を削除した「公害対策基本法」が1972年につくられた。その後、公害環境問題として社会的に認識され、自然倫理や環境倫理という概念が提唱された。1993年には「環境基本法」が制定されるなど環境問題は広く認識され、産業界でも自然エネルギーへのシフトが課題となるに至っている。こうした環境問題も広い意味で生命に関わる問題である。このようなことから21世紀は「生命(いのち)の世紀」であるという言葉が見受けられる。

　生命科学技術の進展に伴って生じる生命や人権の問題は今後も更に大きく広がることが予想されるなかで、生命に関わる諸問題についての議論が、いわば時代的要請としてなされなければならない状況が生じていると考える。それは一方では法や道徳、倫理の問題であるが、同時に自然観や科学技術の社会性の問題でもある。

　自然科学者や技術者研究者(以下、自然研究者とよぶ)にとっても、生命科学研究を始めとして自らの研究とその利用が社会的に多大の影響を与えている現状から、かつての核廃絶や平和の問題と同様にこうした問題に関心をもたざるをえなくなっている。ただし、倫理や道徳の専門家ではない自然研究者にとってそれらをどう考えたらよいか、難しい問題であることも事実である。現状では、その寄与はバイオハザードや食品の安全性の問題を判断するという程度に留まっている。しかし、今日の社会の状況をみると、それではことが済まないように思う。つまり、自然研究者が生命倫理などの問題に口だししない、またはできないということは、他方では哲学や倫理、または政治や法律の専門家が自然や人間に関わる問題を旧来の知識の範囲でつじつまを合わせようとしたり、本質的理解を避けたりすることにならないとも限らない。それらは表裏の関係をなすように思う。

　このように考えるに至ったのには、あるきっかけがある。それは今から十数年前、「中央評論」(中央大学出版部)の特集(1989年)で「自然とはなにか」

という企画があったが，その執筆者の中に自然科学者，研究者(ここでは大学の自然科学担当の教員)がいなかったのである。とは言え，その企画自体や内容は時節をとらえた当を得たものだったように記憶する。副題が「歴史のなかの自然」でありそうした人選は無理もないようにも思われる。

一般的には自然研究者は自分たちこそ自然をより詳しく知っていると自負しているに違いない。しかし，実際には「自然とはなにか」という企画には参加していなかったということでもわかるように，社会一般には自然科学者抜きで済んでいるのも事実である。事情は今も同じで，自然研究者のおかれた状況を反映しているように思える。

自然研究者がこうした状況にある一方で，生命倫理や法的領域でも，今日の生命科学のあまりに早い，意識が追いつけないほどの変貌に対してとまどいがあるように見受ける。

憲法のある概説書[4]に人権の説明(自然権と人権の項)があって，個人の尊厳の根拠について『これらは憲法が拠って立つと推定される基本思想であって，そうした思想がなにゆえに正当であるのか，(中略)その思想と各種具体的な人権規定とはいかなる関係に立つのか，についてはさまざまな問題がある』，『聖書の記述が絶対の真理とされた世界では，(中略)神が人間だけを『其像の如くに』創造り給うたのであるから，人間の尊厳は自明の事柄に属した。しかし，世俗的自然法では，この論法はもはや通用しない』と述べられ，『これらの問題の解決は，(中略)生物学や人工知能論の成果に期待するほかない』とされている。このように人権や人間の尊厳など基本的な社会概念を科学技術の更なる進歩に手掛かりを求めようとする考えは，一般に広がっていると感じる。その期待の大きさはやむを得ないとも考えるが，筆者自身は不満である。人間の「心」を含む精神活動の世界はその領域としての独自の論理があると感じているからである。この点の詳細は後述する。釈迦に説法であるが，そうした「他に解決を期待する」以前に，法律家自身，その立場をもっ

て，また関連ある学問知識に思いを致して足元を固める必要があるのではなかろうか。

こうした幾つかのきっかけを通して筆者は今日，新たに持ち上がってきている生命倫理の問題の本質を理解するためには，是非ともあらゆる領域，分野の人が参加し議論すべきであると考えるようになった。最近，環境問題については学際的課題という認識が一般に定着しつつある。それにも増して生命の問題は法律，哲学，宗教，政治，教育，医療や産業，その他あらゆる分野において真剣に議論されなければならない。例えば，ヒトクローンの問題は単に生命科学者の課題，技術的に可能かどうかというだけの科学的興味の問題に止まってはならないと思う。ちなみに総理府の「ヒトクローンに関する有識者アンケート」（平成11年，回答2114人，回収率78.2%）によると，生命倫理問題に関心があるか，ないかという問いで，関心があるが96%，ないが2.9%である。また，クローン技術をヒトに適応することは好ましくないかどうかで，好ましくないが93.5%，そうは思わないが4.0%，わからないが2.6%であった。更に生命倫理問題について考えるべき主体を尋ねたところ，一般の人すべてが考える問題であるが79〜91%，（職種で違う）専門職業（医者など）や研究者大学教員の問題であるが4.1〜5.9%であった。ここでも一般の人すべての問題であるという見解が圧倒的に多いことがわかる。

本稿では自然研究に長年携わってきた筆者の立場から，生命観や自然観の領域を中心に論じ自然倫理，生命倫理の基本的な課題を考えたいと思う。無論，ただ勝手に意見を述べれば済むわけではない。そこには筋道が必要である。本論文はまた，その筋道，つまり方法を明らかにしようという試みでもある。それにより法律や倫理，また哲学，宗教などの領域との真摯な議論や意志の疎通が可能になると考える。「自由とは必然の洞察である」という言葉があるが，我々の意志や意図，願望や欲求をかなえるためには必然の洞察は欠かせない。社会における対人関係では同じ人間として互いを尊重すべきで

あるとされている。しかし対自然，また人間自身を含む生物の生命に対しては いかなる関係を保てばよいのか，何が必然かについて共通認識はまだない。その点を抜きにしては話は進まないことを銘記すべきである。

　ここで，議論の前提として，人間の「心」の問題があることに触れておかなければならない。即ち人間には精神活動に由来する心があることを確認することから始めなければならない。そこで注意すべきは現代科学のもつ特徴，つまり方法と体系における客観性である。たとえ体験的には知られていることでも，あえて観測し，データーに頼らなければ信用しないという実験主義もそのひとつである。殊に心に関わる精神活動の客観化はむずかしい。そうしたなかで往々にして自然研究者は「心の存在」を否定したり，信用しないという態度に陥り易いが，それは科学的態度ではない。こうした客観主義，実験主義には限界があるし，人間の心の問題は科学的方法がなじむのかどうかもはっきりしないからである。幸いにも最近，心理学では「心の理論」[5]によって精神活動としての「心」の存在が実証的に確認された。筆者はこれを手掛かりに人間の心や価値観にかかわる生命倫理や生命観の問題をとりあげ考察することにする。

　筆者が問題にするのはまず，自然観や生命観である。通常，これらの言葉は自然や生物(人間を含む)に対する我々のものの見方，つまり人間が自然や生命をどのように捉えているかを意味する。それは自然科学の認識そのままではなく，自然や生命に関わる行為の善し悪しなどの判断も微妙に含まれる。つまり生命倫理・自然倫理や道徳という言葉とも重なり合う部分があるように思える。ここでは議論を進めるにあたり，次のように考える。即ち，まず人間社会の規範や価値判断を含むものとして，法や慣習的な道徳，また倫理がある。それらの，さらに自然に近い側に自然観や生命観があると考える。このように序列的にパターン化して考えてみると，幾つかの関連が浮かんでくる。

一つには客観的自然体系自体には残酷だとか，いのちが大切であるなどという判断や価値観はないのであって，そうした側面を強調するなら，生命観や自然観に人間の主観や価値判断がはいる余地はなさそうである。他方，人間は社会的価値判断，いわば意識的主観的判断をする。それは自然観や生命観に反映されることになる。つまり人間の側から攻めても，自然の側からでも食い違いと断絶が現れるように見える。

筆者はこれは形式論理的な断絶であると考えており，それを克服するために理性的自然観，生命観という概念を用いることにする。それは端的にいって，自然科学的認識にもとづく自然観，生命観のことであり，理性的基準にもとづく価値判断のすすめである。また，ここで提示する理性的自然観，生命観は科学の現状を批判的に捉えようとする際にも，一定の視点を与えるものでもある。具体的には生物の階層概念である。以下，第1節でそれがどういうものかを紹介する。この現代の生命科学にもとづく生物の階層の理解こそは生命観の認識にとって重要な意味をもつと考える。そこではまた，近代の歴史においてこうした理性的自然観，生命観と深く共鳴できる思想があることを紹介する。

人間は心をもっているという意味で主体的主観的存在であるが，人間も自然の中の，生物の一員であるという意味では客観的世界にも属している。哲学では主客の間といっても良い。今日の生命倫理の問題はこれらの狭間で現れている。さらに言えば，現代における科学のあり方，即ち形式的客観主義がそれを根深く，深刻な問題にしている。我々はもっと深くこの科学の社会性についても考えるべきであろう。

二つには，社会において自然との関わりについての倫理があるが，大事なのは人間の倫理的判断は人間の勝手に行われているわけではないことである。自然に関する人間の倫理的判断の際，自然な状態に対する各人の認識や自然観が判断の基準となっている。こうした自然との基本的な関係について人類

の歴史，特に古代の世界を第2節において考えてみる。

　古代の世界では法や道徳，生命倫理や自然認識が混沌としている。その混沌とした状況の中で古代の人々は，彼らなりにタブーや規範をもち，ある意味では自然との健全な関係を示す生活スタイルがあったように感じる。無論，生産効率や生活の利便について今日と比べることはできない。そうではなく自然と人間の関係，そして生き方の問題として考えるものである。今日，法や道徳や倫理は科学と互いに分離して存在しているために，我々は形式論的な思想的断絶を感じ，困難を感じているのではなかろうか。それを救う手だてが見つかるかもしれない。否，むしろ人類がたどってきた歴史的ルーツを遡り，それを深く探ることなしにはこうした「近代病」は克服できないように思う。

　具体的には恐らく数千年以上に及ぶ歴史をもった精神文化であろうと考えられるトーテミズムのもつ精神的豊かさを現代にいかすこと。また古代日本の生命観を探り，いのちの大切さという言葉のもつ意味を深く受け止め，文化として伝えるべきであることなどをとりあげる。最後に，まとめ（第3節）として理性的生命観とアリストテレスの霊魂論などの他，生命教育や筆者の提唱する「2000年　人間宣言」を最後に取り上げる。

　本稿の主旨として，筆者は自然科学者，研究者の立場から，他とは違った筋道で自然観や生命観の問題を整理し，生命倫理や自然倫理に対する基本的課題を提唱する。同時にまた自然と人間の間に風穴をあけて，通りのいいものにしたいと願うものである。そのことにより法律や道徳，倫理の領域と自然科学領域の相互の関連が密なものになれば幸いである。

1. 理性的生命観・自然観の導入

(1) 現代の自然観と生物階層の紹介

i) 近代科学の限界と今日的課題

現代の自然科学や技術は17世紀に西洋で生まれた近代科学に端を発している。個別科学のルーツとしては、例えば生物学が紀元前4世紀のアリストテレスに、また物理学(静力学など)はアルキメデスに始まると言われているが、客観的方法である実験的方法をもちい、自然全般に及ぶ客観的体系が作り上げられたのは近代科学においてである。現代科学の発展は見違えるほどであるが、基本的にはその近代科学の枠内にある。

こうした客観的自然体系をもつ近代科学の思想的基礎を作ったのはデカルトらの近代合理主義者である。彼はその著「方法序説」の中で『我思うゆえに我在り』という自明の認識をもとに神から授かった不滅の理性的魂(霊魂)を考え、人間存在はその神的魂が身体に宿ることによって人間となり、それ故に尊い存在とした。歴史的に、近代の人権思想の背景をなしている。それは同時に自然科学の根拠をあたえた。つまり、神的魂をもたないその他の自然物は根元的な粒子に由来し、精微なしくみによって物体や生物が存在する。例えば動物は精密につくられた生物機械であり、その動きはねじを巻くと自動的に動く時計にかわらない。人間はその死において不滅の神的魂が身体から離れ、魂のない身体は動物なみの生物機械であると説明したのである。彼の「情念論」もそこに由来する。こうした近代合理主義思想にもとづく人間の捉え方は「心身二元論」と呼ばれている。

近代科学では人間身体も「解明すべき対象」とされ、始めは生物学というより医学的な関心に向けられたが、その後、生物学一般に人間身体の遺伝や免疫、各種生理現象が取り込まれるにいたった。こうした流れの背景にはデカルトの「功績」がある。しかし、その「功績」は他方では心身の間の形式

的断絶をもたらしたのである。ちなみに人の死後，身体から離れるとされる魂の存在の是非については自然科学の埒外である。

　現在ではこの「心身二元論」は支持されていない。それは単にデカルトが魂の場として脳の松果体をあてたのが間違いであり，心は大脳の精神活動に関わるということだけではない。何よりも現実に今日，生命科学技術の著しい発展とその応用が，重大な倫理的課題をもたらしているという事実は身体と心とを切り離して考えることはできないことを示している。それはデカルトの「心身二元論」の誤りと近代科学の方法論的限界を示しているとも考えられる。つまり認識論的な新しい展開が求められていると筆者は理解している。また先に述べたように，現在では実験心理学で人間の「心の理論」の研究が進められ，人間には相手の心の存在を認知できる(現実の物体世界と無関係ではないが，それとは独立の精神世界があることを認識できる)精神的能力，つまり心があるということが実験的に確かめられている。人間の心は精神活動として大脳の機能と関係し，(心＝大脳ではないことに注意)当然身体の成長とともに発達成立する。また，大脳生理や神経生理学において精神活動と神経系の働きの関連が研究されている。こうした研究を踏まえて現代科学ではデカルトは否定され，「心身一元論」とも言える認識に達しつつある。

　では人間の心が科学的に理解できるようになったかというとそうではない。確かに近代科学は種々の手法で人間とその心の解明を試みるであろう。しかし，そこには限界がある。それはあくまでも脳の機能の認知であり，心そのものの内実を捉えるということではないからである。「心」は個体としての人の領域である。従って現代科学の客観的分析手法だけで「心身一元論」が認識可能かどうか，心の全てが捉えられるのかどうかは疑問である。ここでは心の領域が存在するという階層的認識が必要であることを指摘しておく。

　筆者はクローン人間は人体実験に等しいと考えている。それは技術の不確かさと同時に，否，もっと重要なのは上述の理由によるものである。

断っておくが，これまでの議論から近代科学を全て否定しているのではない。それは分子や物体などの物質の分野では他にない有効な客観的自然認識方法であり，かつ人類の大切な文化的遺産であることは間違いないことで，人間を含む生物に対してもその限界を認識しつつ，注意深く議論することが重要である。

ところで，デカルトの「心身二元論」を否定し去ればよいと簡単に言えない理由がもう一つある。それは人権の問題である。近代の人権はイギリスを始めアメリカなどで歴史的に確立されたものである。人権の概念は人類の最高の歴史的遺産に属している。ただし，その人権の背景に，人間の尊厳が神から授かった魂に由来するという考えがある。近代合理主義思想はその歴史的背景の一つとなっており，現在も否定できない事実である。

例えば2000年の末にEUでは「欧州基本権憲章」が採択された。その一章一条に「人間の権利は神聖であり，尊重され，保護されなければならない」とあることからもわかる。今日でもその考えは厳然として揺るぎないように見える。

では，こうした状況でデカルトの神的魂を否定するということは何を意味するのであろうか。厄介なことに科学的領域だけで「心身二元論」を否定してみてもはじまらないのである。つまりデカルト流の自然観を克服するためには，同時にこの「神的魂」も克服しなければならないと筆者は考える。

端的に問う。上述の「人間の権利が神聖である」とは，どういう意味なのであろうか。神から授かったというのであれば，一体，その神とはどの神であるのか，世界には現在数多くの宗教があり，また，たまたま神を信じない人がいるかもしれない。何よりも，それは宗教の問題ではない。法的最高の規範である「憲章」の根元に関わることである。すべての人が納得できるようでなければならない。筆者は毛頭，こうした人権の捉え方を否定するものではない。しかしそこには根本的な課題があることを指摘しておきたい。

ある確固とした，または，していると思われていた概念（思想）があって，それに基づいて社会が動いているとき，それが誤っているとされた場合に社会が不安定になるのは当然のことである。我々は歴史的に何度もそうした事例を承知していて，例えば，西欧で中世から近代に変わったとき，また，日本の戦後などである。現在がそうした変動期であるなら，これまでの人々が為してきたように誠実に過去をみつめ，新たな時代の胎動をきくべきであろう。ここでは人権思想を自然科学も含めて現代の諸文化に根ざすものとしてより深く足元を固めることが必要であろう。その為には科学的認識も装いを新たにする必要がある。そこでのキーワードは理性的自然観である。

ii) 現代の自然観は自然階層の概念である

先にも触れたように，理性的自然観の具体的中身は現代の自然観としての自然の階層概念であると考える。ここで簡単にその概念について述べ，特に生物の階層について多少詳しく説明する。

自然の階層概念は19世紀の近代科学の展開の結果，自然の全体像がほぼ明らかになるなかで生まれた自然観である。即ち19世紀末から見え隠れしていたミクロの領域の存在が1925年に完成した量子力学の形成過程で階層的にはっきりと原子の階層として認識されたのである。自然哲学としては，階層概念はすでにエンゲルス[6]によって提唱され，生物学でもE.ヘッケルによって述べられていたものである。

自然の階層の内容の概略図を示せば，次のようになる。

（宇宙）-銀河-太陽系-地球-物体と生物-分子-原子-素粒子-（基本粒子）

宇宙から銀河，その中にある太陽系，地球これがスケールの大きい方，一方，小さい方は地球上の物体と生物はそれぞれ分子，原子で作られ，原子は原子核と電子といった素粒子からなり，さらにそれは基本粒子を基にしているという図式である。これが自然の階層概念の骨格であり，生物などは更に

小さい階層に分かれる。

　このように図示されるとむしろ常識的であってあっけない感じを与えるかもしれないが，現代科学の重要な自然観であり，自然の全体像を眺めることが可能な，現在において唯一のモデルである。エンゲルスはこの階層について，物質の発展における「結節点」だと表現している。その結節点としての階層はそれぞれが「特有の法則(属性)」をもち，しかも互いが関連しあっている。この関連をここでは「移行」と呼ぶ。こうした描像は自然科学の知識をまとめ解釈するだけでなく，自然科学者にとっては重要な実践的意味をもっている。この実践的認識方法を素粒子理論に活かしたのは坂田昌一である。このことは素粒子関係の分野を除いては自然科学者の中にもあまり知られていないのは残念である。

　坂田は物質の階層概念の重要性をマルクスの初期の論文(学位論文)から学んだと述べている[7]。坂田の複合模型として知られているその理論は現在の基本粒子理論の先駆をなしたもので，その方法論[8]は，何よりもその階層自体の現象を深く知り実体を解明することが前提であり，その階層内の論理ではどうしても解けない事象，矛盾をさらに下位の階層から理解するという考えによっている。これはエピクロス流であり，自然の階層の本質的理解でもある。単に，イメージ的に上述の図式モデルを配置することをめざすものではない。ただ，結果として自然はわかりやすい階層図になっているように感じる。こうした自然の階層概念は現代科学の進展によって，常に補充され修正されながらその全体像を更に正確なものとしている。

　ここで重要な点は，人間は自然の階層のどこに位置するかということである。当然，地球上の生物の位置であるが，それは簡単な問題ではない。何故なら人間についてはその全てを自然科学の対象とはできないからである。端的に言って文学や芸術，政治法律は自然科学の対象にはならない。また多くの人が，科学技術で社会は便利にはなったけれども，それぞれの人生の指針

や生涯の理念，信条の基になるようなものを提供しているわけではないと考えているにちがいない。では全く無関係か？ ‥といえば，そうではない。言い古されているけれど，人間は自然と関わって存在しており，生物の一員である事実は疑いもないからである。

ここで筆者は社会においてもこの自然の階層になぞらえて階層的領域というものを提唱する。自然の階層と社会とはある関係で結びついている。このことを更につめて考えるために，次節で生物の階層について述べる。

（2） 生物階層から生命原理へ
i） 生物の概観的理解と生物階層各論

生物の階層は生物学の中から提言された。1904年に E. ヘッケルはその著『生命の不可思議』[9]において「生物学という概念は，有機界の自然科学の全領域に対する唯一の名称」であるとしエコロジーという語をつくった。一方，「生命の単位」という節で「細胞は本来の生命の基本単位である」とし，更に「下等な動物や高等な植物の中で，同等な部分から複合されている」ものがあり，この「複合は生命の単位の更に高い階層を表す」ものでサンゴの個虫と植物のシュート（苗条）を例示し説明している。こうした考察のすえ彼は次の階層構成を提唱した。

細胞（プラスチド）－個体（ペルゾン，シュプロス）－個体群（コルムス）

現在では生物の階層（正確には小階層）は次のように考えられている。

地球生態圏－生態系－個体群（種・社会）┬個体－器官組織－細胞－小器官－
－生体分子
$\qquad\qquad\qquad\qquad\quad$ **[人間社会]┴[個人（心）]**

この上位は自然の階層の地球に，下位は分子に繋がっている。ここに表された生物階層図も常識的である。人間社会は当然，個体群（種・社会）と同じ

階層の並びにくる。個人は個体の並びにくる。しかし，先に述べたように人間社会と個人は自然の生物階層に含まれるわけではなく（数学の包合関係では部分的に重なりを持つ），類似的に階層領域として設定する。その関係を表すために点線でつないでおいた。問題はその移行，つまり関連づけの内容を考察する必要があるということになる。こうした意味で人間は自然の一部，生物の一員なのである。従って，人間は対生物利用において自動車のエンジンを修理したり，モデルチェンジをするようにはゆかないのである。では，どう考えるのか。それは理性的自然観と関係する。

以下に，参考として生物の階層概念に基づく生物の描像を具体的に，かい摘んで紹介する。これは現在行なわれている科学教育の「すき間」を埋めることにもなる。断っておくが，全体を網羅的に説明するものではないし，筆者の独自の解説がはいっているので批判的に理解する必要がある。以下，階層をレベルとよぶこともある。

【個体レベルと精神活動】

個体は日常，目にする生物そのものであり，犬や猫，その他植物などの個体を指す。ヒトでは個人である。我々の日常的な生物に対するものの見方は，この独立体としての個体レベルの特徴，個体性によっていることが多い。人間個人も生物として個体性を有する。本稿の主旨からは，この個体論は重要な意味をもっている。

個体は生殖の単位であり，発生し成長して生活をし，死を迎える。こうした一生を生活史とよび，その繰り返しを生活環という。細胞レベルとの関連で言えば，通常，精子や卵子は個体とは感じない。しかし生物学の観点ではその接合，つまり受精卵から個体は始まるのである。

動物の個体は比較的動きよいコンパクトな身体構造をもつ。脳神経系はそれを制御する。外敵から身を守り，捕食するために機敏に動く必要がある。栄養を他の生物に依存して（従属栄養体）いるからである。人間個体も同様，

動物的性質をもっている。

　それに対して，植物個体は地中にしっかりと根を張り，重力や雨，風に強い幹をもち，光を求めて大きく枝をだす。例え各種のストレスがかかっても逃げることはできない。それ故，各種ストレス防止のしくみをもっている。また水と光で大気中の炭素を同化し（独立栄養体），枝，葉が天に向かって大きく茂る。

　こうした個体性の違いは動物や植物に対する我々の見方に非常に異なる印象を与えている。血もなく肉もない植物は古くは生物とはみなされない時代もあったほどである。普通，植物を殺すとはいわず，木を切る，草を刈るという等々。

　動物の特徴である行動は脳・神経系の働きに依存する。脳・神経系の機能は段階的に反射，本能，学習，思考，知能があり，そしてヒトでは心がある。

　心はヒトの精神活動として個体性の究極の一端である。それはコミュニケーションを司る大脳を中心とした器官の働きによる。無論，個人は個体であり脳が個人であるとはいえない。この「心の領域」は一つの階層領域として心をもった個人の領域であるが，従来の意味の生物階層とは異なり[**心は精神活動および社会領域とも結ばれたレベル**]とでも言えよう。いわば，仮想現実に属する意識の世界の領域である。

　従って，こうした「心の領域」を個人の尊厳の根拠とし，本能的感覚よりも心を大事にしたいというのは人間社会での価値観の問題であり，自然の問題ではない。その間の関わりおよび意味づけが本稿のテーマである。

　個体性のもう一つの現れは動物身体の自己同一性，つまりアイデンティティーである。独立体として身体は統合的な自律性を維持している。外見の特殊さ（人それぞれの外見など）や，免疫をもつ。最近問題になっている脳死移植では，他人の臓器は拒否反応を示す。これらは生物の特性としての個体性の現れである。人間個人の独立性，個の尊重もここに由来する。

他方，個体の内部の恒常性がある。身体内部は常に外部の擾乱を受けているが，生物個体は決して岩石のような不変性をもっているのではなく，いわば開放系でありながら一定に保たれている。ホルモンや神経の働きで身体内の各種器官が統合的に働き，身体内部の一定の恒常生を保つ。血液の血糖値や水分，pH など，また体温などが代表的である。生理活動である内部恒常性が維持できないと病気である。自己同一性は病原体などを認識し，この内部恒常性を保持する役目もはたしている。

ところで日常的に我々は個体レベルの現象に接しており，それを生命現象として人間的に解釈することが多い。例えば，誕生において，個体の始まりは受精卵(細胞一つ)であるが通常は出産を誕生(誕生日)とする。生物学的にみると，基本的に発生は受精卵の能力である。ほ乳類では母胎内での胎生となるが，魚類などの発生をみればそのことがよくわかる。発生は生物学的にみて卵割や胎芽，胎児の段階をへて出産にいたるまで連続した過程であり，途中でここまではヒトでない，ここからはヒトであるという線はひけない。

個体の死，それはヒトの場合はもとより，生物一般におとずれる厳粛なものである。同時に，死は個体レベルの事象として，生があれば，その最後の一端にかならずある。本来，誕生と死，それは生物や人にとって最も自然なことである。それにもかかわらず，人間社会では死を特別のものとしてとらえるのも事実である。人の死には生物学的，医学的，社会的な死があるといわれる。普通は不可逆的心停止が死であるとしているが，例えば脳死は医学的死である。今日では脳死判定によって始めて脳死と診断される。医学的技術の発展により人工心肺の働きで体は「生きている」が大脳や脳幹は不可逆的な死の状態にある。これは臓器や細胞の死と個体の死のずれがあることを意味する。器官は副次的階層であり階層的には個体の死とは違う。細胞の死も個体のそれとは違う。従って社会的にも特に親族の場合，脳死と告げられても体は暖かく，死とは認められないという事態もでてくる。

【細胞レベルと生命の源】

　日常我々が目にする階層は個体であり，我々は個体のみに重きを置きがちであるが，階層的には細胞こそ生命の基本単位である。細胞の構造は細胞膜に囲まれ，内部は核やミトコンドリア，葉緑体（植物細胞），リボソームなどの小器官で構成される。細胞内部で生命活動に不可欠のエネルギーが生成され，蛋白質が生合成され，遺伝現象が生じている。これらが生命の基本であり，細胞を生命の基本単位とするゆえんである。微生物のなかには単細胞性生物がいて，単細胞で個体でもある。外的条件が整っていれば細胞の中に生命活動に必要な仕組みは基本的にはすべて備わっている。

　これらの細胞の基本的な特徴をここで細胞性とよぶ。細胞を中心にすると個体レベルはこうした細胞の基本活動を最適な状態に保ち，維持するための仕組みだともいえる。

　多細胞生物個体は種々の形態の細胞で作られる。ヒトでは約 200 種類ある。脳の神経細胞，胃の粘液細胞，その他ホルモン分泌細胞，筋細胞，視神経や網膜の視細胞のような感覚細胞もある。これらは体細胞といわれる。一方，生殖細胞（精子，卵子）もある。それぞれの器官臓器に応じて形や働きも多彩である。

　個体の死は必ずしも細胞全体の死ではない。単細胞生物では分裂によって増殖するが，ある一定の分裂ののち全体が死滅することが知られている。一般にはそうした場合には部分的に有性生殖が生じてあらたな世代が生まれることで全滅は避けられる。ヒトを含む多細胞性個体の発生の過程で，ある部分では細胞の自発的死（アポトーシス）を生じる。それは遺伝的に組み込まれた死である。つまり，一定の細胞の死によって個体が完成される。

　他方，細胞の生も独特である。個体の発生の過程で体細胞（細胞の種類のほとんど）は分化し，幾つかの幹細胞を除いて，ほとんど分裂を止める。それに対して生殖細胞は次の世代を造る働きを持ち，受精後改めて分化する能力，

つまり全能性をもつ。これは不思議なことである。最近，体細胞中の幹細胞の一部から核をとりだして，あらかじめ除核した未受精卵に入れ，発生させる技術が成功し，ほ乳類で始めてのクローン羊がうまれた。

しかし，考えてみるとほ乳類は母胎内で受精し，発生するのが自然である。他方，体外受精は人為的な操作であり，卵子を体外に取り出して受精させる。試験管ベビーとも言われた。体外受精はその後の生殖技術の元をなす技術となっている。体細胞クローンは技術的発展であることはいうまでもないが，こうした体細胞核が受精卵に挿入されることは通常の体内で，自然には絶対におこりえないのである。

現在のバイオ技術は技術が先行し，科学的裏付けに乏しい。なぜ生殖細胞と受精卵が全能性をもつのか。なぜ体細胞クローンが出来るのか，その仕組みはいまだ謎である。これまでの意味では科学とはいえないと考える。こうしたバイオ技術の先行的応用や利用は多くの問題を抱えざるを得ない。

個体のレベルが日常の体験的経験を背景にしているのに対して，細胞や分子レベルを取り扱う近代的な生命科学技術では我々の意識を超え，混乱を引き起こすであろうことは容易にわかるだろう。現に偏った科学技術の社会性（利用と営利中心に肥大化）がそうした混乱を助長している。

【生体分子レベルは生体機能の最小単位】

生体分子(生体高分子)のレベルは生物身体を構成する最も下位にあるもので，生物機能の最小単位であるといってよい。二大生体高分子は核酸(DNA)と蛋白質である。

最近のニューバイオ技術の中心であり，遺伝子操作などはこのレベルの現象を利用したものである。

生体分子レベルの特徴は機能の最小単位であると同時に，なんといってもその普遍性にある。バクテリアからヒトまで遺伝のしくみは共通の核酸の働きであり，そこから生じる蛋白質も共通の単位アミノ酸分子で造られている。

このことは恐らく生物進化が単一の経過をたどり，ヒトからバクテリアまで同様な基盤をもっていることに由来するのであろう。その意味は大きい。なぜなら，我々が異質の生物と思い，時に敵対的に感じる病原菌(細菌)はヒトと遺伝的，栄養的基盤が同じで，細菌の働く環境が身体の細胞の快適な環境と共通であるからこそ病原体となる。生物として細菌とヒトは生体分子レベルでは同等であるといっても過言ではない。今日使われている殺虫剤や除草剤が神経系やエネルギー生成系をねらい打ちにしており，そうした仕組みは基本的に生物一般に普遍的である。このことが環境汚染の根本原因となっている。他方，人間や「合鴨(無農薬農法の一つ)」による物理的な除草法は草の外見など特殊性を利用するため，他には影響を及ぼしにくい。

　生体分子は生体内部で多種多様な働きを担っている。エネルギーはATPという分子であり，ほとんどの生物に共通のエネルギー通貨である。遺伝子はDNAという分子である。また，蛋白質はアミノ酸の配列でつくられ，細胞内外で巨大な機能的立体構造をとる。これは筆者の研究分野であるが，一つの巨大分子である蛋白質がアミノ酸という一つの分子種(20種類ある)だけでその構造を機能的に保持し，活性部位，情報受容部位などをつくりあげていること。さらにそれが多数の種類の生体機能をこなしており，酵素反応から感覚受容，筋肉運動および生物毒などあらゆる役割を果たしていることは驚異である。それは自動車を一つの素材からボディーやハンドル，タイヤそしてエンジンなどを作り上げ，同じ様にパソコンを作るに等しい。それは考えられないことである。それに比して蛋白質は例えば，血清蛋白質は脂質や薬を特異的にとらえて細胞まで運搬し，また，神経細胞のチャンネルを構成したり，感覚細胞の受容器の働きをもつ蛋白質やホルモンなど，アミノ酸構成と配列を変えて自動車や情報機器に似た機能を果たしている。遺伝子工学はこうした蛋白質を利用する技術であり，蛋白質工学と同じ意味である。

【個体群(種・社会)レベルおよび生態系レベル】

　個体群は生活の単位，家族や社会などの生活体をなす。個体は生活体を構成する。種は地球上の最大の個体群であり，進化の単位でもある。こうした生物個体群の集合と周囲の環境(無機的環境，日光や水，大気など)とが統合的なシステムをつくり生態系となる。従って，そこには多様な生物や環境と結びついていると同時に生物同士も食物連鎖など無数のつながりがある。この多様なつながりこそ特徴ある性質を付与している秘密である。

　動物や植物など多くの生物はそれぞれの社会を構成する。社会性昆虫はその典型である。その他，魚や鳥のなわばりも一種の社会である。こうした社会は基本的に序列社会である。力の強い者が生殖や給餌の際，優位になる。ニホンザルの社会ではボスを中心にメスザルと子ザルが集団をつくる。その他，ゴリラやチンパンジーの社会もある。

　生物学的にはヒト社会はこの個体群(社会)のレベルに対応する。個人は社会を構成する。人類学ではヒト社会の始まりは動物社会に由来すると考えられているが，基本的な違いは「平等原則」社会であることだといわれている。[10] 現在，世界の狩猟採集生活者の伝統的なスタイルにそうした事例を見ることが出来る。こうした人々の自然との関わりは我々の社会のルーツとして興味深い(第2節参照)。

　自然の生態系には森林や河川，湖沼などのタイプがある。植物が生産者で動物はそれを消費し，微生物がそれらを分解し物質循環をおこす。比較的自律性をもち，多少の外的擾乱なら自浄作用や復元力をもち，遷移現象を示す。その秘密は生物のシステムとしての多様性にある。地球生態圏はその最大で唯一のものである。人間は農耕によってこうした自然の生態系を利用してきた。近代社会では工業と都市化により著しい破壊をもたらしている。しかし，地球規模の破壊はおこなってはならない。そこでは必然的に被害の回帰が生じるからである。地球規模での化学物質による汚染や地球温暖化はまさにそ

うした現象である。

ii）　生命原理「生への営み」「生命のつながり」の提唱

生物の階層として生物の形や性質をみてきた。ここで生物一般の本質としての生命について考えてみたい。生物学辞典[11]では生命は「生物の本質的属性として抽象されるもの。その属性により，個体および種が保存され，進化し，生物の合目的的存在が成り立ち得ている」と書かれている。こうした生命の一般的認識に加え，ここで次の補足をしておく。

つまり，生物とは生命現象を示す有機統合体であること，また，その現象を通して，生物の本質的属性としての生命は認識可能であることである。

以上は現代生物学における「生命」の認識である。現代の生物学(生物科学)では，こうした生命現象を追求しているといってもよい。生物の各現象の特徴によって生物の階層概念はつくられている。つまり生物階層は生命の「かたち」である。

以下，生物の本質的属性としての生命を，生物階層に基づく全体的な法則としてまとめてみたい。ここではそれを二つの生命原理として提唱する。一つは「生への営み」であり，もう一つは「生命のつながり」である。

前者についてはあらゆる生物階層における生物の営みをさすもので，生物階層で述べられたように個体や種・社会，細胞や遺伝子の働き，更には進化などの営みにおいて生命を知ることが出来る。個体における発生や最終の死さえそうした営みの一端である。

当然，人間の営みもその中に含まれている。我々は例えばヒトの誕生に際して，それが生物の自然の営みであると承知していても，ある種の感動を味わうことがある。また，死に遭遇して，悲しみと同時にある厳粛さを覚える。それは単に生物学的現象としての呼吸停止や心臓の停止，血圧や体温の低下といった生物の現象だけでなく，その奥にある人間的社会的感慨である。その一部については上述の生物階層でも述べられている。

後者,「生命のつながり」は生命における全ての生物の結びつきを示すものである。我々が日々頂いている食べ物は食塩などごく一部を除いては全て生物であることを忘れてはならない。生態系はその典型例であり，食物連鎖や物質循環などがみられる。それのみならず，親と子，病原菌とヒト，共生体などもある。また進化や社会形成などあらゆる生物階層での生物相互の関わりを指している。

　現在，既知の生物種は約250万種ともいわれる。そのどの生物をとってみても，かつて約38億年前の生命の起源に遡り，次々と一度も欠けたことのない世代の繋がりによって存在しているという事実はかけがえのないように思える。それは単に個体の継続というだけではない。生体分子のレベルでも同様の物語がある。

　いま太陽系や地球があるところにはかつて名も知らぬ星があって，その中でもしくはその星の終焉の際に炭素や窒素などの元素が造られ，そして長い時間の後，現在に至っている。我々の体をつくっている炭素や窒素などはそうした，今はない星の一部であったものに他ならない。宇宙のはじめにそうした元素はなく，地上でも新たな元素は造られないのだから。その意味で生物はもっとも身近な宇宙史であり，ヒトを含めた生物存在の原理である。我々は一人ひとりが宇宙や地球，生物の歴史を背負っている。「生への営み」と「生命のつながり」という生命原理はこうした生命の事象一般を表す法則としてここに提示するものである。

　iii）　生命思想を唱えた人々

　「生への営み」と「生命のつながり」という二つの生命原理は筆者が提示したものであるが，歴史的にみるとその原理に共通した考えを見いだすことができる。それはいわば生命思想とでも呼べる考えである。そうした例はいくつもあるだろうが，ここではその典型例をそれぞれ紹介する。一人はA. シュバイツァーであり，もう一人は『沈黙の春』の著者，R. カーソンである。

いうまでもなくシュバイツァーは1913年,医者としてその妻とともにアフリカに渡り,フランス領アフリカのランバレネ(現ガボン)で医療活動に従事,のちにノーベル賞を受賞,密林の聖者ともよばれた。その後,戦争のためやむなく中断,その頃から「文化哲学」の問題を考えたという。1924年から再度アフリカで活躍し,1965年に亡くなった。

　彼の自伝『わが生活と思想より』[12]で当時の混乱した世界に対しての課題「世界人生肯定と倫理性との結合」について思索を重ねていたという。その折り,ある船旅をして「三日目の晩,突如,今まで予感もしなければ求めたこともない『生への畏敬』という言葉が心中にひらめいた」という。「鉄扉は開けた。ついに私は世界人生肯定と倫理とがともに包含される理念に到達した」。更に「生への畏敬とはなに」と問いかけ,「人間の意識の最も直接的な事実は『われは,生きんとする生命にとりかこまれた,生きんとする生命である』ということである。人間は自己を多くの『生への意志』の中にとりかこまれた一つの『生への意志』として感ずる」とした。彼はまた「命題『われ思うゆえにわれあり』より出発してデカルトは思考を始めている。かく選ばれた端緒からして彼は抽象の路に迷いこんで救いがたい。考えるとは,何物かを考える,ことである」と述べて批判している。

　シュバイツァーの「生への畏敬」という考えは,生命思想とでもいえるもので,上述した生命原理の「生への営み」に通じていると考える。

　一方,R. カーソンはその著『沈黙の春』[13]において,当時の殺虫剤DDTやBHC,除草剤によって自然が汚染され,農業とは無関係の昆虫や鳥などが死に,水や土壌が汚染され,人的被害さえもでていることを明らかにし,政府と農薬製造企業を告発したことで知られている。現在の環境問題の指針を与えた重要な本である。その著書で殺虫剤や除草剤の知識や効果のしくみ,その汚染実態や被害などを詳しく示すとともに,自然科学者(海洋生物学者)として生物に対する人間の関わりについて批判的に述べている。自然や生物

に対する人間の誠実さ，それは生物法則に対する人間のあり方であるべきだと考えたのである。

　次のように述べている。「この地上に生命が誕生して以来，生命と環境という二つのものが，互いに力を及ぼしあいながら生命の歴史を織りなしてきた。(そして今や) 20 世紀というわずかのあいだに，人間が恐るべき力を手に入れて，自然をかえようとしている」とし，「水，土，それを覆う植物のみどりのマント——こうしたものがなければ，地上から動物の姿は消えてしまうだろう。植物は錯綜した生命の網の目の一つで，草木と土，草木同士，草木と動物のあいだにはそれぞれ切っても切り離せないつながりがある。人間がこの世界をふみにじらなければならないようなことはある。だけど，よく考えたうえで手を下さなければ，(中略)だが，いまこのような謙虚さなど，どこをさがしても見あたらない」。そしてこう強調する，「自然のバランス？　そんなのは昔のはなしだ，といって頭からばかにする人がいる。(中略)だが，今でも自然のバランスはある。生物と生物のあいだには，網の目をはりめぐらしたような関係があり，すべては寸分の狂いもなく一つにまとまっている。この事実を無視するのは，絶壁の上に立って重力などないとうそぶくのと同じだ」，「みんな催眠術にかけられているのか」と。自然の均衡(バランス)は錯綜した生命の網の目，つまり生物の結びつきにあり，それはちょうどニュートンの万有引力(重力)法則と同じ，つまり生物の法則であると。

　R. カーソンのこの生命思想は，まさしく上述した生命原理の一つ「生命のつながり」を意味している。そこに自然倫理，生命倫理の基本がある。

　ここで取り上げたシュバイツァーと R. カーソンは，それぞれ医者(宗教家でもあったが)と科学者である。二人とも法律や政治家ではない。これは現代では科学の社会性に問題があり，現実の社会との間には溝があるということの現れかもしれない。

　しかし，本稿の主旨からして，どうしても自然と人間の接点に横たわるこ

うした溝を克服したい。そのためにここでは，こうした生命思想のルーツ，つまりまだ混沌とした古代の世界に遡って汎生命的な生命思想を論じたいと思う。理性的生命観・自然観は人間の意識に関わるものであって，科学者と言えども勝手に押しつけるようなものではないからである。次節では古代の世界について述べる。それはむしろ人間性の問題であると考える。

2. 人類初期の生命観に生命原理を探る

(1) はじめに

理性的自然観は自然と人間とを客観的かつ対峙的に捉えるものであり，近代合理主義と形式的な共通性をもつ。従って，ここで理性的自然観という新たな立場として解決を求めるなら，それにみあった新たな人権の設定をしなければならない。これについては最後の章で述べる「2000年人間宣言」を参照していただきたい。

この節で明らかにしたいのは過去の人類の歴史では人間と自然は必ずしもそうした一義的な対峙的関係ではなかったということである。そのことが現代の我々になにをもたらすか。以下，古代からの伝統的な生活においてそのことを探ってみたい。

(2) 初期の自然観(トーテミズム)の世界
i) トーテミズムにおける生命観・自然観

人類史において，始め人類は狩猟採集生活を営んだといわれている。文字通り自然の中で狩りをし獲物をとらえ，木や草の実，葉や根などを採集して自然の中での生活であった。現在でも世界には狩猟採集生活をしている人々がいて，その中には伝統的な暮らしを守り続けている人々もおられる。今日

の世界で30ほどといわれ、エスキモー、ツングース、カナダやアメリカインディアン、赤道付近のアフリカのムブティ、アカ、サンなど、またオーストラリアのアボリジニなどが知られている。[10]

　ここではアメリカの先住民（インディアン）の人々やアボリジニの人々などを取り上げて彼らの自然観に注目する。日本でもアイヌ民族の人々などの考えを取り上げる。そこには根元的な「生命原理」の独自の姿がある。

　狩猟採集生活の伝統的な考えにトーテミズムがある。その考えは自然にある精霊を信じる独特の考えであり、宗教以前の形態として存在し、場合によっては生活の慣習や自然観に近いと考えられる。これらについてはマリノフスキー『呪術・科学・宗教・神話』[14]などが参考になろう。人類の最初の生活形態としての狩猟採集生活における自然にたいする考え方、自然観がその伝統的な暮らしに今日も生きているという点で非常に興味深いものである。また、自然に対する関係では彼らに学ぶべきことは大きい。

　まずアメリカの先住民であるインディアンの人々の考え方として、ここで紹介するのはチーフ・シアトルの話である。この話は5年ほどまえ「白門」[15]（中央大学通信課程雑誌）に法学部のS. T. ヘッセ氏が教材（"America's First Environmentalist was An Indian"）として取り上げておられる。また、絵本[16]にもなっている。

　アメリカ大陸には今から約1万数千年前に、古インディアンが住み着いたといわれている。その後、16, 17世紀にはヨーロッパからの移住者が住み着く。資料によると[17]当時、インディアンの人々はアメリカ合衆国内でも200万人以上の人口があったと推測されているが、その地を追われ滅びる部族も多かった。

　19世紀になると政策的な対応がなされるようになり、大陸北西部の現ワシントン州、ピージェットサウンド地区のインディアンの代表であったチーフシアトルのもとでも買収交渉が行われた。住んでいる土地を売ってくれとい

生命(いのち)の世紀の課題　47

う依頼であった。それに対する彼の対応ぶりに，その独特の自然観をうかがい知ることができる。

　当時，彼らはバッファローなどをトーテムとして狩猟採集生活を営んでいた。彼らの周囲の全ての自然，土地や森や川に精霊が宿り，シカやワシ，バッファローは聖なる動物であった。政府からの買収依頼に対して，彼はこういう趣旨のことを言っている。

　「一体，政府はこの土地を買い取るというが，この土地には森や川や大気や生き物すべての存在があり，我々だけのものではない。精霊の宿る土地である。それを買い取るというのはどういうことか，よくわからない。またこの地を買い取って何をしようというのか。池を渉る風や昆虫の羽音，森の木々を満たす樹液の流れ，そうした自然の中で暮らしている我々には都会の騒々しい暮らしが理解できない。文明は「鉄道」を引き，列車の窓から身を乗り出しては銃でバッファローを殺してしまう。その累々とした屍は放置されたままである。確かに我々もバッファロー狩りをして食べる。しかしそれは必要な分だけである。バッファローは我々にとって仲間であり，兄弟である。そうした動物がいない世界は考えられない。もし，それらが居なくなったら我々は寂しさで胸がつぶれ，死んでしまうかもしれない。多分，買収については拒否することはできないだろう。しかし，この土地の自然，動物をまもってほしい」と，チーフシアトルは訴えた。

　こうした彼の考えを，上述した S. T. ヘッセ氏はこう綴っている。"*This we know, the earth does not belong to man , man belong to the earth. This we know, all things are connected, like the blood which unites one family. . . . Man did not weave the web of life , he is merely a strand in it . Whatever he does to the web, he does to himself.*[15]"

　このやりとりは1850年ごろのことである。その頃，生物学にはまだ生態系(1930年頃，タンスレーが提唱)の概念はあらわれていない。ところがチーフ

シアトルはその伝統的な自然観の中にその概念の核心をとらえている。しかも大事なことはそれを生活の指針としていることである。そこには，すでに述べた「生命原理」(「生への営み」，「生命のつながり」)が認識され理屈で受け入れられているといえよう。科学とは，文明とは，科学の進歩とは一体何であろうか。現代の我々は科学を，あまりに自分勝手な利便の道具とし，すべてつながりのある自然を壊し，人間の存在自体を危うくしているのではなかろうか。自然と人間の本来の姿を見失い科学の本質を見失っていることはないであろうか。現代社会への警告として受けとめることができる。

ii) アボリジニの生命観・自然観

アボリジニの人々はオーストラリア大陸の先住民で，今から数万年前(約4万年前ともいわれる)にはその地に移り住んでいたといわれている。18世紀にヨーロッパからの移民が住むようになり，迫害や同化政策をうけ，当時30万人ほどいたと推定される人口が6万人ほどに減少した時期もあった。現在でも困難は多いが，オーストラリア大陸中央部に土地をもち，伝統的な生活も可能になっている。

彼らの伝統的な生活ではゴアナ(オオトカゲ類)や，またカンガルーやエミュー，イキーナ，ポッサムなどの狩猟とアカシア類の木の実や草の種，蜜アリ，時にはリザ(トカゲ類)や蛾の幼虫を採集してキャンプをし移動生活をしている。こうした生活において彼らは自然に適応し，ヒューマンエコロジーを身につけているといわれている[18]。更に，興味深いのは，彼らの精神文化であるトーテミズムの考えである。文献によれば，彼らはThe Dreamingとか Dream Time と呼ばれている(彼らの言葉では *Aldjerinya, Ungud, Bugari* と呼んでいる)創世神話をもっている。J. マシュー[19]によると，彼らの存在や生活はすべてこの Dream Time に由来し，水や土，樹木や動物は混沌から作られ，人は，人と動物，人と鳥といった共通の存在として作られた。精霊なる存在はその後，姿を変え，土地や池に潜んでいる。物語の中

ではそうした存在はカンガルーマン，シャークマンやクロウウーマン，スネークマンなどとして現われる。これらの自然は Dream Time の精霊に由来し，それはまた人の精神的根元をあたえている。人間はこれらの種と共通の家系を通して仲間意識を分け合っており，こうした仲間のグループとの関係において抑制(タブー)を守らねばならないと考えた。この Dream Time の教えは決して過去のものでなく，今日も精神的な力となっての彼らの伝統的生活を支えている。

関連するタブーは種々のものがある。例えば「ある部族ではトーテムの関係にある動物を殺したり食べたりすることは許されない，別の部族ではそれは許されているが，その動物は食用としてのみ，また特に必要性が大きい場合のみ殺される。死によって動物はその兄弟である人を助ける。狩りをしたり料理や食べるときにも部族のしきたりに則って行われる」。エミュートーテムの場合，ユニークな方法で狩りをするが「どんな方法をとるにせよ，猟師はなるべく鳥の近くまで近寄ってすばやく殺すようにしなければならない。もし，(手負いになって)傷ついている鳥を追いかけるときは，最後には仕留め，そのことを他の人が証明しなければ，その猟師自身がエミュートーテムのお尋ね者のリスクを負い，追っ手により殺されることもある。」「エミューはキャンプに注意深く持ち帰り，注意深くさばかれる」という[19]。

アボリジニの人々は文字を持たない。伝統的な歌や踊り，また独特の絵画，場合によっては岩絵などでその伝統的精神を伝える。特に岩絵はいろいろの場所に描かれ古代の人々の遺跡としても貴重なものとなっている[20]。彼らの絵は独特の線描や点描を交え，それぞれに伝統の意味をこめて描かれている。最近，ヨーロッパなどで人気があり，アボリジナルアートとして知られているが，本来，家族の中で伝承されるもので，他人には伝えない。彼らの民族的アイデンティティーを示すものとして考えられている。

彼らの伝統的な生活では，今もこうしたトーテミズムの教えを守り伝えて

いる。精霊である動物が仲間としてその身を賭して自分たちに食べ物を与え，人間の生命を支えてくれる。その事を伝統的な方法で伝え，それを守ることで生活をまもり，自然をまもる。これは優れて彼らの文化であり，自然との交流において培われた生活として重みがある。

ちなみに彼らの数万年におよぶ生活によって例えばオーストラリア大陸の動物の絶滅や自然の破壊は目立ったものはないといわれている[21]。

翻って我が国では，遺伝子組み換え食品や高級肉牛のクローン生産が行われている。美味しければ可，安全性さえ満たされるなら歓迎する。動物は人間が利用するためにあるもの，我々の多くが，そうした意識に馴らされている。しかし考えてみるまでもなく，ほとんど全て食品は生き物であり，その「いのち」を頂いている。その事に思いを致すことのない精神活動は，なんと貧弱なものであろう。確かに現代の我々は精霊の存在を理解することは困難である。しかし，もし，精霊を「生命の尊厳」という言葉に置き換えたらどうであろうか。それは生物全てに存在し，人間にも共通する根元的な生命の尊厳である。それは「いのちの大切さ」の意味を与え，今日の際限ない生物利用に対する精神的障壁となり，昔も今も変わりない不変の精神的基盤を与えてくれるだろう。現代においても自然に対する豊かな精神生活をもたらすことになるのではなかろうか。

(3) 古代日本とアイヌ民族の生命観・自然観

i) アイヌの人々の精神文化

トーテミズムの考えは，現代の我々からみると奇異に感じる部分があるかもしれないが人類の歴史においてはかなり普遍的な自然観であったと考えられる。これまでに述べた北アメリカとオーストラリアの先住民のケースとは距離的に遠く離れた我が国の古代日本でも同様の考えがあったとされている。それはまた現代の我々の意識，無意識の中に潜んでいる生命観・自然観の

ルーツといってもよいかもしれない。

一般にはあまり知られていないが, 折口信夫はその論文[22]の中の一節「とてみずむ起源の一面」において次のように述べている。「我々の周囲にもとてむ(折口はトーテムを「とてむ」と記載している)崇拝と同じ者を持った人々があって, 日本民族の一部となっている。アイヌの熊, フクロウ, 蛙, 狐, 鮭などに対して抱いている観念と所作は, 他の種族・部族に行われているとてむと肩をならべるもので, 別殊(ママ)のものとは思はれぬ」と述べ, 「私は民族研究者の一人だから, 其れらしい方法でそうした日本人の行く足をつきとめていくであろう」としている。トーテムにおいて人々と動物などとの「親昵(じ)関繋は自ら認めているが, 何と説明しようもない為に, 長い過去において, 其々の動物の子孫だという他島民の悪口を, 甘心しないながら半分は認めているような形になっていた」。しかし, このように「とてむと言われる動物その他に対する崇拝の存在することを知らなかった時代には, 問題だったろうが, この短い単語が, この観念を簡単に解決してしまった」とも述べている。非常に貴重な指摘である。

アイヌの人々もかつては狩猟採集生活をしていた。現在, その伝統的な生活に対して多くの研究がなされ, 一般にも紹介されてきている[23]。それによるとアイヌの人々は縄文時代(数万年前)にはすでに東北や北海道を中心にひろく住んでおり, いわば原日本人の一つであったと考えられている。その後, 縄文時代に続く時代(2, 3世紀〜6, 7世紀)を経て, 7世紀頃には本州の律令国家の影響を受けて擦文文化(土器の表面の縄目模様にかわって木片で擦ったような模様の土器にちなむ)が起こり, 狩猟採集, 漁労生活を中心とした独自の文化を築いていた。

アイヌの人々の伝統的な世界観・自然観は創造神話で語られており, 天にはカムイモシリ(神の世界)があり, 人間の住む地にアイヌモシリ(人間世界)が造られたとされている。カムイは地上の現象世界にその現れをもち, 特定

の動植物がカムイと見なされる。こうしたアイヌとカムイの関わり，つまりアイヌの人々の自然観はイオマンテに象徴的にみられる。イオマンテはアイヌ語で「ものを送る」という意味で，送りの儀礼であるという。

このイオマンテは普通熊祭りとして知られている。飼育していた子熊を殺して送る。アイヌの人にとっては神聖な儀礼とされる。明治時代には「クマ送り場」の文献記載があり，古くは縄文時代の遺跡にもそうした跡が見いだせるという。宇田川[24]は次のように述べている。「アイヌの人たちの思想では，万物がみなカムイであり，生活に有用なものが善神，有害なものが悪神とされた。特に人間の生活に欠かすことのできないものを主な神々としてうやまっている。神々や天上界に住んでおり，人間界に姿をあらわすときはヨハクベ(仮面)をつけてやってくるとされる。例えば山の神(キムン・カムイ)はクマの姿，沖の神(レプン・カムイ)はシャチ，イルカの姿，集落の神(コタンコロ・カムイ)はフクロウの姿をとる。これはカムイがアイヌに食べ物や毛皮を与えるためにやってくる」という。「それ故，カムイを大切にするアイヌは食べるときには神に感謝し，残りや不用の部分はそまつにしないで，土産をたくさんもたせて，丁寧に神の国へ送りかえしてやる。それは霊すなわちカムイを天に送り返すのである。クマに限らずすべての食肉に供する鳥獣魚類は，イナウを立てて送る。これをイオマンテという」。

このようにトーテムの考えはアイヌの人々の生活の中心をなす自然観・生命観であり，豊かな精神文化である。これは他にも例えばアイヌユーカラ(カムイの一人称での語りとされる)をアイヌ語との対比で紹介した知里幸恵の『アイヌ神謡集』[25]があり，その「フクロウの神が自ら歌った謡「銀の滴，降る降るまわりに」(Kamuichikap kamui yaieyukar "Shirokanipe ranran pishkan")」の一節にもみられる。紹介すると「銀の滴，降る降るまわりに，金の滴，降る降るまわりに，という歌を私は歌いながら流れに沿って下り，人間の村の上を通りながら下を眺めると(中略)」(子供たちが矢を持って射ろ

うとしている。そのなかでも貧乏な子供に気をかけながら)「歌を歌いながらゆっくりと大空に私は輪をえがいていました」(その子供が私をめがけて矢を射ると)「小さい矢は美しく飛んで私の方へきました，それで私は手を差し伸べてその小さい矢を取りました。クルクルまわりながら，私は風をきって舞い降りました。(中略)」結局，貧乏な子の家でイナウをかざったり，酒などでもてなしを受け，それに対してその子の家いっぱいの宝物をあたえ，土産をもらい神の国にかえり，それを他の神々に自慢するという話である。

　アイヌの人々の考えでは，自分たちに身をもって食べ物を与えてくれる神なる動物は，狩りのターゲットとして殺されるのではなく，アイヌを守ってくれる神であり，それ自身が「手を差し伸べてその小さい矢を取る」のである。すでにアイヌ語がほとんど失われているというなか，自然や生命に対するこうした豊かな精神文化もまた失われるのは残念なことである。これは自然や生命に対する彼らの倫理観といってもよいのではなかろうか。彼らの伝統的な生活を守ろうとするならば，そうした伝統的な生命観・倫理観は口伝や歌謡，踊り，儀式を通して次の世代に必ず受け継がれなければならなかったのであろう。

　現在の我々にはもはやアイヌ民族のカムイはいない。しかし，例えば「いのちの大切さ」という考え方はある。ただ，それは今日，強く意識されることは少なく，子供にも受け継がれるかどうか疑問であるのは残念である。もし，重要な生命観や倫理観であるならば，必ず次の世代の人々に受け継がなければならない。そうして始めて，それは自然や生命にたいする一つの精神文化として継続して存在しうるであろう。アイヌの人々に学ぶことは大きい。そうした豊かな精神文化は失われるべきではない。

　ⅱ）古代日本のいのちとたま(魂)の文化

　古代日本の自然観については幾つかの文献がある。その一つ，上述した折口の論文によれば，アイヌ民族以外の古代日本においてもトーテミズムと同

様の考えはあったとされる。彼は沖縄の伝承文化として「宮古島の黒犬，八重山(石垣島)のコウモリ」を取り上げ，「島々における伝承を調べてみると，思いの外この特別な生類親昵(しんじ)のすがたがみられる」。また「ある島は，鮫の，ある島は人形(じゅごん)のまた他の島はウミガメ，イルカの子孫だと称せられ，また自分も其を信じていた」と述べている。これは重要な指摘である。

古代日本の初期の文化は照葉樹林文化と呼ばれる。これは稲作以前の文化であり，中尾によれば[26]，約1万年前にさかのぼる人類の農耕の起源の一つ，根栽農耕から派生したものとされている。狩猟採集生活の名残を残しながらも焼き畑を取り入れ，イモ(里芋)やヒエ，アワ，ソバなどを栽培した。その後，稲作中心の弥生文化に移った。古墳時代から律令国家が作られていく過程で人々の自然観や生命観はトーテムのそれが変化し，新たに形成されていったであろう。こうした流れは人々の精神文化にも影響したであろう。本稿で問題にしている自然観や生命観もこうした流れの内にあると考えて良いだろう。

本稿の主旨として，古代日本の生命観・自然観の変遷を探り我々のルーツに迫りたいと思う。しかし，残念なことにその詳細は現在わかっていない。そこで改めて，ここでは具体的に「いのち」というキーワードを取り上げ，手掛かりとしたいと考える。つまり「いのちの文化」である。それは今日，よく言われる「いのちの大切さ」という言葉とも関係するのではないだろうか。一体，「いのちの大切さ」とはどういうことか，またその歴史的意味を探ることの意義は大きく，また興味深い。更にはトーテミズムの精神文化やアリストテレスの「霊魂論」とも，比較検討してみたい。

その為にここで話題を変えて「いのち」という言葉自体を日本語の形成の時代とその頃の精神文化に関した文献や万葉集に探り，記紀万葉の時代および少し前の時代に遡ってみたい。筆者はもとよりこの領域の専門家ではない。そこで日本語のルーツや古代日本語の成り立ちの幾つかの説にもとづき考察

する。
　さて,「いのち」という言葉は記紀万葉にすでに現れており,かなり古い言葉である。土橋は『日本語に探る古代信仰』[27]において,「イノチは『万葉集』でも,現代でも,生命を意味し,命が長いとか短いというが,語源的には生命力で「イ」は生命,「チ」はチカラである」と述べ,例として古事記のヤマトタケルの命がその死をまえにして歌った歌「いのちの全けむ人は(後略)」をあげている。また彼は「この場合「イ」は『息吹き』とも用いられ,古代では気息,生命は同一視されていた」とも述べている。つまり土橋は万葉集の時代の用法にたいして,その語源を問題にしている。
　万葉仮名では「いのち」は「伊能知」に当てられている。この場合「能」は文法的には助詞を示すと考えられており[28]上の土橋の説に対応している。
　アイヌ語には「イノトゥ」および「ラマッ」という語があり,それぞれ「いのち」と「たま」の語源とする説もある[29]。また,「イ」という一音語は「意志,意識,意図,(後略)」のように漢和辞典では意は「もと心,心,志,思い,考え,わけ」と説明されていて「意」という文字で示される数多くの「人間の意」を表す単語があるのは偶然とは思えない。
　いま「いのち」という語に着目して,万葉集[30]を読むと,大伴坂上郎女の歌で「とどめ得ぬいのちにしあればしきたえの家ゆは出でて雲隠りにき」(三巻461)がある。これは新羅国のある尼僧の死を悼んだ歌である。また,山上憶良の有名な「白銀も(後略)」の歌についで次の歌があり,「世の中の術なきものは(中略)(最後の部分に)たまきはるいのち惜しけどせむすべもなし」。これら「いのち」という語はいまで言う「寿命」もしくは生きている「間の存在」で,惜しいとはいってもやがて亡くなるものとして,そのままをさしている。多少の宿命観もみられるが,むしろ淡々と寿命を正視している。このことは「いのち」という語の語源からは若干の変化があると思われる。
　「いのち」という言葉とかなり類似した内容の言葉に「たま」という言葉が

ある。この2つを比べるとはっきりするが、この万葉の時代の「いのち」という言葉は、むしろ素朴に寿命という生命現象をさしている言葉といわざるをえない。ちなみに万葉集索引によると「いのち」の語は33項目である。これは「たま」で始まる語の150項目近い数とは比較にならない。そこでは既に「いのち」という言葉が、人の寿命を指すように限られてきていて、筆者の感じでは薄っぺらな内容になっているのに対して、「たま」という言葉は更に豊富な内容を持つようになっているように思われる。

今日、「たま」概念については、種々研究がなされている。その一つ、土橋は「タマには身体に宿って身体と生死をともにする身体霊ないし生命力としてのタマと、身体から遊離して独立に存在する遊離魂としてのタマがある。神名にふくまれるタマは当然前者の生命霊である」。また仮説としながらも、「霊魂概念を表す日本語は元来一音節の語であったが、後に二音節の「タマ」という語が外から入ってきて新しく遊離魂の観念を表すとともに、それまで一音節の語が表していた身体霊、生命霊をも引き継いで表すようになった」と述べている。「いのち」から「タマ(たま)」への変化を示唆している。

また、折口は「霊魂」という論文で「日本の霊魂信仰は時代、時代に変化がある。(中略)霊魂は『たま』であり、所謂、たましひはもと霊魂の作用である。「たま」はものに内在し、霊をつつんでいるものもたまという。たまはつつまれたものから出て人体に入るのをつねとする」「霊魂は分離しやすいものだからそれを鎮める必要がある。外来魂を身に鎮めて威力をあたらしく加えるのを、『たまふり』と言う」としている。

折口はまた「完成した霊魂」と「未完成の霊魂」を論じ、前者は「神の所在、とこよのくに」へ導かれ、後者は未成人で亡くなった霊魂や植物や建造物、鉱物、またそうしたものの影響による動物の霊魂であったりするという。この未完成、もしくは欠陥ある霊魂は孤独であったり、別の地域に屯集するという。彼は「魂の完成者は人間界ではおとなにあるものであった。人はそ

ういう階梯をへて後，他界におけるおきな（老人）として往生すると考えたのではないか。おとなは彼世にいけばとこよ（の国）であり，おきなである人である。霊魂の完成は年齢の充実と，完全な形の死とが備わらねばならぬ。死が不完全であるとは，生が円満ならず，中絶した場合，横死，不慮の死，などを意味する」としている。また「たまという語がすでに早く分化して，霊の暴威などの作用にも通じ，「もの」といったりした。万葉では「鬼」は即「もの」の宛字にしていたと述べている。

　後にアリストテレスの「霊魂論」に触れる（第3節）が，それと比してもこの古代日本の「未完成の霊魂」の考えは心が心身として考えられていて，その完成が成人になることであるという点で，興味深い対比をなしていることを指摘しておこう。また，「たま」について，様々な意味づけがおこなわれ，良き魂とか悪しき魂，人に害を及ぼす魂など，一種の価値判断がなされていることにも注目したい。

　以上，幾つかの資料でわかるように当時，「いのち」という言葉が生きている現象そのものをさすのに対して「たま」という言葉は，「いのち」の内実として「心のあり方」を表し，生命の元にかかわると理解されているようである。さらに，「たま」という語は今日の言葉でいう「生命の質（クオリティー　オブ　ライフ）」や「人格」に属する概念も含まれると考えられる。その意味で，宗教的形式というよりも社会の発展とともに生み出された倫理観として「たまの文化」と名付けてもよいであろう。

　ちなみに当時，律令国家の形成時期における，この「たま」の役割はもう一つあって，古代国家の形成にあたり政治的イデオロギーを形作る基盤をなしているようである。それが「たま ⇒ 神」という展開であろうと推測される。この点について先の土橋は「神名の核をなす霊力」と題して，古代の日本人がどんなものを神と考え，また祭っていたかを知る上での貴重な資料として，その「神の観念に共通する核の言葉」をとりあげ，それは「一音節の

「ヒ」「チ」「ニ」および，二音節の「タマ」である」と述べている。このうち「チ」については血，乳などをさす重要な語とされた。更に松村による次のような説が唱えられている。彼は『日本神話の研究』[31] 第四巻において「チ⇒タマ⇒カミの相において古代日本の諸霊格の観じている」，「チを目して，タマおよびカミとともに，古代日本民族が観じかつ信じた主要な霊物であるとなす多くの学者たちは，チの観念・信仰が進展してタマの観念・信仰が生れ出で，更にタマの観念・信仰が進展したときに神の観念・信仰が成形したと観じている」としている。

ここでは「いのちの大切さ」や「いのち」という語をキーワードにしているので，これ以上「たま」「かみ」について論じないが，記紀万葉の時代には「いのち」の語は「たま」にくらべ現象的に使用されており，大切であるとか，そうでないという価値判断としては限定的であり，豊富な内容は「たま」の方にあることを確認しておこう。

その上でよく考えてみると，万葉集にある「いのち」はほとんどが「人のいのち」である。獣にも「いのち」があることは判っていたであろうが，その「いのち」に思いをはせて獣の寿命を惜しむことはない。歌の内容がたまたま人間的な叙情を表すものであった為かもしれないがトーテムの汎生物的精神に比べて，より人間に偏ったものになっている。ただし興味深いことに「たま(もの)」という語は人だけではなく，獣や山川草木の霊力をさすこともある。こうした考え方は，現代のように人の心における問題と客観的自然とが分離しているのではなく，それらが混沌として重なり合ってその中での人間の生活であるという初源の考え方は，この「たま(魂)の文化」でもまだはっきりと見てとれる。

以上の点を踏まえ考察により生命観の変遷をまとめてみると，トーテムの時代から，記紀万葉の時代までの間に，古代日本では生命に関する精神文化の変化があったのではないだろうか。古代日本の弥生時代には稲作が農耕の

主体となり，植物食品中心および一部の魚介類の食文化となっていて，社会的文化的生活のパターンが大きく変化したこともその背景にあるのかもしれない。特に律令時代の支配層の生活においては，立派な住まいと穀物や野菜，魚介類などの食生活になり，クマやイノシシを狩りをしてその肉に頼ることはあまり無くなっていたのではなかろうか。こうして「いのち」という語は人間の寿命をさすという人間に偏った生命観であったと推測できる。

更に，この時代には土橋のいう「生命の源という霊力をもっている」という「イノチ」の語源からの変化もみられる。記紀万葉の時代には霊力，生命力としての「イノチ」の意味はむしろ「たま」の方に移行し，「たま」という言葉は質的に豊富な内容と霊力を込めたものとなっているのである。

古代日本では植物に依存する生活風土において生命に対する「たまの文化」という比較的穏やかな生命観がうまれた。それは古代日本におけるこうした社会発展に伴う，新たな精神文化となったのであろう。同時に，律令国家のためのイデオロギーとしての役目をにない，「神」への繋がりの契機としての「たま」であったことを強く感じるものである。

翻ってテーマとして取り上げた今日の「いのちの大切さ」という意味での「いのち」という言葉と古代，記紀万葉時代のそれを比較すると，その意味するものはいくらか違うようである。

現代では「いのち」は生命一般をさし，生命の尊厳をも意味する。つまり，人間のみならず生物の「生への営み」という認識を踏まえていると考えて良い。現代の我々は意識するとしないとにかかわらず，「いのちの大切さ」という考えはむしろトーテム的な生命観を含んでおり，高度に汎生物的である。その意味でトーテム的な生命観は現代に通じている生命観と言えるであろう。

3. まとめ，理性的生命観

(1) 人類史と生命観・自然観，人間性崩壊の危機

　人類史において狩猟採集生活の限りではまだ人類は文字どおり生態系の一部であった。トーテミズムの自然観がそこにあった。今から約一万年前，農耕の始まりは人類と自然との関係を大きく変えることになる。

　人類が自然の生物から生じ，やがて分かれて対立的関係になってゆく。筆者はこれを人類の根源的疎外と呼んでいる。これは生物進化の一端であり，人類発展の原理である。原始の狩猟採集生活はその潜在的形態であり，人類と自然との対立的関係として根源的疎外が顕在化する初源の形態は農耕である。農耕の段階で人類は自然を田畑に変え，作物や家畜を改変した。しかしそれはまだ，土から離れることはなく，生態系の遷移現象を最大限に活かした依存，共存の形態である。これに対して，いまから約250年前，近代社会では産業革命を経て急速に工業化，都市化が進み，現在，自然破壊は人間の敵対的行為とも言えるほど著しい矛盾を生じている。しかし，人類が生態系の一部であることは変わりなく，絶対的な敵対関係であってはならない。こうした地球的危機の事態において今日では自然との共存関係，つまり「生命のつながり」という生命原理に基づく新たな自然観が模索されているのは周知のとおりである。現在我々がエコロジーに注意を払い，産業界の環境シフトといわれる状況もこうした大きな流れのなかにある。

　生命原理にはもう一つの側面がある。「生への営み」である。生命科学は20世紀末から著しい進展を見せ始め，生命を操作するだけでなく，人間自身の利用と人間性の改変へ向かいつつあるように思える。現代の脳死臓器移植，生殖革命やクローン人間などそうした危険がある。「生への営み」についての人間の意識と客観との葛藤。それは21世紀の大きな課題である。この課題は本稿の更なるテーマであり，生命倫理の基本に関わる人類史的課題である。

この点について人類はまだ人間自身の生命の本質，人間性との折り合いをみつけることが出来ないでいる。もしこのまま事態が進めば，人類の破滅，つまり人間性が人間の内部から崩壊しかねない。この点を踏まえて次にまとめてみよう。

(2) 理性的生命観とアリストテレスの霊魂論

「生への営み」について理性的生命観・自然観の始まりは古代ギリシアである。自然科学のルーツもそこにある。

我々は世界の四大文明に属するエジプト，メソポタミアの巨大さに圧倒されがちである。しかし，そこに自然科学はなく，その知識や技術は体験に基づいた断片的なもので，王や神官たちのものであった。そうした知識は呪術的で支配の道具となっていたといっても過言ではない。エジプトでは神は動物神であり王はタカの神であるホルス神の分身とみなされ「洪水をつくる」と考えられ，「農耕の祭祀」を取り仕切った神王であった。他にも，ヘロドトスの『歴史』[32]には犠牲となる「牛（牡牛や子牛）」の話がある。彼等は自分達の禍を，その牛に転化すると信じていた。この伝統的な呪術的自然観からは決して自然科学がうまれることはなかった。こうした呪術的・宗教的自然観は，国家のイデオロギーの役割をもっていたと考えられ，古代共同体社会に多くみられる形である。

自然科学が生まれたのは，上に述べたように古代ギリシアにおいてである。この時代，彼らは始めて人間とその他の生物・自然を区別し，彼我を比較して論じている。

紀元前7世紀，ミレトスの地でタレスの「もとのもの（アルケー）」に始まり，古代原子論へと発展していった思想体系は自然学と呼ばれる[33]。タレスの弟子，アナクシマンドロスは「人間は魚のうちに生じ，鮫のように育てられ，十分な成長の後に，始めてそこから出て大地にとりついた」とし，今日

の進化論の類に相当する考えを明らかにした。またアルクマイオンは「人間が他のものと異なっているのはただ彼のみが理解する」ということであるとし，人間と他の動物の違いを精神について取り上げた。

　また，古代ギリシア原子論は自然と人間の壮大な世界観を述べ，原子の渦巻きは現代の宇宙論の如く，また大地の上での生命の創出と，人間の歴史，文化の発展が述べられている。そこでは魂は身体の成長とともに生じる機能とし，身体の死とともに滅ぶという考えが述べられている。つまり原子の結合や集合により新たな質が生じる。それは近代のドルトンの原子論と似て非なるものである。古代原子論は一つの世界観であり，原子論によれば「身体が滅び，もとの原子に分解されるときに霊魂も滅ぶのは自然の技」であるとしている。霊魂の不滅や神的性格は否定される。それで不都合はなく良いではないかと。

　また，原子は生成消滅のない所与のものであり，それ自体の由来は未知であるとし，アリストテレスが全ての原因，由来を考え，第一動者である自然としたのと鋭く対立する。

　この原子論の後継者であったエピクロスは人間の本性を快楽とし，人間の自由意志を重んじ，自然の本性である原子に偏りを考え原子の学を深めたとされる。彼は自然と人間と区別しつつ両者の関わりと人間的な自由意志を原子の学として深く追求した。現代のような自然と人間の断絶はそこにはない。これらもまた理性的生命観といえるであろう。

　古代ギリシア自然思想の諸潮流を総括したのはアリストテレスである。彼は生物学の祖ともいわれ『動物誌』[34]他の著作がある。彼はまた『霊魂論』[35]を書いている。いわば生命論ともいえる。そこに理性的生命観のルーツを見ることが出来る。その中で彼はこう述べている。「霊魂は生物のはじめのようなものであり（中略）われわれが観察して，認識しようとしているのは霊魂の本質であり，次に，霊魂に付属している諸属性である」ただ，「霊魂について

何らかの確信をつかむのはあらゆる点で全くもう非常に困難なことである」「霊魂は生物の定義のように一つであるのか、それともそれぞれ、馬、犬、人間、神の霊魂に別であるのか」考察の必要があるとする。また、「霊魂の様態にも問題がある。たとえば怒る、大胆である、欲望する、感覚するなど(中略)その様態の大多数のものを身体なしには作り出されたり、作り出したりしないように思える。しかし、思惟することは特に霊魂に独特の物であるようである」とし、身体的様態については「霊魂のすべて、あるいはこのような霊魂についてなり観察することは自然学者の仕事である」としている。

「少なくとも怒りやおそれのような性質のものである限り、生物の自然的質量から分離されないものである」「霊魂は物体ではなく、必然的に実体、それも可能的に生命をもつ自然的物体の形相という意味での実体である。同時に滅じないものでもある」し、「霊魂は身体から分離できるものでない」。また生物、非生物の違いは「有魂のものは無魂のものから『生きていることによって』区別される」とし、「霊魂は、上に述べた、いくつかの能力の原理であって、栄養的、感覚的、思考能力および運動によって規定される」とも述べている。つまり、この限りでは彼の言う霊魂は生物の持つ生命現象を通して自然科学者の研究対象としての「生命」とおきかえることが出来る。かくしてアリストテレスの霊魂論は生物の本質的理解を進める限りにおいて生命論であり、理性的生命観であるといってよい。

これは古代の自然観・生命観の新たな発展、展開であり、トーテム概念とも、エジプトの呪術的自然観の流れとも全くことなる新たな流れをなすものである。興味ぶかいのはアリストテレスが「理性、即ち理論的な能力について」それは「永遠のもののように他(他の霊魂)とは分離できる」とし「理性は何か実体であって、我々の中に生じてき、そして滅しないもののようである。(中略)理性は何か一層神的なもの」であり、別格であるとしている。この点は強調してもし過ぎることはない。つまり、彼によって初めて、主観の

分離が他の生命現象との区別において示されたのである。理性は単なる霊魂として自然学者の対象になるようなものではなく神的なもの，神的理性であると。

近代においてデカルトは自我と関連づけて，この神的理性を明示したのである。その結果「人権」の根拠となることができた。しかし同時に「われ」という主観主義にかたよる傾向を生み，同様に「他の人も」という発想にはならない。理屈では，そういう客観的根拠はないからである。ここで近代は人間の類的存在としての本性をまだ捉えてはいない。

また，この魂は古代の日本に見られるような「未完成」であってはならない。古代日本では「未完成の魂」は未成人にあって，完成された魂の国，「あの世」にはゆくことが出来ず，いわば悪しき霊として「この世」に居残るものと信じられたのである。これに対して理性的魂は神的であり，人間以外の動物や植物などに宿ってはならないものであった。

ところでアリストテレスは明文的に動物は人間のためにあるという人間に偏った生物観を述べている。彼は『政治学』[36]の中で彼の言う取財術として人間社会を自然の動物の生活との関係において考察する。「食料には多くの種類がある。それゆえにまた動物や人間の生活にも多くの種類がある，食料の相違は動物の生活に相違をもたらした」として草食獣，肉食獣，雑食獣の例をあげて説明している。そして，人間が自然を利用することについて「動物が成長したときにも，植物は食料として彼らの為に存し，他の動物は人間のために存する。家畜は(人間の)使用や食料のために，野獣は大部分が食料，そのほか衣服やその他の道具を得るために存する。もし，自然が何物をも不足なものとして，また徒に(無駄に)作ることがないとすれば，人間のためにそれら凡てを自然がつくっているのでなくてはならぬ」とした。

古代日本における「たまの文化」の自然観が人間に偏っていることを述べてきたが，アリストテレスは理屈でそれを説明しようと試みたのである。彼

は人間が他の動物を食料や道具の材料として利用し，使用することは自然の摂理だとしている。これは自然の生態系の食物連鎖や生態ピラミッドの論理である。ただし，結論として「利用される生物は人間の為に存在している」という論理には飛躍があり，目的論的解釈といわざるをえない。

　それはともかくとして，古代ギリシア人の特徴的な論法で人間そして自然へと自由自在に渡り移って論じている。こうした方法は我々の苦手とするところである。今日，我々は自然は自然，人間は人間と異質な知識に基づいて考えることが多い。古代ギリシアの方法に学ぶ必要がある。アリストテレスはこのように自然の性質をよく認識した上で，人間の価値判断との対比をしている点は特徴である。ただ自然と人間社会とを混同し単なる類似による類推判断に陥っている部分がある点には注意する必要がある。彼はまた「奴隷は生ある所有物である」としている[36]。ここでは人間性は十分には捉えられていない。

　現代社会ではいわば人間が人間を利用したり，遺伝子操作で改変したりする状況がある。そこにどのような論理，必然的意味があるのか。アリストテレスのやり方はこうした課題を考える上で，理性的自然観として学ぶべき点がある。ここで，正しくは階層的領域の概念が必要であることはいうまでもない。ちなみにタレスは紀元前640～562頃，釈迦は紀元前566～486である。日本の記紀万葉の時代より一千年ほど前の人達である。アリストテレスは紀元前384～322年である。こうした時代の違いは考慮すべきであろう。

　さて近代科学では分析的方法は主流をなす。階層概念でいえば，より下位の階層によって説明することである。他方，総合の方法については一部を除いてあまりうまくいっていない。総合の方法もまた階層的理解なのである。本稿ではこの総合的階層概念を特に人間社会への移行に適応したものである。ここではそれを社会における階層の領域と呼んだ。その中身が理性的自然観である。それは生命倫理や自然倫理の議論などにおいて特に重要となろう。

筆者はこの方法はエピクロス的な手法と考える。つまり，エピクロスは人間の本性を尊重し自然学である原子論の方を修正し整合性を図ったのである。今日的に同様の方法論を考えるなら，今度は生命科学の方も広い視野でその概念化を図る必要がある。すでに述べた理性的自然観の生命原理はそうした試みであることを強調しておく。

　筆者はこうした認識を科学文化とよんでいる。それは企業の研究者の立場ではなく，一般の生活者の主体を基盤としている。狭い範囲の生命科学の知識は例えば企業の開発研究などでは十分有効であり，競争には不可欠なものであろう。ただし，そこでは生命原理のような広い全体認識はあまり興味をもたれない。我々はときにそれを誤解して，幅広い概念的本質的認識を軽んじる傾向がある。これは科学の社会性の問題である。科学は人間と自然とのインターフェースであるというのが筆者の持論である。もはや紙面は超過しており，こうした方法で現代の生命科学とその技術的応用である脳死移植，生殖革命などをどう考えるか，遺伝子診断やクローン人間についてどう議論したら良いかなどについて触れることはできない。とりあえず，ここでは別の観点で意見をまとめておこう。

(3) 「いのちの大切さ」は理性的生命観である

　これまでの議論の過程で「いのちの大切さ」を取り上げた。これは今日，よく耳にする言葉であり，むしろその意味を深く考えることなしに口にしがちな言葉である。

　ちなみに上述したように，日本の古代の自然観では，「いのち」という言葉よりも「魂(たま)の尊さ」の価値観が信じられており，「いのち」という語は寿命とか生きている期間を指す現象的な内容となっていることを指摘しておいた。したがって「いのちが大切である」という言葉，つまりいのちの倫理観は歴史的には別の起源，精神的ルーツをもっていると考えられる。一つ考

えられるのは仏教の教え，十善戒(五戒)と不殺生戒である。これは無益な殺生を禁じたもので「いのちの大切さ」に通じるものがある。従来，我が国では祖先の供養とともに広まっていたいわば道徳観であり倫理観であったと考えられるが，これについてはここでは触れる余裕はない。

これまでの議論を踏まえれば，「いのちの大切さ」という言葉は，高度に抽象的であり，人の「いのち」だけではなく汎生物的な生命の尊厳に関わっていることである。今日，我が国のいわば「生命の文化」の基本となる言葉でありながら，十分にその内容が把握されないままに流布しており，我々の次の世代へと受け継がれるには更に意識的な努力を要する。一般には，そのことがあまり認識されていないのが現状であり，残念である。

筆者は，今日の社会で「いのちの大切さ」という言葉は日本的な「生命の文化」であると考えており，これからの社会において生命に関わる新たな内容的展開が可能であるように思う。つまり生命の尊厳の意味あいを持ったものであると考える。それは時代の要請であり生命の世紀の課題ともいえよう。

いずれにしてもこの「いのちの大切さ」について，では何故「いのちが大切」なのか，その根拠は何なのか，それは具体的にどのような内容をもつのか。こうした問いにわれわれ自身がどれだけ答えることが可能なのだろうか。本稿の主旨の一つはそこにあった。その言葉のもつ意味は重い。人類の歴史の中で獲得された倫理的認識であり，我が国では特に幾つかの戦争，世界大戦の悲惨な体験や現代社会が生み出した公害や環境問題などの歴史体験を踏まえたものであることを忘れてはならない。しかし，同時にそれは生命原理に基づいているものである。また人類の歴史でもトーテムの汎生命観にみられるものであることが本稿で明らかになったと思う。

繰り返し注意しておきたいのは，その考えは近代の生命科学——つまり分析的手法を基調とする今日の生物学の知識でもあるが——にあるのではないということである。つまり近代の生命科学の客観的体系にはこうした価値観

ははいる余地はないのである。理性的生命観とは客観的生命科学の体系を踏まえつつ，機械的な客観主義的理解を超えたところにあるといえよう。それは人間が主体的に，また主体の責任において生命の尊重を伴うものとして，自然の法則，いわば自然らしさを基準として理性的判断をおこなうことにある。

最終的にまとめると，今日，我々の言う「いのちの大切さ」とは，汎生物的視野をもった生命観で高度に理性的判断によっている日本の優れた文化の一つである。その内容を深く理解すれば，生命の尊厳に通じている。生命の尊厳は本論文で提唱した二つの生命原理，即ち生物階層を踏まえた「生への営み」と「生命の繋がり」に基づいており，決して空虚で空想的概念ではない。我々は人間のありかたを，そうした生命原理に基づく個の尊厳として主体的に考えるべきである。こうした理性的価値判断を理性的生命観と呼んだ。

最後に誤解のないようにしたいのは，では客観主義的体系である自然や生物を学ぶことは無駄かというと，そうではない。当然，知識のみの学習であってはならず，特に学習の方法が重要である。それは生命教育と呼ばれている。身近な自然や生物の体験の中からそうした生命原理は理解することが可能だし，主体的な体験的認識にすることが大切である。

ここで生命教育について一つ付記しておきたいことがある。ある学校での実例である。新聞報道によると，その学校では夏に野外での課外学習の際，食べ物を自分で調理することを目標にし，中でも生きた「ニワトリ」をさばいて，最後に食べることを体験実習するという。その際，「いのちの大切さ」を先生も一緒に考え，子供達に強い印象をあたえているということである。こうした教育実践は「いのちの大切さ」という価値観が生物科学の知識の中にあるのではなく，それを通した体験的方法による生命原理の主体的認識の中に芽生えることを示している。このように「いのちの大切さ」という言葉は，客観的な自然体系から自動的に得られる概念ではなく，人間社会の生活者の主体に属する「いのちの文化」である。文化であるなら，われわれはそ

の意味を深く捉え，人類のかけがえのない伝統として次の世代の子供たちに責任をもって伝えなければならない。これもまた生命倫理の基本的課題であると筆者は考える。

最後に，本論文でのべた主旨から，筆者は生命の尊厳と人間の尊厳を主体的に理解し，人類の最高の規範とすべく，2000年人間宣言を提唱しているので付記[37]しておく。

2000年「人間宣言」（2000年3月　提唱）
一つ，人間は他の生物と等しく，生命の尊厳を有する。
一つ，人間は種によって他の生物と区別され，人間としての尊厳を有する。

　［謝辞］　筆者自身は生命科学研究者であって日頃は非常に狭い領域の研究に携わっていることは否めない。今日の研究者の宿命である。こうした状況で他方，クローン人間(筆者は現段階では人体実験に等しいと感じている)のような研究が強引に進められようとしていることに対して同じ研究者として内心忸怩たる思いをもっている。そうした時にこのように生命倫理と「いのち」の問題を広く探求する機会をあたえてくださったことに感謝したい。また，貴重な御意見を賜った法学部の真田教授にお礼を申しあげます。

1) W. ウオルターズ他編著『試験管ベビー』，岩波現代選書，1983
2) 『The Human Genome』Nature , Vol.409（No.6822），2001
3) 『The Human Genome』Science , Vol.291（No.5507），2001
4) 戸波他著『憲法(人権)』，有斐閣，1992
5) S. B. コーエン他編著(田原訳)『心の理論』，八千代出版，1997
6) エンゲルス(菅原訳)『自然の弁証法』，大月書店，1970
7) 『自然の哲学』岩波講座(哲学)，1971
8) 坂田著『科学に新しい風を』，新日本出版，1967
9) E. ヘッケル『生命の不可思議』，岩波文庫，1988
10) 黒田他著『人類の起源と進化』，有斐閣，1987

11) 『岩波生物学辞典』(第4版)岩波書店, 1996
12) A. シュヴァイツアー(竹山訳)『わが生活と生涯より』, 白水社, 1931
13) R. カーソン『沈黙の春』, 新潮文庫, 1997
14) マリノフスキー(宮武他訳)『呪術, 科学, 宗教, 神話』, 人文書院, 1997
15) 『白門』(中央大学通信教育部), 46巻(10), 1994
16) S. ジェファーズ『Brother Eagle, Sister Sky』, JULA出版局, 1998
17) 富田著『アメリカインディアンの歴史』, 雄山閣, 1997
18) W. H. エドワード『An Introduction Aboriginal Societies』, Social Science Press, 1994
19) J. マシュー『Totem and Taboo』, Collins, Sydney, 1979
20) J. フィールド『The Riches of Ancient Australia』, UQP, 1990
21) J. コーエン『Aboriginal Environmental Impacts』, UNSW Press, 1995
22) 『折口信夫全集』20, 中央公論社, 1996
23) 田端他監修『アイヌ民族の歴史と文化』, 山川出版社, 2000
24) 宇田川著『イオマンテの考古学』, 東京大学出版, 1989
25) 知里幸恵著『アイヌ神謡集』, 岩波文庫, 1998
26) 中尾著『栽培植物と農耕の起源』, 岩波新書, 1984
27) 土橋著『日本語に探る古代信仰』, 中公新書, 2000
28) 橋本著『古代国語の音韻について』, 岩波文庫, 1980
29) 山田著『アイヌの世界観』, 講談社, 1997
30) 『万葉集』佐々木信綱編, 岩波文庫, 1999
31) 松村著『日本神話の研究』, 培風館, 1958
32) 松平訳『ヘロドトス 歴史』, 岩波文庫, 1990
33) 山本訳編『初期ギリシア哲学者断片集』, 岩波書店, 1989
34) 『アリストテレス全集(7)』【動物誌】, 岩波書店
35) 『アリストテレス全集(6)』【霊魂論】, 岩波書店
36) 『アリストテレス全集(15)』【政治学】, 岩波書店
37) 甲斐著『生命の探求』, 学術図書出版, 2000

倫理の深層・こころの危機

舟 橋 一 郎

はじめに

　我が国では，図1（精神障害の受診率の推移）にみるように，1955年頃より精神障害者が増加し続けている。精神障害者の受診率は，この40年間で約4倍に増え，現在では肝臓病，糖尿病，消化性潰瘍，癌などの受診者の2～3

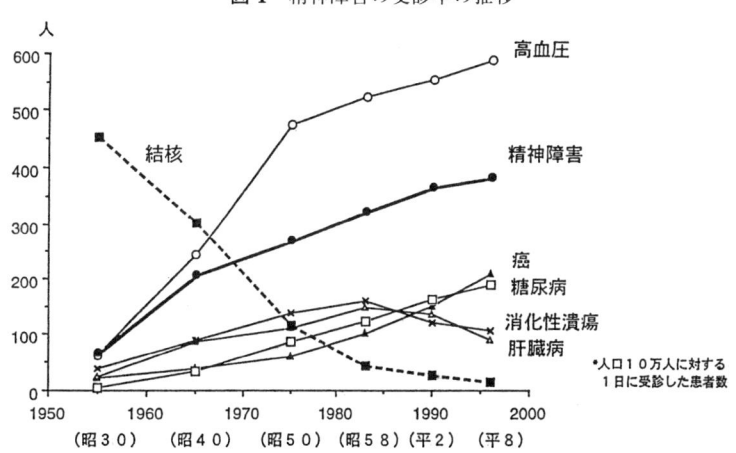

図1　精神障害の受診率の推移

厚生省大臣官房統計情報部編・患者調査・全国編・平成2年および平成8年版（財団法人・厚生統計協会発行）をもとに東京都精神医学総合研究所がグラフにしたもの。

72　第1章　日本社会における「いのち」と「こころ」

図2　自殺者数の推移

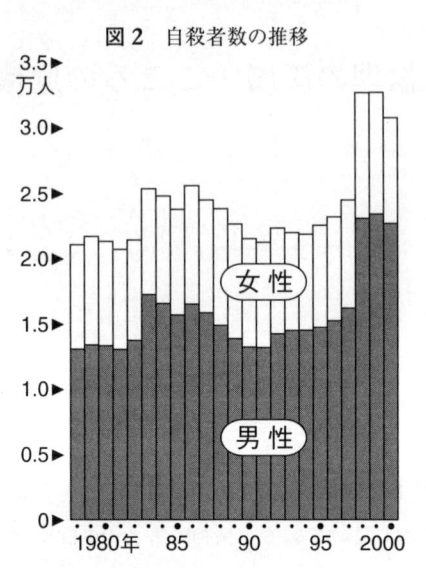

東京新聞・平成13年8月13日朝刊より転載。

倍の受診者が治療を受けている。更に精神障害の場合，毎年健康診断のある一般の身体病に比べ，病的状態にあっても治療を受けない者が多く，実際の精神障害者は，図1以上に存在すると推定される。また図2（自殺者数の推移）の通り，全国の年間自殺者数は1997年より急増し，この3年間は年間3万人を越えている。

　特に最近は，電車の中での些細なトラブルで人を殺したり，親が我が子を殺したり，たいした理由もなく人を殺害する異常な事件が相次いでいる。特に大阪の池田小学校でおきた学童多数を無差別に殺傷し，8人が死亡した事件は大きな衝撃を与えた。昔から凶悪事件は発生していたが，そのほとんどは利害関係，痴情，恨みが犯罪動機で，犯罪としての動機はそれなりに理解できた。現在でももちろん，このタイプの犯罪は続いているが，衝動的，短絡的に殺人してしまうような，一見たいした理由のない犯罪が増加している。

以前も現在も，動機と行為の間に常識的に考えられる因果関係の乏しい犯罪は，精神病者によるものが多い。被害妄想をもつ精神病者が，自分に危害が加えられると誤解して，先制して相手を攻撃してしまう。このことを客観的にみれば，被害者には身に憶えのないことであるし，第三者からみると，その因果関係は到底理解できない。しかし最近起こっている幾つかの事件は，犯罪動機と犯罪結果の間に整合性がなく，常識的に理解し難い犯罪にも拘らず，犯人は精神病者でなく，普通にいる責任能力のある者である。

また学校では，登校拒否，いじめ，学級崩壊が起こり，社会では，若者や成人のひきこもり，女性の摂食障害も増加している。その他，カルト宗教が増え，さまよえる若者を吸収し，テロ事件をはじめとして各種のトラブルを起こしている。

これらの事態の原因を考えると，現代の我が国の精神衛生上の社会環境が以前と異なり，現代の社会環境の総体が人格の成長に何らかの歪みを与えているのではないかと考えられる。また脳の発達を阻害する生物学的環境要因，すなわち食品添加物，大気汚染，内分泌撹乱物質（環境ホルモン）なども人格の成長に何らかの影響を与えている可能性があり，併せて考慮する必要がある。

では，その人格の成長に歪みを与えている環境の総体は何か。社会環境だけをとっても，多岐に及び，政治の在り方，経済，教育，身近な近隣関係など広範囲になり，更に生物学的環境になると，環境ホルモン等の有害合成化学物質の大気からの吸入，食物等からの経口摂取などがある。人格の成長に歪みを与える要因が多少でも解明されなければ，我々はこの由々しき事態を見過ごし，更なる事態の悪化を無力にも招来してしまうことになりかねない。

しかし，この問題は極めて複雑な要因が相互に絡み合い，容易には解決され得ない。これまでも，一部で姑息的な取り組みがなされたが，はとんどが失敗している。例えば，20〜30年前に東京都教育委員会が受験地獄を解消す

るとして，高校受験の学区制を改め，地元の小範囲の高校の受験しか認めないという中世の農奴制のような学区制を採用したが，これは進学生の公立高校離れをもたらし，私立進学校への受験競争の激化を促進する結果となった。これは「木を見て森を見ず」の削除高級知識人の愚かな思考の結論であった。また今回文部科学省は，不登校，学級崩壊の対策として，義務教育の学年毎の学業到達水準を低下させ問題の解決をはかろうとしているが，これも「木を見て森を見ず」の教育対策であり，問題の解決とはほど遠いものになろう。木を見るのはやさしいが，森全体を見るのは難しい。特にこの問題の森は，要因が複雑，相互に連鎖反応しあい絡み合っているため，全体の相互関係の結果を解明することは更に難しい。短絡的に木だけを見て近視眼的な対策を立てても，有効な対策にならないことは東京都教育委員会の例をみても明らかである。森全体の解明，すなわち人格の成長に歪みを与える環境の総体を分析，解明し，この難題の近似的回答に近づくことは，我が国の将来の健全性を考えるとき，必要欠くべからざるものと思う。このメカニズムの解明は，単純な問題ではないので，大変難しいが，今後の各種の研究を総合しながら，問題の本質に近づきたいと考えている。

　本稿では，人格の成長に影響を与える要素を生物学的要因と社会的要因に大別し，それら要因と人格成長の関係を考察し，何が人間生活にとって大切なものか，微視的に分析するのは現段階では困難なので，巨視的に全体をみて何が人格を歪ませているものかを考えたい。

1. 生物学的要因の変化

　脳の発達に影響を与える可能性のある生物学的要因の視点で，私共が育った50年前頃と研究対象の若成年者の育った20年前頃との大きな変化は，こ

の間の30年間に，科学技術の発展に伴いプラスチック，殺虫剤などの合成化学製品が世界規模で大量に生産され，それらの一部が生物の健康に直接有害に働く物質として無視できない状況を生みだしたことである。

その他にも間接的な有害作用をもつものとして，フロンガスのオゾン層破壊による短波長紫外線の人体被爆，亜硫酸ガスなどによる酸性雨，大気中の炭酸ガスの増加による地球温暖化も無視できない状況を生みだしているが，この3つについては，生物の脳に影響を与える可能性は現在のところ認められていない。

しかし，生命体の不思議というか，例えば頭部外傷後遺症や動脈硬化症の人が雨が降る前に頭重を訴え，雨が降りだすと頭重が治まることは，よくみられることであるが，この脳と気候との因果関係は分かっていない。それ故，オゾン層破壊による紫外線の増加など一見脳と無関係と思われるものも，脳との因果関係なしとして簡単に切り捨てられない。特に脳の一器官である松果体は，外界の可視光線の明るさに反応して，眠気を催すホルモン(メラトニン)を分泌しており，恐竜で著しく発達していたとされている。人の脳は電磁波のうち，$0.38〜0.78\ \mu m$ の限定された波長の可視光線に反応する機能をもっているが，可視光線だけにしか脳が反応しないかどうかは不明である。視覚だけに限れば可視光線にしか反応しないが，紫外線に対して皮膚はセンサーをもっており，皮膚を通じて脳に影響があることも1つの可能性として考えておかなければならない。視覚的に認識できないからといって，同じ電磁波でやや波長の短い紫外線が脳に影響を及ぼさないと断定することはできない。このように一見脳と無関係と思われるものも，謙虚に慎重に考慮していかなければ，真理を見失うことにもなりかねない。オゾン層破壊による紫外線の増加も被疑対象として保留しておきたい。

(1) 脳の成長を阻害する合成化学物質

　脳の発達に直接有害に働く物質としては，歩行失調など種々の神経症状がでる水俣病の病因である有機水銀，慢性中毒すると無関心，感情不安定，知能低下などをおこす無機水銀，重症になると精神錯乱を起こす鉛中毒など色々あるが，これらはむしろ30年前以前に問題になった物質であり，本研究の対象被疑物質ではない。この30年間に特に目立って増加，氾濫した物質は種々の合成化学物質である。この合成化学物質の中で，脳に影響を及ぼす物質は神経毒である有機リン酸系殺虫剤(マラチオン，スミチオン等)などがあるが，脳の発達に悪影響を及ぼす物質として最も問題になるのは，内分泌撹乱物質(環境ホルモン)である。

　内分泌撹乱物質とは，超微量で生理機能を調節して成長発達や生体活動や生殖活動を維持している生理的ホルモンを撹乱し，それらの作用を阻害する物質をいう。もともと生理的ホルモンは内分泌と呼ばれ，体内の内分泌器官から血液中に分泌されて生理機能を調節しているが，内分泌撹乱物質は体外(環境)にあり，外から体内に侵入し偽のホルモンとして生理的ホルモンのセンサーに作用するため，環境ホルモンといわれている。

　内分泌撹乱物質の特徴として，超微量で撹乱作用をすることが挙げられる。これはそもそも生理的ホルモンが生体内の標的器官のセンサーに超微量で作用しているので，その生理的ホルモンのセンサーに，体外から侵入して作用するのも超微量で効果を発揮できるからである。生理的ホルモンの正常作用量の例をあげれば，甲状腺ホルモンの血中正常値は$0.1 \sim 0.6$ナノグラム/ミリリットル，男性ホルモン(テストステロン)の血中正常値は$3 \sim 10$ナノグラム/ミリリットル，卵胞ホルモンの血中正常値はピーク時700ピコグラム/ミリリットルである(ナノグラムは10^{-9}グラム，ピコグラムは10^{-12}グラム)。このように他のホルモンも含め生理的ホルモンは超微量で作用している。

内分泌撹乱物質を考える上で，もう1つ大切なことは，食物連鎖による濃縮である。ある種の内分泌撹乱物質が食物連鎖により濃縮されるのは，それらが脂肪に親和性があることが原因である。内分泌撹乱作用が強く疑われているダイオキシン，PCB（ポリ塩化ビフェニール），DDT（ジクロロ・ジフェニル・トリクロロエタン）はいずれも脂肪に強い親和性をもっている。小動物が摂取した内分泌撹乱物質は，一部は排泄されるが，一部はその小動物の脂肪組織に取り込まれ保持される。小動物が何回も食行動をすると，内分泌撹乱物質は脂肪組織の中で加算され蓄積していく。次に内分泌撹乱物質が蓄積されたその小動物を，中動物が何匹も食べると，同様にして内分泌撹乱物質は中動物の脂肪組織に蓄積され濃縮される。次に大動物が中動物を何匹も食べると，大動物の脂肪組織の中で内分泌撹乱物質は更に濃縮されていく。こうした食物連鎖の最上位に居るのが人間であり，摂取された濃縮・内分泌撹乱物質は人間の脂肪組織に加算・蓄積されていく。この食物連鎖により内分泌撹乱物質は1千万倍に濃縮されるといわれている。

　内分泌撹乱物質が動物の食物連鎖により濃縮され，超微量で作用することは，いわゆる公害と異なり，汚染が広範囲に拡がる可能性がある。いわゆる公害は，公害物質が直接人体に有毒作用を及ぼすので，かなりの濃度で作用する必要があり，希釈されると有毒作用が無くなるのが普通である。そのため公害物質が出現した地域でローカルに発生し，遠隔地にはほとんど影響はない。しかし内分泌撹乱物質は，回遊する魚などによって運ばれ，食物連鎖により濃縮され，その上，超微量で作用するため，汚染が世界的規模に拡がる可能性がある。事実，北極グマの脂肪組織から，高レベルのPCB，DDTが検出されている。ただ閉鎖された湖沼の内分泌撹乱物質汚染はその地域に留まるし，ケースバイケースで地域性がない訳ではない。

(2) 内分泌攪乱物質の脳に対する作用

内分泌攪乱物質の脳に対する作用は、まだ研究途上でしかも初期段階にあり、詳細には不明な部分も多いが、内分泌攪乱物質は性ホルモンを攪乱する作用があることと、脳神経系の発達を促す甲状腺ホルモンを攪乱する作用があることが強く疑われている。性ホルモンは性腺に作用し、脳にはあまり関係がないと思われがちであるが、性ホルモンは胎生期の脳の発達に極めて大きな影響を及ぼしている。

① 男性ホルモンの脳への作用と男性ホルモンを阻害する内分泌攪乱物質

性ホルモンの胎生期の脳の発達に及ぼす影響について説明すると、受精後7週目前までの胎児には、男性性器に成り得る生殖腺(ヴォルフ管)と、女性性器に成り得る生殖腺(ミューラー管)の両方が形作られているが、男性の場合、7週目になるとY染色体上の精巣決定遺伝子(SRY遺伝子)が作用して、男性性器に成り得る生殖腺(ヴォルフ管)の一部を精巣に分化させる。そして精巣から男性ホルモン(アンドロゲン)が8週目から分泌され始め24週目まで、16週をピークにホルモンシャワーと呼ばれるほど大量に分泌される(ピーク時3.4ナノグラム/ミリリットル)。このホルモンにより男性性器をはじめ、男性特有の身体と脳を発達させ、女性性器に成り得る生殖腺(ミューラー管)を萎縮させる。精巣の分化や男性ホルモンの刺激がなければ、ヴォルフ管は受精後14週目までに自然消滅するので、しかるべき時期に、男性ホルモンの刺激がないと、ペニス等の男性性器をはじめ、男性特有の身体と脳を発達させることができない。

女性の場合は、女性性器に成り得る生殖腺(ミューラー管)が卵巣に分化するのは、受精後16週目頃で、すでにヴォルフ管が自然消滅した後である。精巣の分化や男性ホルモンの刺激がなければ、自然に女性になるようにできている。もともと哺乳動物は女性が基本の性なので、男性のように手の込んだ

ホルモン操作が無くても、胎生期に女性性器をはじめ、女性特有の身体と脳が作られるのである。

　男の子と女の子の遊びをみても、男の子は屋外でのボールゲームなど活動的な遊びを好むのに対して、女の子はママゴト遊びや人形遊びなど優しい遊びを好む傾向がある。これは胎生期に作られた男と女の脳の違いによるものである。胎生期に男性ホルモン・シャワーを脳が浴びると、基本的に攻撃的な脳が作られ、男の子は玩具も自動車や飛行機など活動的なものを好むようになる。男性ホルモン・シャワーを脳が浴びない女の子では、人形遊びなど優しい遊びを好むようになる。女の子でも、副腎から男性ホルモンが過剰に分泌される先天性副腎過形成症の場合は、遺伝子は女性でありながら、脳は男性型になり、遊びも人形遊びなどは嫌い、男の子と同様の遊びを好む。このように男女の脳の違いは、遺伝的に決まっているものではなく、胎生期に男性ホルモン・シャワーを脳が浴びるか浴びないかで決定される。

　これまでみてきたように胎生期の脳に対する男性ホルモンの影響は重大である。男性ホルモンを阻害することが強く疑われている内分泌攪乱物質としては、まずジクロロ・ジフェニル・トリクロロエタン（DDT）が挙げられる。また女性ホルモン（エストロゲン）様作用をもつことが強く疑われている内分泌攪乱物質として、ポリ塩化ビフェニール（PCB）、ノニルフェノール、ビスフェノールA、フタル酸ジエチルヘキシルなどがあるが、他にも多数の合成化学物質が男性ホルモンを阻害する作用があるのではないかと疑われており、研究が進められている。

　DDTはミューラーが1938年に殺虫効果があることを発見して以来、世界中で多量に使用された。害虫駆除、伝染病予防に多大な貢献をしたとして、ミューラーは1948年にノーベル賞を授与されたほどである。その後レイチェル・カーソン著の「沈黙の春」などの告発があり、DDTが多くの野生動物を死亡させている事実が公表されるに及んで、日本では1971年に製造が禁止

され，アメリカなど先進各国でも製造が禁止された。しかし，DDT は半減期 100 年の安定した化合物であり，自然界に多量の DDT が蔓延し続けている。DDT は前述したように脂肪に親和性があり，食物連鎖により濃縮され，食物連鎖の最上位にある人間(妊婦)の脂肪組織に蓄積していく。

　PCB は，耐熱性，不燃性，電気的絶縁性がすぐれた化合物として潤滑油から複写用紙まで世界中で多用され，この半世紀間に生産された PCB は 155 万トンにのぼっている。その後カネミ油症事件などで PCB の毒性が問題となり，日本では 1972 年に製造が禁止されたが，それまでに自然界に廃棄された PCB は大量にのぼり，DDT 同様，極めて安定した化合物であるため，分解されず自然界に蔓延し続けている。PCB も DDT 同様，脂肪に親和性があり，食物連鎖により濃縮され，食物連鎖の最上位にある人間(妊婦)の脂肪組織に蓄積していく。

　その他ノニルフェノールは，洗剤の界面活性剤として使用され河川を汚染し，日本でも大都市の河川低質から検出されている。またノニルフェノールはプラスチック酸化防止剤として使用され，プラスチックから溶出する。ビスフェノール A は，食器や CD などに大量使用されているポリカポネートの原料であり，その食器に熱湯を注ぐと溶出することが知られおり，1996 年の環境庁の調査で全国の河川の水質，低質，魚類から検出されているが汚染経路は不明である。フタル酸ジエチルヘキシルは塩化ビニールを柔らかくする可塑剤として使用され，毎年 30 万トン近く生産され，既に 1974 年の調査で，日本の河川の水質，低質，魚類から検出されている。

　母体の脂肪組織に蓄積されたこれらの内分泌撹乱物質が，受精後 8 週目から 24 週目までの男脳形成期に胎盤を通過して胎児に入り，男性ホルモン・シャワーが阻害された場合には，男の脳が十分形成されず，男性ホルモンがその時期に十分作用した男性と違う精神構造をもつことになる。これは男脳の中性化であり，決して健康なことではない。内分泌撹乱物質によって中性

化された男性が増産された社会を仮想すると，昔の中国の宦官の世界，嫉妬心の渦巻く社会になるのかも知れない。

② 甲状腺ホルモンの脳への作用と甲状腺ホルモンを阻害する内分泌撹乱物質

甲状腺ホルモンは，体熱産生などの作用の他，もともと脳神経系の成長を促す作用をもつホルモンであるから，甲状腺ホルモンが内分泌撹乱物質により阻害された場合，当然脳神経系の成長に負の影響があることは容易に想像される。甲状腺ホルモンは脳神経系が形成される胎児期より分泌され，脳神経系が発達する新生児期，小児期，学童期にかけて多く分泌され，次第に減少して20歳頃には，新生児期の分泌量の約半量に減少する。脳神経系が発達する時期に多く分泌されているホルモンである。発育期に甲状腺ホルモンの分泌が不足すると，クレチン病になり精神遅滞などが生ずる。

甲状腺ホルモンを阻害する内分泌撹乱作用が強く疑われている物質としては，ダイオキシン，ポリ塩化ビフェニール (PCB) が挙げられる。

ダイオキシンは，塩素による漂白，殺虫剤など塩素系化合物の製造，プラスチックの焼却などの過程で生ずる副産物で，もともとダイオキシンが目的で作られたものではない。モルモット半数致死量 600 ng／Kg の毒性があり，青酸カリの数倍の猛毒である。超微量で発ガン性，催奇形性があり，超超微量で内分泌撹乱作用をもつ。ダイオキシンの作用は複雑で不詳な部分が多いが，甲状腺ホルモンを阻害する内分泌撹乱作用が強く疑われている。

これらの内分泌撹乱物質が母体の脂肪組織に蓄積され，胎盤を通過して胎児に入り，甲状腺ホルモンが阻害されると脳神経系の形成に悪影響を及ぼすことは容易に推定できる。また小児期にもこれらの内分泌撹乱物質により，甲状腺ホルモンが阻害されると脳神経系の発育に悪影響を及ぼすと考えられる。

現在，内分泌撹乱物質については，研究の初期段階であり未解明な部分が多い。本稿で取り上げた DDT，PCB，ダイオキシン，ノニルフェノール，

ビスフェノールA，フタル酸ジエチルヘキシルなど合成化学物質は，男性ホルモン，甲状腺ホルモンについての内分泌撹乱作用が強く疑われるものであるが，その他にも内分泌撹乱作用が疑われる合成化学物質は，有機リン酸系殺虫剤をはじめ多数にのぼり，アメリカ環境保護庁は，1998年から生産量4.5トン以上の化学物質について内分泌撹乱作用があるかどうかについて，予備的なスクリーニングを開始し，その後6万種類の化学物質についての評価をおこなおうとしている。これらの研究の成果に期待するが，研究の成果に対して，きちんとした対策をとらねば，人間を含む動物の生殖が障害されるだけでなく，脳の成長が障害されるという由々しき事態が生ずる可能性がある。

2. 社会的要因の変化

　私共が育った40年ないし50年前頃(1950年代)と研究対象の若成年者の育った10年ないし20年前頃(1980年代)との環境の違いをみてみよう。

(1) 経済環境

　1950年の国民総生産・GDPは3兆9千億円，1980年のGDPは245兆3千億円，ちなみに2000年のGDPは510兆8千億円である。1950年当時は，大戦終了後5年目であり，食料難こそ解決されてきたが，着衣は貧しく，破れた古着を繕いながら，用いるのが普通であった。住宅難も続いていた。本1冊，ノート1冊が貴重品であった。自転車も貴重品で簡単に購入できるものでなかった。テレビは無く，ラジオも全家庭に普及していなかった。電気冷蔵庫，電気洗濯機も無かった。寒くてもオーバーコートを買えないなど，皆我慢して生活するのが当たり前であった。物がないので物を大切

にした。

　然るに1980年頃は，1955年頃から始まった高度成長政策と，働き蜂のように休みなく働いた国民のおかげでGDPは245兆3千億円と30年前の63倍に達し，衣料品，食料品，生活用品は潤沢にあり，身の回りの生活に要する物は誰しもが入手できるようになった。電気冷蔵庫，電気洗濯機，テレビは普及し，自家用車をもつ者も多かった。しかし物は豊になったが，住宅だけが地価の高騰のため，庶民の手には届かないという，アンバランスでいびつな状態にあった。地価の高騰について，日本は国土が狭く人口が多いから地価が高いのは当然と，まことしやかな嘘の説明が公然とまかり通り，実は生命保険会社等の大資本などによる投機目的の土地買い占めと，それらを放置し続けた政府の地価無策が原因であることが隠されていた。庶民の中でも高給取りで，世界に類のない高価なうさぎ小屋を購入した者は，毎月の住宅ローンの支払いに多額の負担を強いられ，GDPが世界第2位の国にありながら，ゆとりある生活は難しかった。一見物は豊富でも，精神的にはゆとりがなく，ストレスがあふれ，アクセク，ギスギスしていた。何のための経済発展かという基本的テーマ（哲学）が欠けていた。また基本的哲学が欠けている中での経済発展は，必然的に拝金主義と，次項で述べる金権政治を生み，拝金主義はこの後のバブル経済のもとになっていく。

　基本的哲学が無い経済発展の中で生まれた日本の拝金主義は，海外からも皮肉の対象になり，高度成長期の日本人を，イスラム教徒であるパキスタン首相・ブットがエコノミック・アニマルと皮肉ったのは，当時有名な話であった。拝金主義は欲張りの象徴として，古来から現在に至るまで，小説，童話などで常に批判の対象にされてきたものである。欲張りばかりが幅をきかす世の中が，青少年の精神の成長に良い影響を与えるであろうか。

　その上，基本的哲学が無い中で，玩具，遊び用品などなど豊富で比較的簡単に購入できるため，濫費，浪費，使い捨てを助長し，物を大切にしなく

なった。物を大切にしないことは物を尊重しないことに一脈通ずるものがある。若年者についていえば，欲しい物が容易に入手できるため，今は我慢するという人類発祥以来続いてきたハングリー下での精神訓練が不要になり，我慢は過去のものとなった。ストレスに弱い，精神的にひ弱な若者がつくられて不思議でない状況をつくりだしている。

経済的に豊かになることが望ましいのはいうまでもない。戦争は貧困から生まれ，経済的に豊かな国では，普通戦争は発生しない。しかし，何のための経済発展かという基本的哲学の欠如した経済発展，生産の拡大は，フロンガスによるオゾン層破壊，亜硫酸ガスなどによる酸性雨，大気中の炭酸ガスの増加による地球温暖化など幾多の公害をもたらすのみならず，人の精神の成長もむしばんでしまうことを，考えていかなければならない。

こうした経済環境の変化は，後述する教育環境，家庭環境，遊びの環境などに，否応なくダイレクトに強い影響，いや強い連鎖反応を与えている。

(2) 政治環境

1950年代といえば，1950年に朝鮮戦争が勃発し，1951年に対日講和条約，日米安全保障条約が結ばれ，条約に賛成する保守勢力とそれに反対する革新勢力とが対立し，保守勢力はアメリカ合衆国の自由主義を背景にもち，革新勢力はソヴィエト連邦や中華人民共和国の社会主義を背景にもつという，イデオロギーが対立した時代であった。経済的に貧困であったので各地で激しい労働争議が頻発した。左翼政治家，労働者，学生の間にマルクス主義がはびこり，社会主義に理想郷をみいだして将来に望みをかけた生々しい闘争をした者もあった。それぞれが生きるために自己主張し，活気あふれる時代であった。

その後も米ソの対立が続いたが，日本が経済的に豊かになるにつれ，労働争議も次第に穏健になり，減少していった。政権は多少の揺れはあったが，

基本的に保守政権が安定して続いた。安定した政権である故に，逆に汚職も起こり易くなった。1975年には田中角栄総理大臣の収賄によるロッキード疑獄事件が発覚し，ずっと遅れて，1989年には江副リクルート社長の贈賄と多数の自民党政治家の収賄によるリクルート疑獄事件が発覚している。しかし問題なのは，こうした事件の後の選挙で大敗はするものの，決定的な政権の変化はなく，なおも政権政党が政権を維持することである。ロッキード疑獄事件後の選挙でも自民党は大敗するが，福田赳夫が首相となり政権を維持している。そればかりでなく，刑事被告人・田中角栄は保釈されるや，表舞台から姿を消したものの，闇将軍として権勢を維持し，ロッキード疑獄事件の解明をして田中角栄を逮捕に導いた三木武夫首相おろしを成功させている（そのあとを福田赳夫が継いだ）。田中角栄は政治家としての，あるいは大臣としての，あるいは総理大臣としての利権を徹底的に利用し，金を集め，票を集めて成功した金権政治家であった。このような政治家が汚職の刑事被告人になっても，闇将軍として権勢を維持できたのは，利権にまつわる多くの小・田中角栄（政治家）が存在するからであり，自民党の主流がこうした政治家で占められていたことを意味するものであった。その後，当時の田中角栄の側近であった金丸氏も，後に副総理大臣の職にありながら，建設業界からの多額の収賄を受け収監されている。1989年のリクルート疑獄事件の時も，その後の選挙で自民党は大敗するが，自民党少数派閥の海部俊樹が首相となり政権を維持した。

　このように利権にまつわる大きな疑獄事件が発生しても，政権は政権政党内でたらい回しにされ質的な政権の交代はなく，利権政治体質はその後も維持されていく。こうした状況の中で，行政側の高級官僚も利権政治の手先であったり，出世，天下り先など自らの個人的利益を中心に活動し，国民に背をむける者が常在化した。「嘘をついてはいけません」と道徳教育の推進に熱心であった文部官僚が，国会の証言で嘘をつき，偽証罪に問われ逮捕される

という笑えない事件もおこった。

こうした倫理にもとる事実が全く国民に隠されていれば、国民はこうした事実を知る由もなく欲求不満に陥ることもないが、マスコミを通じて中途半端に報道され、しかも政権はたらい回しにされるだけで政権の基本的交代はなく、倫理的に基本的な解決がなされないことは、倫理観をもつ人々に鬱積感を与えることになる。特に敏感な青年層にとっては無意識に大きな影響を与えていると思われる。

国際政治状況をみると、1960年に始まり、共産主義の侵略から自由、人権を守るとの名目でアメリカ合衆国が軍事介入したヴェトナム戦争が、1975年アメリカ合衆国の敗北で終結した。世界最強の軍事力を誇る米軍が、アジアの小国に勝利できなかったのは、ヴェトナム軍のゲリラ戦法が優れていたためもあるが、森林を枯らす目的で100 Kgのダイオキシンを含む5万トンもの有機塩素系農薬(オレンジ剤)を散布する等の非人道的行為が暴露され、自由、人権を守るとの名分が地に落ち、アメリカ合衆国内をはじめとして、日本を含む世界各国で強力な反戦運動が起こり、米国政府は国内、国外の世論を無視できなくなったからである。このことは、軍事大国といえども、公に認められる倫理的な大義名分がないと、戦争の勝利は困難であることを示した。ヴェトナム戦争は、第2次世界大戦後、ソヴィエト連邦と共に世界の大国として君臨してきたアメリカ合衆国の権威を著しく低下させた。

一方、ソヴィエト連邦は1956年のフルシチョフ首相から始まったスターリン批判から、公に体制内部が暴露され、1973年にはソルジェニーツインの「収容所列島」が刊行され、ソヴィエト連邦は独裁者が秘密警察と収容所をもちいて、国民を奴隷的に支配服従させてきた国家であることが、白日のもとにさらされた。その後ソヴィエト連邦は、独裁制を掲げるマルクス・レーニン主義の自己矛盾のため、議会制民主主義国家のような有機的修正がおこなわれず、硬直化したまま経済的にも行き詰まり、自己崩壊をむかえた。ここ

にイデオロギー時代は終焉した。

　誇らしく自由を謳歌していたアメリカ合衆国がヴェトナム戦争でかげり，ソヴィエト連邦がマルクス・レーニン主義の自己矛盾のため自己崩壊したことは，熱心な宗教信者を除く人々に，理想国家やユートピアは想像の産物でしかないことを実感させた。また頼りになる倫理的権威もないことを示した。

　そこで，研究対象の若成年者の育った1980年代頃をみると，前述した通りの政治環境にあり，国内では国民の税金を自己の利益のために利用する利権政治体質がほとんど改善なく維持され，官僚も利権を利用して天下り先の獲得に奔走している者が多い状況下で，フェアなものを見習うべき若者は何を感じていたのであろうか。また理想国家はなく，倫理的権威もない実感の中で，若者は何を志向するのであろうか。およそこのような環境の中では，理想を追ったり，国のため，人のため，社会のため，正義のために活動する意志は生じ難いであろう。もしこうした意志を持ち得たとしても，同世代の多くから，心の底からの共感は得られないであろう。

(3) 教育環境

　教育環境といえば，学校教育を考えがちであるが，教育環境として考察しなければならないのは，家庭教育，学校教育，経済環境，政治環境，テレビなど情報環境など，子供を囲むすべての環境である。しかし，この項目では狭義の学校教育を中心に話をすすめる。

　私の体験(東京の公立小，中，高等学校)からいえば，第2次世界大戦終結(1945年)から1〜3年間は，教科書も新聞紙大の粗悪な紙に印刷されたものを，ハサミで切ってとじ合わせるというものであった。教室は建物の不足から，1クラス60〜70人，それも午前組と午後組の2部授業であった。教師はストライキや職員会議で度々授業を放棄するので，自習が多かった。自習になると教室で勉強する生徒もいたが，生徒のほとんどは校庭に出て遊んだ。

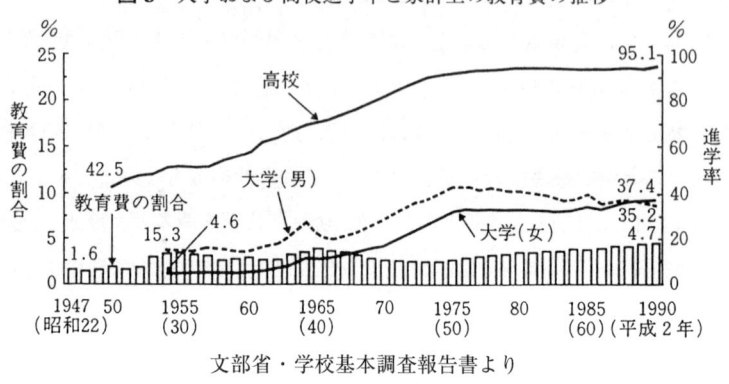

図3 大学および高校進学率と家計上の教育費の推移

文部省・学校基本調査報告書より

皆あまり勉強せず良く遊んだ。遊ぶのが当たり前であった。1948年頃になると、2部授業は解消され、教科書も書物の体裁になった。日本は廃墟の中から次第に復興しつつあった。教師や親は自ら生活するのに精一杯であったから、親は子供を塾に通わせる余裕などなく、誰も塾には通わないので、競争のため塾に通う必要もなかったし、生徒は教師や親の余計な干渉が少ない中で良く遊んだ。登校拒否をする生徒などいなかった。私立中学を受験する者は少なく、大多数は無試験入学の公立中学に進学したので、小学校で受験勉強をする者はいなかった。中学校時代も塾などなく良く遊んだが、中学3年になると高校へ進学する者は皆勉強した。中学でも登校拒否はほとんどなかった。私共の時代は、小学校から中学校低学年までは塾もなく皆良く遊んだが、中学校高学年頃からは比較的勉強した。偏差値という概念は小、中、高校とも全くなかった。図3のように、大学への進学者は少なく、1957年頃の大学進学率はおよそ16%であった。高校進学率は60%弱で、中学を卒業して就職する者は大学進学者よりやや多かった。高校卒業して就職するのが主流であり、その当時の高校卒業から社会人になった者の中には、大学卒業者顔負けの優れた仕事をした者が多くいた。大学に進学する者は、将来何を

やりたいかのモチベーションで学部を選ぶのが当然であった。この年代は，小，中学時代は良く遊んで，高校時代にマア勉強して，大学時代もマア勉強した。学校教育ではこの程度の勉強しかしなかったが，日本が経済大国になるのに，それなりに活動し貢献できた年代である。この程度の教育で国家は繁栄できたのである。

さて，1980年代をみると，教科書は無償配布，教室の不足もなく，視聴覚教育設備は完備され，教材などの物質面では，経済的豊かさの反映として，ほぼ十分な基盤整備がなされている。大学への進学率(図3)も40％近くに増加している。それは好ましいことであるが，反面，経済的発展により豊かになりすぎたのか，驚くべきことには幼児の進学塾があらわれた。既にこの時代に少数ではあるが，3歳から進学塾に通う幼児が出現している。少数であるといっても，これは象徴的な現象であり，この頃には都会の生徒の大多数が小学校高学年から塾に通うのが常態化し，多くの生徒が小学校時代から偏差値を突き付けられて育っている。無理な進学志向の拡大は，子供から遊びを奪い，遊びで獲得される自由な発想力，観察力などを低下させてしまう。

偏差値教育は，同僚と自分を比べることを余儀なくされる教育である。自分と他人を比べて人の心の深層に生ずるのは，劣等感，優越感などコンプレックスであり，心を歪め人格を低劣化するものである。同僚と比べられ，もし自分が同僚に比べて成績が劣るという突き付けが何度も何度も繰り返されれば，学校がいやになり登校拒否を起こすことは，十分考えられることであり，不思議なことではない。いつも他人と比べられることは，成績優秀な生徒でも常にある種の緊張感とストレスをもつことを余儀なくされ，イライラしやすく，伸び伸びと育つべき自我をゆがめてしまう。いじめの増加も自分と他人と比べ，劣った者を馬鹿にするような，偏差値教育がもたらす風潮が大きく影響していると思われる。

更に偏差値教育は，指導教員が自校の評判を高めるために，成績の良い生

徒に対し、その生徒の特性や個性を無視し、偏差値の高い大学や学部を受けるように指導することが多々みられるといわれている。生徒も小学校時代から偏差値を突き付けられ、人との比較でしか学習を考えないので、自分が将来何をやりたいかのモチベーションが育つ余裕がなく、自分の成績の偏差値で進学する学部を決める者が多く、それが入学後の無気力、あるいは自己不全感の要因の1つであると考えられる。大学への進学率は前述の通り、1957年頃の16%から、1980年は40%近くに増加し、現在では短期大学を含めて50%を越えている。進学率の増加は結構なことであるが、モチベーションのない学生も量産されており、学生相談室には「自分は何をしたら良いか」と、義務教育ではない大学生が相談にきて、相談員を困らせることが時にあるという。目標をめざすモチベーションは人の幸福や能力を左右する重要な要素の1つであり、モチベーションの欠落は大きな問題である。

また偏差値による受験のための教育は、1点でも多く取ろうとする受験技巧のため、思考よりむしろ丸暗記が奨励され、結果として思考力の乏しい、自分なりに物を考えない人間を作ってしまう。確かに知識は増えるが、思考が備わらなければ生きた知識として応用されない。私の実体験であるが、当学の某学部の期末試験問題に、配布したレジュメの幾つかの項目にまたがる総合的問題を出題したところ、質問の要旨に答えず、レジュメの1つの項目を丸暗記して記述した答案が多いことに驚いた。私は教員経験が浅い新米教員であるので、多数の学生が問題の意味を読みとる能力に欠け、暗記力は見事であるが理解力、思考力に欠けている実態が、これほどであるとは思わなかった。東大での数学基礎学力テスト(図4)によると、思考を必要とする数学の学力が、以前に比べ劣ってきているというデータがでている。これは単に学力の問題だけでなく、丸暗記の学習は応用力を欠くという点で、パーソナリティーの上でも、柔軟な周囲への適応力を欠くことに通じると思われる。

このように偏差値教育は、自分と他人を比べてコンプレックスをつくって

図4　東大工学部2年の数学基礎学力テストの年間推移

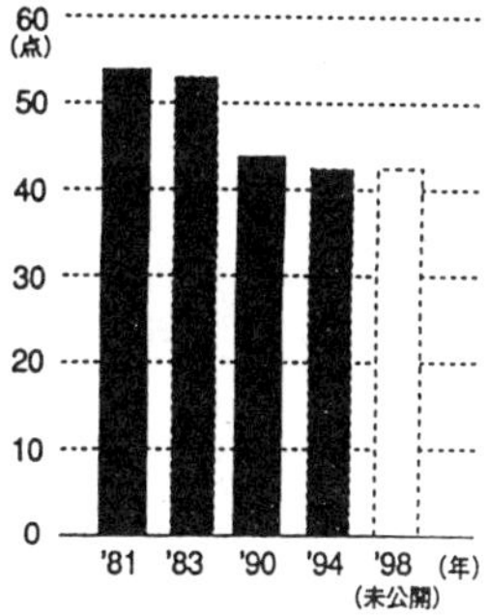

日経ビジネス2000年6月6日号より

心を歪め，一部の学生を無気力にするだけでなく，理解力，思考力を低下させるという弊害がでている。野球の話であるが，アメリカン・リーグで2001年の首位打者と盗塁王のタイトルを獲得したイチロー(鈴木一朗)選手が，テレビ記者のインタビューに「タイトルは人と比べてのことでしょ。問題は自分自身が自分の力を出したかどうか，それが1番大切なことだと思います。自分自身の力をある程度出せたことには満足しています」と答えている。イチロー選手はスポーツ選手として偏差値教育の埒外で育ち，自分と闘って精進し，世界のトップにまで登りつめた。もし偏差値教育的な思考であったら，他人より少し優れた段階でトップとなって満足し，ローカルで終わっていたであろう。卑屈な偏差値教育では大志は生まれない。イチロー選手の哲学は今後の教育を考える上で示唆に富んでいる。この例は何もスポーツに限らない。卑屈な偏差値教育は，生徒，学生に内在する可能性をも奪ってしまう。

某高校教諭は「最近の高校生はクラスメートの名前を覚えない。以前のような自然な対人関係が欠落している。こうした生徒の変化は10年前から始まった。」と嘆いていた。こうした若年者の変化の原因は，遊びの不足，偏差値教育による競争等これまで述べてきた要因が複雑，相互に絡み合って生じ

ていると考えられる。

（4）　家庭環境

　家庭は人格の成長を支える場である。3歳までに脳に人格の基本的なプログラムが作られるとすれば，幼少時の家庭環境は人格を決定ずけることになる。3歳以後の家庭環境も人格の成長に多大な影響を及ぼす。

　1950年代をみると，家庭環境は住宅難のため狭い家あるいは部屋に大勢の人が住むという人口密度の高い居住生活をしている者が多く，いやがおうでも密着した家庭内対人関係が余儀なくされ，密着した一家が形作られた。古来の伝統に住宅難のためもあって，祖父母，父母，子供の3世代が一緒に住むことも多く，核家族は少なかった。祖父母が，育児経験の乏しい若い父母に子供の育児方法を実地に伝授するのが普通であった。経済的に困難な環境の中で生きるために，むしろ家族の求心力は強く，図5（離婚件数，離婚率の年次推移）にみるように離婚は少なかった。茶の間にテレビはなく，家族団らんで家族同士が互いに向き合って会話がはずんだ。こうした密着した家族，祖父母の居る家族，離婚せず両親のいる家族の中で，子供は普通に育つ者が多かった。

　さて，1955年以後の高度成長時代には，女性が結婚相手を選ぶ際の基準を皮肉った言葉としての「家付き，カー付き，ババ抜き」が流行語となった。若者は経済的豊かさと共に核家族化を志向し，住宅事情の良い夫婦は親から離れ，あるいは親を捨て，核家族を形成し，核家族化が進んだ。核家族化は，古来から家族内で伝統的に受け継がれてきた，親から伝授される育児法など，直接目に見えない文化的伝統を，結果的に放棄する一面をもっていた。

　核家族化が進むに従い，図5のように離婚率も増加し，子供はさて置かれ崩壊する家庭が多くなった。

　また「1姫，2太郎」の流行語のように産児コントロールがおこなわれ，少

図5 離婚件数，離婚率の年次推移

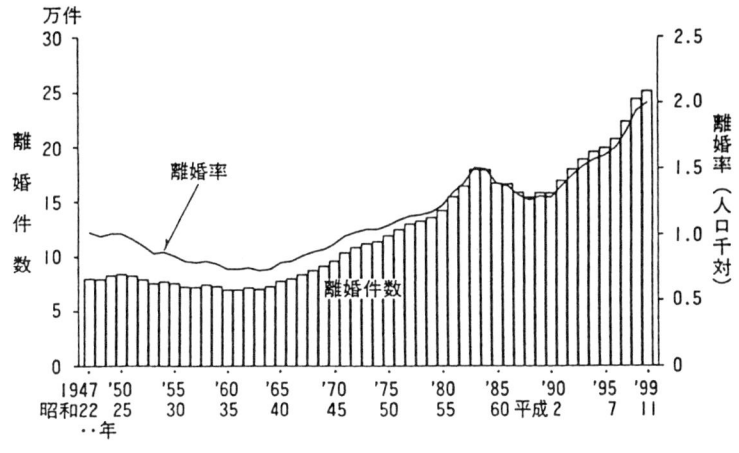

厚生労働省「人口動態統計」より

子化が進んだ。両親と子1人，あるいは両親と子2人の家族が増え，子供は大切に育てられた。中には大切さが過剰になり，過保護に育てられる子供も多くなった。また過保護ゆえに自立心が育たず，親離れができないマザコン成人も出現した。

テレビの普及は，お茶の間での家族同士の会話を少なくし，家族の特徴，家族の伝統，いわゆる家風を失わせた。伝統文化に換わり浅薄なアメリカ合衆国の文化に影響された多くのコマーシャルや番組がダイレクトに子供を直撃した。マスコミ文化が茶の間を席巻し，否応なく子供はマスコミの影響を強く受けながら育たざるを得なくなった。テレビの低俗な番組は，判断力の乏しい子供の思想形成過程に悪影響を及ぼすことは十分考えられる。

そこで，1980年代をみると，前述のように核家族と小子家族が一般化していた。文化的伝統の途切れた若い核家族夫婦の中には，子供が生まれても育児の仕方のノウハウが頭になく，ただ過保護にするだけで基本的躾ができな

い親がいて、大人になっても未熟、我がままで依存的で、自己のコントロールができない、ストレスに弱い人間が増えた。また少子化は過保護で自立心のない子供を増やした。同時に、若い核家族夫婦自体が不安になり子供を無理に塾に通わせたり、他の生徒と比較、競争し、親も偏差値の奴隷になり、子供が安心していられるゲマインシャフトであるべき家庭の中に、ゲゼルシャフトの風が吹き込み、家庭内でも緊張を強いられる子供も増えた。テレビの反教育的な番組は直接的に子供に悪影響を与えた。その上、離婚が増加し、本来家庭で保護されるべき成育期の子供に、家庭の崩壊という大きな負担を与える家庭も増えた。豊かになったが、その経済的豊かさをこころの豊かさに反映できない家庭、これは政治、経済など社会情勢の影響と思われるが、ここにわが国の問題点がある。

(5) 遊 び

　遊びは子供の成長にとってなくてはならないものである。遊びは子供の仕事である。子供は遊びにより自由な発想力、観察力、工夫などを獲得し、対人関係を学習する。

　1950年頃の都会の男の子の遊びは、鬼ごっこ、竹馬遊び、野球、めんこ、ベーゴマ、けん玉、ザリガニ採りなど種々あったが、いずれも近所の1つ上、1つ下程度の近い年齢のグループが集まり遊んだ。地域性の小集団で、同じ学年、同じ学校だけでなく構成員は多彩であった。皆で戸外で遊ぶことが多かった。女の子の遊びは、お手玉、ままごと等々をしていたが、地域の小集団に加わり男の子と一緒に遊ぶこともあった。都会の子供達でもこうして遊んでいたので、田舎の子供達はもっとダイナミックに遊ぶことができたであろう。ラジオはあったが、テレビはなくテレビゲームなど有りようもない時代であった。

　その後、経済成長と共に進学志向が極端化し、塾通いに時間を取られ子供

表1 武蔵野ラグビースクール（MRS）の生徒数・武蔵野市立小、中学校の生徒数・ラグビースクール加入率の推移

年度	MRS 小学	MRS 中学	MRS 合計	武蔵野市全校児童・生徒数 小学	中学	合計	加入率 小学	中学	合計
S59	132	51	183	9292	4294	13586	2.13%	1.19%	1.74%
60	118	53	171	8867	4420	13287	2.00%	1.20%	1.66%
61	99	62	161	8422	4539	12961	1.76%	1.37%	1.59%
62	81	64	145	8140	4340	12480	1.49%	1.47%	1.48%
63	62	44	106	7768	4113	11881	1.20%	1.09%	1.15%
H1	69	37	106	7473	4113	11586	1.38%	0.90%	1.17%
2	71	36	107	7193	3556	10749	1.48%	1.01%	1.28%
3	61	25	86	6936	3320	10256	1.32%	0.75%	1.08%
4	51	23	74	6555	3239	9794	1.17%	0.71%	0.97%
5	79	30	109	6297	2984	9281	1.25%	1.01%	1.17%
6	68	22	90	6045	2801	8846	1.12%	0.79%	1.02%
7	59	17	76	5777	2642	8419	1.02%	0.64%	0.90%
8	66	16	82	5612	2603	8215	1.18%	0.61%	1.00%

(註)平成4年度までは小学生の部3年～6年の加入につき算出基礎を小学生全校生徒数の2/3とした。

はあまり遊べなくなった。遊びの内容も科学技術の発達と共に変化し，電子ゲームに興じる子供が多くなった。友達と，体を動かして遊ぶことが少なくなり，独りで，座ったままブラウン管か液晶の画面に向かって，指先を動かして遊ぶことが多くなった。また都市の整備に伴い，住宅やマンションが大人向きにあまりにも整然と造られ，空き地がなくなり，遊びの天才といわれる子供達が，自然に集まり体を動かして遊べる場所が無くなっている。

1980年代は，前述のように塾通いに遊びの時間を奪われ，遊びの内容は電子ゲームが主流になり，鬼ごっこをしたり，スポーツをしたり，体を動かして皆で楽しむ遊びをする子供が少なくなった時代であった。表1は，著者が20数年来，毎日曜日に講師として勤めている武蔵野ラグビースクールの生徒数の推移と，武蔵野市立小，中学校の生徒数の推移，それに学校生徒数を分母に，ラグビースクール生徒数を分子にしたラグビースクール加入率をあら

わした表である。少子化の影響もあり年々学校生徒数は減少しているが、表1の通り、市立小、中学校の生徒数の少子化による減少以上にラグビースクールの生徒数は減少しており、小学生については1984(昭59)年には1クラス50人につき1.06人が入校したのに対し、1994(平6)年には1クラス50人につき0.56人しか入校せず、この10年間にラグビーをする子供が半減している。この通り東京の小都市ではあるが、スポーツ離れが起きている。体を動かして皆で楽しむ遊びは、自由な発想力や伸び伸びした情緒や人との協調心を育てると思われるが、この種の遊びをせず、一人で電子ゲームばかりして育つ子供は、枠にはめられた固定された発想力になり、自然な情緒発達が遅れ、対人関係の学習ができず、社会性のない人間になるおそれがある。

3.「こころの危機」の源流

これまで、生物学的要因の変化として、物理的、化学的な環境変化(主として環境ホルモン)を考察し、社会的要因の変化として、経済環境、政治環境、教育環境、家庭環境、遊びについて考察してきた。

生物学的要因については、環境ホルモンが胎生期、小児期の脳の発達に悪影響を及ぼすことが強く疑われている。事実、世界各国で1万5千人を対象とした調査(スカッケベック、1992年)で1940年から1990年の50年間に単位体積当たりの精子が半分に減少しており、最近精神的にも男性の中性化傾向がみられている。キレル子供が多くなったのは環境ホルモンのせいではないかという評論家もいるが、現在のところ研究が進行中で結論がでるまでには至っていないので、今後の研究に期待し、疑いは濃いというにとどめる。

また社会的要因について、経済環境では、勤勉にして経済的に豊かになっ

たが，生活にゆとりが生まれずギスギスと緊張をしいられた状況になっていること，拝金主義，エコノミック・アニマルを生み子供達にも当然影響が考えられること，物質的豊かさが子供の忍耐力を低下させること，豊かさによる浪費は物を大切にしなくなったこと等を述べた。政治環境では，金権，利権政治が横行し議会にそれを修正する能力がなく，不正義が当然のことのようにまかり通ること，そうした状況の下で官僚も，天下り先を利権を利用して獲得するなど，個人的利益を追う者が多くなったこと，世界的には信頼にたるべき倫理的権威がなくなったこと，そしてこれらの現象は，若者から志向性を奪い，若者を利己的な世界に閉じこめるであろうこと等を述べた。教育環境では，偏差値教育が若者のコンプレックスを強め，モチベーションを低下させていること等を述べた。家庭環境では，核家族化が育児法などの家族伝来のみえない家族伝統を途絶させ，育児の基本的ノウハウを知らない親が増えたこと，離婚の増加など家庭崩壊が増え，子供がないがしろにされるケースが増えたこと，テレビが家族同士の会話の機会を減らし，マスコミの情報が選別されずに子供を直撃し，子供に多大な影響を与えていること等を述べた。遊びについては，戸外で自然発生的に集団で遊ぶことがほとんど無くなり，一人で電子ゲームをすることが多くなり，対人関係の学習がおろそかになる等の弊害があることなどを述べた。またその他，大きな背景として，社会の変化があまりにも急速なために，心や社会が変化に対する準備が間に合わず，その変化に心が適応できなかったことも見逃せない。

　以上の個々の社会的要因をみると，「こころの危機」が起こり得ても不思議でない状況を感じる。しかし，これらの因果関係の証明となると，すべての要因が有機的に関連しあい，互いに連鎖反応をして複雑に絡み合っているので難しい。本稿では問題を厳密，微視的に考えず，とりあえず巨視的に考えて，大づかみに本質を探りたい。「人間生活にとって大切なものは何か」，この哲学こそが基本的な課題である。言い古された当たり前のことであるが，

一向に事態が解決されぬばかりか，むしろ事態は悪化しているため，もう一度原点に戻って考える必要がある。「人間生活にとって大切なもの」は，古来，哲学者，宗教家，思想家が種々と見解を述べているが，この問題に厳密に立ち入ると，わけの分からない難解な哲学的ブラックホールに陥り，形而上的な無意味な議論になりがちなので，この問題の厳密な深追いはしない。庶民の感性で素朴に「人間生活にとって大切なもの」と感じるレベル，これが本当の「大切なもの」と思われる。その「大切なもの」は，これまでの日本社会に存在してきた経済的利益競争を追求して，コマネズミのように働き，常にストレス，不安がもたらされ，挙げ句の果ては，地価が高騰して家が持てなくなり，更にバブルが崩壊して大不況になること，また公害で住み難い環境をつくることが大切なものなのか。学力を向上させる競争にうち勝つために，偏差値教育を導入し，子供にストレスとコンプレックスをつくり，子供のこころを歪め，挙げ句の果ては，子供のモチベーション，理解力，思考力を低下させることが，大切なことなのか。庶民の感性で素朴に考えれば誰しも否と思うであろう。こう考えると，現代日本社会は「人間生活にとって大切なもの」に反する要素を多くもつ社会であることは明白である。

　経済，政治，教育，家庭，遊びの各項目で批判してきた「人間生活にとって大切なもの」に反することの共通原因を追究していくと，1つのキーワードに突き当たる。そのキーワードは極端な競争社会であることである。その競争は経済的利益の競争であり，とどまるところを知らない金銭欲望の競争社会である。この競争社会により，経済面ではエコノミック・アニマル（人間の顔をした経済野獣）を生み，政治面では金銭欲望の利権政治を生み，教育面では子供が偏差値教育で教え込まれ，人格を育てる自然な遊びを放棄して，点数の競争に明け暮れ，能力と人格に障害をうける。このように「人間生活にとって大切なもの」に反する原因は，金銭欲望の競争社会に集約される。もともと金銭(経済力)は生活を豊かにする手段の筈である。しかし，金銭が

手段でなく目的になっているところに問題がある。

　この極端な金銭欲望の競争社会はどこから来たのであろうか。これは人間がもつ欲望が根底にあることが基本であるが，個人レベルでは，生活の手段としての経済的欲求が満たされれば，よほどの欲張りでない限り，普通，欲望はおさまる。しかし，社会レベルになると，そうはいかない。飽くなき利益追求がおこなわれ，その結果は，これまで述べた通りである。このギャップが生ずるのは，経済社会のメカニズムにある。「誤った資本主義経済」にある。

　競争が必要であることは，競争原理のない社会主義国家がソヴィエト連邦のように崩壊したり，中華人民共和国のように競争原理を取り入れたりしていることからも，理解される。しかし，競争も個人レベルのように，そこそこ満たされた段階でとまれば問題はないが，止めどなく競争を続け欲望が留まるところをしらない現状は，庶民感覚の競争原理を越えた異常なものである。この異常な経済を，前節で「誤った資本主義経済」と呼んだ。異常な競争原理により生産は増大し，経済的に豊かになったが，先述の如く失うものも大きかった。この競争原理が度を越すか，越さないかはその国の文化の影響を受けるのではないだろうか。欲望に厳しい戒律をもった宗教では，競争原理におのずとブレーキが掛かるであろうし，宗教がなくても人間を尊重する文化のあるところでは，ブレーキが掛かるであろう。仏教では欲の消却と節度を教え，イスラム教では教義で利子をとることを禁じているし，中世以前のキリスト教でも利子をとることを禁じていたといわれている。利子を禁じることは現代では実情に合わないが，その思想の根本はその文化圏内では，現代でも文化として当然生きていると思われる。

　第2次世界大戦後，日本は戦勝国であるアメリカ合衆国に依存し，アメリカ合衆国の各種の支援を受けながら，経済的発展を遂げてきた。日本の文化もアメリカ合衆国文化の影響を強く受けてきた。政治，経済，文化など総て

の面で，アメリカ合衆国の影，ではなく光を受け日焼けしてきた。

そこでアメリカ合衆国文化を考えると，根底にパイオニア精神があると思う。ヨーロッパから渡った開拓者が，原住民を殺戮し土地を奪い，自らの生活基盤を獲得した侵略者の誇らしい勝利の精神がパイオニア精神である。アメリカ合衆国の文化も基本的に，このパイオニア精神に基づいている。アメリカ合衆国文化は，建国の1776年の独立宣言以来，225年しか経過していない歴史の浅い文化である。欧州，中東，中国，日本の歴史の長い熟成した文化に較べれば伝統の浅い，こなれていない，若い文化である。この文化は一面にはアメリカン・ドリームといわれているように，明るく自由で，努力するものは報われるとのイメージがあり，日本人・大リーグ選手の野茂やイチローが，自分の希望を満たしてくれるアメリカン・ドリームに感謝の意を表している。また多くの日本人科学者が自由な研究環境で，数々の研究成果をあげているのも事実である。能力のある者，強者にとっては，夢の満たされる国である。こうしてアメリカ合衆国は，輝きながら前へ前へと突き進み，競争に勝利し世界一の富と力を身につけた。

更に話を進めると，アメリカ合衆国文化は，富と力を誇らしく謳歌する勝利者の奢りの文化でもある。最近(1998年頃)では，アメリカ合衆国の金融資本，ユダヤ系ハンガリー人ソロス等のファンドの大量投機資金が，東南アジアを襲い，東南アジア各国に通貨危機をもたらしたことは記憶に新しい。これに対し経済的に弱い東南アジア各国は，なすすべなく経済は混乱に陥った。儲けるため，勝つためには，手段を選ばない横暴さ，この節度なき横暴さが批判も反省もされずに，まかり通るのは，世界に君臨する富と力の偉大なアメリカゆえの，為せる業である。また地球温暖化防止のための京都議定書を国益に反すると批准を拒否し，大量の二酸化炭素を排出し続けて恥じない厚顔ぶりも，強いアメリカでこそ可能である。これらのことで，アメリカは何らの世界的制裁をうけることがないのも，最大の富と軍事力をもつアメリカ

の特権である。

　またアメリカ合衆国を中心とする「誤った資本主義」の勢力は，ヒト遺伝子を特許化し，世界的な医療の商業化を推し進めようとしている。特許がなければ売り手側の価格競争があり価格は高騰しないが，特許は独占であり，売り手は買い手側の足元をみて自由に価格を決められる点で，医療技術の特許化は，同じ商業化の中でも特に悪質である。これまで医療研究の成果は，その研究者の業績として認められてきた。そして医療の公共性により特許になじまなかった。炭疽ワクチンも天然痘ワクチンも特許にならず，必要があれば使用できる。新しい手術法を発明しても，その手術法が優れたものであれば，その手術法は広汎に普及して人類に貢献してきた。数々の新しい治療法も優れたものは自ずと普及し，多くの病者の苦しみを除いてきた。しかるに遺伝子の特許が認められるとすれば，19世紀末のコッホによる炭疽菌の発見，パスツールによる鶏コレラ・ワクチンの開発，北里柴三郎の破傷風の血清療法の開発に始まった，人類に共有されて発展し人類に貢献してきた近代医療技術が，はじめて営利企業に独占され，多額の金銭を支払わなければ，その医療技術を使えなくなる事態が発生する。これは人の命が金次第であることを公言してはばからない文化である。これも世界最強の経済力をもつ偉大なアメリカの競争優先，弱肉強食の輝かしいパワーがあってこそ推進されるものである。

　しかし，明るく輝かしい表の顔の反面，一皮むくとアメリカ合衆国文化の影の部分が表れる。スイスの精神病理学者，カール・グスタフ・ユングは，1912年の昔にアメリカ合衆国を訪問した際，アメリカ合衆国は最大の悲劇に直面していると語り，アメリカ人は，意識の表面では冷静で鋭い理性が支配しているのに対して，意識下では他者に対する攻撃傾向が強く，このため表面上の上品さが野獣性を隠していることを既に洞察していたという。そして1970年代から，アメリカでは性的暴力，幼児虐待，近親相姦が増加している

という。性的暴力は1995〜96年に67万人以上の被害届があり，報復をおそれ被害届のでない性的暴力は，その倍あると推定されている。16〜19歳の年代ではアメリカ人全体の3分の1が性的暴行の被害にあっているという。幼児虐待は1995年に12万6千人の子供が虐待を受けている。近親相姦は，1985年のロサンジェルス・タイムスの記者の調査によると，女性の27%，男性の16%が子供時代に性的虐待を受けた経験があり，アメリカ全体では，推定3,800万人が被害にあっているという（この段落は，湯浅泰雄・ユング心理学と現代の危機から改変して引用）。アメリカ合衆国の心は病んでいる。人の心をかえりみず，富と力を追求する「誤った資本主義」の価値観がこうした結果を生みだしたものと思われる。

　さて，日本に話を戻そう。我が国は先述したように，こうしたアメリカ合衆国文化の影響を陰に陽に強く受けてきた。第2次世界大戦後はアメリカ合衆国を手本として，日本は発展してきた。病んだ文化だとは知らずに無批判に受け入れてきた。富のみを追求する無節度な「誤った資本主義」が，富をもたらした反面，先述したように日本人の心をむしばみ，「こころの危機」をもたらしている。

おわりに

　競争優先，利益優先のアメリカ社会は，国内には，貧富の差を拡大させ，精神的にも病み，国外には金融資本の横暴をゆるしている。このまま修正されずに進めば，国内では，「こころの危機」による凶悪犯罪やテロの増加，国外では，特許のために高価になった医療を受けられない等の貧困国の多数の人民の恨みと怒りをかい，その報復を受け，アメリカ社会は次第に崩壊に向かうであろう。祇園精舎の鐘の音が遠くから，かすかに聞こえてくる。

我が国も競争優先，利益優先の「誤った資本主義」をアメリカに追従しておこなってきて「こころの危機」が始まっている。このままであると，アメリカ合衆国と同様な道を歩み，「こころの危機」がますます進み，アメリカと共倒れになるおそれがある。アメリカと共倒れにならないために，今後は賢明な道を選択しなければならない。アメリカ追従のあり方を変え，日本独自の政策の立案と文化の育成が急務である。この際，アメリカ合衆国にはない日本の利権政治，体のいい賄賂である企業の政治献金などの不正も改善されなければ，日本の衰退をくい止めることはできない。

　GDPを追うのはもうやめよう。これ以上物は要らない。必要な物がいつも過不足なく供給されればよい。ブランド品で身を飾るより，豊かな心を持とう。産業廃棄物による公害(環境ホルモン等)はもう沢山だ。土地は土地の生産性価格よりまだ高い，バブルが残っている，もっと下がれ，勤労者はウサギ小屋でなく，豊かに生活のできる家を持とう。過剰な競争はやめさせろ，競争に節度を持たせるようにしろ，町の小さな商店を守れ。教育から偏差値を追放しろ，勉強に興味を持たせ，本質的な勉強をしよう。本当の教養を身につけよう。子供はもっと外で皆と遊ぼう。などなど...「人間生活にとって大切なもの」は，他にもいろいろあろう。

　「人間生活にとって大切なもの」を重視する社会に変える具体的な方法を考えるとき，3つの困難に突き当たる。1つ目は，心の病んだ民主主義国は，国民の心の病により自力改善不能に陥ることである。例えば，アルコール依存症という脳細胞が障害される精神病では，ある時点以上に進行すると，大量の神経細胞の破壊・喪失のため，痴呆になるなど総ての精神能力が低下し，禁酒の意志をもつことが能力的に不可能になり，酒があれば禁酒ができず，放置すれば破滅してしまう。このように，国の民心に精神荒廃が進めば改善の意志も無くしてしまう。心が健全であれば，国が廃墟になっても国を再建し繁栄させることができることは言うまでもない。個人の幸福を決めるのは，

その人の心であり，国の運命を決めるのは，その国の心である。国民の心の病は国の不幸のもとである。ここでいう国民の心の病は，拝金神経症，利権神経症なども含んでいる。ただ我が国の心の病は，改善困難であるが改善不能ではないと思う。

　2つ目は，グローバル化である。交通手段，国際貿易，金融投資，インターネット等の情報などの国際化は，1国だけで独自の文化や経済を保持することを，ほとんど不可能にしている。情報面では，インターネット，人工衛星中継テレビなどにより世界の情報は瞬時に入手できる。これ自体は大変望ましいことであるが，もし低質な情報が大量に流されれば，それが世界中を汚染し，悪貨が良貨を駆逐する現象も起こりうる。2000年1月に開かれた日本ハンガリー友好協会主催の「文化が問われる時代」のシンポジウムで，38歳の若きハンガリー文化大臣・ロッケンバウエルは，「インターネットがハンガリーに入ってくることに関して危惧を抱いている。ポルノが入ってくるようなことは問題にしないが，アメリカの低質な文化が流入してくることに危機感をもっている」と述べている。1国だけで独自の文化を育成するのは不可能ではないが難しい。経済面では，過剰な競争を改善しようとしても，「禿げ鷹」と呼ばれている外国の金融大資本が日本に殴り込みをかけ，大安売りをされれば，それと競争をしなければ自分はつぶされてしまう。経済的にも1国独自の政策の実施は難しいが，それには法制化である程度は対抗できよう。

　3つ目は1番切実な問題である。「GDPを追うのはやめよう。過剰な物は要らない。ブランド品で身を飾るより，豊かな心を持とう」となると，GDPの低下，経済の縮小が生ずる。そうなれば失業者が増加する。失業は人間の尊厳を傷つけ，心の病の発症を促進させる大きな原因になる。ここで過去を振り返って考えてみよう。日本は第2次大戦後の廃墟から世界第2位のGDPになるまでの奇跡の発展を遂げた。それは第1に日本人が勤勉であり，数々の技術革新を成功させたこと，第2に若年者の人口増加により扶養人口

が少なく、稼働人口が多く、利益を産業再生産に投資でき、経済の拡大が可能であったこと、第3に東西の冷戦やヴェトナム戦争でアメリカ合衆国が、多大の軍事費支出で消耗している時に、日本はアメリカ市場に多くの商品を輸出できたという幸運もあり、経済発展が可能であったこと、第4に東南アジア各国は生産性が低く、中国、ソヴィエト連邦などの社会主義国家は政治体制のために生産性が低く、製品は水準以下で日本の相手にはならなかったことである。然るに現在をみると、第1点の勤勉であることは基本的には変わりないだろうと思われる。第2点は高齢者の増加と少子化による扶養人口の増加と稼働人口の減少により、福祉部門に支出すべき費用が増加し、再生産に投資できる資本は少なくなり、生産の拡大は難しくなる。第3点についてはアメリカ合衆国は、軍事技術を民間に開放するなど、電子ハイテク技術やバイオ・ハイテク技術の特許で巻き返しをはかりつつあり、我が国にとって予断を許さない状況にある。第4点については、東南アジア各国、中国とも経済発展を遂げ、安価で優秀な労働力で国際競争力のある製品を作り、電子ハイテク部品の製造拠点さえも、これらの国に移行しつつある。この結果我が国は産業空洞化が起こり失業が増加している。一昔前にアメリカ合衆国やヨーロッパ各国が後進国日本に追い上げられたと同じ現象が、いま日本に起こっている。現代の右肩下がりの経済は、単にバブルが崩壊したための一時的問題ではなく、基礎的で深刻な問題である。再びかつてのバブル期のような経済発展は当面ありえない。日本の経済拡大は、ハイテク分野でアメリカなど先進諸国を凌駕する多くの技術開発がない限り、まず望めないと考えるべきであろう。GDPを追いたくても追えない状況が予想される。「GDPを追うのはやめよう」といわなくてもGDPの低下を余儀なくされる状態にある。前述した通り、この体制の下でGDPが低下すれば失業者が増加し、心の病の発症を促進させる。

　そこでGDPが低下し、経済が縮小しても「人間生活にとって大切なも

の」を確保することを，制度として考えていく必要がある。経済が当分の間ゼロ成長が続くことを前提とした対策を考える必要がある。この場合，失業対策が最重要課題である。試案として，日本の高い GDP は多少低下しても，1億2千万人の国民に，文化的な生活を保障できる生産力をもっている。であるから，労働を国民で分担すれば，一人一人が職を失うことなく，文化的な生活を送ることができることが原理として可能である。具体的には労働時間を短縮し，給料はその分減額される。労働時間の短縮によって得た時間は各人の楽しみに費やせば良い。働き蜂からの大変身である。楽しみでストレスが解消され，目標を持てれば心は充実感をおぼえ，心の病は少なくなろう。給料減額で生活するためには，生活費も西欧諸国なみに安くすべきである。日本は電気料金，交通費など独占基幹産業の料金が外国に較べ高すぎる。政治献金 → 利権政治による腐敗政治の公共料金決定にメスを入れ，諸外国なみにするべきである。日本の料金は政治献金 → 利権政治に関わるものは総じて高い。こうした不公正に基づくアンバランスは国の病である。いずれにしても，経済が縮小しても「人間生活にとって大切なもの」を確保することを可能にしていかなければならないが，経済の縮小は「物の豊かさ」より「こころの豊かさ」を獲得するのに，かえって良い機会かも知れない。

　現在は我が国にとって，大きな転換期にある。このまま自力改善できず，精神の荒廃が進むのか，災い転じて福となし，精神の活性を取り戻すのかは，今後の政治の舵とりにかかっている。我が国の「こころの危機」，すなわち精神障害の激増は，我が国の社会文化の病であり，この源は先述した通り，その要因が複雑で，相互に連鎖反応しあい絡み合っているので，短時間で容易に解決できる問題ではないが，先ずは根本的な問題を解決しなければ，明るい見通しは難しい。

参 考 文 献

1. 湯浅泰雄，高橋豊，安藤治，田中公明著『ユング心理学と現代の危機』河出書房新社
2. 中村隆英著『昭和史』，東洋経済新報社
3. 内海和雄・他著『子どもの発達段階と教育実践』 あゆみ出版

引 用 文 献

1. 日下公人監修『日本の戦後，まるごとデータ博物館』，14頁，日本文芸社
2. 湯浅泰雄著『ユング心理学と現代の危機』，41，36～38頁，河出書房新社
3. 舟橋一郎著『保健理論』教科書，中央大学通信教育部

引 用 図 表

1. 東京都精神医学研究所 研究所紹介パンフレット
2. 東京新聞，平成13年8月13日朝刊
3. 文部省，学校基本調査報告書（中村隆英著『昭和史』p. 569，東洋経済新報社）
4. 日経ビジネス，2000年6月5日号，p. 28
5. 厚生労働省「人口動態統計」（国民衛生の動向 p. 67，厚生統計協会）
6. 舟橋一郎，関東ラグビー・フットボール協会・メディカルソサエティー学術総会・発表原稿

第2章 「善への問い」とさまざまな応答

価値を現す言葉の系譜と「生きる力」

野崎　守英

1

　人が生きる1つの側面は，自分なりの価値観を実現しようとしていることにある，と考えてみます。人は，時を辿ることのうちで意識のうちにいつも露わにすることはなくとも，さまざまな価値観を実現しようとして生きる営みを続けているのではないでしょうか。
　簡単な例でそのことを検証してみましょう。
　たとえば，毎日，私は遊んでいます，と自分のことを説明する人がいる，とします。そのことは，遊ぶ状態に自分があると，今の自分のあり方を規定することで，自分のあり方をうっすらと価値づけているのだ，といえるでしょう。そのように自分を説明する場合には，大まかにいって2つのケースがあります。その人の〈心〉にとって，事が肯定的に捉えられている場合と否定的に捉えられている場合とです。好んでにせよ，止むを得ずにせよ，1つのあり方を価値として定めている，ということは，別のあり方の価値に関しては，それを自分のうちに欠如させている，ということになります。遊んでいる人が欠如させているのは，たとえば勤勉さである，ということになります。また，無為を好んでそのように過ごす人がいるとします。その人は，無為でない状態を欠如させていることにおいて無為なのです。

さて、どんな人間にも〈思い〉というものがあります。〈思い〉というものは、自分がある状態をしかじかであると定めながら、また現にある状態を越え出ようとするものとしても働きます。考える、という動詞があります。考えるという言葉は、日本語では、勘定する、勘案する、の「勘」に通じる言葉のようです。考え合わせてよく調べる、といった内容の漢語ですが、そうした意味があるように、考えるという言葉の働き方には、比較して考え合わせる、という含みがあるようです。人は、自分について考えるとき、自分が現にある状態を現にない状態と比較している、という営みに自分を置いているのではないでしょうか。

そうしたあり方を、人はしているので、次のような言葉も生まれることになります。

　昨日またかくてありけり
　今日もまたかくてありなん
　このいのち何をあくせく
　明日をのみ思ひわずらふ　　　　　　　　　　　　　　　　（島崎藤村）

自分が日々を遊びのうちで過ごしていると、この人はと思っている、と仮定してみます。あるいは、自分が無為に過ごしている、と思っている、と仮定してみます。そして、そのことにある種のやましさのような感情を抱いている、とも仮定してみます。そのように考えてみれば、この詩が作られたのはそうした心のあり方をそのままに表現しようとしたからなのだ、と想像することができるでしょう。そのとき、〈心〉は無為でありながら、その無為から少し外へ出る方途をささやかに模索するという、反省の働きを働らかせて自分を照らし見ているのだ、ということができるでしょう。

現にある自分と現にある自分の向うに実現したいと願っている自分とが人にはある、という見方を示したわけです。前者のあり方と後者のあり方とが

成り立つことは、どうして可能なのでしょうか。その２つをつなぐものとして、〈心〉が働いているからだ、ということを、とりあえずの答えとしてみたのでした。

〈心〉とは何か。〈心〉を働かせているのは、どういうあり方でなのか。現在を見、同時に現在の先を見つめている、という働きを〈心〉は備えているからである、と考えてみます。つまり、今を見、その今と比較して先を見る、ことをしているのが〈心〉のあり方なのだ、と見る見方を改めて出してみたいのです。

そこで問うてみます。どうして、そのように〈心〉は働くことができるのか、と。

〈心〉のうちに〈言葉〉が埋蔵されていることが、そのように〈心〉が働くことができる１つの条件になるのではないか、と考えてみます。言葉の働きはいろいろなあり方としてあるようです。まずその働きについて２つの点に注目してみます。一つは、表現するのに事に分節を与える、という点です。もう一つは事を定義する、という点です。この２つの働きは違うものとしてあるように見えます。どう違うのか。

〈イヌ〉と呼ばれる動物がいるとします。そう私がいったとき、〈イヌ〉が意味するものを理解できない〈ヒト〉は、この場には誰もいません。〈ヒト〉の特徴の１つは〈イヌ〉という言葉を聞いたとき、実際の犬を、誰もが違うものとしてではなく想像できる点にある、といえます。

「私の家の飼い犬は毎日私と散歩をします。それが私にとっては喜びです」という文を１つの例文として挙げて、言葉の働き、ということについて検証してみます。まず、この文は誰もが理解できるものです。これらの言葉は、私たちの〈心〉のうちに住み着いているものばかりだからです。さて、そういったところで、これから検討してみたいのは、誰にも分るこの文が、働きとしてはどのようなあり方をしているのか、ということです。その検討に入

る前に、まずいっておきたいことがあります。

　この話では、事柄を、すべて、なるべく基礎のところに戻し、基礎から立ち上げるところで考えてみたいのです。そのために、ここでは、事はすでに前提として分っている、とすることを、極力やめることにします。心構えとしては、すべて、出発点から考えるつもりで事に接したいのです。くどくなるのをお許しください。

　先に挙げた文は、語の音に分節を与え、その分節のそれぞれに意味を与えることで言葉を展開させている、といえます。

　検討してみましょう。

　この文は「私の」「家の」「飼い犬は」「毎日」「私と」「散歩をします」「それが」「私には」「喜びです」。このように分解できます。括弧のなかのそれぞれが、1つの分節なのです。

　「私の」は所有を意味する言葉。「家の」の「家」は人間が造った建造物ですが、人がこの世界で振舞う仕方を示す言葉として働いています。家族という言い方があります。「家」を軸にしている人のつながりのことで、血族のかかわりとして構成される場合が多いのですが、この場合も、ただの建造物ということだけではなくて、そうした含意を篭めて用いられているでしょう。この言葉は「私の」にかかるのですが、「飼い犬は」が属する場所を示すものでもあります。「飼い犬は」は、犬がここでの語り手とかかわってあることを示す表現で、この文のうちでは、主語の位置をもっとも担う箇所です。「毎日」は、時間のどのあり方として事があるのかを、説明したいから出てきた言葉です。「私と」は、犬を連れて行く人が、語り手であることを示すための言葉ですが、文法的にいうと代名詞です。「散歩をします」は、動作を表す語で、ここでは述語部に当ります。「それが」は、前の文全体を受けて次につなぐ言葉で、あとの文の部分の主語になります。「私には」は述部がかかわる人称を特定する言葉です。「喜びです」は、感情を表す言葉です。この言葉以外

のものは，事実と思われることについての陳述なのでしたが，「喜びです」は，1つの価値づけとしての判断を述べたものです。こうした質の言葉を，私は価値語と呼ぶことにしているのです。

さて，先の文は，同じ言葉を使う者なら理解を共にすることができる言葉の分節を使って，1つの述定をしているものだ，ということを，ここで改めて確認しておきましょう。私たちが，言葉を使っているということは，このように，何かについて述定していることなのだ，ということもここで確認しておきましょう。

私たちが言葉を使っているのは，このように，事柄について述定する仕方でなのです。その述定には，とりあえず，2つの仕方があります。1つは事実についての述定です。もう1つは，価値についての述定です。今見た文では，前半が事実述定，後半が価値述定である，といえます。述定とは，事に1つの定まった意味を与え，意味の内容を指し示すことである，ということができます。私たちは，生きるという営みを通して，いつも，さまざまな事実述定，価値述定をしながら，多くのことに多くの定義を与えることをしているのです。

さて，言葉の性格に関して考えるために，先に見た1文を，もう一度見直してみましょう。そこには，言葉のさまざまな側面が，分節になって盛り込まれている，ということができます。それをいくつかのあり方に分類してみたいと思います。分類原理をいくつか立ててみましょう。(1){指示されているものがさわることができるもの，具体性があるもの}と{指示されているものがさわることができないもの，具体性がないもの}，(2){他と類同性をもつもの}と{他と類同性をもたないもの}，(3){移動するもの}と{移動しないもの}という3つを，とりあえずの分類の軸として置いてみたいと思います。

まず，(1)です。さわることができるものは，家屋としての「家」と「飼い犬」が挙げられます。ほかに，さわることができるものとしてあるかな，

と考えてみたいものに「私」があります。「私」というありかたを「私」がしているのは、「私」の身体を備えることによって、です。その身体はさわることができる。ここでの文の言葉を発語している「私」がそうしたあり方をしていることは、誰しもが了解しているところです。その点では、この「私」はさわることができるものなのですが、しかし、「私」というのは奇妙な言葉で、別の人が、「私は犬を飼うことを好みません」といったとして、その「私」は、前の「私」とは違う「私」です。そのことは、「私」という言葉は、それが発語されている状況のうちで、内実が定まって来る性格を備える、ということを意味しています。したがって、「私」という語が示すものは、発語されている状況が理解されている限りで特定されることになる、ということになります。その特定のなかで、ここでの「私」は特殊な個体として、さわることができるものとして提示される性格のものだ、ということができます。

さて、何かがさわることができるものとしてある、ということは、そのものが"物"としてある、ということです。さわることができる、というのは、"物"を性格づけている1つの定義である、といっていいかもしれません。

それでは、上の文でさわることができないものは何か。「毎日」、「散歩」、「喜び」です。「毎日」は時間のあり方を示す記号です。時間は、そのうちを人が過ごすものでありますが、さわることはできません。つまり、時間は"物"ではないのです。「散歩」は動作です。その動作は、たとえば、足を動かすことでなされることです。動かす足は"物"としてさわることができます。だが、「散歩」という動作は、"物"ではないから、さわることができる、とは考えられないでしょう。「喜び」は、感情を現す言葉ですが、これも"物"ではないのでさわることができません。

2番目に挙げた分類軸、{他と類同性をもつもの}と{他と類同性をもたないもの}というのは、少し分りにくい点もある言い方ですが、ここでいいたいのは、指し示されている内容が、それ固有のことなのか、類似のものを包みこ

む方向で働くことなのか，ということです。具体的に事を述べたほうが分りいいので，先の文章について，その視軸を適応して考えてみます。

　"物"を表すとした「家」とか「飼い犬」とかは，{他と類同性をもつもの}として示される面と{他と類同性をもたないもの}として示される面と，二面があります。「家」という言葉を示されたとき，この概念を聞いた人は，2つのことを理解します。一つは，自分の住むところも「家」だが，その隣にある建物も「家」である，と捉えられる，ということです。もう一つは，「家」は「船」ではなく「劇場」ではなく「国会議事堂」ではないものとして「家」である，ということです。「家」という言葉で括られる一つのグループがあり，その建造物は，「家」でない建造物とは異なるあり方としてある，ということを理解した上で，人は，この概念を使うのです。「飼い犬」についても同じことがいえます。「飼い犬」は「飼い猫」ではないのです。しかし，「飼い犬」であるのは，私の「飼い犬」だけではないのです。"物"を示す言葉は，概して，こうした両面性を担っている，といえます。

　さて，この視点を立てた場合，興味深いのは，「私」という概念です。「私」とは「あなた」ではないから「私」なのだ，という点では，「私」は「あなた」に対する区別概念としてあります。このことは，一人称と二人称とは異なる，ということを示しています。しかし，類同性という見地からすると，一人称で自分のことをいうすべての人は「私」という概念を使うことができます。そこからすると，この世にいる人の数だけ「私」というあり方はある，ということができます。

　そこで，こういう事態が出現します。私が，ある集会で，さあ，皆さん，「私」という内容について念頭においてみましょう，といったとする。そうすると，そこにいる人は，みんな，「私」のあり方を思い浮かべる。その「私」とは，そこにいる人のそれぞれの，自分にとっての「私」であるか，あるいは，「私」という一人称をもつ人間のあり方全体のことであるか，どちらかで

しょう。前者だとしますと、そこに生じているのは、次のようなあり方です。「私」という同じ言葉を用いながら、思い浮かべられている内実は、人の表象のうちでみんな異なるのです。

　さきほど、事の述定について、事実述定と価値述定とがある、といいました。その考えを適用してみますと、「私」にかかわる述定は、事実述定なのでしょうか、価値述定なのでしょうか。「私」がある、ということは事実なのだから、それは事実述定である、といえないことはないようです。人間は、言葉を発しうるかぎり、誰でも、一人称としての「私」という発語をすることができる、と誰かがいったとする。この言い方が事実述定であることは疑いありません。だが、「私」という言葉で一人称の自分を指定するそのあり方は、たとえば、「川は流れる」という事実述定をする際の言い方とは、どこか違います。「私」についての言及は、「私」のことではない、事実だけの事柄について事を述べる言い方を、どこかはみ出すような仕方で、表現の位置を担っているのではないでしょうか。2人が会話をすれば、そこでは、それぞれの「私」が行き交うことになります。その「私」は事実としてある「私」なのですが、「川は流れる」というふうに認定できる事実とは、かなり違います。私は、その違いに注目して、人称語については、新しい定義を導入することにしたいと思います。「私」とか「あなた」とか「彼」「彼女」といった表現を、人称述定と定義し、それを、事実述定、価値述定とは別枠の述定の営みである、としてみたいのです。そうした枠を立てるのは、そうした枠を立てることで思考を先に延ばせる方向を探してみたいからです。

　さて、3番目に挙げた分類軸、{移動するもの}と{移動しないもの}という区別のほうに視点を移したいと思います。この区分原理をどうして立てたのか、その点について語ることからはじめましょう。まず基礎的なこととして確認しておきたいのは、この世界は、「移動するもの」と「移動しないもの」とから構成されている、ということです。不動産、といわれるものがありま

す。これは原則的には「移動しないもの」です。不動産の内実をなすのは，家と建物で，家は動かすことができます。夏目漱石の家を明治村に移す，といったことは，実際に行われたことです。だが，土地は動かせません。私の家が立つ土地は，原則的には不動なのです。そうした土地のあり方を不動であるもの，{移動しないもの}の原点のようなもの，と捉えることにします。そのように捉えてみると，この世界のうちにさまざまなあり方があることが見えてくるのではないか，と考えられることが，この区分を立ててみた理由です。不動のあり方と対比すると，「飼い犬」は{移動するもの}としてあることが明瞭になります。「飼い犬」は場所を{移動するもの}だから，毎日の散歩が可能になるのです。そう考えてみれば，「私」も移動するあり方をしている，といっていいかな，というほうに考えが動きます。犬と一緒に歩くのは「私」だからです。だが，ここで考えてみましょう。犬と一緒に歩かない「私」もいるのではないか。億劫だから，犬を飼わない「私」も多くいるはずです。そうすると，こういう言い方ができることになります。この「私」は犬と散歩をするが，あの「私」は犬と付き合うことがない，と。こうした言い方をしてみたときに，気がつく一つのことがあります。「私」が表現のなかで移動している，ということです。この移動は，散歩のような場所の移動ではない。でも，言葉として，人それぞれの間を移動しているのです。そのことが人称語の特質です。そこから考えられることは，移動というもののあり方には，少なくとも二つの形態がある，ということです。場所を移動することと，人の間を言葉として移動することと，です。そうすると，人称述定は，人のあり方を規定する働きをしながら，言葉として移動する性質を備える点に特質がある，ということができます。

　言葉というものは，それ自体，さまざまに移動することを特質としている，ということもできるでしょう。外国語を習得する際，文法を理解したり，単語を覚えたりすることは，その言葉を自分のうちに移動させようとしている

営みとしてある，ということもできます。だが，その場合は，向うにあるものを正確に自分のうちに定着させようとする移動です。それに対して，私たちが，「私」という概念を，それぞれの人が異なる内容を含ませながら言葉のうちで移動させているということは，言葉に刻まれている記号を移動させている，ということなのです。ですから，この移動の場合は，「私」といいたいところを，英語の「I」と表現しても，時には構わないことになります。人称述定の世界は，そうした面白い領分としてあるように見えます。

人称述定というあり方が成り立っているのは，世界の事柄の相のこととしてではなく，人というもののあり方にかかわる領分のこととして，です。人称のあり方が示す特徴の1つは，互換性という仕方でそれぞれがある，ということなのではないでしょうか。「私」から見ると，向かい合う君は君です。ですが，君の立場に立ち，君の「私」に視軸を据えると，私の「私」は君になる。私と君とは，相互に入れ替わって移動する言葉として働くのです。

そこで，価値述定のことを考えるほうに話題を移したいのですが，まず，先に挙げた，あとの例文をもう一度引きましょう。「それが私にとっては喜びです」でした。「それが」が示す内容は，前文では散歩をすることなのでした。とにかくその営みが，ある「私」にとっては喜びなのでした。ということは，その人にとって，犬と散歩することは価値がある，と表現されている，ということです。そういうことであれば，ここで，次のような問題が発生するかもしれない，ということを指摘してみたいのです。散歩は，一人の「私」にとっては「喜び」だが，別の「私」にとってはそうしたものとしてはないということがありうる，ということです。実際，そういうことがあるのは誰でも納得することでしょう。別の場合でいえば，ある「私」にとって，何かは美しく感じられるものとしてあるが，別の「私」にとっては醜く感じられるものとしてある，という事柄は，この世界には，いろいろとあることでしょう。そうしたあり方は，価値述定の多様性を示しています。その点につ

いて考えることが，ここでの主題です。そちらに向かうことにしましょう。

2

　述定に関して，私たちは，少なくとも3つの場面の働きがあることを問題にしました。この話で目指したいのは，その3つのうち，価値述定，価値定義，というあり方が，人のうちでどのように働いているのか，その点についてなるべくよい展望地点を築く方向に少しでも向かうことです。

　そこで，私たちの経験に近いところから価値述定のいくつかのあり方を取り出して検討してみることにしましょう。私たちが，それとなく価値として〈よい〉〈願わしい〉としがちな場面をいくつか挙げてみます。

　① この世に生を享けたことは〈よい〉ことである。
　② つつがなく毎日が過ぎることは〈よい〉ことである。
　③ 欲しいものが手に入るのは〈よい〉ことである。
　④ 目的を立ててその目的に向けて邁進するのは〈よい〉ことである。
　⑤ 日々を愉しく暮すことは〈よい〉ことである。

　以上の5つの項を次のように整理してみましょう。

　1つ，贈られたものとしてある生への愛しみ(生が授与されていることへの感謝)。

　2つ，習慣としての生活の営み(生活維持)。

　3つ，欲求・欲望の延長・広がり(獲得)。

　4つ，目的の達成(未来構成)。

　5つ，生の手触りの愛好(楽しみ・安楽・快楽)。

　このそれぞれは矛盾して働くことがあります。5つ目の〈よさ〉に没頭して，4つ目を怠るという場合などが1つの例として挙げられるでしょう。例

えば，そうした状態にあったときに，藤村は，先に引いた詩を言葉にしたのかもしれない，と考えてみてもよいのではないかと，思われます。

ここからいえることがあります。1つ，2つ，3つ，4つ，5つとしたあり方は，延長すれば，内容をどんどん広げることができる，ということです。

1つ目からは〈孝〉の倫理を引き出すことができるでしょう。父母が自分を世に置いてくれたのだから親に感謝する，というのは，考えの立て方として筋の立つことです。この考え方から，人間社会は，乱婚的あり方から脱して，家族を構成する秩序観を導入したのだ，とする見方を引き出すことも可能でしょう。

2つ目からは，たとえば，生活を安定させるための，仕事への従事，健康維持への配慮，よい伴侶との共同生活，といった事項に意味を与える方向が生じうるでしょう。

3つ目からは，たとえば，アメリカふうのサクセス・ストーリーへの関心などが生まれることもあるでしょう。

4つ目からは，たとえば，英検取得，1億円貯蓄，総理大臣になるための修業，女子マラソンで優勝するための練習，といったことを思いつくままに挙げることができます。例は，数限りなくある，といっていいでしょう。

5つ目からは，よいステレオで音楽を聴くことの快楽，道具を手作りで整える趣味の喜び，といったことが引き出せるでしょう。先に例とした，犬と散歩する楽しさなども，このあり方のうちに入る事柄であると思われます。

さてそこで，この5つのあり方は，それぞれどんな質のものとしてあるのか，その点をまとめてみましょう。

1つ目の考えは，人の生は所与としてある，という視点を，強く表に出しています。自分が生者としてあることは，何かからの贈りものであるとみなし，私たちが生を続けるのはそのことへの感謝としてなのだ，と考える筋は，こうした視点の取り方のうちで成り立つのでしょう。先の〈孝〉の考え方も

そうですが，信仰の心のあり方も，こうした場面で成り立つことのように思われます。自分がこの世にあるのは，神的なものが命を与えてくれたことの結果なのだ，というわけです。

　2つ目で提示されるのは，結果論的に1つの納得に近付こうとする見方だ，といえないでしょうか。私たちの生は，多く習慣に従うところで営まれています。習慣は，しばしば意志を越えて働きます。会社に行きたくないときでも，学校に行きたくないときでも，そうした意志を越えて定まった場所に出かけるのは，習慣に従うからです。習慣に従うことにすれば，いろいろなことに悩む心を節約することができます。いずれ死を迎えるにしても，これも生という場にある者が背負う習慣上のことなのだから，その習慣にしたがって死ねばそれでよい，という見方を立てることもできないわけではありません。だが，この立場では，自分のほうから生を構成する積極性といったものを立ち現す要素が欠けることになります。自分が生きているのは習慣に従うことによってだけだ，といいきることができる人がいたら，その人は自分が意志で生きる部分に対して目隠しをしている程度がきわめて高い，ということになるのかもしれません。

　3つ目の，欲求の発露として生はある，という見方は，人に馴染みやすい見解かもしれません。とはいえ，注目すべきは，この立場は，最終的には，身体の欲求に収斂せざるをえないことになるのではないか，という点です。旨いものを食べたいとは，身体の欲求としてある事柄です。そうした欲求を軸にして生を営む人は，欲求がなくなったとき，死を迎えてもいいことになります。実際，人が死んでゆくのは，自然死の場合は，食欲がなくなることを伴うのですから，この捉え方は，人が人としてあるのは，素直な生命欲の実現としてである，という実状に密着した考え方として出てくるといえそうです。

　目的への挑戦という4つ目の見方はどうでしょう。生の場にある際にそれ

なりの目標を立てるのが，人のあり方です。立てられた目的は，実現したりしなかったりします。実現しない場合は，目的実現が目標としていつまでも前にあるから，まだいい，というふうにいう言い方も成り立ちそうです。目的とされるものが実現してしまった場合がむしろ困るのではないでしょうか。1億円の獲得を目指していて，それが貯まってしまったら，どうするのでしょう。使うとしても使いきれないではありませんか。そうしたら，街頭でそれをばらまいてみる，というのも面白いかもしれません。しかし，もしこうしてお金を貯めることを目的としている人がいて，それが実現したら，今度は，その金をどう使うか，というほうに目的の向きを変えることをするのではないでしょうか。その点で，このあり方は，絶えざる目的の組み替え，という姿をとることを特徴とするものであるように思われます。

　5つ目。生のうちでさまざまな手触りの感触を楽しむことを価値とするのは，とてもよいことだ，と私には思われます。とはいえ，その局面が成り立つのは，何かを感ずることができるように身体が働いている場合だ，ということになりましょう。しかし，身体は衰えることなしにはないものです。身体が衰えることになれば，身体の感触も衰えざるをえません。この考えは，人の意識下でそうしたことも勘案しながら，与えられた生を慈しむところで成り立っているのだ，と思われます。元気なうちに，あれをしようこれをしようと，人はいうではありませんか。いわゆる趣味の世界というのは，そうしたあり方をしながら，人間世界のうちにさまざまな境域を広げています。

　さて，ここで，1つの考えを提出してみます。生きる際のもっとも大きな価値となるのは〈生きる力をもって生きていることである〉としてみるのです。

　そのように問題を設定してみて，上の5つのあり方は，〈生きる力をもって生きていること〉に密接につながる内容を提供しているかどうか，その点を問うてみたいのです。そう問うたとき，私の見方からすると答えは"否"で

す。この5つのあり方は，自分が生きているということに対して，いわば自然的に対応するところで事に処しているのであって，自覚的に自分のうちの生きる力自体を確認したり掘り起こしたりする方向はそのあり方にはない，というべきだ，と私は考えるからです。いい換えれば，以上のあり方は，自分が生きている事態をそれとして素朴に受けとったところで，その生きるあり方を構成しようとしているに留まる，といえると，私は考えます。

　私の考えるところでは，生きる力を問題にするとはどういうことなのか，そのことをそのことのうちで問うことに，まさに事の要点，事の核はあるのです。

　生きる力のあり方を考えるということは，生きることの価値を考えた上で，定まってきたことを自分のうちに価値として刻もうとする営みである，という考えの向きに眼を向けたい，というのが，私の主張したい立場です。我，人，共に，つまり，一人称の自分と二人称の誰かとを共に含むかたちで，生き続けることを〈よい〉とできる原則が，どこに，どのような仕方で見出せるのか，を問うて，そこで出てくる方向を自分の指針とする営みが，生きる力を具体化するのには必須である，と私は考えるのです。

　それでは，そうした原則を考えて行く方途としては，どのような筋道が立てられるでしょうか。筋道はさまざまにあると思います。

　ここでは，1つの視点を提示してみたいと思います。人間のあり方を〈身体〉〈心〉〈言葉〉の3つの要素に分け，そのように分けるところから見えてくるものを追ってみる視点です。

　人が〈身体〉と〈心〉と〈言葉〉を備える，ということから，人間を捉えてみることは，さほど特殊な見方ではないでしょう。ここで行ってみたいのは，その枠を使って事を一つの方向に定めてみる1つの実験なのです。

　人は，身体として産まれて来ます。成長するにしたがって身体のあり方は実にさまざまに変化します。人が人である基軸は，何といっても身体を備え

ることにある，というべきでしょう．だが，どういう仕方でか，人のうちには，心の領分というものが芽生えてきます．赤ん坊でも，心の働きが，意志を示すという仕方で働いています．生きがいという言葉がありますが，これは心のあり方を定める方位のこととして生ずることになるあり方でしょう．

　その心のあり方の特質となるのは次の点である，という見方を，今，提示してみることにします．

　心は自分のあり方として，現にあるあり方と，現にはないが自分のうちにとりこみたいあり方との両方を含みこみ，その二重性を生きているものではないか，ということを前にいいましたが，その点を，ここで改めて重視してみたいのです．心には2つの層があって，時には，人はそのずれを言葉にすることもあります．未来に自分を差し向ける意志の働きとは，現にある心があるあり方と，現にはないがとりこんでみたい心のあり方との落差を埋めようとする営みのことをいうといって，いえないことはないでしょう．つまり，先に述べた，勘案する働き，それが心に固有の性格である，という視点について，ここでこだわってみたいのです．

　心は，こうして，自分というもののあり方に付随して生じるものです．その働き自体に即してみれば，それは，ぼんやりしたあり方としてあるものなのではないか，と想定されます．気分といった概念でいわれる内容のことを思い浮かべてみればそういうことになるでしょう．心のあり方が，1つの形や輪郭を備える状態に至るのは，言葉という媒介が入りこむことを必須とするのではないか，と考えてみます．私は悲しい，と言葉でいい，悲しさから脱したい，と言葉でいえば，それをいう人の心は，1つの形を備えるものとして他者からも理解される内実になる，という次第なのです．

　そうした意味で，心は，言葉とつながる部分でその働きを有効にするはずなのですが，しかし，言葉のあり方とは矛盾する側面を心が備える，という点にも，注目する必要があるのではないか，と私は思います．具体例を出し

てみましょう。

　ある人が，自分は，男でもないし女でもない，といい張ったとします。誰かが，それでは，君は何なのだ，と問います。その人は答えます。自分は，人間なのだ，と。自分にとって意味となるのは，人間であるということなのであって，その点で，自分が男であるとか女であるとか，そうした分類原理を採用することは，私は拒否するのだ，と。事実原理としては，その人は男か女かのどちらかでしょう。自分が男であるか女であるかの区分を採用しない，というのは，その人の心の思いのあり方として提示されていることです。心の思いのあり方として，そうした方向の向きを自分の基本に置く，ということは，ありうることなのです。それが意見の立ち方というものです。通常の言葉が拠るのは，誰にでも通ずる，いわば通俗的な分類原理ですが，その分類原理のうちの1つの面だけを採用して，そこに自分の拠り所を置く，ということは，思いの側の裁量に委ねられている，ということは，確かにあるのです。

　そのことは，次のことを意味します。人の心のうちに思いとして広がる事柄の幅と，人の世界に表現の道具として広がる言葉の幅とは，けっして相即の関係，比例の関係にはない，ということです。心と言葉は，それぞれ，両方で両方が補助し合う関係としてある，というべきですが，それぞれが属する秩序は異なったものとしてあるのです。言葉は，人それぞれが自分の裁量で勝手に作り出すことができるものではありません。社会の約束として定まっているものです。その意味で，言葉は，人の心の外側にあるものです。だが，その言葉を操るのは，人の心です。人の心が，これまで，歴史過程のなかで言葉を操ってきた，その結晶として，数かずの言葉はありますが，個人にとってはそれは外の領分にあります。言葉は，個人の心のあり方とはそのまま相即するものではないのに，人の総体の心を反映しているあり方としてもある，という二重的な性格を備えるものである，といえるのではないか，

と私は思います。「生きる力」のあり方を模索する立場に身を置くと、そうした言葉の性格を考えつつ、言葉のなかに、価値の表し方について、どんな言葉がどのような仕方で住みこんでいるのか、その点を探究すると、事が見えてくるのではないか、と私は考えているのです。

3

　ここで、価値語と明らかに定義できる働きをするいくつかの言葉を提示して、そのことを軸にしながら、話を展開してみたいと思います。
　価値を示す言葉を3つ提示して、その言葉を柱にするとどういうことが考えられるか、ということに主題を置いたのは、ギリシアの人プラトンでした。私は、プラトンの考えを充分に咀嚼したなどとはとてもいえないのですが、興味を惹かれるのは、この3つの価値語が日常の言葉として使われるものであった点です。その3つの言葉は、日本語でいえば〈よい〉〈美しい〉〈正しい〉でした。これらの言葉は、日本語としても日常語で使われているものです。そればかりではなく、日本語においても、これらは価値を基礎的に示す言葉として働いているものである、といえます。日本で通用しているほかの価値語とは異なる、という点で、このことは注目していいのではないか、と思います。日本語での価値語の他の場合の例を挙げてみましょう。新渡戸稲造が『武士道』という本のなかで、「義」「勇」「仁」「礼」「誠」「名誉」「忠義」「克己」という価値語とかかわることに武士の特性がある、と指摘しています。これらの語は、私たちが日常を生きる価値概念とはきわめて異なる地点にあるものです。そのことは、武士という特殊な種族がそのあり方を意味づけるのに、列挙したような質の言葉を立てることを必要とした、ということを物語っています。それに、これらはすべて漢語なのですが、このことは、

日本では価値支持の言葉を外来の観念に頼る傾向がある，ということを物語っています。プラトンの提示した観念にしたがって，日本で事を進める場合に見られるのもその一つの例である，ということができます。

　そういうことなのですが，ここでは，プラトンが提示した概念を借りて，しかしプラトンの提示した考えからは離れて，3つの言葉が日本語のあり方としてはどのように考えられるか，という点について，追究してみたいと思います。日本語の日常語としても，これらの言葉は使われているからです。

　〈よい〉〈正しい〉〈美しい〉という言葉が用いられるのは，それぞれ，どのような傾きのうちでなのでしょうか。

　ここで，先に挙げた，例文を再び挙げて事柄を考えてみましょう。

① この世に生を享けたことは〈よい〉ことである。
② つつがなく毎日が過ぎることは〈よい〉ことである。
③ 欲しいものが手に入るのは〈よい〉ことである。
④ 目的を立ててその目的に向けて邁進するのは〈よい〉ことである。
⑤ 日々を愉しく暮すことは〈よい〉ことである。

　前には〈よい〉と規定することができる通例になるはずの事例としてこれらを挙げて，これらの言い方を成り立たせている価値観のあり方はどういう方向に向っているのか，という点について検討してみたのでした。

　今，改めて注目したいのは，これらは，すべて〈よい〉という言葉で括ることができる事例として成り立っていることです。

　どうしてそうした質の言葉として，この言葉は働くことができるのか，前よりも一歩進めて考えてみたいのはその点なのです。

　先に，言葉を分類する事項として3つの点を挙げてみました。今，再び，その文を引いてみます。

（1）{指示されているものがさわることができるもの，具体性があるもの}と{指示されているものがさわることができないもの，具体性がないもの}，

(2){他と類同性をもつもの}と{他と類同性をもたないもの}，(3){移動するもの}と{移動しないもの}という3つでした。

この分類軸に照らしてみると，〈よい〉は，(1){指示されているものがさわることができるもの，具体性があるもの}と{指示されているものがさわることができないもの，具体性がないもの}では後者，(2){他と類同性をもつもの}と{他と類同性をもたないもの}では前者，(3){移動するもの}と{移動しないもの}では，この語は物ではないので分類の範疇外，ということになるでしょう。そのあり方を，まとめていってみると，この語は，物を指す言葉ではなく，したがってこの語自体を手触りできることはなく，含まれる多くの類同性をもつ言葉である，ということになるでしょう。別の言い方をすると，この語は，さまざまな事象の間を流通して，さまざまな〈よさ〉の性質を包括的に規定する働きをするものとしてある，と定義できるはずです。

〈よい〉という言葉は，通常の文法上の分類では形容詞になります。その点について少し吟味してみましょう。

私は，言葉の組成の基礎は，名詞，動詞，形容詞の3つの側面から成ると考えています。名詞の働きは，"もの"を指示する点にあります。動詞の働きは，動作のあり方を指示する点にあります。形容詞の働きは，事のあり方を"形容""評価"する点にあります。言葉というものは，その3つの働きを基礎としてある，と考えられるのではないでしょうか。そのうち，人同士が共に納得承認できる客観度の程度がもっとも高いのは，名詞が使われる場面でしょう。太陽は誰にとっても太陽だし，机は誰にとっても机なのです。動詞のあり方のことについて言及するのは，今，割愛することにして，形容詞は名詞と比べると，主観度がとても高いものとしてある，ということができます。誰かが，起き抜けにコーヒーを飲むのは〈よい〉といったとして，それは別の人には〈よくない〉という場合はあることです。このように，言葉には，主観度が高いものと客観度が高いものとがあり，その程度の分布は形容

詞のあり方と名詞のあり方とに分極している，ということが指摘できそうです。そういってよいとすれば，その先でどういうことが考えられるか，という方向に事を展開してみたいと思います。

　〈よい〉という価値の規定がなされているとき，言及に及ぶかどうかということは時どきの事情でいろいろな場合があるとして，そこには次のような問題が含まれています。〈よい〉とは，誰にとってよいのか，ということです。それが，誰かの「私」にとってよいだけなら，それは主観性としてある〈よさ〉である，ということになります。

　先に挙げた例はどうでしょう。たとえば，① とした「この世に生を享けたことは〈よい〉ことである」という言い方はどうでしょう。これは，主観的な〈よさ〉のこととして発語されることもあるでしょう。しかし，その言葉を誰かに向けていって同感をうることもあると思われます。その意味で，この提言は，誰かの「私」にとってのものであるかもしれませんが，二人称的にも三人称的にも共有されることがあるものである，といえます。このように，〈よい〉あり方には，一人称にとってだけのあり方，一人称としてあるだけではなく二人称をも含むあり方，一人称，二人称，三人称のすべてを含みこんで成り立つあり方という区分を設定することができる，と考えられます。

　そういった上でいってみたいのですが，先に挙げた〈よい〉〈美しい〉〈正しい〉が価値の基本語だとすれば，そのうち，もっとも基礎的なのは〈よい〉なのではないでしょうか。というのは，〈美しい〉ことは〈よい〉ことであるとか，〈正しい〉ことは〈よい〉ことであるとかいうことはできますが，〈よい〉ことは〈美しい〉ことである，〈よい〉ことは〈正しい〉ことである，〈正しい〉ことは〈美しい〉ことである，という言い方はいつも成り立つことはないからです。別の言い方をすれば，〈よい〉は含む範囲を広くもつ，ということもいえますし，そうであることによって含む内実は茫漠としている，

ということもいえます。

　さて、〈美しい〉〈正しい〉についても一瞥しておきましょう。

　〈美しい〉という価値の特徴は、いわば対象参与的な点にあると、私としてはいってみたいと思います。対象参与的、ということでここで強く指摘したいのは、〈美しい〉何かを見出すのは、自分の外の場にである、ということです。美しい人に出会った、美しい光景に出会った、といった経験は、誰にでもないことはないでしょう。その経験は、私たちの外部にあって、向うからの訪れ、として発生する性格のものなのです。こうした経験は、概して予期しないかたちで私たちに訪れます。しかも、その経験は、私たちが馴れ親しみ、安定した感じで備えている感受性に驚きを与え、感受性のシステムにある種の変更を迫ることがある仕方で発生します。ある種の、という一つの場合としては、惰性に流れる傾向がある感受性を清新さのほうに向けて動かすように働く、といったあり方が考えられます。とすると、検討してみたいのは、人間はどうして美しさを感ずる能力を備えることになったのだろうか、ということです。心のうちに、思いとして働くものを越えて、世界のより広い姿を感知することを望む志向が宿っているから、ということなのでしょうか。そうしたことが生じることになるのは、ずいぶん前に述べた、心の二重性のあり方にかかわってなのではないかと、仮定してみます。現にあるものの彼方に、現にはないがあることが願わしいものを透かしみたい、という心があるから、人は美しいものに接することができる、と考えてみたいのです。これだけでは、答えとしては、充分ではないように思われますが、今はそういってこの課題は通過することにしましょう。さて、そうしたあり方として、私たちの心のなかに〈美しい〉あり方への感知が発現するのだとすると、〈美しい〉事柄自体は、〈美しい〉という言葉の枠を越え、その語の枠をはみ出すような性格を備えているようにも思われます。そのことは、「私」というものは、現にある「私」をはみ出すことにおいて「私」なのであり、そ

のはみ出す「私」を基礎づけるものとして，世界の総量に対応して何かを感ずることができる心の装置といったものが「私」のうちに座っている，といった見方もできるかもしれません。そうした見方が，何か，妥当性を備えていそうな予感が，私のうちに浮かび上がってきます。世界のあり方と，心のあり方とが，奥のほうのどこかで響き合っているように感じられるのです。そうしたことに対応して，〈美しい〉という領分は，言葉としての位置を担っている，というのが，予測の上のこととして立ち上がる1つの観察です。そうしたことを考えてみると，〈美しい〉ことにかかわる感受性は，私たちに遠くから「生きる力」を与えている1つの源として働いているのかもしれません。

〈美しい〉という言葉のあり方について，補足的にさらに付け加えてみたいことが，もう1つあります。〈美しい〉は，日本語としては〈慈しい〉に通じます。〈慈しい〉は，動詞として，慈しむ，という言葉としても働きます。向かい合うものが貴重だから，それを大切に思う，という含意であることは指摘するまでもないでしょう。この語の語感の場合，あるはずもなかったことの訪れ，といった含意での〈美しい〉あり方は，表には出ていないように見えます。しかし，貴重だから慈しむ，という心性のあり方の奥には，向かい合うものが稀なる訪れとしてあることを感知する心が働いている，と見ることもできるのではないでしょうか。

いずれにせよ，他としてあるものに接する際の価値づけのあり方として動くのが〈美しい〉という価値語の特質をなすようです。

さて，〈正しい〉という価値観に含まれるのはどんな内実でしょうか。

日本語では，「正す」は「糺す」でもあり「質す」でもあります。曲っているものを真っすぐにすることでもあり，はっきりしないことに対して問いのなかで明るみをもたらすことでもあります。そのことからいえるのは，〈正しい〉のは，あるはずの規範に対して〈正しい〉のであり，しかもその〈正しい〉あり方は，複数の人間の関係のなかで明らかにされるという性格を備え

ているということです。〈正しい〉あり方が成り立つのは，あるはずの規範に照らすことにおいてだ，ということになります。社会性の場が，この価値観には強くかかわっているのです。その点で，このあり方は，〈よい〉〈美しい〉とは趣がかなり異なる点に特徴があります。私の考えるところでは，この価値観は，〈正しい〉とされる規範をどのようなあり方として構想するか，ということから内容が決まってくる内実を負うものであるように思われます。本当に正しいことは何か，と問うた場合に，それはどういうあり方である，と考えるべきなのでしょうか。一人称的なそれではなく，すべての人を包みこむ〈正しい〉ことのあり方はどんなあり方として構想するのが，人のあり方に適わしいのでしょうか。たとえば，現在，集団の制度としての国家が地球を覆っていることは〈正しい〉ことなのでしょうか。〈正しい〉というあり方が，社会にかかわる程度が高いだけに，〈正しい〉あり方といったものは私の能力による構想領分からは遠く離れてゆくように感じられます。〈正しい〉生のあり方といったものを考えてみても，指針となる考えの方向は，私のなかでは具体性を帯びる程度が低いのです。

　〈正しい〉という価値のあり方について，真正に論議し，社会をその状態に近づけることができる条件のような試案を提示してみます。さしあたって，私に考えられるのは，2つの事柄です。1つはこうです。この価値観を人間の社会で具体的なものとして定着させることができるようになるためには，人の個々の集団を，他と対立するものとしてではなく，真に自立的なものとして成り立たせるための条件を構想することが必要である，ということです。比較の観点を消去するのです。どこよりも優れている，といった言い方で自分の属する集団を意味づける視点を徹底的に排除して，それを排除したところで，その集団が自足できる条項をいろいろに挙げてみるのです。その上で，そうして挙げたあり方を理想とし，その理想に向かうほうに，現在の人間のあり方を再生させる方途はあるかどうか，問うてみるのです。〈正しい〉集団

のあり方が，もしもこの世界に実現するとすれば，こうした試みを無限に続けるく，その果てにおいてなのではないでしょうか。もう1つはこうです。〈正しい〉人の個性のあり方，というものを，さまざまにさまざまな人が構想してみるのです。そしてそれぞれの人が，構想された〈正しい〉人になろうとするのです。そのことを試みる人の属する集団のうちで，そうした試みが持続されれば，その集団は少しずつ，〈正しい〉集団に近づくのではないでしょうか。

4

　さて，今まで，〈よい〉〈美しい〉〈正しい〉という価値語のあり方の特質と思われるものを私なりに検討してきました。
　そうした検討に従事しながら，私のなかで働いていた基本通念といったものは，次のようなものです。
　仔細に考えてみる必要があるのは，言葉から心に向う筋のあり方と，心から言葉に向う筋のあり方と，その2つがどのような働きとしてあるか，ということなのではないでしょうか。人は，言葉によって，たくさんの観念を心のうちに住まわせています。そうした観念群によって人は生きる力のかなりの部分を与えられているのは，確かなことのように思われます。人が生きる基本的な軸となっているのは，身体と心です。だが，その2つのかかわりのうちにだけしかいない人のあり方を仮想してみるとすると，そのとき，人は，神といった観念も勇気といった観念も発明することはなかったでしょう。観念は，それが言葉として働くとき，他なる者に事問う際のメッセージになります。個人のうちでは，観念は，現にある自分を絶えず乗り越えようとする方向に差し向ける作用として働きます。前に，〈よい〉とされるあり方のモデ

ルとして5つの場合を挙げましたが、人が本当に〈よい〉ものをさらに追及しようとするならば、その5つを限界づけて、その枠を乗り越えようとするほうに向かうはずです。その乗り越えの営みのうちに発現しているのが、「生きる力」にほかならない、と私はいいたいのです。そうした乗り越えが成り立つのは、人のうちに住む観念が指針のようなものを示す働きをしているからです。そういうことだとしますと、その「生きる力」を自覚的に自分のうちに養う方途といったものを課題化する、といったことも、考えの領分として設定できることなのではないか、と思われてきます。乗り越えの営みのうちに「生きる力」が発現しているのだから、乗り越えへの意志を絶えず磨き続ける者のうちに「生きる力」は次第に定着し増殖するのだ、と考えてみます。そうすると、課題になるのは、乗り越えへの意志を絶えず磨き続けることはどういうあり方として可能なのか、ということです。

　その点に考察を及ぼす方向に向かいましょう。

　まず話題にしたいのは、〈文法〉ということです。言葉には言葉の秩序と構造があります。その秩序と構造を整理した体系を〈文法〉といいます。そのこととの類比でいえば、価値を示す言葉にも、やはり秩序と構造があるはずです。その秩序を整理したものを価値語の〈文法〉と名付けてみます。私たちは、言葉を使いながら、意識に精細に問うことはしないままに、その価値語の文法にしたがったそれを用いているのではないでしょうか。だが、価値語の文法の奥行は深く、未だ僅かなことしか明らかになっていないように、私には思えるのです。それは、言葉の文法ほどには、仮説的にも明らかなものとはなっていないのです。ここで、価値語の文法を組み立てる試みを、ほんの少しでも進めてみたいのは、そうした実状を考えるからなのです。

　まず、言葉には、事実を認定する言葉と価値を認定する言葉とがある、ということに何度目かの着眼点を定めて、そこから話題を作って行きましょう。

　事実を認定する言葉の特質は、世界にある事物についての共通の記号とい

う面にあるように思われます。〈人〉という概念で括られるあり方をする者は，どんなあり方のものとしてあるか，私たちは誰でも了解しています。そのことは，さまざまな個体としてある人のあり方を，私たちは，人という記号を用いることで，共通の内実として括ることができている，ということです。その定義を狭くした場合に"人非人"などという言い方を生み出すこともあります。このあり方で働いている言葉は，先にもいいましたように，現実で接触することが原則的に可能なものについていわれていることを特徴とします。

　それに対して，これまで話題にしたのは，価値語とされるものは接触できる実体に即するという質の言葉ではない，ということでした。

　こうした言葉は，人間のうちにどのようにして住み着いたのでしょうか。1つ考えられることがあります。

　感嘆詞といわれる言葉があります。"あっ"とか"おっ"とかいう，瞬時に音になる言葉です。これらは，人のうちに発した初発的な言語の姿を留めているものである，と考えることができます。何かに接したときの1つの心の衝動を表に表出したのが，こうした音声であるように想定されるのです。その限りで，これは，主観から発した発語です。だが，社会のうちで，言語が制度としての度を次第に細かくする方向に進むことになったとき，これらの言葉は，感嘆のあり方を示す共通の記号として理解を共有する方向に結晶したのだ，と思われます。

　ここで想定してみたいことがあります。〈よい〉という言葉は，はじめの元は，音声としては感嘆の語に発したのではないか，ということです。"よっ"という言い方は，今でも，掛け声として発せられる言葉です。"よいしょ"という自分への元気づけのような言葉も，今も使われています。そうした姿ではじめは感嘆詞としてあったものが，言葉全体が概念の細分の方向に向ったとき，〈よい〉という意味として固定し，価値語の基礎のような位置を占める

ことになった，とは考えられないでしょうか。こうしたことは，結局は推測に留まるので，決定的な結論というものは出にくいのです。が，この見方を仮説として置いてみることで，先に進めてみたい考えがあるのです。

それはこういう考えです。

言葉には，感嘆・形容として働くものと物への名指し，事の認定として働くものと，その2つがあるわけですが，その2つのものは，系統が異なるあり方として，人間のうちに根づいたと考えてみてはどうでしょうか。この考えは，根拠を提示することができません。ですが，そう考えてみると，人のうちに働く言葉のあり方についての理解が，やや鮮明になるように，私には思われるのです。

主観の陳述としてある言葉と物の示しのために共通の記号となって働く言葉と，その2つの言葉は，人のうちに二重の層として住み着くことになった，と仮想してみるところで，その先で考えられる事項について，私は事を展開してみたいのです。

仮想してみたいのは，人のうちで，この2つの言葉は，現在の時点でも二層になっており，その2つは互いにせめぎ合っている，ということです。そこで，この2つのもののせめぎ合いが，よい意味での緊張としての"生"を個々の心のうちで出現させている，と想定してみるのです。

私たちの心のうちでは，主観として心に刻まれるものを陳述してみたいという欲求が働いている，といってみて，そう検討はずれではないでしょう。日常の会話のなかで，時どきの感想としてそうした陳述を述べることをするのは，人の習い性となっている，ともいえます。そうした欲求の源になっているのは，二層のうちの1つ，世界を価値づけるものとして働く言葉の力なのだ，と考えてみてはどうでしょうか。こうした言葉の力は，生きる力を養うことに大いに関与している，と私は考えてみたいのです。言葉の力と生きる力とは，強くかかわり合い，重なり合っているのです。そのあり方の機微

についてここで充分に述べることはできません。与えられた時間の制約もありますが，このこと自体，その詳細については，私は，目下，探究の過程にあることだからです。とにかく，私たちが，世界についての感想を述べる際にも，さまざまなかたちで，事を陳述する鍵のような働きをするものとして，いろいろな価値語が呼び出されていることは確かなようで，そのあり方には，省察してみるならば，私たちを勇気づける養いとなる事項が多く認められるはずです。

その一端となる事柄を示して，話を終りのほうに向かわせることにしたいと思います。価値語のあり方について，やや展望できる地点を開く方向に事を少しだけ進めてみたいのです。

先に見た〈よい〉〈美しい〉〈正しい〉が基礎的な価値語だとしますと，価値語には，それに加えて，価値転化としてできた価値語，というあり方をする言葉があるように思われます。そのうちの1つの言葉を挙げてみましょう。〈懐かしい〉という言葉です。

懐かしさ，という感情は，誰のうちにも住まっているのではないでしょうか。この感情にも，少なくとも二重の面があるようです。今，私が，あなた方に，あなた方のそれぞれが，追懐できる懐かしいもの1つを挙げよ，といったとしたら，それぞれの方がそれぞれの懐かしい内実のものを展示してくれることでしょう。その点で，懐かしさとは，そのことが話題になれば，いつでも呼び出すことができるものとして私たちのうちに住まっています。しかし，こういう場合も考えられます。どこかに旅をする。ある風景に出会う。はじめての風景に接したのに，その風景に懐かしいものを感ずる。この場合は，懐かしさは，予期を越えて，とっさに，不意に訪れる質のものとしてあるのではないでしょうか。これまでは見たことのない土地なのに，そこには人間の古い営みが風景のうちに刻まれていて，何か，〈懐かしい〉気分を呼び起こす，といったあり方が，こうした場合の〈懐かしい〉あり方なので

す。前者を心に住まう懐かしさ，後者を呼び出された懐かしさ，というふうに区別するとすると，その2つの違いは，どうして生ずるのでしょうか。このことは，私たちのうちに住まう時間のあり方にかかわってあること，私たちの意識の形態にかかわってあることなのではないかと，私には感じられます。

　私たちは，時間といわれるものを生きて，生きられた時間を自分のうちに過去として貯蔵します。貯蔵されたものを，私たちは，記憶と呼びます。私の考えるところでは，記憶の特質の1つは，輪郭を区切る境域の限定を定められない点にあります。このことは記憶しているが，このことは記憶外である，ということを，現在の立場から，帳尻が合うようには決められないのです。1つの例を出してみましょう。小学校に入学したとき，私の席はどこに位置していたか。窓際だったか，廊下側であったか。前だったか，うしろだったか。今，私は，そのことを思い出すことができません。しかし，ある時，隣に座っていた美少女のことが，旅先で会った1人の少女の姿がきっかけになって，ふと思い出されてきて，その隣にいた私のことも追想される，ということがあったとします。そのとき，かつてのそのとき私がいた情景も，鮮明に立ち上がってきます。私は，窓側の，前から5番目にいて，美少女は，1つ廊下のほうに向かう隣にいたのでした。その美少女に会うことができるのが，私にとって，その頃，学校に通う最大の喜びだったのでした。このようにして，私のうちに不意に立ち上がった記憶は，忘却の項に入るあり方であった，というべきなのでしょうか，それとも私のうちに潜在して眠っていた，というべきなのでしょうか。どちらともいえるのです。この記憶は，1つのきっかけがあって私のうちに呼び起こされましたが，きっかけを欠いたままに，呼び出されないままになっている記憶も忘却のうちに入ったとはいえないのではないかと，私には思われるのです。

　今いいたいのは，そんなふうな，妙な構造で，記憶は私たちのうちに住ん

でいて，その記憶のあり方に伴って，私たちは，〈懐かしい〉という感情を備えている，ということです。

そこで，いってみたいのですが，この〈懐かしい〉という感情も，私たちが「生きる力」として私たちのうちで作用しているのではないでしょうか。

何がどのように懐かしいのか，という点は，個々にさまざまで，具体的な例を挙げたら限りがないでしょう。だが，誰にも，懐かしい，と感じられるものはあるのです。私たちは，その感情に，さまざまなかたちで出会います。たとえば，洗濯物を乾そうとロープに掛けているとき，幼年時，母親が洗濯物を乾していたときの情景が，ふと追想されてきたりすることがあります。あるいはまた，外国で居留した家の庭に乾した洗濯物のひらめく情景が追想されることもあります。それを追想するから，その先で何か特別のことが発生するということなのではありません。ただ，私の周囲に，〈懐かしい〉何かが香りのように漂い，その漂いのうちに身を置くことが，「生きる力」の〈懐かしい〉あり方を，私のうちに喚起するのです。今を生きるということには，そうした〈懐かしい〉情景にふと出会い，その様を心によぎらせながら，それがよぎる今を，過去の〈懐かしい〉あり方と同時に生きる，という面があるのではないでしょうか。その〈懐かしい〉もののよぎりがあればこそ，今を充足させる力が働くようにも，私には想像されます。その意味で，〈懐かしい〉という形容詞に結晶している感情は，人を生かす価値語として働いているのではないかと，私には思われます。

私の想定するところでは，言葉のうちには，そうした価値語が，さまざまな層として，数多くあるのです。〈優しい〉という言葉も，そうしたものの1つではないかと思われます。この言葉は，私たちのうちで，どのような働きをしているのか。その点について，いくらかでも考察を与えられれば，私たちの生の分野に，1つの広がりをもたらすことになるのではないでしょうか。

それにこういう問題もあります。先に，価値語には，基礎的な価値語とみ

なすのが妥当なものと,価値転化のうちで成った価値語とがあるのではないか,ということを述べました。〈懐かしい〉は,価値転化のうちで生じた言葉だとしますと,その価値転化はどうして生ずることになったのか,という問題への問いが,私たちのうちに誕生してくるのではないでしょうか。それは,人間が言葉を生きるあり方への改めての問いを提示することになります。その問いのなかで,価値転化のうちで成った価値語と基礎的な価値語とは,どういう質の交流をしているのか,その2つのもののどういう行き来が,私たちの経験の相として実現していることなのか,ということも,解明されることが,事柄として願われることとして立ち現れてくるでしょう。

　価値語の姿はさまざまなあり方をしています。そうした価値語の様相を可能なかぎり点検し,その文法を描き出す営みは,それ自体,私たちのうちの「生きる力」を掘り出し,掘り起こす仕事になると,私が考える次第について,これまで模索的に話をしてきました。価値語の文法を定かなほうに向けて,価値語らしくある言葉の部分部分のあり方についての検討を積み重ねて行くことは,別の言い方をすれば,価値語の地図の描き取りへの試みをすることである,ということもできる,と思います。地図といえば,価値語が相互にかかわり合うあり方を描き取ることも,大事な課題になります。ここでお話したことは,そうした探究事項に関する初歩の初歩,といったことでした。この問題の考察には,私も,最近着手したばかりなのです。これから,もっと研鑽を積んでゆきたいと思います。

　ご静聴ありがとうございました。

(本稿は,2000年10月20日と27日の2日間,東京情報大学において,価値語のあり方をめぐって試みた講義の内容に加筆することで成ったものである。)

寓話「エゴマニア」，あるいは倫理的閉塞の現状

小 菅 奎 申

　標題が示唆しているように，本稿はとても論考と呼べるようなものではない。精々のところエッセイである。しかもその半分は寓話である。寓話の形式をかりて統合されている事柄の断片は私たちの生活の現実に根ざしており，あながち文学的創作とも言えないが，全体としては架空の話である。
　寓話の呈示に続いて，一つの議論をスケッチ風に添える。そのように統合された，あるいは理念的に首尾一貫した形で構成された価値観が倫理と相容れず，倫理を挫く方向にはたらくということを示したいと思う。これが主目的である。以下，ある社会の中でそうした価値観が力を増し，より広く，より深く浸透していけばいくほど，その社会では倫理がますます狭められ，孤立し，八方塞がりになっていくのではないか，私たちの社会の現状はまさにそのようになりつつあるのではないか，そういう閉塞的状況から脱する方向はあり得るのか，といった点に言及して，読者諸賢の考察に委ねたいと思う。

1

　これから紹介するエゴマニアは，国というよりは社会である。こう言ってみたからといって，何かが明確になるわけでもなく，少なくともエゴマニア

に住んでいる人々の実感からすれば，このほうがまだ正直だというに過ぎない。人々は，ある文脈の中で「国」を意識することはあるが，普段はまったく考えてもいないし，稀に，抽象的に単なる「国」を意識させられるにしても，その表象の中身は非常に混濁している。それでもとにかく国ではあって，それが証拠には，主権や領土が国際的に認知されているし，自分を「エゴマニア人」であると信じている人々がそこに住んでもいるからである。そればかりか，立憲君主制という立派な体制を謳い文句にしており，憲法によって「国民」の基本的人権が保証されているのである。しかし，これだけではエゴマニアの特徴は何一つ見えてこない。そもそもエゴマニアの人々はこのような事柄を重視しているわけではないのだ。

エゴマニアの人々は，会ってみると，なかなか愛想はよく，つきあいもしっかりとこなし，たいへん親切である。むしろ，ここには善人しかいないのかと思うほど，人柄の良い人が多い。怒ることはほとんどないし，ひじょうに従順に見える。ただ，こういった性格上の特性は内部的にはあまり重視されているというふうでもない。妙に紋切り型で，その当たり障りのなさが冷たさに映る場合もないではないからである。人柄の良さの現われのごとくに見える言動は，そうとも言えない言動と同様に，単に「許容」されているに過ぎないのではないかと思えるのだ。ともかく，こうした性格上の特徴をどれほど並べ立ててみても，エゴマニア人を理解したことにはならない。私たちは人々の価値観と社会生活を総体として見る必要があるのだ。そうすれば，何故にエゴマニアは「社会」であるといったほうが適当なのかも納得されるだろう。

エゴマニアで本当に重要なものは一つしかない。しかし，それは人々の数だけある。それぞれが「自己」と思っているものが大事なのである。エゴマニアはいわば「自己狂」「自己熱中症」「偏執的自己愛」「病的自己オタク」の者が寄り集まっている社会なのだ。ただし対人関係では，自己利害ないし自

己都合を何よりも優先するという形で表われるので，以下ではこれらの特徴づけを多用することになるだろう。

　そんなことでは社会が成立しないではないかと，エゴマニアの外の人々はいぶかしむのだが，外見上一応それらしいものはあるのだ。しかしそれは外の人々が「社会」と呼んでいるものとはどうも一致しないようである。一致していないことに気づいているのは外の人々であって，ここの人々には見えていないし，指摘されても理解できない。理解できないことを気にしている様子もない。それどころか，結局外でも同じなのだろうという固定観念があるらしく，外でもエゴマニアック（エゴマニア風）にしか振舞わない。エゴマニアの人々にとっての「社会」とは，基本的に，人々がいて自分もいる所，あるいはその都度の人間関係というだけである。ちなみに，正真正銘のエゴマニア人は「社会」とは言わず「世の中」と言う。一般的には通りのいい「社会」という言葉が使われているけれども，そこで理解されているのは「世の中」のことなのである。どこにいようとも，世の中にいることに変わりはない。だから，ある意味で，どこでも社会なのだ。無論「国」の場合はそうもいかない。

　では，その社会なるものはどうなっているかというと，自己利害，自己都合，我執などを各々が表出し合うフィールドであり，外の人々が「社会の制度」とか「システム」とかと言っていることの一切はこのフィールド上のできごとなのである。政治もあれば法律もあり，学問も教育も行われているし，経済活動もメディア活動も活発である。まとめて言えば，見た目には外のどの社会とも変わらないのだ。何が違うかというと，エゴマニアの人々はどこでどのような活動をしようと，すべて自己都合でしか動かない，自分の利害から見てどうでもよければ無関心だし，何をどうしようとも考えない，というところが違うのである。もう少し具体的なイメージをもっていただくために，法と経済の領域を取り上げてみる。

エゴマニアの人々がある法律の存在を「知っている」と言うとき，それが意味しているのはおよそ次のようなことである。日頃は，それがそのような内容の法律であることで得をしている人でもいるのだろう，そういう連中が作ったのだろう，自分には関係ない，というぐらいのことしか考えていない。ところが，何かの事情でその法律が自分に関わり始めると，自己利害で行動し始める。「正論」でも何でも吐く。議論などはこの社会の人々にとってただの道具に過ぎない。この社会の人々にとってほとんど意味不明なのは，これこれの行為が「正しい」からそうすべきである，という言いかたで自分以外の者にそれを迫ることだ。もっとも迫られたとしても，自己都合でしか動かないことに変わりはないのだが‥‥。また，「公共の(福利，安全等々の)ため」という言いかた，いや，およそ「のために」という自分以外の何か，誰かの利害をまるで自分のそれに優先させるかのごとき言動も，やはりエゴマニアの人々にとっては不可解である。ただし，これまた，不可解であるからといって，どうということでもない。自分にはできないし，できたとしてもするつもりはない，かりにするとしても，最終的に自分に都合がいいからそういう言説を口にしたり，外観を装ったりするだけだと考えるにとどまる。

　エゴマニアには法律・法令の類が驚くほどたくさんあり，役所の事務手続きも極めて煩雑であり，特に許可・認可を必要とする事柄の量は膨大である。人々の意見では，これは別にどうということのない話で，それぞれ必ず誰かの利害と絡んで勝手に作られる，周囲も自分とは関係ないと思えば放っておく，だからどんどん増えてしまうだけだ，という。ちなみに，これは法律に限ったことではなく，総じてエゴマニアにはありとあらゆる言説が横行している。"関係者"の間では反論や非難等がたまに行われているが，ほとんどの人にとってはどうでもいいことばかりなので，そんな手間をかけることはしない。結果として驚嘆すべき量の言説が言論市場を賑わしており，同じく驚嘆すべき量の"帰属不明"の考え方等々がゴロゴロと放置されているのであ

るが，エゴマニア人はこの姿を「自由」と感じている。法律に話を戻すと，そういうわけで，エゴマニアには事実上無意味な法律や手続き等がたくさんあるので，時々それらを"掃除"している。そんな作業を敢えてする人たちがどうしているのかと思われるだろうが，エゴマニア人は不思議とも思っていない。その作業だってどのみち誰かの利害に関係しているのだろう，と考えているからである。

　本人がどう考えようと，現実に法によって守られ，法によって裁かれる，ということも，ここの人々は弁えているのであるが，そのように守られたり裁かれたりすること自体を，いつでも自己中心的に解しているのである。法が社会的強者にとって有利であるとか，社会的弱者を法によって救済するとかというような言説を知らないわけではない。しかし，そのような一般的なカテゴリー分け（社会的強者，弱者というような）には価値を置かない。どちらに自分が入るにしても，自分の考え方や行動の準則にはほとんど何の影響もないからである。エゴマニアの人々は，通常はきわめて醒めており，社会に幻想を抱くことはない。社会で「起こっている」ことは，結局誰かしらが「やっている」ことである，と信じているし，また，社会の動向だ，趨勢だ，流行だといっても，たまたま多くの人々がしたことの結果についての言いかたぐらいにしか思わない。そして，次の瞬間には，そうした言説を口にする者の利害と自分の利害のことを考えている。

　自由な市場経済を享受していると自認するエゴマニアの人々は，とりあえず何にでも手を出したがる。自分の利害に関係があるかもしれないという，ただそれだけでやりたがる。特に他人が楽しんだり，得をしたりしているのを見ると，自分もやらなければ損をするのではないかという強迫観念におそわれるのだ。だからエゴマニアでは概して消費活動は活発であり，モノは常に溢れ返っており，ある消費をし，あるモノを持っているということが周囲に知られることに快感を感じている人々がたくさんいる。しかし，自分に

とってたいして意味はないとわかれば，簡単に放り出してしまう。結果としてエゴマニア総体としては無駄が多くなるが，そう思うのは外の人々であって，自らは，用がないから放り出したということに尽きる，無駄だと言うならお前が使えばいい，と思っているからまったく平気である。

　後段でもう一度，別の角度からふれることになるが，エゴマニアで一番"偉い"と思われているのは「国」である。企業人といえども「国」には弱い。大きな企業ほどそうであって，外の人たちは，エゴマニアの経済が「自由な市場」システムであるとはとうてい信じられない，と言う。無論，現実問題として，企業人がより安全に，かつより大きな利益につながる道を選ぶのは，外国人にも理解できる。信じ難いのは，そういう「国」がかり企業がどっさりあってエゴマニアを相当な力で動かしているのに，企業人を始めとしてほとんどのエゴマニア人が，自分たちは「自由な市場経済」を享受していると思い込んでいること，いや，もう少し正確に言うと，そんなことにほとんどの人がこだわっていないことである。そして，外国人にとって最大の謎は，それほどまでに有難い「国」とはそもそも何のことだと正面切って問われても，まともに答えられる人がほとんどいないということである。実際そうなのだ。エゴマニアの人々が知っていることは，国に関係している政治家，国に関係している官僚はいつでも得をする，その仕掛けが「国」である，ということだけである。その先を追及してみたところで一文の得にもならないから，関心もない。とにかく，企業人は，「国」をまるで神様仏様のように扱い，これにお参りする。とりわけ「公共」の名のもとに「国」がエゴマニアの経済に手を入れてくると，企業人は先ずひれ伏し，次に「国」にたかり始める。そう，エゴマニアの経済は，まさしく「たかり」のシステムで動いているのだ。

　エゴマニアは無から生じたわけではない。遠い昔に前身がちゃんと存在していた。その前身を思い起こさせるような古いタイプの人々が，少数ながら

いることはいる。企業人の中にもいないわけではないが，総じて技術者や職人等の専門職に比較的多い。そういう人たちの懐かしい昔話として"エゴマニア建国以前"が語られることはあるものの，今では神話としか受け取られていない。伝統というものに重きを置かず，意識すらせず，破壊しても平然としているエゴマニア人であるから，「歴史」にしてもおおむね茶飲み話以上に出ることは稀で，下手に現実感など持たせて語ると，何か下心でもあるのではないかと警戒される。とにかくおおかたのエゴマニアの人たちにとって，この種の古いタイプは，実は自分とどこかでつながっているかもしれないと一瞬は感じるのだが，とりあえずは「理解不能」とされ，「遺物」か「化石」と思われている。だから，こういう人たちがエゴマニアで生きるのは大変である。利用価値があるうちは利用されるが，利用できなくなればそれまでだからである。

　ただ，上の「一瞬の感じ」については付言する必要がありそうだ。つまり古いタイプとは言っても，自己愛の力点の置き所が違うだけというふうにも見えるからである。総じてエゴマニアでは，「職人」「技術畑」「専門家」「しかじかの道のプロ」などと呼ばれている人たちの人気が高く，とりあえず一目置かれ，珍重される。かつて，この文化的現象の背景に興味をもって研究した一外国人社会学者が，エゴマニアには，自分だけの世界に没頭してしまい，結果としてその世界には滅法強くなって，権威をもって語るようになるが，それ以外の世界には甚だ疎い，疎いことを本人もまた弁えていて謙虚に押し黙る，押し黙るのみならず，自分の世界をしっかり守って他がどうなろうと一切動じない，といったタイプを「好ましい」と感じる風潮が古くからあったらしい，という説を発表した。これはエゴマニア人をいたく喜ばせた。「技術立国」などと「国」の政治家が言っているのは嘘ではないらしい，と今更のように感激したのである。果ては，当時流行っていた「オタク」までが，いかにもエゴマニアらしいともてはやされたりした。とはいえ，あまりにも

オタクだらけであったせいか，この説も急速に陳腐化した。

　ところで，いったいエゴマニアの政治はどうなっているのか？　これには多少時間をかけて観察してみよう。

　先ず，エゴマニアで一番偉いと思われている「国」に最も近いのは，「国」の政治家たちである。だから，「国」の政治家が頂点に立っていると見なされており，これだけをとれば，外の人にも（統治機構的に見て）納得がいく。しかし，奇怪なのは，その「国」の政治家が"偉い"と思われていて，事毎に"たてまつられて"いることである。ある地方だけをとってみると，やはりその土地の政治家が一番"偉い"とされている。そして，「国」に近づけば近づくほど，"より偉い"という扱いを受けるようになる。実は，政治家は元祖エゴマニア人なのである。つまり，エゴマニアを「建国」したのは政治家であり，エゴマニアにふさわしい行動の見本を人々に見せようと常に努めているのも政治家なのである。人々は今や政治家に倣わなくても十分エゴマニアックなのだが，それでも，変転極まりなき世の中で，どのようにして自己都合至上主義を貫けるかということになると，やはり政治家に学ばなければならないと感じている。そういうわけで，エゴマニアでは政治家のことを「先生」と呼んでいるのである。

　次に，エゴマニアの人々にとって，政治とは政治家がしていることと同義である。政党政治のタテマエをとっているので，党利党略や派閥抗争，その他「事件」によって明るみに出ることなどがその内容である。ほかには何も意味しない。確かに人々は投票もすれば，（場合によっては）キャンペーンに関わったりもする。しかし，誰もそれが政治だとは思っておらず，単にそういうことをしている人それぞれの利害行動の一部だとしかみなさないのだ。学校の先生などはどうも違うことを教えていたようだがと，ぼんやり思い出すことはある。しかし，エゴマニアの人々は（後ほどまとめて述べるごとく）

学校で習わされることと現実との落差などには，それこそ眉一つ動かさないで現実に従うのである。だから，そんなふうに思い出すならまだいいほうで，「記憶力がある」などと誉められたりする。たいていの人は現実が習ったことと違うことに気づきもしない。

また，その政治家自身がしている「党利党略」，「派閥抗争」，「その他」であるが，その党や派閥に託されている意味はそれぞれの政治家によって異なるのであって，つまるところ自己利害が行動準則なのである。こういうことを衆人環視の中でやれる人は「政治家向き」だと言われている。したがって政治家は，己の利害にとってさして資するところのない事柄，あるいは政治家としての地位を危うくするような事柄は極力避けて通り，後任者か官僚に委ねるようにしているのである。しかし中には，自己利害ではなく，偏執的な夜郎自大を政治と混同している人もいて，こういう人が出てくると，他の政治家を含むエゴマニアの人々は暫くの間対応に苦慮させられるのだが，たいていの場合はそれぞれが自己利害を貫くだけに終わってしまい，経験から学ばれることはめったにない。そういう手合いの出現は天災の一種だぐらいにしか思われていないからである。政治に「進歩」がなく，行政が政治家に依存しないところも，エゴマニアの政治の特徴である。

政治家から仕事を委ねられた官僚，政治家と同じくらい偉い役人についても一言しておきたい。この人たちもエゴマニア人である以上，格別変わったところはないのであるが，その行動パタンを全体として眺めてみると，上述の企業人にそっくりなので驚かされる。立場が上になるほど「国」のほうを向いているのだ。違うのは，自分は究極的には「国」側の者だと思っているところぐらいである。そのせいで，この人たちの責任意識も企業人と多少違う。タテマエ上は政治家が，通常は「上司」が，そして究極的には「国」が責任をとってくれるからである。しかも，政治家と違って選挙を気にする必要もない（役所は就職先である）から，気楽である。エゴマニアは官僚天国で

あり，役人のパラダイスである。
　ここで，上で企業との関係でふれたエゴマニアの「国」について，まとめて述べておこう。一般の人々の基本的なイメージは，お金が動くと必ずといっていいほど登場するもの，あることを犯罪であると認定してその処理にあたるもの，それが「国」と呼ばれる何か団体みたいなものということである。望んで加入したわけではなく，生まれたときから「国」に入っていたのだから仕方がない，と思っている。如何に自己中心なエゴマニア人でも，社会には誰のものとも言い切れぬ物事がいろいろあって（あるいは起こって），誰かしらが対応しないと結局は自分にも不利ないし危険である，という理屈は了解できる。その場合，何か対応めいたことをするのはいつでも誰かしら，つまり"人"なのだが，その人とて実名でするわけにはいかないし，周囲の人々だって許容しはしない，そこで団体名でするのである。その団体を「国」と呼んでいるのだ。この場合，その「周囲」にいない人々，つまり大多数のエゴマニア人には，詳しい事情などわからないのであるが，どのみち町内会か村と同じやり方だろうぐらいに想像して，茶飲み話以上に話題にすることはしない。
　さて，その「国」が何をするにしても金がかかる。そこで税金である。「国」は数え切れないほどのルートで莫大な額のお金を集めている。エゴマニアの税金は「納める」ものではなく「払う」ものである。一般の人々は，その一部は自分が払ったのだ，ということを決して忘れていない。厭々ながらも「地方」や「国」に税金を払っているのは，身の安全，安心のためなのであるから，払った税が他でどう使われているかということには差し当たり関心はなく，とりあえず自分なりに「元を取る」ことが第一であると考えている。時々あの莫大な額のお金を自由にできたら，などと思ったりはするものの，なにぶん生活の現実から遠すぎるので，チラと夢想するだけである。
　以上を要するに，エゴマニア人にとっては「国」とても「世の中」の文脈

でしか理解できないのである。これを無視して，あるいは個別の議論の果てに，"結局"「国」とは何であるかと問うてみても，はかばかしい返答は得られない。1の冒頭で述べたように，混濁した表象が切れ切れに浮かんでくるだけなので，そのうちに問うほうも答えるほうも，ばかばかしくなるわ，くたびれるわで，止めてしまうのだ。先にも言ったように，エゴマニアにはこういうふうにして放り出されたままの「問題」が大量に残っている。人々は，そのうちに利害関係者が現われて蒸し返すだろう，という程度に（かりに考えることがあるにしても）考えて，顧みないのである。

　政治家自身についてもう少し述べておきたい。基本的にエゴマニアの人々が言うところの「世の中」を逸脱しないように振舞っている関係で，国際社会はいつになっても「複雑怪奇」に見え，したがってまた国際社会では理解されない場合が多い。「人がいい」と見られているのか，他国に利用されることはしばしばである。理解されず，利用されるとなれば不名誉な話ではあるのだが，それは所詮国際社会でのことであって，エゴマニアの「国」の政治家としての地位には影響がないので，大事だとは思っていない。つまり，エゴマニアの「国」だけが関心事なのであるが，その「国」を誰がわかっていないといって，政治家ほどわかっていないものはない。確かに，誰よりも「国」に近いところに身を置いている。ところが，離れていたときにはぼんやりとながらも「団体」として見えていたものが，「国」というもの（いわば記号）の効験，つまりは莫大な額のお金，つまりは権力ばかりが見えてしまうのだ。一般の人はそれでも許している。「建国」の父たちはよほど金には苦しまされたと聞いている，だから，まあ，どうせそんなところだろう，と。

　またエゴマニアの政治家たちは，遠い祖先が暴力支配をこととしていたせいなのか何なのかはわからないが，「建国」の過程で人々の間にあった"暴力組織"を自分たちの側につけてしまった。言うまでもなく，そのほうが己の身を安全に保てるからである。このために，かつては人々のために一肌ぬい

でいたこともある"組織"が堕落させられ，全くの暴力組織に成り下がってしまったのである。エゴマニアの人々は，政治家と（政治と，ではない）暴力とが密着した関係にあることをよく知っている。ただ，よくよくのことでもない限り，自分には与り知らぬことであるから放っておくのである。逆に政治家のほうも人々のそうした胸のうちをよく心得ていて，基本的には己の地位保全のためにのみ（裏で）暴力に訴えているようである。

　もう一言。エゴマニアでは，政治は基本的に男がするものと考えられている。その根拠が示されることはなく，単に「政治は男の世界だ」という言説だけが呪文のように繰り返し説かれるだけである。しかし，人々の直感によれば，権力の中には"女"を思うままにする（無論，公式的には「私的」な事柄ということになっている）ということも含まれている，だから「政治は男にしかできない」ということにしておかなくてはならない，ということであるらしい。たまには女性の政治家も現われるが，男性として振舞わないと一人前の政治家とはみなされない。政治の根本に女性差別がある，などとは外国人の言い分であって，エゴマニア人の目にはそのように映ってはいない。おおかたの女たちは，こういうありかたに居心地のよさを感じているらしく，「女性の権利」などという"輸入物"の言説は，男たちよりもむしろ女たちの間で人気がない。実際にもこの種の言説は，エゴマニアに入ってきた途端に，一皮めくれば体制補強の道具にすぎないようなものになってしまうのだ。

　立憲君主制のタテマエをとっているので，「中心」に象徴的存在がいる。政治家としては，これに近づかないのが得策ないし秘策で，これは「建国」以来暗暗裏に受け継がれ，一般の人々もそのことは薄々知っている。象徴はあくまでも象徴で，「国」とは関係がない。ただし，政治家はいざというときには，どのようにでも利用する。その意味で，「国」の政治家にとっての切り札である。勿論，切り札よりもそれを使うほうが"偉い"。

　こんなふうだから，エゴマニアでは「国民」という言葉はおろか，「市民」

という言葉もほとんど内実がない。しかし，内実がない言葉でも利用価値はあるものである。いや，エゴマニアの人々ほど「国民」「市民」を連発する人々は他にはいないと言われているのだ。自分の実態ではないものを口にしているわけであるが，たいていの人がそうしているので，いつしか自己瞞着が自己瞞着として受け取られなくなっている，それどころかかえって格が上がったような気持がしているぐらいである。

　どうしてこういう「国民」「市民」ができあがってしまうのか？　いったい教育はどうなっているのか？　この点もいくらか仔細に見ておこう。

　エゴマニアには，学校ではタテマエを教える，という確固たる伝統がある。社会の現実に基づいた教育は，学校を出てからいくらでもできるのだから，学校でやるまでもない，というわけだ。それならなぜ親は学校へ子供をやるのか，子供たちはどう思っているのか，と外の人々は訝しがるのであるが，これはまことに簡単な話で，エゴマニアはタテマエをタテマエとして処理・運用できないと非常に不利にできている社会だからである。ただ，まだ子供であるからホンネとの使い分けまで期待することはできないし，また期待できないというタテマエであるから，たまに使い分けられる子供がいると"こまっちゃくれている"と言われて周囲の不興を買う。親も子もそのへんは熟知していて，内容空疎であっても，いや，むしろ空虚であればこそ，かたちをかたちとして，タテマエとして通しておくのがよい，とされているのである。

　こんな具合だから，子供たちは学んだことを卒業後まで憶えている必要はなく，実際にほとんどの子供は学校で習ったことなど卒業と同時に，あるいはそれ以前，その都度のテスト終了と同時に忘れてしまう。いい例はエゴマニアの「外国語教育」だ。ある外国語などは，夙にその修得の必要が叫ばれており，全国規模で考えるとそれこそ膨大な時間と費用がかけられているのであるが，教えるほうも学ぶほうも根はタテマエであるから，成果はさっぱ

りで，二十歳過ぎまで十年間やっても，いや就職試験を前にして再開し，外国駐在を前にしてまたやっても，なお，エゴマニア人は語学力がない，などと外で言われるのである。これは目も眩むほどの壮大な無駄ではあるのだが，タテマエのほうが重要である以上，こうした事態を憂える者はいない。

　先生はどうしているのか，と問われるだろう。しかし，心配は無用。先生のほうもタテマエを教えている限り身分は安泰なのだ。「改善」しなければ，という人がいても構わない。その人がそう思っているならそうすればよいのだ，そうは考えない人の生活を脅かさない限り。何がタテマエにあたるのかという点についても思い悩む必要はない。"元祖タテマエ"と言ってもいい「国」の政治家たちが決めてくれるからである。

　つい数年前，近隣のある外国人ジャーナリストがこうした実情を知って，エゴマニアの学校制度，いや広く教育制度全体が事実上崩壊しており，今それらしく見えている制度は残骸とそれにしがみついている人たちがいるというだけではないのか，と長嘆息したことがあった。現地の新聞に掲載されたこの記事をエゴマニアの某紙特派員が報じて，一時話題になった。ある大学教授が，くだんの記事には事実認識の誤りがある，これは世界的な傾向であってわが国だけの問題ではない，といった内容の反論を投稿した。しかし，いずれも，およそどんな話題でも面白がって聞くことは聞くのだが，ひとしきり騒ぐとそれで終わりという，エゴマニア流の消費の対象になっただけであった。

　少しさかのぼって，家庭ではどう子供を育てているのかを見てみよう。エゴマニアの真骨頂を知りたければ，この家庭での親の振る舞いを見るに限る。学校ならまだ「上」に「国」がある，家庭ではそうもいかない，子は親の所有財産みたいなもので，子をどう育てようと親の勝手である，というのがおおかたの考えであり，実際親たちはてんでんばらばらに自分の子を育てている。しかし，それほど仔細に観察しなくても直ぐ気づかされるのは，どの親

も自己都合や偏執的自己愛をベースにして子育てをしている，ということである。しかも，おおむねたいへん熱心である。放っておく親もいなくはないが，周囲の人々は，そういう表われ方をした親の自己中心というふうに考えている。ただし，あまり放っておいた結果として，子供のほうが周囲に迷惑な存在になってくると，親は社会的に白眼視される。子のほうは"お構いなし"になるのが相場だ。子に対する愛情という言葉は無論存在しているのだが，それが具体的に何を意味しているのかについてはわかっておらず，多分熱心に子育てにいそしむことだろう，親が熱心であればあるだけ子に対する愛情が大きいことになるのだろう，というような見当である。

　それにしても，初めて親になる人は，どう子育てすればいいのか，どうすることが愛情なのかまったく自信がない。生身の人間と何の媒介もなく向き合うのは，エゴマニア人の大の苦手とするところである。単なる人間というものほど"読めない"ものはない，と感じているのだ。自分の子供のころを思い出してみても，好き勝手なことをした，親もそうだったのではないかというぐらいのことしか思い出せない。ある人々は，それなら自分もそうするまでだ，という簡単な解決で満足しているが，皆がそうだというわけではない。しかし，エゴマニアにはこういう類の「問題」が生じるということをあらかじめ見越している人々がいる。「学者」「評論家」などと言われている人々とメディア関係の人々である。こういう人たちが，商品としての子育てマニュアルを大量に市場に流し込んでいるので，それらから随意に選べばよい。実はエゴマニア人は無類のマニュアル好きなのだ。かたちから入るのはお手のものである。なお，いつまで子に愛情を注ぎ続けるのかということが「未解決」の問題であるが，現在のところたいていの親は，自分の勝手であると考えており，またそのように行動している。その結果，就職試験や入社式にまで親がやってくるのはめずらしくもない光景で，最近では，結婚した子に対しても今まで通り自分の子として扱う親がたくさんいる。

今度は，大学など高等教育機関の様子を見てみよう。何か違った光景が見られるだろうか？　残念ながら，そんな期待は持たないほうがいい。エゴマニア人である以上，教員も学生も行動パタンは他の場面とほとんど同じで，特筆すべきことはない。たいして重要とは思われないが，僅かながら目を引く違いが，ことに大学に見られるので，その点にだけふれておこう。一つは，教員の採用が研究業績によって行われ，一度教員になるとそれは最早問われることがなく，採用時には審査されたというほどのことでもなかった「教育」によって給料をもらっている，という慣行が行われていることである。もう一つは，大学に雇われているという現実にもかかわらず，大学の外ではいざ知らず，なんと当の大学の中で，自分は研究者として"一国一城の主"であるという風情で行動していることである。

　先ず第一点目について。エゴマニアの諸大学では，昔から，研究者として優れていれば授業はできるだろう，という考え方が主流であり，いまなおそうである。学生の中には研究者になろうという者などごく僅かしかいないのであるから，こんな採用慣行ではうまくいかないだろうと思うのは，エゴマニアを知らない者の浅慮である。大学の教員に求められているのは，つきつめれば，「専門家」として話せるだけの知識を持っているということに尽きるのだ。タテマエ上関係者が公言することはないが，大学とは，「専門家」を呼んできて喋らせ，聞き手から聴講料を取る，という一つの事業であり興行である，とにもかくにも喋れるだけの「専門的」知識がなくては話にならないではないか，それさえあればあとは何とかなる，というふうに考えられている。一度教員になると云々の点に関しては，特に不思議なことでもない。エゴマニアでは，一般に「資格」というものをそのように見なしているのである。「免許」でも同じことである。"取るまでが大変"（取ってしまえばあとは自由）というのはエゴマニアの常識に属する。子供たちが，試験終了と同時に「勉強」したことを忘れているのを，親や教師が結局は許容しているのだ。無

論，学生も（「建国」以前はいざ知らず）そんなことで文句をつけたりはしない。

　大学の「教育」の現場は多様と言えば多様，無秩序と言えばまことに無秩序である。なにしろこちらの方面では，何か講じるというだけで特に基準を設けてはいないため，てんでんばらばらにしかならないのだ。マニュアルがないのは，話し手自身が「専門家」だからであって，「一般人」ではないからである。ある者は，研究者的視点はあくまでも研究者的視点でしかないことなどモノともせず，研究者でもなければなろうとしているわけでもない聞き手に向かって，そういう聞き手にとって（自分にとってではない）大事なことであるかどうかつゆだにも考えず，「専門家」としての己の世界に没頭する。またある者は，（「つゆだにも考えず」までは同じ）「素人」としての聞き手を，「専門家」への道の途上にある者と勝手に決め付けて，"鍛え"たり"説教し"たりすることに執心する。別のある者は，（「つゆだに」云々は同）給料の都合上お相手するだけということで，お茶を濁すのが得策と思っている。更にある者は，（「つゆだに」云々，同）「何も知らない」と言って聞き手をばかにする。そうかと思うと，（同）以上のどれもできず，かといって他にどうしようもないので，ひたすら聞き手に迎合する者もいる，といった具合で，多様ないし無秩序極まるのであるが，とにかく教員側の考え一つでどのようにでもなるという融通無碍は，エゴマニアの大学の一大特徴ではある。

　そういう教員も，（大学に関する所見の二点目であるが）キャンパスの中にいる限り，互いに"戦う"必要のない"一国一城の主"でいられる。無論大学の外では，ただの「専門家」としての扱い以上に期待はできない。外から見ると，大学に雇われているからには，"城主"など幻想以外の何物でもないのであるが，なぜかエゴマニアの大学教員にはこの幻想への格別な思い入れがあるようで，どうも奇観としか言いようがない。何か，遠い昔にさかのぼるような因縁でもあるのだろう。時々，それは「知的自由」である，などと

いう声も聞かれるが，あまりに実態にそぐわない言い方であるため，真面目に取り上げられたことはない。

　学生はどうしているのか？　これは諸外国にもよく知られていることであるが，ほとんどの学生は，かたちとしての「大学」，ステイタスとしての「学生」に用があるだけであるから，四六時中ひまであるという気分がベースにある。授業に出たりするのは，そうする都合があるからである。こういうわけで，エゴマニアの大学の教室風景はズレっぱなしなのであるが，それぞれに己の得を自由に追求できる場にいると思っているからであろう，ここでも憂える者はほとんどいない。

2

　少々詳しすぎた嫌いもあるが，寓話はここまでとしたい。繰り返しておくが，このような社会が現実に存在するわけではない。ある価値観を首尾一貫した形で示そうとすると，単独の人間ではなく（かりに試みても，まったく内面的で抽象的な話になってしまうだろう）一つの社会で示さざるを得ない。寓話という手法に依った所以である。

　問題: エゴマニアで倫理は成立するであろうか？

　これについて考察するにあたっては，エゴマニアの人々に共通に看取される価値観にラベルを付けておくのが便宜であろうから，かりにそれを「唯我主義」と称しておく。また倫理については，人々の言動ないし行為の善悪や正邪に関わる規範，と解しておく。道徳との差異については，立論上，特に差し障りがあるとは思えないので，若干の主観的ゆらぎを許容した倫理の個人的現われが道徳である，というぐらいでとどめておく。つまり，上記の規範が，程度の差はあれ人々の間で共有され，さらには習俗化，"客観化"して

いく方向が倫理である。倫理は命題として表現することができる。また，これもあくまで程度の差にすぎないが，個別的な倫理もあれば包括的な倫理もあり，一群の個別倫理を包括的に共有する人々は一つの社会を成す，というように考えておく。上の問いは，唯我主義社会における唯我主義と倫理との関係を問うているわけである。

さて，義務論理学（deontic logic）の基本を成している定義によると，「〜すべきである」（「〜は義務である」）をベースとして，「〜してもよい」（「〜は許される」）は次のように表わされる。任意の行為を命題変項 'X'，（義務論理）定項を 'O' と 'P'（それぞれ「すべきである」「してもよい」）とすると，

PX = df ~O~X　(1)

即ち，「〜することは許される」は「〜しないことは義務ではない」と定義されるのである。(後者は日本語としてわかりにくい。もう一つ，「〜することは禁じられている」という定項 'F' を加えて，FX = df O~X とすると，(1) は「〜することは禁じられていない」となって，いくらか通りがよくなる。)

(1) の両辺における 'X' を '~X' で置き換えると，

P~X = ~OX　(2)

となる。つまり，「〜しないことは許される」とは「〜することは義務ではない」ということである。

また，(1) の両辺を否定すると，

~PX = O~X　(3)

が得られる。「〜することは許されない」とは「〜しないことは義務である」ということである。(この後者も「〜することは禁じられている」と言い換えられる。)

また (2) の両辺を否定する(あるいは (3) の 'X' を '~X' で置き換える)と，

$\sim$P$\sim$X ＝ OX　（4）

が得られる。つまり、「～しないことは許されない」とは「～することは義務である」ということである。

　こんな単純なことを言うのに論理学を持ち出すまでもあるまい、と言われるかもしれないが、このように「～は義務である」と「～は許される」とは一般的な形式的関係にあるということを、常に念頭にしていただく必要があるのである。どういうことかというと、上のいずれの式も、両辺の否定ではなくいずれか一方だけにすると、左辺と右辺とは矛盾し、等号で結ぶことができなくなる、ということである。

　（1）と（2）について、左辺か右辺のいずれか一方だけを否定すると、それぞれの式の左辺と右辺とは互いに矛盾する 2 つの命題の組み合わせになり、これが計 4 組得られる。（同じ結果は（3）と（4）とからも得ることができる。）即ち、

　（A）「～しないことは許されていない」と「～することは義務ではない」

　（B）「～しないことは許されている」と「～することは義務である」

　（C）「～することは許されていない」と「～しないことは義務ではない」

　　　　　　　　　　　　（「～することは禁じられていない」）

　（D）「～することは許されている」と「～しないことは義務である」

　　　　　　　　　　　　（「～することは禁じられている」）

　論理が示すのは、これらのセットについて、「～」の部分にいかなる命題が入ろうと、いずれか一方を受け容れるならば、他方を受け容れることはできない、というところまでである。論理が「～」の具体的内容に無関心であるということは、いずれの側が正しいか（適切か、有利か、望ましいか等々）ということにも何ら関わらないということである。また、少なくとも上のような基底部分に関する限り、「義務」という様相（modal）カテゴリーは唯一つのものであって、その意味内容の差異（法的、道徳的の別のほかにも、たとえば

スポーツやゲームのルールなど）には無頓着である。特に重要なことは、「〜」に充当される命題がある行為を表わしているため、これに無関心であるということは、行為主体が誰かということにも無関心であるということである。

本稿の主題にとって、これら一連の「無関心」は、論理的定式そのものと同程度に重要である。これを、そのような擬人的表現に依らずに、また具体例をもって表わすとすれば、およそ次のようなことになるだろう。（発言者は、無論、唯我主義者である。）「君は、こんな所に駐車してはいけない、と言うが、ぼくは君とは立場が違う。君は、ここは駐車禁止であるということを認めている、というより、認めることで君の警官としての立場も保たれるのだろうから、君自身は駐車するわけにはいくまい。しかし、それは君の話であって、ぼくの話ではない。君に仕事や生活があるように、ぼくにも仕事がある。ぼくはここに駐車しないと仕事にならないのだ。生活のために駐車するのだ。だから、ぼくは駐車禁止など認めない。実際、ここに駐車してもこの辺の人は誰一人迷惑などこうむっていない。いいではないか、君は職務上ちゃんと注意をした、怠らなかった、ということにしておけば。ここを駐車禁止にしないと困る人とか、駐車禁止にしておくことが自分の利害と関わる人が、きっとどこかにいるのだろうが、君もぼくもそういう連中のことなど放っておけばいいのだ。」

この後、彼は駐車し続けたのかどうか、警官はどう対応したのか、気になるところであるが、当面はここまでで十分である。ただし、警官もまた唯我主義社会の一員であるから、それ相応に対処することであろう。見られる通り、私たちの通常の感覚からすれば「暴論」である。それは多分にこの例が、「駐車違反」というわかりやすい事象だから言えるのであって、同じような構造をした一見わかりにくい事例はいくらでも作れる。注意すべきは、論理自体は侵さるべくもないこと、論理が「無関心」な部分に論理外の要素がしっかりと入り込んでいることである。ここでは、(D)に当たる矛盾が異なった

主体の間の対立に置き換えられ，その対立も利害上のそれであって，駐車という行為は利害が異なる主体間で意味が異なるのだ，というわけである。

　唯我主義の仕掛けは，理屈の上では簡単な構造をしており，これを一般的な形で，順を追ってていねいに述べてみると，およそ次のようになるのではないかと思われる。(「彼」とは唯我主義者である。)

　Ⅰ　彼は「～するべきである(義務である)」ないし「～するべきでない(禁じられている)」という言説，主張，要求を，自分の"外"に意識する。すべてはここから始まる。先ず，唯我主義社会とて一つの社会である以上，タテマエとしての義務や禁止をもたないわけではない。それが法的なものであるか，道徳的なものであるか等々の区別は，まったく意味をなさない。己の"内"から出たものではないというだけで十分なのである。

　Ⅱ　その"外"が現実的意味をもつのは，必ず誰か特定の人物との関係においてである。彼にとっては，どんな言説等々もそれだけでは何の力もなく，ごく普通に，ということはつまり，自分の利害等々に合わせて自分流に解釈し，利用できれば利用するというだけである。それらの言説等々が特定の人によって担われ，その人物との関係が生じたとき，初めてそれらは現実味を帯びる。彼は，"皆そう考えている"，"世間の常識だ"などと言ってその実誰も"責任"をとらないような言説には価値を置かない。そんな言説は事実上誰の考えでもないものである，とみなしている。

　Ⅲ　意識された言説等々が具体的にある特定の人物によって担われ，その人物と関わりが生じると，自分に合わせて適当に，というわけにもいかない。そこで，言説の(自分への)関わりをその人物と自分との関係に置き換える。子供っぽいと思われるであろう。しかし彼にとっては，水が高きより低きに流れるがごとくに自然な，彼が出会ったことのある人すべてがこのようにしているという意味で「常識的」なのである。

　Ⅳ　相手の「～するべきである」や「～するべきでない」を，相手の立場

としてそういう言説を認める必要があるだろう，という形で容認する。これは同時に，相手が「〜しなくてもいい」や「〜してもいい」と言うわけにはいかないことを容認することでもある。

Ⅴ　しかし，そういう言説を認めていない自分の立場からすれば，「〜しなくてもいい」，あるいは「〜してもいい」ということになり，「利害関係者」たちの多くは自分と同じである，と主張する。

Ⅵ　相手と彼の間の裁き手は存在し得ないこと，しかしこれは対立ではなく利害の違いにすぎないこと，双方を容認し合うことが最良であることを確認する。要するに，唯我主義社会は各々の利害が表明され，食い違いがわかれば「当事者」間で最良の調整をすれば事足りる所なのである。

さて，以上でお膳立ては済んだことにして，本稿の主張を述べることにする。

唯我主義は一種の倫理である。しかし，まことにユニークな倫理である。それは倫理を貪り食う倫理であり，倫理の末期であり，反倫理である。したがって，唯我主義が瀰漫していく方向とは，即ち倫理が閉塞していく方向である。一つの社会に唯我主義の要素が増大し，全体に唯我主義的色彩が濃くなっていることを示せるならば，それは即ちその社会が倫理を喪失しつつあり，社会とも呼べぬ集団と化しつつあるということになり，それはとりもなおさず，（啄木の顰に倣って言えば）「明日の考察」に繋がる道である。

先ず，唯我主義は倫理と呼べるかどうか。これは，唯我主義者たちの言動に規範といえるものを認めることができるか，ということである。自己利害，自己都合に合わせることを最終的な，そう言ってよければ"至上の"裁定規準としていること自体は，計算手続きのようなものであり，「べき」などという意識を含まない事実上の準則，あるいはカント的な意味での格率にすぎない。かりに唯我主義者たちが，なぜそれでいいと思っているのか，と問われたならば，人々はみんなそうしている，それが世の中というものだ，自分が

そうしていけないわけはない，という程度の了解を示すことだろう。これは自己正当化であって，事実上の行為準則とは区別されなければならないにせよ，規範と呼べるものではなかろう。唯我主義者に規範意識が生じる場面はただ一つ，上述の Ⅲ から Ⅳ に移るところだけである。つまり，特定の言動をめぐる特定の人（ないし人々）との具体的な関係の中で，相手自身の「べき」の整合性の部分だけは認めなければならない，ということである。それは，とどのつまり，論理そのものなのであるが，とにかくそれを認めることは「よい」ことであり，「正しい」ことなのである。だから，相手に対しても自分を同じ意味で認めることを求めるわけである。これは規範と呼んでいいだろう。また，これだけを規範とする倫理であるから，最少の倫理であり，「最少」にヴァリエーションなどあり得ないという意味でユニークな規範である。（念のために言い添えれば，唯我主義者は「全体」のことなどよほどのことでもなければ考えない。したがって，たとえば，それでは「(倫理的)相対主義」に陥る，というような指摘を受けても，自分はそのような「〜主義」など抱いていない，あなたが理論的にそのように整理したければ，どうぞご勝手に，と答えるだけだろう。）

　相手の「べき」に即して，それに寄りつくようにして姿を現わし，それをいわば相手に戻して（その限りでは認めて），結果としては無力化する，あるいは唯我主義の中に取り込んでしまうのであるから，これは「倫理を貪り食う」と言っていいだろう。唯我主義は反倫理であると言ったが，その意味は，（少々どぎつい譬えをお許しいただくとすれば）癌細胞のような倫理ということであって，邪悪や不正等を考えているのではない。貪り食うものが最早何も残っていなければ，それ自身が保持できなくなる。つまり，「べき」をばらばらの諸個人へ，即ち人々の間で共有されない方向へと解消してしまえば，唯我主義を辛うじて規範たらしめている消息，即ち具体的な人間関係の中ではたらいている配慮のごときものは発動しないのである。更に，ばらばらの

個人へと向かわしめる力だけがはたらいているような社会には、後に新たな倫理が形成される可能性もない。だから、唯我主義は倫理の末期なのである。

唯我主義と倫理がおよそこのような関係にあるとすれば、本節冒頭の問いに対する答えは明らかである。エゴマニアで倫理が成立する余地はない。

本稿の主目的は以上で達せられたのであるが、これだけで終わってしまったのでは、ある意味で、準備作業のみで作業本体を欠くことになろう。本体とは、ここまでの議論を現実批判に繋げることである。しかし、残念ながら筆者にはそれを遂行するだけの用意が整っていない。以下では、何を吟味するための道具調べであったのか、ということを2点に絞って述べておくことにする。先ず、一つの社会に唯我主義が広がっていく、いわばエゴマニア的色彩が強くなっていく、とはどういうことであるか、もう一つは、そういう動向を指摘することができるならば、それは私たちの「明日の考察」に道を拓くであろう、という主張は何を意味するか、ということである。

これまで「唯我主義社会」と称してきたのは、その成員の間で唯我主義が共有されてはいるが、タテマエとしての規範も存在しているような、というよりも、唯我主義の他にはタテマエとしての規範しか存在しないような社会である。いわば倫理というものがすべて根こぎにされているわけで、そこでは社会としての体をなさなくなる方向にしか動いていかないという、まことに特殊な状態である。繰り返しになるが、こんな状態は実在しない。では、唯我主義が一つの社会の中で、唯我主義ではなく、またタテマエでもないような倫理とせめぎ合っている状態、つまり一部に唯我主義者を含んではいるが、生活に根づいた(いわば"生きた")倫理規範をも持っているような社会は果たして実在していないと言えるだろうか。言うまでもなく、筆者は、実在していてもおかしくはないと考えていればこそ、こんな文章を書いているのである。が、これは争点ではない。実在しているとの見立てに立って現実的な問題提起をしている、とだけ受け取っていただければよいのである。問題

は，そうした状態において唯我主義が(タテマエ倫理も含めて)非唯我主義よりも強力な規範ないし価値観となり得る条件は何であろうか，という点にある。

唯我主義が貪り食うのはタテマエとしての倫理規範である。タテマエとしての倫理規範とは何か？　おおかたの人々が現にそれに従っており，また従っているということだけが大事な規範ではあるが，表向きそのように映っていればよい，本心からそうしているかどうかは別問題で，実際たいていの場合本当の気持は違うのだが，そのへんはお互いに敢えて問わない，というようなことを言いたいのではない。それは通常の意味での「たてまえ」である。これが生きて通用していれば，立派な規範である。ここで言うところの「タテマエ」とは，本音を想定しているわけではなく，これこれの場合にはしかじかのようにするものだ，という定型化された知を誰もが持っている，というだけのことである。ある人は単にその知に従った言動をするかもしれないし，別の人はその知に従わないかもしれない。どちらも同じように起こり得るのであって，これは本音がどうという話ではない。この知は，各々の人がその人なりに受け止めていいような，価値的にニュートラルな，カタログ化された対応法の勧めという以上のものではなくなっているのである。それでは倫理規範とは言えないとの反論もあろうが，文で表わしてみれば倫理規範以外の何物でもないのだ。

さて，どのような倫理規範であれ何がしかの程度においてタテマエ的なところがあれば，その分だけ唯我主義の"餌食"になりやすい，と言ってよい。逆に言えば，その倫理規範にまったくタテマエ的な要素がないような社会があれば，そこでは唯我主義が増殖する可能性はないのである。もしかしたら一部に密かに抱かれている唯我主義的価値観は消滅するかもしれない，あるいはそもそも発生すらしないかもしれないが，このへんは何とも言えない。はっきりしているのは，タテマエではない非唯我主義的倫理規範よりも唯我

主義のほうが強力になる可能性はないだろうということである。そのような倫理規範として筆者が念頭にしているのは、大きく分けて二つ、近代西欧が範型を示している民主主義的な法と秩序の社会におけるそれと、因習あるいは宗教的伝統が支配的規範を成しているような社会におけるそれである。

　しかし、ここで、いずれ避けて通るわけにはいかない問題に一言ふれておかなければならない。「その倫理規範にまったくタテマエ的な要素がない社会」とは、必ずしも、上記の二つに大別されるとは限らないのだ。もう一つ、極端なタイプがあり得るのである。何らかの暴力装置を備えた全体主義社会、あるいは管理・統制が徹底した画一化社会も、やはりその規範にはタテマエの片鱗すらないだろう。ただし、それが上の二つの社会における倫理規範と同じ意味で「生きている」と言えるかどうか、大いに疑問であるが、これはさておくとしよう。問題は、これら一見唯我主義とは対極的な、非唯我主義の極致に位置すると思える社会は、むしろ唯我主義と通底し、のみならず全体が唯我主義一色となって他の社会と関係する、という可能性があるということなのである。これはどういうことか？　いかに全体主義、画一化社会といえども、人々を完全に機械のごときものに還元することは金輪際不可能であって、最低限人々を"内部"から突き動かす動因だけは残っていなければならない。それも、社会的に見て無方向であるほどよい。となると、貪り食うものを失って無方向と化した唯我主義的人間の集団ほど恰好のものはない、ということになる。これに"大きな自己"を提供することで、全体主義社会や画一化社会は実質を得る。そして、貪り食うものを他の社会に求める形で、唯我主義は生息し続けることができるのである。他の社会は、暴力的にどうかはさておいて倫理の紐帯を根こぎにされるか、そうされまいとして戦うか、いずれかの対応を迫られるであろう。

　このような問題は、本稿のようなスケッチではなく、十分なデータと厳密な推論をもって扱われ、またできるだけ多くの人々と共有されなければなら

ないのは言うまでもない。とりあえず，第一の問い(167ページ)に対しては，唯我主義は非唯我主義の生きた倫理的紐帯が解体され，根こぎにされ，タテマエ化している限りにおいて，それよりも強力である，と答えることができるだろう。

　唯我主義者のほうから見ると，倫理的紐帯が生きているとは，特定の人間関係に引き込むことが困難であるということである。倫理規範を一人一人の受け止め方に還元しようとしても，その目論見自体が自分に押し返され，自分のほうが孤立してしまう。そして，相手が規範についての個人的感想程度のことを口にするぐらいのところで，規範に従った行為そのものにまで影響を及ぼすことは期待薄なのである。これは唯我主義者が一つの社会の中で数的に優勢かどうかということではない。唯我主義者は，どれほど数が多くても結局個々ばらばらなのであるから，優勢・非勢など最初から問題にならない。各々いかようにも了解できるという次元にまで至らなければ，唯我主義が力を発揮する土俵すらない，ということなのだ。

　この解体し，根こぎにする力はどこから来るのか？　これこそが最も重大な問いであることは言わずして明らかである。しかし，本格的な考察は他日を期して，ここでは大雑把な見通しを述べるにとどめよう。それは唯我主義に由来するのではない。むしろそれは唯我主義の発生を促した力と同一のものである。これこそが「個人」という考え方であると筆者は見ている。さしあたりその原型は近代のヨーロッパに求められはするが，誤解のないように付言すると，個人主義の近代ヨーロッパ的諸形態それ自体が問われているのではなく，あくまでも一般化されたそれである。これが一方で伝統的な倫理的紐帯を破壊し，他方で唯我主義を醸成した，と考えた場合，当のヨーロッパは最初にこの問題への対処を迫られた所として位置づけられる。その際に，プロテスタンティズムやユマニスム，また科学革命や資本主義的経済体制の根底にある価値観など，「個人」をめぐる様々な思想局面が，基本的にヨー

ロッパ固有の事情として考察されることになろう。しかし最も重要な点は，いわゆる人権の思想を核とする民主主義的倫理規範をもった（法と秩序の）社会を構築しようとするねばり強い営為は，ヨーロッパ自身が「最初にこの問題への対処を迫られた所」として打ち出している解決の試みである，ということである。ヨーロッパ以外の地域では，ある特有の仕方で受容された個人主義的価値観という形で問われ，したがって破壊されたであろう倫理規範も異なってくれば，対処の仕方も異なってくるはずである。

　さて，そこでもう一つの，本稿最後の問題である。これは私たちの倫理的現状の批判に関わる。筆者が現在身を置いている社会（さしあたり生活圏，空間的にはせいぜい首都圏一帯であるが，これに大学という社会を加えたぐらいの圏域である，とても日本などとは言えない）を振り返ってみると，どうやら唯我主義は増殖中であると言わなければならないようである。議論の要点は，この観察ないし判断に基づいて，可能な未来像（それが本稿のタイトルである「倫理的閉塞」ということである）を指摘することができるとすれば，という仮定のもとで提出されることになる。

　その要点の一つはもう既に見えている。こういう動向がやがてもたらすかもしれない「エゴマニア」を私たちが欲しているのでなければ，唯我主義への対処を，更には「個人」という思想の見直しに着手しなければならない，ということである。当然ながら，"話の流れとしてはそうなるかもしれないが，実際に唯我主義として括られるような規範の持ち主が増えているのか，私たちの倫理規範のタテマエ化は本当に進行しているのか"といった疑問が湧くことだろう。これは現状判断と推論の両方に属する事柄であるが，筆者のそれは寓話の形で提出してある。

　通常，寓話という手法は，厳密な論証とは程遠いもの，学術論文ではあり得ないスタイル，と見なされている。筆者としては，さしあたりこれに異論はないものの，学術栄えて倫理滅ぶがごとき方向に進むのは避けなければな

らないと思う。ところで、一つの社会が、現在は未だ部分的にしか含有していないある価値観によって広くまた深く覆われるというような仮想は、原理的な命題をいくつか並べるだけで描き出せるものではあるまい。それは、とにもかくにも、一つのお話として語る以外にはないのである。他方、現実の社会で(学界で、ではない)倫理が真剣に問われるのは、あれやこれやの新傾向、一部に見られる異質性といった次元ではなくて(こういうことは支配的な倫理が生きている限り、適当に許容されるか、実際的に処理されるにとどまるであろう)、支配的な倫理規範そのものが揺らいでいるときではないかと思う。筆者は今がそのときであると考えている。そこで寓話に訴えた次第である。

　もっとも、筆者がそう言っているだけで、こんなのは寓話になっていない、との批判をいただく可能性は大いにある。そこで一言するのだが、確かにイソップよりはトマス・モア(『ユートピア』)が、モアよりはマンドヴィル(『蜜蜂の寓話』)が筆者のモデルに近い。しかし、直接のモデルはスティーヴン・ルークス(Steven Lukes)の「人権をめぐる五つの寓話」(『人権についてオックスフォード・アムネスティ・レクチャーズ』、中島吉弘・松田まゆみ訳、みすず書房、1998年、所収)である。もとより浅学非才を認めるに吝かではないが、意のあるところをお汲みいただければ幸いである。こうした先例によってみても、寓話が現状についての判断と推論(想像も含む)から成ることは言うまでもないであろう。

　「エゴマニア」になって何が悪い、との(親-唯我主義的?)反論もあり得よう。これに対しては、今は「エゴマニア」ではない、悪いかどうかは一人で決められる問題ではない、まだ時間があるのだから「明日の考察」を試みようではないか、とだけ言っておこう。筆者の立場は上で(要点として)述べてある。

　もう一点は、まさしくこの「何が悪い」に関わる。「エゴマニア」化の方向

を観ずれば観ずるほど，いったい何故の「エゴ」なのであろうか，その底には何があるというのであろうか，との問いに直面せざるを得ない．これも詳述はできないが，筆者の目には，根拠なぞありはしない，底に何かが"ある"わけでもない，ということは明らかに思える．同様に明らかなのは，またより重大なのは，それだから唯我主義は全体主義ないしは画一主義に絡め取られる，ということである．実はここにはヘルダーリーンが詩篇「パートモス」Patmos で謳ったのに似て，危難（Gefahr）のあるところ救済者（das Rettende）もまたあり，といった消息が隠れているのだ．唯我主義は倫理の"墓掘人"ではあるが，宗教とは極めて近い位置，いわば背中合わせの関係にあって，振り向かせる力がはたらけば親密になれるのである．（すべての宗教が唯我主義を経由するなどと言っているのではない．）問題は，この消息が全体主義や画一主義に絡め取られる事情と酷似している，ということである．即ち，唯我主義者は全体主義や画一主義を「救い」として受け容れる可能性がある，ということである．

　倫理的閉塞の先にこのような事態が考えられるとすれば，いよいよもって「明日の考察」に本腰をいれる必要があると言えるだろう．

　筆者は何か特定の倫理規範を擁護しようとするものではない．もっとも，含蓄として，倫理的多様性を良しとしていることは察せられたことであろう．唯我主義は，その見かけとは裏腹に，多様性の承認を指向するものではまったくない．それどころか，倫理的多様性など眼中にはなく，イナゴの大群のように一切をひたすら食い尽くして後に何一つ残さないのだ．更に，最悪の社会状態を誘発しさえもする．筆者は，この唯我主義の蔓延を如何にして食い止めることができるだろうか，と問いかけているだけである．本稿は，その食い止める方途を提出しているわけでもない．問題を適切に把握し表現することは解決の第一歩であるという考えで，所見を述べてみたにとどまる．

ただ，一通り述べておこうという気持ばかりが出て，注も付してない不親切極まる文になった。読者諸賢の寛恕を乞う次第である。

心理学研究における倫理
――研究者と協力者との関係から考える――

都 筑 学

はじめに

　著者は，日本発達心理学会の「研究者倫理を考えるワーキング・グループ」の委員の一人として，1997年から倫理規定策定の作業にあたってきた。その成果は，『心理学・倫理ガイドブック』という形で出版された（日本発達心理学会, 2000）。同書の準備段階で論点の一つになったのは，研究者倫理の本質をどうとらえたらよいのかということであった。

　倫理に関する成書としては，アメリカ心理学会が作成した『サイコロジストのための倫理綱領および行動規範』（アメリカ心理学会, 1996）がよく知られている。それは，6つの一般綱領と8つの倫理基準から成っている広範囲にわたる倫理コードである。そして，同じくアメリカ心理学会（1982）が出版した『心理学者のための倫理基準・事例集』には，同学会の倫理綱領や行動規範に照らして具体的な事例が詳細に検討されている。

　他方で，研究者倫理を，研究がいかにあるべきかを考える素材として位置づけるという考え方もある。『心理学・倫理ガイドブック』は，この立場に立って執筆されている。それが意味するのは，倫理は「法律」のようなものではなく，むしろ，研究者が自らの研究を行っていくうえでの基本的精神のようなものである，ということである。

176　第2章　「善への問い」とさまざまな応答

　心理学では，実験，調査，面接，観察などのさまざまな手法によってデータの収集が行われ，そのプロセスにおいて対象者（人間だけでなく動物も含まれる）と直に接することになる。すなわち，心理学の研究においては，貴重な研究データを提供してくれる対象者の存在が不可欠である。そして，そこでは，研究者が対象者とどのように向き合っていけばよいのかが鋭く問われるのである。

　本論文では，こうした研究者と対象者との関係について考察し，研究者倫理の基本的精神をよりいっそう深めることを目的とする。

1.　心理学研究における研究者と協力者

（1）　心理学の発展——「実験室」から「日常生活」へ——

　1879年にヴントがライプチヒ大学に心理学実験室を創設し，科学としての心理学が誕生した。ヴントの心理学は，意識内容を研究対象とし，心を感覚や単純感情のような構成単位から成り立つと考えた。こうした単位を実験と内観によって発見して，要素の結合の法則を明らかにしようとした。ヴントの実験や内観は，その後，心理学の研究方法として位置づけられることになる。

　その後の心理学の発展において，研究者と対象者の関係がいかに変化してきたかについて，記憶研究の分野を例にとって考えてみることにしよう。

　記憶実験ですぐに思い出されるのは，エビングハウスの忘却曲線である。エビングハウスは無意味綴りを使って記憶された語が，その後，どのように保持されるかを研究した。彼は，自分自身を実験の被験者として用い，膨大な数の実験を行っている。そして，その際に，連想価や有意味度が低い人工的な語をわざわざ作成して刺激材料とした。それは，日常的に使われている有意味語では，個人によって連想価が異なり，結果が統制できないと考えら

れたからである。記憶を研究するためには，先行する知識や経験がない方がよいとされたのである。無意味綴りを用いた実験は，その後も記憶研究の主流となり，対連合学習や系列学習などの手続きによって記憶の法則が検討されていった。

　ここで疑問となるのは，有意味度の低い無意味綴りの記憶は，実際の日常生活での記憶と同じなのだろうかということである。記憶の研究も，1970年代以降，次第に，有意味語を用いた実験が行われるようになっていく。すなわち，体制化，群化（クラスタリング）などのように，語の意味やカテゴリーによって，まとまって記憶される現象が研究されるようになる。さらには，エピソード記憶，意味記憶，自伝的記憶，あるいは目撃者証言など，日常的な生活での記憶現象が扱われるようになっていくのである。

　非常に大雑把であるが，こうした記憶研究の流れを見てみると，無意味綴りを用いた「実験室実験」的研究から，日常生活により近づいた研究へと発展してきていることがわかる。「実験室」という限定された条件下で無意味綴りというような限定された刺激を用いた研究では，被験者一人一人の反応や個人差は問題とされない。こうした実験において，被験者はランダム要因であり，被験者間の差は誤差としてみなされている。被験者は，名前も個性ももたない存在であると考えられたのである。それが，日常生活に近づいた研究が行われるようになるにつれて，被験者の過去の経験や記憶能力などの個人的特性が問題となっていった。それはまた，研究者と対象者との距離を縮めていくことにもなったのである。

（2）　subject と participant

　ここまで，研究のなかで重要な位置を占める対象者のことを，「被験者」と呼んだり，「対象者」と呼んだりしてきた。ここでは，そうした呼称の変化について考えてみたい。

178　第2章　「善への問い」とさまざまな応答

　まず,『心理学事典』(梅津ほか,1957)の実験の項を引いてみよう。そこには,次のように記されている。

> 　実験はふつう,いろいろな条件の統制のしやすいように設計設備された実験室において,必要な装備,機械を用いておこなわれる。そして研究者の望むときに所期の心的事象を生ずるようにし,必要があれば,同一条件の実験をくりかえす。しかし,実験室を用いない実験も可能である。ただしその場合も必要条件は十分統制されていなければならない。実験をおこなう人を実験者 experimenter,実験せられる個体は,被験者 subject という。とくに被験者が人間であって,その意識的経験の報告を求めるときは観察者 observer という。このような,自己の意識的経験をみずから観察することを内観という。実験中の被験者の反応の仕方や態度を実験目的にそうように,実験に先立って,被験者に与える命令や指示を教示という。被験者の行動や意識的経験をおこさせ,または変化する目的で被験者に与えるところのものを刺激という。(p. 262)

　前項ですでに述べたように,心理学の研究は,当初はきわめて限定された条件や状況で,刺激を厳密に統制して行われることが多かった。そのこともあって,ここでは,実験者が被験者に命令や指示を与え,被験者はそれに従う者として記述されているのであろう。

　「被験者」という用語は,心理学において長い間,ごく普通に使用されてきた。1970年代に学部と大学院で心理学教育を受けてきた筆者も,学生時代の基礎実験の授業以来,「被験者」という用語に馴染みが深く,何の疑問もなく「被験者」という用語を特別に意識せずに使ってきた。ずっと後になって執筆した論文(都筑,1993)にも「被験者」という言葉を用いている。ただし,上述の定義にあるような,実験者に従うものとして被験者を考えたり,意識したことはなかったし,多くの心理学者も同様であったといえるだろう。

さてそこで，被験者を意味する英語である subject の意味を辞書で引いてみよう。そこには，次のように書かれている。

(形容詞) 1. 支配を受ける，服従する，従属の　2. (...)を受けやすい，被りがちな　3. (...を)条件としての，受けなければならない，必要とする
(副詞) 1. (...を)条件として　2. (...に)もとづいて，(...に)服従して
(名詞) 1. 主題，問題，題目，演題，画題　2. 学科，科目　3. 臣民，臣下　4. (文法)主語，主部　5. (論)主位，主事　6. (哲)主観，自我　7. (哲)主体，実体　8. 主題，テーマ　9. 主因，原因　10. (医)患者　11. 被験者，実験材料
(他動詞) 1. 服従させる，従属させる　2. に被らせる，に受けさせる　3. ゆだねる，引き渡す，さらす

ここで注目したいのは，subject という語には，「服従する」とか「従属させられる」という意味が含まれていることである。おそらく，心理学研究において，個々の実験者は被験者を「支配しよう」とか，自分に「従わせよう」とか意識してはいないだろう。しかしながら，心理学の歴史のなかで，subject という単語を用い続けてきたことは，実験者と被験者との間には，対等平等ではない関係が長い間続いていたことを意味すると考えてよいであろう。

それでは，最近の心理学の辞書には，どのように記述されているのだろうか。最近の『心理学辞典』(中島ほか，1999)を引くと，次のように書かれている。

被験者 participant; subject
　実験を受ける人間。動物の場合は被験体という。実験を実施する 実験

者と区別され，予備実験を別にして，たいてい実験者と被験者は別の人間が担当する。

ここでは，被験者の英語として，subject だけではなく，participant という語も添えられていることに注目したい。実際，英語の論文を読むと，最近では subject ではなく participant という用語が使われるようになってきている。Eysenck (2000) の索引にも，participant の項が見られる。そこで participant を英語の辞書で引くと，次のように書かれてある。

　(形容詞)関与する，関係する，ともにする，参加する
　(名詞)関与者，関係者，協同者，参加者

ここでは，participant という語に，研究に参加するもう一人の主体としての意味が込められていることに注目したい。同じ，「被験者」という日本語であっても，subject であるのか，それとも participant であるのかでは，「従属」か「参加」か，という大きな違いがあると考えられるのである。

(3) 研究者と協力者との関係

今まで見てきたように，「実験室」的実験から日常的な実験へと研究の領域やテーマが移り変わってくる中で，対象者は subject から participant へと変化してきたといえるだろう。両者の距離が近づけば近づくほど，お互いのやりとりも活発化する。また，協力者は，研究者に対して一方的に従属したり，従ったりするものとしてではなく，固有の権利(研究に参加する，あるいは，研究から離れる)をもった存在として見られるようになってきた。その意味で，従来，「被験者」(subject)と呼ばれてきた対象者は，「参加者」(participant)と呼ばれるべきなのかもしれない。

すなわち，研究を計画し，実施するのは研究者であるが，他方で，研究者

からの要請に応えて研究に参加し，研究データを提供する対象者がいなくては，研究は成り立たないのである。研究者は研究の第一の主体であるが，その一方で，研究に参加する対象者も研究の第二の主体であると考えてよいといえよう。participantという語は，対象者がそもそもそうした存在であるということをよく表現している。

だが，participantを「参加者」という日本語に訳した場合，研究論文にはやや馴染みにくいような気がする。研究論文では，「対象者」という記述もよく見かけるし，筆者自身，実際，「対象者」という語をよく使っている。ただし，「対象者」という言葉は，研究の対象というような意味合いも含まれているように感じられ，研究者からやや距離を置いたような印象を受けることもある。

それでは，participantの日本語訳は何が適当だろうか。必ずしも定訳はないが，以下，本論文では「協力者」という訳語を当てることにする。

2. 心理学研究と協力者の権利

（1） 研究者が研究する動機

心理学界にあるいくつかの大きな学会では，毎年開かれる大会（あるいは総会）で非常に多くの発表がおこなわれる。2000年を例にとると，筆者が所属している日本心理学会では1205件，日本教育心理学会では737件の発表があった。両学会はいずれも3日間の会期であり，2時間程度に区切られた一つのセッションにおいて，100以上の研究が同時並行的に朝から夕方まで報告されるのが常である。

このような発表の大部分は，実験・調査・観察・面接等の方法を用いて研究データを収集して分析した，いわゆる実証研究である。毎年行われるこう

した数多くの研究発表を見るにつけ，心理学はデータの積み重ねを大事にする学問であり，そうした手続きにもとづいて科学的学問のアイデンティティと研究水準を発展させてきたのだと感じずにはいられない。

それでは，これほど多くの研究は，いったい何のためにおこなわれるのだろうか。個々の研究者は，一体何のために研究するのだろうか。もちろん，ここで問題としたいのは，研究を進める研究者の動機である。研究の目的・動機は，以下のように大きく二分できるだろう。

一つは，自分が興味を持った研究テーマを深めたいという学問的な目的・動機である。たとえば，筆者は時間的展望を主要なテーマとして20数年来，心理学研究を続けてきた。

もう一つは，業績や卒業・修了のためという実利的な目的・動機である。大学院生などまだ常勤の職がない研究者にとって，ポストを得るためには論文が必要である。最近の大学における自己点検・自己評価の動きのなかで，大学教員にも業績(論文や学会発表)が求められる。また，学部生や大学院生の場合には，卒業や修了するために，卒業論文や修士論文を完成させなければならないという現実的な問題が差し迫ってくる。

多くの研究者は，もちろん，自分が興味関心をもち，学問的に意味のあるテーマで研究するのだろう。だが，先に述べた実利的な目的・動機も実際には個々の研究者や学生・院生にとっては重要なものになることがある。業績が欲しい，あるいは，卒業したいという場合に，論文になかなか仕上がらないテーマを選ぶよりは，手っ取り早くいくつもの研究論文として形になるものが優先されることもあるにちがいない。

このように研究の目的・動機を大きく二分したが，前者の学問的な目的・動機よりも後者の実利的な目的・動機の方が優先される場合，協力者を研究データとしてしか見ない傾向が強まってくるのではないかと思われる。早く論文を仕上げたい，あるいは多くの研究データを集めたいという研究する側

の都合が，協力者の都合を上回ってしまうのである。データを取ることに主眼が置かれ，協力者がどんな気持ちになるかを考える余裕がなくなってしまったりするのである。たとえば，質問紙で，無回答の項目が多い場合に，「使えないデータ」として一方的に判断し，自分が作った質問紙が回答しにくいものであるかどうかを冷静に判断できなくなってしまったりする。

　あるいは，業績を焦るあまりにデータを改ざんするような行為が，ときどき新聞報道されたりする。心理学でも，有名なものとしては，双生児法による知能の遺伝性の実証的研究においてデータを捏造した疑いがもたれているバートの事例がある。

(2) 協力者の権利の侵害──過去の心理学研究の事例から──

　時代によって，ある心理学の研究社会が倫理的に許容できるかどうかという判断基準はかなり変化してきている。Eysenck (2000) は，その具体的な例として，ミルグラムとジンバルドーの2人の研究をあげている。

　ミルグラムの実験の目的は，服従の心理的メカニズムを知ることであった（ミルグラム，1980）。1時間につき4ドルの報酬と50セントの交通費を支払う記憶研究の人員募集広告に応じた協力者は，「人間は間違うたびに罰を与えられると物事を正しく学習する」という理論を最初に説明される。ガラス越しの部屋のイスに座ったサクラの学習者（協力者は実験が全て終了するまでは，学習者がサクラであるという事実を知らされていない）が単語の対を学習するのに失敗するたびに，電気ショックを与えるように実験者から命じられる。実際には，サクラの学習者は電気ショックを与えられている演技をしているだけであるが，電気ショックの大きさに応じて声やジェスチャーで迫真の演技をする。協力者は，サクラの学習者が失敗するたびに，電気ショックの大きさを増していくことを命じられる。協力者がどこまで電気ショックの水準を上げるかが指標であった。多くの協力者が，実験者の命令に従って，

極度に強い電気ショックを相手に与えることが見出された。この研究は、ごく普通の人間が権威からの命令に、いかに服従していくかを明らかにした。

ジンバルドーのスタンフォード囚人実験とは、高額の報酬を支払うという条件での協力者募集に応じた大学生20人が、囚人と看守に半々に割り振られる。囚人役の大学生の自宅にパトカーで乗り付けて、逮捕し連行して、模擬刑務所に入れられる。囚人は囚人服を着せられ、番号で呼ばれ、頭にはストッキングを被せられる。看守が囚人の排泄や食事の世話をする。物理的な暴力以外は何をしてもよいことになっている。囚人は次第に反抗的になり、看守は攻撃的になっていく。1週間の予定であったが、囚人のなかに発熱などの症状が出て、実験は中止されてしまった。

こうした実験は、それが行われた当時でも、研究倫理的の点で、多くの論争を引き起こした。たとえば、ミルグラム（1980）は「補遺I 研究倫理の諸問題」において、その詳細を紹介している。おそらく今の時代においては、絶対に研究の実施は許可されないであろう。

アッシュに始まる集団圧力の実験も、協力者以外は全員サクラで、簡単で通常は間違い得ないような単純な課題に対して、サクラが故意に誤答すると協力者が多数の圧力に屈して誤答反応をするようになることを示した。

行動主義者のワトソンがアーノルド坊やに対して行った恐怖条件づけの研究（白いウサギのぬいぐるみを見せて大きな音を同時に鳴らすと驚かせると泣き出してしまい、ウサギのぬいぐるみに対して恐怖反応を起こすだけでなく、白い物を見るだけで恐怖反応を起こすようになってしまった）や、ハーローがサルで行った代理母親の研究（子ザルを母親から引き離して、毛布で作った代理母親と針金で作ってありミルク瓶が付いている代理母親のどちらを子ザルが選ぶかを試す）も、人道的な立場から考えてみると、今日では許可されない実験になるだろう。

こうしてみると、以前は今から思えば、かなり乱暴な研究も行われていた

のである。その当時は，あまり気にもとめられずにいた（多少の批判はあったとしても実際には実施されていた）研究でも，今の時点の倫理の判断基準から見ると，かなりずれているといえる。このことは今現在，普通に行われている研究でも，これから先何十年か過ぎたときには，「おかしい」とか「妙だ」といわれる可能性があるということを意味するのかもしれない。

(3) 研究がもたらす余波——協力者への配慮——

　心理学の研究において，研究者が協力者に対して，あらかじめ悪意をもって傷つけるつもりで研究を行おうとすることはないといえるだろう。だが，結果として，協力者の心に何らかの傷を残してしまうことはあり得るのである。
　研究においては，協力者に対する配慮が重要であるのだが，そのことについて，次の例から考えてみたい（英，2000）。

　　私が農業問題の写真を撮りはじめた1964年，酪農の取材をしたことがある。当時，アメリカの脱脂ミルクが大量に輸入され，政府はこれを小，中学校の学校給食にあてた。そのころ子どもだった人は，学校で飲まされたまずい脱脂ミルクの味を，いまもきっと覚えているはずである。そしてこの脱脂ミルクのため，日本の酪農は大きな打撃をこうむった。そこで私は，酪農民の状況を撮影するため，長野県の浅間山麓のある開拓村に行った。
　　ところが，酪農地帯であるこの村でも，小学校の給食が脱脂ミルクだったのである。牛を飼い，乳をしぼっている家の子が，なぜまずい脱脂ミルクを飲まなければならないのか。この脱脂ミルクのために乳価は据え置かれ，暮らしは苦しくなっているというのに。私は怒りとともに，給食時間に女の子がミルクの入ったアルミの食器を両手で抱えている写真を撮った。食器は少しへこんでいて，その子の手にはひどいあかぎれ

ができていて。写真が掲載された雑誌は，雑誌が出てすぐ学校へ送った。
　10年ほどたったあと，同じ村を取材した知り合いのカメラマンが，村の人にこんなことを言われたと教えてくれた。それは"写真家もひどいことをするものだ，あかぎれだらけの女の子の手をあんなにはっきりと写すなんて。そのためにあの子がどんなにみじめな思いをしたことか"というようなことであった。私はがくぜんとした。酪農問題を社会に訴えようとして撮ったはずの一枚の写真が，この子の家の暮らしがどんなに貧しいかを，人々に知らせることになってしまったのである。雑誌に載ったことを友達に冷やかされたり，この子にとってさぞや災難だったろう。せめて，顔がはっきり分からないように配慮すべきだったと，悔やまれてならなかった。
　これだと思う被写体にめぐり合ったとき，頭の中は，どのように撮るかということでいっぱいで，土地の事情や相手の立場を考える余裕など，実際にはないものである。けれども，撮りたいから撮ったではすまされない場合だってあるのだ。心の隅のどこかに，撮られる人のことを思う気持ちを忘れずに持っていたいものだ (pp. 54–55)。

英伸三は社会派の写真家であり，引用されている農業問題に関する写真も，政府の農業政策に翻弄される酪農家の苦しい実情を告発する意図で撮られたものである。ところが，写真家の意図とは全く別に，写真の被写体となった少女に「みじめな思い」をさせることになってしまったのだ。「せめて，顔がはっきりと分からないように配慮すべきだった」と思っても，後悔先に立たずであった。
　こうした状況は，心理学の研究にも同じように当てはまると考えられる。研究者が自分の研究への思い入れがあまりにも強すぎるとき，対象者の気持ちを慮らなくなってしまうことがあるということなのだ。鯨岡 (1997) は，

研究者倫理の一つの側面として、「自分の研究が他者に不利益をもたらさないという他者への配慮性」を指摘している。これは、「その研究が、特定の個人および集団、さらには社会に対して、結果的に及ぼすかもしれない否定的な影響や不当な不利益に関して常に敏感で、それを最小にするために努力を常に怠らない」ことである。鯨岡は、「自分の研究が及ぼすであろう影響を、どれほど相手の立場から見ることができるか」を相手への配慮性の深度を測るものさしとしている。

この点に関して思い出されるのは、カウンセリングの基本の一つとしてロージャースがあげている共感的理解（empathy）である。これは、カウンセラーがクライエントの心に寄り添い、クライエントの内面的な世界を彼が感じているように感じ取れるような理解をいう。臨床的な場面では、共感的理解の重要性は強調されるが、翻って考えてみれば、人間の心理を明らかにしようとする心理学の研究において、共感的理解は、研究者が協力者と接するときにも常に配慮しなければならない点であろう。

(4) 自分の研究を問い直す

そこで、重要なのは、なぜ自分がこの研究をするのかを改めて自分自身に問いかけてみることではないだろうか。個々のケースでは、就職や昇進のためには業績が不足しているので、ここで学会発表を1本してみようとか、論文を書かなければならないとか、というような場合もあるだろう。そのような動機自体を否定することはできない。また、先行研究をリファーして、この点が未解決であるとか、まだ着手されていないというように、学問的要請から研究が進められることもあるだろう。さらには、学校や地域、社会のなかで問題になっている行動や傾向に対する何らかの対処を考え、問題を解決するために研究されるような、現実的な要請もあるだろう。古くは、ビネーが知能検査を作ったのは、知的に遅れをもつ障害児に特別な教育を施すため

に，彼らを選び出すための基準作りが目的だったのである。

　心理学者は研究データの収集を自分の拠り所の一つとしており，これまで述べてきたように，そこでは協力者の存在が不可欠なのであるから，それだけに自分自身の研究の動機や目的を確認する作業が大切なのである。

　論文の執筆や業績の積み上げを意図するとき，方法を優先させることになりがちである。そうすると勢い対象者の全体像を見失い，一部だけを見ることになる。発達心理学研究の投稿規定には，「1. 投稿者は投稿論文の内容および研究手続き全般において，人権の尊重と福祉に十分配慮すること」とある。投稿者を研究者と読み替えてみれば，研究全体にもこれは十分当てはまるし，この点に留意することが大事である。

3. 心理学研究における研究者倫理

（1）　日本の学会での倫理綱領

　これまで見てきたように，心理学は，いわゆる実験室実験に代表されるような非日常的な場面での研究から始まり，次第に日常生活での行動や意識を分析する研究へと学問的発展を遂げてきたといえるだろう。そして，それにともなって研究の対象者も，匿名の誰かではなく，顔をもつ個人へと変わってきた。それだけに，対象者の生活や人格に直接にふれる機会も多くなり，また，対象者の私的な情報を知りうるようになってきた。たとえば，大学等に設けられた行動観察室でのワンウェー・ミラー越しの観察と，対象者の家庭に出かけて行っての観察とを比較してみれば，それは明らかである。

　一方で，社会的な状況も大きく変わってきた。たとえば，プライバシー保護条例は1975年前後からコンピュータ処理による個人情報を対象とした条例が制定されはじめた。保護対象を手書き文書まで広げ，情報公開との関係を

含めた総合的な保護制度を定めた条例が福岡県春日市で1984年に初めて制定された。また，子どもの権利条約が1989年11月20日に国連で採択された。このような個人の権利の尊重が，心理学における倫理問題への関心を引き起こす背景にあることは確かであろう。

現在，筆者が所属している学会に限っても，日本心理学会と日本教育心理学会が倫理綱領を定めている。日本心理学会の倫理綱領は，1.責任の自覚，2.人権の尊重，3.説明と同意，4.情報の管理，5.公表に伴う責任，の条項から成っている。日本教育心理学会の倫理綱領は，一般綱領として，1.人権および人間の尊厳に対する敬意，2.学問上および専門職上の自覚と責任，の2つをあげ，その精神にもとづいて，倫理規定として，1.人権の尊重，2.研究実施のための配慮と制限，3.情報の秘密保持の厳守，4.公開に伴う責任，5.研鑽の義務，6.倫理の遵守，の条項をあげている。

他の学会でも，倫理綱領を作成する動きが進んでいるようであり，こうした傾向は今後さらに加速していくことが予想される。

その際，発達心理学会（2000）が倫理に関する重要な問題としてあげた，協力者へのインフォームド・コンセント，協力者のプライバシーの保護，協力者への研究結果のフィードバックは，研究者倫理の根幹をなすといえよう。以下では，その3つの点について個々に論じていくことにする。

(2) インフォームド・コンセント

研究に際して，対象者の同意を得ることである。たいていの研究者は，自分が研究のデータを収集する際に，対象者に対して，何らかの説明や断りをして，相手からの了承を得ようとする。たとえば，大学の授業中に，質問紙を実施する際のことを考えてみよう。質問紙の冒頭には，調査の趣旨とともに調査に協力してもらいたい旨の文章が書かれている。大学の教師がその質問紙を配布して，協力依頼をしたとすると，どうであろうか。筆者もこれま

でに何度かそのような調査をおこなったことがある(ただし、ここ7~8年はやったことがないが)。経験からいうと、100%近くの学生が回答してくれる。大学の授業は、大学生の研究データを集めるには格好の機会である。そのときに、それでは学生はいったいどのような思いで質問紙に回答しているのであろうか。本当のところは実際には分からないが、推測するところ、断り切れずに嫌々答えている学生も少なくないような気がする。

　筆者は、最近では、調査に際して、やや面倒だが次のような手順を踏んでいる。授業中に、調査の目的を書いた文書を一人一人に渡して、まずは協力者を募る。100名ぐらいの授業で協力者は半数程度である。次に、協力を申し出てくれた学生に郵送で質問紙を送り、回収する。その翌年と翌々年の2年にわたって、回答してくれた学生に質問紙を送って調査を依頼する。こうして、足かけ3年間で3回の調査を実施した結果、回答者の人数は50名、49名、44名と9割近い対象者が継続して回答してくれた。もちろん、調査データの代表性という点で、最初から協力的な学生だけが選択されたという批判は可能であろう。しかし、他方で、もしも100名の学生に授業中に調査を実施して、その翌年、郵送したらどうなっていたのだろうか。その結果はあくまで予想でしかないが、50人に近い人数まで減少していたのではないかと思われるのである。

　いわんや授業中に出席の代わりに調査を実施するような場合には、授業の出席と調査データの両方が同時に集められて一石二鳥であるが、学生たちの拒否的な態度や、いい加減に回答する傾向を強めるだけではないかという気がする。

　だからといって、大学生を対象に授業中に調査すること自体が問題だと述べたいのではない。たとえば、ある時間に心理テスト(たとえば、アイデンティティと不安に関する質問紙)を実施して、しばらく経って同じ科目の授業で、自己のテーマで話すときにその調査結果を紹介するとすれば、教育への

利用という点で有効であろう。その結果を学会で発表することも可能であろう。また学生による授業評価として，調査を実施することも意味があるだろう。要は，何のためにデータを集めるかという目的にかかっているのである。

(3) プライバシーの保護

　プライバシーとは，個人の私生活を他人から見られたり，知られたりすることを拒否し，逆に他人への公開を決めることのできる権利のことである。最近では，自己に関する情報をコントロールする権利としての側面が重視されてきている。

　調査等で対象者のプライバシーを守ることはきわめて重要である。論文によっては，本人が特定されないように，事実の一部を改変するような場合もあり，そうした断り書きが書かれている論文を目にすることがある。面接で得られたプロトコールにもとづいて，事例を紹介するような場合，匿名，あるいは仮名を用いることがある。匿名を使用することでプライバシーの保護が可能かどうかについて，次のような考え方がある（岡・Shaw, 印刷中）。

> たとえば「K県Y市の大学付属の精神障害者のデイケアセンターを訪問した」と書けば，その著者の職場が関東にあると，読者は容易にK県とは神奈川県であると推測するだろう。さらにY市は横浜市と考えるかもしれない。このような大都市でも大学付属のデイケアセンターは多くはない。そのため，その論文は場所の名前は伏せても，秘密保持には失敗している（ホームページより転載）。

　この例では，対象者が精神障害をもつという点でハンディキャップを有していて，その人のプライバシーを守ることに失敗しているということになる。
　だが，他方では，プライバシーの保護に関して，匿名を用いることについて，次のような考え方もある（加藤，1996）。

この本を上梓するにあたっての個人的な悩み——それもいまだに解決のつかない悩み——を記すと，それは地名，人名をどうするか，ということだった。実名にするのか，仮名にするのか，という問題である。人類学や社会学の研究書では，仮名を使うのが一般化している。「研究対象」のプライバシーの侵害が起こらないように等，匿名性への配慮からである。ただし，X村のYさんと言えば，それで匿名性が尊重されるかというと，ことはそれほど単純ではない。調べる気になれば，地名，人名を特定することは，必ずしも至難ではないからである。

　匿名性に配慮しているようでいながら配慮していない場合もある。著名なアメリカ人研究者によるマレーシア農村についての本の事例だが，地名，人名について仮名を一貫して使用しただけでなく，参考文献に挙げられた調査村に関する既存の文献のうち，調査村の実名がタイトルに出てくるケースについてさえ，村の名前を伏せ字にするほどの神経を使っていた。いくら伏せ字にしても，元の文献を通して村の実名を簡単に特定できる，ということは措くとして，私がいかにもちぐはぐだなと思ったのは，文中で言及されている中心的な村人の写真が，本文中に挿入されていたことだった。

　ある意味で，実名を使ってこそ，私たちは，人間としての道義的責任に応えうる記述を心がけるのだ，とも言える。実名を使えば，そもそも「研究対象」に迷惑のかかるような記述，プライバシーの侵害になるような記述は控えるだろう。そのために，たとえ，「学問的真実」が十分記述できなくとも，それはそれで止むをえない，ということである。また，コトダラム（引用者注・インドネシアの地名）のことで言えば，村人は，おおむね，村の名前も人名も，実名として知られることを期待しているように見受けられる。他村でなく自分たちの村に私が研究のためにやってきたこと，そして自分たちの村が外の世界に知られることを誇りに

思っているようなのである。そこには，コトダラムや村人を傷つけるようなことはしないだろうとの，私の善意への信頼が暗黙の前提となっているのだろうが。

　実名にするにしても，たとえ仮名にするにしても，記述する限り，多かれ少なかれ匿名性は損なわれる。プライバシーの侵害も起こりうる。そして，実名，仮名にかかわらず，記述の行為によって，「研究対象」はまさしく研究の対象となる。実名，仮名，記述をめぐる問題に対し，「正解」を探すのは難しい。調査研究という行為は，ずい分と後ろめたい側面を抱えているのである。

　私は自分なりの結論を下さざるをえなかった。地名も人名も，大体は仮名を使っている。写真の扱いをどうするかも微妙な問題で，結果的には，人物写真を含め，本文にはたくさんの写真を挿入することになった。こうした事実をどう考えるのか，私自身まだよく気持ちが定まっていない。しかし，こうしたことを考えること自体が，「朋文化」接触，「朋文化」理解を考えることにも繋がるのだろう，とは思っている。(pp. 289–290)。

加藤 (1996) によれば，匿名か実名かという二者択一が問題なのではなく，むしろ，研究者と協力者との関係そのものこそが重要な意味を持つということになる。

　ここで引用した 2 つの例は，社会福祉学と社会学という異なる学問領域であり，また，両者の見解を単純に比較することはできない。加藤 (1996) がのべているように，プライバシーの保護についての「正解」を見いだすことは難しい課題であるといえるだろう。研究者は，こうした問題に関して，悩みながら一つの道を選ぶ作業プロセスのなかで，研究者倫理の精神を自ら体得していくのであろう。

(4) 研究結果のフィードバック

プライバシーの保護が，個人の私的な領域・情報の保護という面から，自分にかかわる情報をコントロールする権利としての側面が重視されるようになってきたことは，研究の協力者が自分の参加した研究結果を知りたい，あるいは知らなければならないという状況を生み出すのではないだろうか。それは，協力者が，自分の個人データはもちろん，研究結果がどうまとめられたかまでを含めて知る権利を持っているということだろう。

研究者が学会というアカデミックワールドで研究結果を公表することは，広い意味での研究結果のフィードバックであると考えられる。その点で，多くの心理学研究者は研究発表に熱心である。だが，自らの研究に協力してくれた対象者への結果のフィードバックとなると，技術的にもなかなか難しい面があり，また，そこまで気が回っていない研究者が圧倒的に多数を占めているのが現実だろう。

筆者もしばらく前までは，協力者に報告していなかった。正直に言って，そのような研究結果のフィードバックを始めたのは，ワーキング・グループの活動を開始してからである。筆者が指導した大学院生では，夫婦への面接調査の研究で，まとめたライフヒストリーを協力者に渡した事例がある(山田，1998)。不登校の母親に対する質問紙調査で，調査用紙の最後に「結果を知りたい方にはお送りします。連絡先をお書きください」と記し，約4割程度の対象者が住所氏名を記入したという研究事例もある(宇野，2001)。また，加藤(2001)は，面接調査に際して，調査依頼をして了承を得た後，面接のテープを起こして毎回フィードバックし，最終的に論文にするときには公開してほしくない部分をチェックしてもらうという手順を踏んだ。さらに，筆者が指導した学部の心理学特殊研究の共同調査では，小学校の先生に対する調査結果の報告だけでなく，簡単な結果のまとめをB5用紙に1枚にまとめて，小学校の児童にも配布した。筆者は，小学校や中学校で調査を実施し

た際には，調査報告書を必ず作成して送付することにしている。

　結果のフィードバックは，研究をやりっ放しにしない，また，研究に協力してもらった協力者や学校機関に対する責任を果たすという意味でも大切にすべきである。

　研究というものは，どこかで公表されることを前提に進められているものだと思う。したがって，公表に際しては，対象者の承諾を得ることが前提になるはずだ。もしも対象者の承諾が得られなかったら，それは潔く諦めるしかないと思っている。

　最近，概念が拡張されてきているプライバシーの権利に即して考えてみても，今後，研究結果を知らせる責任という問題は，方法的な手順を含めて真剣に検討されるべきであろう。

(5) 心理学の研究と協力者の生活──社会的現実と心理学の研究

　研究者は，自分がやろうとしている研究は意義があり，是非とも研究データを集めたいと思う。だが，他方で，調査なりを依頼される協力者の側から見れば，研究者は自分の外の世界からやってきて，自分について知りたいと言い出しているだけにすぎなく，研究に協力しなければならない謂われや必然性はないということなのである。研究者から頼まれて，「はいそうですか」と協力するかどうかの鍵は，あくまでも協力者が握っているのである。そのことを感じたのは，名古屋市南部地域で団地等に住民を訪ねて面接調査を共同で行ったときのことである(稲垣・都筑，1986)。カウンセリングなどの臨床の現場では，何らかの悩みを抱いたクライエントの方から自分の悩みを聞いて欲しいということで，カウンセラーを訪ねてくる。患者側にはそこに必然性がある。クライエントは自分の話をきいてもらいたいと思っているのである。一方，われわれが地域の住民を訪ねて，一戸一戸のドアを叩き，一定の手順を踏んで面接への協力を願い出たときに，住民の側には，われわれに

自分の生活について話す必然性は全くないのである。それは，ライフストリーやライフヒストリー，自伝についての研究が有している問題でもある。そこで重要なことは，研究者と協力者との間にある関係の質そのものなのである。

柳田（1998）は，『民間伝承論』において，民俗学を「旅人の学」「寄寓者の学」「同郷人の学」の3つに分類している。「旅人の学」とは，目に映ずる資料を採集して行う。「寄寓者の学」とは，耳に聞こえる言語資料を採集して行う。そして，「同郷人の学」は，最も微妙な心意感覚に訴えて初めて理解できるもの，生活諸様式・生活解説・生活観念を採集する。柳田の分類にならっていえば，私たちが，旅人のように足早に立ち去って行けば，協力者は心の一部分しか開かないだろう。しばらく滞在して経験をともにしたとすれば，協力者の心の奥のもう少し深いところまで見えてくるだろう。だが，本当に奥深い真実の心は，同郷人として生活をともにしないとわからないといえる。

研究者が協力者との距離をおき，客観的に眺めようとすれば，その一部しか見えず，そして，協力者と生活一体となったときに，初めて理解できるものが見えてくるのだ。その一方で，乳児から青年までの追跡研究のなかで，協力者との共同的活動を繰り返して行ってきた古澤（1986）は次のように述べている。

> しかし，だんだんと皆様との触れ合いを繰り返していく過程で，私の意識にも大きな変化が起こってきているといえましょう。それは，「私」という一研究者が関わる子どもたちに対して，自分自身は「研究」という枠以上の責任をもっているという考え方です。つまり，人間的触れ合いの中でより良く子どもたちが展開するように，微力ながら自分自身を役立てていく中に，実践的な研究の意味があるように考えてきました (p.6)。

研究がここまで行き着いたときには，もはや心理学を研究する研究者と協

力者という枠組みを超えた関係になってしまっているのではないだろうか。そして，そうなったときには，既成の心理学の論文という範疇を超えたものになってしまっているのかもしれない。

4. 研究者倫理と研究者の自己規律

（1） 協力者の視点から物事を見る

　倫理とは，「人として守るべき道」「道徳」のことである。心理学の道徳判断の研究において，他律と自律があることはよく知られている。倫理コードは他律である。そうしたコードに違反すると，何らかの形で自分に不利益が生じるのでやめておこうと考えたとすれば，倫理コードを基準にすることによって他律的に判断していることになる。他方，自分で考えて，行動するかどうかを決めたとすれば，それは自律である。研究者倫理の重要性は，自律的な道徳的判断であり，それは内面化された道徳，責任であるといえる。そのときに求められるのは，研究者が協力者の視点から物事を見るということである。

　発達心理学が対象とするのは，生まれて間もない新生児から老人に至るまで生涯にわたっている（動物も含まれる）。その中には，これから成長していく子どもも，さまざまな衰えを抱いている老人も，そして，障害をもっている人々も含まれている。いわゆる社会的弱者である。発達心理学の研究は，そうした人々の幸福や健康，福祉の向上につながっていくものであることが望まれている。

　今まで述べてきたように，心理学の研究は，研究者と協力者という二つの主体がかかわるところに展開され，その二つの主体の間にある関係性の質を常に問い直していくことが求められるのである。

幼児教育や学校教育の現場で使われる表現に,「子どもの目線でものを見る」というものがある。私たち大人は電車に乗って何気なく窓の外に流れる景色を眺めているが,窓の高さまでの背に達しない小さい子どもであれば,自分の目に映るものといえば,電車の内部であり,大人の脚や足下であろう。私たち大人も,そうした子どもと同じような背の高さまでちょっと身を屈めてみれば,彼らが見ている世界がどのようなものであるかはすぐに理解できる。これを心理学の研究に当てはめて考えてみれば,どうであろうか。

筆者にも経験があるが,学生時代に,上級生や大学院生の実験や調査には積極的に協力した方がよいといわれていた。それは,自分が「被験者」になることで,心理学の研究方法を体験的に学べるからだといえよう。と同時に,そうした機会は,「被験者」も研究者と同様に自分の顔をもち,独自に感じる,個性的な人格なのだということを知る絶好の機会であるといえるだろう。そうした感覚を,自分自身が感じ取れる機会として,学部時代の「被験者」体験を位置づけられるのではないかと思う。

例としては,やや極端になるかもしれないが,第二次世界大戦中,日本陸軍がおこなった残虐的な行為のなかで七三一部隊での人体実験がある（森村, 1981）。七三一部隊では,捕虜を「マルタ」と呼んでいた。「マルタ」は名前や人格を剥ぎ取られ,人間としてではなく,実験材料として扱われていたのである。先に紹介したジンバルドーの囚人実験でも,囚人役の学生からは,「名前」が剥ぎ取られていた。こうした扱いは,協力者へのいたわりとは対極に位置するものである。自分の研究を協力者の側から問う姿勢を持ち続けることが重要なのである。

(2) 研究者の責任と自己規律

研究の自由のなかには,研究への責任が包含されている。「責任」をあらわす英語 responsibility の動詞である response には,「応じる」という意味

がある。すなわち，研究者の責任とは，研究者が協力者と向き合って，協力者の声に耳を傾け，それに真摯な態度で応じることだろう。

　池内（2000）は，大学の講義のなかで，科学者・技術者の倫理について，次のような4点から語っているという。

　　1つは，「真実に忠実」ということ。
　　2つ目は，「限界を語る／結果を想像する」こと。
　　3つ目は，「事実を公開する」こと。
　　最後に，「自分の子どもに，自分のしていることを誇りをもって語れるか」である。

　池内（2000）が指摘している科学者・技術者として求められる倫理は，人間と直接的に接して研究を進めていこうとする心理学の研究者にとっても同じような重要性をもっている。われわれはプロフェッショナル（職業人）としての自覚と責任をもって，自らの研究に従事していかなければならないのである。

　そのことは言い換えるならば，われわれが協力者へのいたわりの心を持ちつづけることであり，相手の人格を尊重し，他者の権利を自覚し，それを侵害することへの躊躇を常に意識することだろう。だが，加藤（1996）がその苦渋を告白しているように，対等な関係を持ち続けようとしても，いつか協力者は，研究の対象として位置づけられてしまう運命なのかもしれない。

　それだからこそ，個々の研究者の自己規律がきわめて重要になるといえるだろう。法律を作れば，それをかいくぐって生きる人が出てくる。研究においても，インフォームド・コンセントを取り，プライバシーの保護に気をつけ，結果のフィードバックが重要であるからといって，そうしたことに関して形式的な手続きさえ取ればよいというものではない。あくまでも大切なのは，その精神であり，研究者倫理が手続き論に陥ってしまい，「研究の自由」

の免罪符になるようなことだけは決してあってはならないのである。

おわりに

　筆者が学部生・大学院生だった1970年代には，倫理という言葉には馴染みがなかった。研究と倫理に関する系統的な指導や教育は，授業において行われなかったように思う。筆者が学部生の時に読んでいた，今でも評判の高いアメリカにおける心理学概論のテキスト（Hilgard, Atkinson & Atkinson, 1971）を開いてみると，第23章「心理学と社会」の「客観性と人間的価値の問題」の節に，プライバシーの尊重や個人的選択の尊重の項が見られる。したがって，倫理的な問題について全く触れる機会がなかったわけではないが，取り立てて意識して問題にするということでもなかった。そうした状況は，発達心理学会のワーキング・グループの一員に選ばれるまでは，その後もずっと続いていて変化がなかったといえる。

　今回，倫理ガイドブックの策定作業にかかわって得ることのできた一番の収穫は，自分自身の研究姿勢を研究者倫理の基本的精神の観点から見直すことができたことだと思う。実に多くのことを学んだ。そして，もう一つ，教育が大切であることも実感した。時代は移り，心理学界における主要な研究のテーマも領域も変わっていく。しかし，協力者がいなければならないことだけは，これからも不変だろう。だとすれば，これから先の心理学界を担っていく若い研究者たちに，自分の頭で研究者倫理について考え，自らの研究で実践していくことを勧めていかなければならない。現在，筆者が指導している学生や院生たちが，倫理の問題に対して，センシティブであり，十分な配慮をしながら研究していることはうれしいことであり，また，今後もこうした教育的活動を通じて，研究者倫理について考えていくことが求められて

いる。
　加藤（1996）が述べているように，研究者倫理には決して正解はない。時代とともに，価値観や倫理規範は変わっていく。それだからこそ，研究の協力者を含む社会や人間全体に対して責任をもち，自律的に研究を進めていくことが研究者の資質として何よりも重要であるといえるのである。

文　献

アメリカ心理学会編（佐藤倚男・来栖瑛子訳）1982，心理学者のための倫理基準・事例集，誠信書房

アメリカ心理学会（冨田正利・深澤道子訳）1996，サイコロジストのための倫理綱領および行動規範，社団法人日本心理学会

Eysenck, M. W. 2000 Psychology. A Student's Handbook. East Sussex.: Psychology Press.

英伸三　2000，英伸三の写真塾，カメラの眼・人間の眼[改訂版] アートダイジェスト

Hilgard, E. R., Atkinson, R. C., & Atkinson, R. L. 1971 Introduction to Psychology. Fifth Edition. New York: Harcourt Brace Jovanovich.

池内了　2000，罪と過ちと金属疲労，出版ダイジェスト，2000年12月1日号

稲垣陽子・都筑学　1986，東海地方に九州から流入してきた若年労働者の青年期について（4），心理科学　9 (2), 1-15.

川本茂雄・岡田秀穂・森常治・森田貞雄編　1994，英和中辞典，講談社

鯨岡峻　1997，発達研究と倫理問題，発達心理学研究　8, 65-67.

古澤頼雄編　1986，見えないアルバム，彩古書房

ミルグラム・S（岸田秀訳）1980，服従の心理，河出書房新社

中島義明・安藤清志・子安増生・坂野雄二・繁桝算男・立花政夫・箱田裕司　1999，心理学辞典，有斐閣

日本発達心理学会監修　古澤頼雄・斉藤こずゑ・都筑学編　2000，心理学・倫理ガイドブック，有斐閣

加藤弘通　2001，問題行動の継続過程の分析: 問題行動を巡る生徒関係のあり方から，発達心理学研究　12, 135-147.

加藤剛　1996，時間の旅，空間の旅，インドネシア未完成紀行，めこん

森村誠一　1981，悪魔の飽食，光文社

岡友史・Shaw, I. (印刷中）質的調査法入門，小田兼三・杉本敏夫・久田則夫編　社会

福祉研究方法入門: 研究計画から論文執筆まで, 中央法規出版
都筑学 1993, 大学生における自我同一性と時間的展望, 教育心理学研究 41, 40–48.
梅津八三・宮城音哉・相良守次・依田新編 1957, 心理学事典, 平凡社
宇野敦子 2001, 不登校初期段階の子どもを抱えた母親の心理, 2001年度中央大学文学研究科修士論文(未公刊)
山田真理 1998, 成人期後期の退職にともなう喪失と獲得および夫婦の伴侶性 ──退職経験者と配偶者への面接調査──, 1998年度中央大学文学研究科修士論文(未公刊)
柳田圀男 1998, 民間伝承論, 柳田圀男全集8, 筑摩書房

グローバル市民社会と倫理
―― 共通の基盤を求めて ――

サドリア・モジュタバ

序　論

　新しい千年紀の幕開けとともに我々は国際的な秩序の本質的な変化を目撃している。これら変化のなかには以下のようなものが含まれる。第一に，冷戦の二極構造の終焉とともに，国際関係において平和と協調を重んじる風潮が高まっており，またこのような趨勢に加え，国際問題において今まで以上に経済，そして社会文化的な領域の重要さが増しているということが挙げられる。

　第二に，地理的な国境の重要性が最近のグローバリゼーションの動きにより低下している。いまのところ世界政治の中で主要なアクターである主権国家の伝統的な地位がグローバリゼーションの波によりおびやかされていることが注視されている。

　第三に，新自由主義の解釈によるグローバリゼーションの名の下に行われる資本主義体制の世界規模の拡大は国家間の相互依存関係を深め，国際取引においては生産，売買，投資，消費が促進され，国境の意味は薄まりつつある。

　第四に，科学的，技術的な進歩による「時空の圧縮」と情報革命は国籍の異なる人々によるコミュニケーションやコンタクトを増加させ，世界をただ

ひとつの「グローバルビレッジ」(地球村)へと狭めている。

　第五に，政治制度としての民主主義が世界中に広まったことがあげられる。「民主化の第三の波」の中，世界中の様々な地域で専制主義と共産主義の両体制は民主的政府に取って変わった。

　上記のような世界秩序における様々な根本的変化は，魅力的な世界平和と人類の幸福にとって好ましい状況を作り出しているが，ほとんどの国々の主な興味は未だ自身の国益を追求するための軍事力の拡大と物質的豊かさにある。もちろん，ポスト冷戦時代において国際関係をとりまくムードは国家間の平和と協力にとって以前より好ましいものとなりつつある。であるにもかかわらず，国益を追求する利己的な傾向は依然として世界全体の利益の考慮よりも支配的である。国家が共通の目的のために協力する時でさえ，異なるそれぞれの国益によって引き起こされる分裂や衝突を乗り越えることは容易ではない。

　グローバルなレベルでの平和と繁栄を確立し維持するためには，国民国家による排他的国益の追求と結果として生じる対立は乗り越えられなければならない。しかし，その一方で我々は国民国家を政治共同体として最も発展した形として認識しており，廃止することを未だにできないでいる。その地位は低下しても，国家はまだ世界政治の主要なアクターなのである。このような点から，国家間の協調と連帯に基づいたグローバルコミュニティーの設立は新たな世紀を迎えるにあたって人類が直面する最も重要かつ火急を要する問題であるといえる。

　これらを念頭に置いた上で，本論ではまず始めに近代国家の発達とその利己的な国益の追求に起因する問題点を考察する。その後，地球共同体の一種としてグローバルコモンソサエティー(グローバル共同社会)の観念が提示され，その確立方法が検討される。最後に，本論は地球共同世界に近づくためになくてはならない国際協調の深化について，いくつかの重要な理論的，そ

して実践的な問題点を扱う。

1. 国民国家の発達とその限界

　主権国家は近代の成熟と共に形成し，発達した。君主がバチカンの介入を排除し，地方の領主に対する支配力を強めているうちに，権力の中央集権化と世俗化は主権国家を成長へと導いた。主権国家は，領域内でその管轄権の下に最高位の支配力を行使すると想定された。国際的平面において，これは主権国家の上位に位置する権威構造の欠如を意味し，各国による国益の追求は主権の対外的な表現となった。[1]

　近代国家の確立は，地域社会を統合し，また公共行政，国家租税システム，そして常設の軍隊といったような統治の，より効率的で効果的な制度を導入し，人類の進歩に貢献した。[2] また，フランス革命の産物である近代主権国民国家の理念は人民主権という概念の下に具体化され，国家アイデンティティは，ある特定の領域に住み，同じ言語と文化と宗教を分かちあっている人々というように象徴化された。

　マッツィーニ（Mazzini）のいう復興（risorgiment: resurrection）ナショナリズムにみられるように，近代の初期において，絶対君主と抑圧された人々との闘争によって国民国家は形成され，共に繁栄発展するためにお互い一致協力するであろうと思われていた。[3] もしこの近代啓蒙期の自由主義ナショナリズムの認識が実生活の全ての面において現実になっていれば，後の国際秩序の展開のなかで平和と協調は優勢であっただろう。しかしながら19世紀のヨーロッパ諸国間の権力をめぐる闘争や繰り返される戦争にみられたように，現実の歴史は予想通りには進まなかった。また，留意しなければならないのは，この近代初期における国際関係に関わる理想主義的な構想は，国

内における支配的な権力と対外的自律性を含む「主権」の本質的な要素の否定を包含するものではなかったということである。

　近代国家制度が広まるとともに，多くの場合において国家が協力よりも闘争と対抗を選択するような原理，国益追求の原理が国際政治において働いていることが知られるようになった。例えば，過去の両大戦の根本的な原因は顕著な強国間でそれぞれの国益の増進をしようとして生じた対立に求められる。一見イデオロギー的に装われ隠されているものの，冷戦期における両陣営の闘争もまた，アメリカとソビエトの排外的国益追求によってもたらされたものであったといえるだろう。

　現在のポスト・冷戦時代において，平和的そして協調的なムードが世界政治の中に生まれているにもかかわらず，国民国家が軍事力と経済的豊かさに焦点を合わせていることに変わりはない。一例をあげれば，ニューヨークタイムズによると全世界の兵器売買の総計は1999年に303億円で，1986年以来最高水準に達している。ロンドンのIISSもまた兵器の売買について報告を行っており，アメリカ，イギリス，フランスにおいて1986年に前年度比8パーセントも増加している。[4] これは兵器売買が1987年から数年間の継続的な減少の後に再び増加し始めたことを意味している。あるアメリカ政府系の予算政策研究センター[5]は最近，過去十年に先進国による海外援助のGDP比率が大幅に減少したと指摘した。[6] 例えばアメリカ 0.22–0.11%，フランス 0.59–0.42%，ドイツ 0.39–0.27%，日本 0.31–0.25%，そしてイギリス 0.3–0.27%といった具合である。[7] 深刻な環境問題の一つとしての世界的温暖化について言えば，現在までアメリカは自国の産業保護のために他国が要請した二酸化炭素の排出量抑制を受け入れていない。[8]

　しかしながら，国家間の相互依存の深まりと世界村の出現といった新しい状況のなか，主権国民国家の排他的国家主義と利己的な国益は現在の平和と協力に向かう現代の潮流に反するものである。そのうえ，人類が直面してい

る現代的課題の多くは(環境，平和，人権，貧困，難民，テロリズムなど)世界的規模の様相を呈している。それらは個々の国家によっては適切に対処することができず，国家間において共同で取り組まれる協力的な努力を必要とするのである。故に，私たちは主権国家の国境に由来する多様な制限を乗り越え，全ての人々，国民が共に平和に，協力し合い，共に幸福に生きられるようなグローバル・コミュニティーを建設する方向へと進む必要があるのである。

2. グローバル共同社会の必要性とその実行性

　主権国家間の紛争と対立を乗り越え，平和と協力を推し進めるには，いくつかの方法が存在する。最も効果的で確かな方法は，国民国家の行為を上から統治する「世界政府」ないし「世界国家」を設立することである。しかしその成立は，主権国民国家によって作られた現在の国際無秩序状態を考慮すると，遠い未来の出来事に属する事柄である。国家がその主権をより上位の権限を持つ組織に対して移譲することによって世界国家を設立することは非常に難しい。なぜなら，これは秩序と安定と平和のために社会成員がそれぞれ中央政府にその主権を移譲するといった「社会契約」的なものではないのである。国家主権の基本的な特徴は，国内における支配的な権力行使と対外的な自律性であり，社会における個人とは違って集合的個人の表出としての国家はその主権を容易に移譲する事ができないのである。

　その他の方法としては，古代の皇帝のように圧倒的に強大な国が兵力をもって——実際に行使するかもしくは威嚇するかにより——他の諸国を征服し，自ら世界政府を作るという方法もある。しかしこの代替案もまた現代の国際的現実に照らしてみた場合不可能である。このような方法論によって世

界政府が作られたとしても，それは正当性を欠いたものであろう。加えるならば，このような世界政府が武力と威圧に基づいているならば，他の国家の挑戦に対して脆弱なものになるであろう。故に，国民国家が主なアクターとして実際に機能している現在の国際的秩序を考えた場合，緊急で解決可能な問題について共に対処することが非常に重要なのである。

　世界政府のような世界的な統一体を形成する時に心に留めるべき最も重要なことは，根本的で身近な単位の人間関係をどう扱うのかということである。近代国民国家は，家族や地方のコミュニティーなどの根本的な集まりの存在を考慮することによって，その基底の部分を強固にした。同様に，完全に統合されたグローバルコミュニティーへと移行する過程においては，過渡期の段階として国民国家の基礎的な単位に基づく国際的な協力統一体を作ることが，第一の課題である。この観点からみると，グローバルコモンソサエティー：グローバル共同社会を作ることが，着手にあたって最も必要な事柄の一つである。

　グローバル共同社会（global common society）は世界中の人類が国境の制限を越え，共通の目的を持った地球共同体の観点から考え，行動する国民国家の共同体である。[9)] それは，世界の相当数の国家が重要な政策領域について協力的相互作用を高めるために携わる。しかし集団的なコミュニティーのレベルまでは達しないグローバル協力社会（global cooperation society）よりも一層進んだ形の国家を超える統一機構である。現在の国際的な状況では，国際共同社会の確立だけが必要なのではないが，ある程度の実行可能性があり，またそれは個々の国民国家によって共同で行われる努力にかかっている。

　理論的には，国際共同社会は二つの行路によって形成され得る。地域共同社会（regional common society）の実体的な拡大によるか，「グローバル協力社会」の質的な強化によるかである。当然のことながら，これらの2つの

行路は，同時に，そして一部重なり合いながら進み得る。前者の方法では，地域協力社会から発展した地域共同社会は，はじめ世界の様々な地域において形成され，後にこれらの相互作用として，一つの地球共同体に溶け込み得るのである。ここで地域協力・共同社会は地域レベルで国際協力・共同社会に対応した統一体となる。[10] これと比較して，二つ目の方法はグローバル協力社会の形成を想定している。多様な地域協力社会の合併，ないし相当数の世界の様々な地域の国々が参加するグローバルな協調組織の形成によって築かれ得る。そして協力活動が質的に深まるとき，それはグローバル共同社会に発展し得るのである。

これらの2つの方法は以下のように簡約することができる。

前者においては，全てのプロセスは以下のように進歩しそうである。
○各地域の個々の国民国家 → 地域協力社会 → 地域共同社会 → グローバル共同社会

後者は，次のようなコースを辿りそうである。
○個々の国民国家 → （地域協力社会）→ グローバル協力社会 → グローバル共同社会

現代において，協力と統合の度合いが異なったものであれ，私たちはこれら2つのコースの同時展開を目撃している。一つ目のコースの代表的な例はヨーロッパの統合である。それは，地域協力組織の形態と発展を経験している（1951年の欧州石炭鉄鋼共同体（ECSC），1967の欧州共同体（EC），1985年の欧州単一条約）。いくつかの紆余曲折を経て，ヨーロッパ連合は1992年のマーストリヒト条約の批准により欧州連合へと質的変容を遂げた。[11] もしこれが経済的分野と同様に政治，そして安全保障分野においても恒久的で調和した協力が行われるより統一した組織体になるのであれば，後世ヨーロッパにおける地域共同社会へと成熟する道を開いたことになる。ヨーロッパの

例に加え，スカンディナビアの北欧会議（Nordic Council），東南アジアのASEAN，アフリカのアフリカ統一機構（OAU），ラテンアメリカの米州機構（OAS）と南米南部共同市場（Mercosur）などといった多様な地域協力体が形成されてきている。それらの地域組織がその協力の広がりと範囲において非常に大きな違いが見られるのにもかかわらず，地域協力社会の世界的な広がりという点で，非常な重要性を持っているのである。アジア太平洋経済協力（APEC）と北米自由貿易協定（NAFTA）の出現は，地域協力システムの拡大傾向を確証するのである。

　第二の方向として，国連と世界貿易機構（WTO）は地球規模の協力組織を形成する可能性を見せてくれる。なるほど，双方の組織は世界的協力体としての重大な問題点を示している。WTOはその運営の初期段階にあり，主として経済領域に限られている。国連はグローバル協力社会を形成することに関してより大きな可能性をもつ，一層普遍的で一般的な世界組織であるが，その役割は冷戦中の米ソとその加盟国による国益をめぐる競争と対立によって制限されていた。だが冷戦終結後，その役割と地位は継続的に高まってきている。したがって，もし国連が組織と機能の改革により再生し，世界平和のための全面的な責任を負うのであれば——平和維持と同様に平和創出においても——，国連は「U.N.による平和（Pax U.N.）」という旗印の下で世界協力・共同社会建設のために主導権をとることができるであろう。[12] この世界組織に加え，最近のASEM（アジアヨーロッパ会議）の発足も大きな注目に値する。これは既に存在するアジアとヨーロッパの協力ネットワークを結合するための手段として案出されたものであるが，これは2つの地域的協力体系を一つの組織に合併することを意味しており，地域協力社会をグローバル協力社会へと発展させるシグナルだと考えられるのである。[13]

　ここまで，我々はグローバル共同社会の建設に向けての2つの可能な道筋について考察を行ってきた。しかし，現状を鑑みるに，我々は未だ地球共同

体の域には達していないと思われる。そうであるならば，我々は国家の上位に位置する公的制度のない国際システムの中で，いかに地域的もしくは世界的な国民国家の共同体を作り上げる方向へと進むことができるのであろうか。今日明日にも多数の国家が共通の目的をもち，その実現のために協力すると考えることは，非現実的である。むしろ，それは関係する諸国に非常な努力を要求し，また実際に時間を消費するものであろう。ヨーロッパ連合の設立，すなわち地域共同社会の先駆的事例は，その起草から公式な統一組織が形成されるまで40年以上かかっている。地域ないしグローバル共同社会の構成員は，それぞれが主権者として目的と利益を持つ国民国家なのである。

　現代社会は実利主義と現実主義に根ざしている。主権国家によって構成された国際社会も例外的ではない。どの国家も国益の実現をまず優先している。異なる国益によって生じえる紛争は，対立する国々が各自の利益を共通に促進する方法を探し出すことにより予防，または解決することができると思われる。共通の利益を追求するときに最も都合がよい出発点は，経済的な領域において相互利益を達成するための努力をすることである。経済的相互作用がさまざまな局面に利益をもたらす機会が一度でも認知されたとしたら，協力のための土台は彼らの間で準備されたことになる。経済的交換と売買の増加は国家間の商品，サービス，資本，そして労働の自由な移動を容易にした。現存する国境の重要性はぼやけたものになり，蓄積した経済的協力の所産として，政治，イデオロギー，そして安全保障といった国家の運営の他の領域における衝突も緩和されることになる。社会文化的な分野における相互的なやり取りもまた，国家間の協力を促進する。文化的往来，社会的相互作用，学術的・科学的活動，そしてスポーツイベントは単に国家間の衝突を増加させるだけではなく，相互理解を深めることによる協力的活動への雰囲気をおそらく生じさせるであろう。特に，科学的・学術的やり取りは，この交流に参加する国々の科学的，技術的知識の進歩にも貢献するだろうし，それは国

家の発展のために利用されうるのである。経済的，社会文化的な領域における協力が深まるにつれ，政治，安全保障問題における協力もまた，一種の「波及効果」(spillover effect) により容易になり，強化される。[14] 安全保障ないし戦略的事柄については，純粋な協力は困難であると思われる。何故ならば，どの国家も外部からの脅迫———現実のものであれ，将来的に可能性があるものであれ———に対する弱みに関しては非常に神経質なものであるからである。しかしながら，どのような状況であっても，個々の安全保障を確固としたものにするよりも，相互的，共通的な安全保障を追求するほうが彼ら自身の安全保障にとってより有利なものであるという了解が成立すれば，建設的な協力は可能なのである。

　国家政策の重要な領域における国家間の継続的な協力と共同作業は，協力組織の強化に役立ち，彼らの間に共通の利益，共通の立場，そして共通の目的を形成するための地歩固めを促進する。共通の利益に基づいた共通の目的を達成するための協力過程において，おそらく一連の共通倫理と規範が確立され，国家の行為を導くであろう。もしこれらの国家の政治家達と同様に人々が考え，共通の目的と規範を持って行動したならば，共通の社会の形が現れる。それは知的な，文化的な，道徳的な，そして政治的な共同体であろう。そこでは関係するすべての国家が連帯と繁栄の精神をもってお互いに影響し合うのである。

3. 国際協力の深化: いくつかの理論的，実際的な事柄について

　地域・グローバル共同社会を形成する道のりはどのようにしても易しいものではなく，単系時間軸に沿って発達するものでもない。なぜなら，共通の目的と共通の規範は自身の主権を行使するとされる国民国家間によって作り

上げられるべきものだからである。しかし，すでに指摘したように，現在の国際情勢は以前よりもその出現に対してより好ましいものとなりつつある。冷戦後に発生した平和的，協力的なムードやグローバリゼーションの波による国境の意味の低下，資本主義秩序の拡大に伴う国家間の相互依存関係の増加，科学的，技術的進歩を通しての世界のグローバル・ビレッジへの変容，これらは増えつづける民主主義国家群を平和と協力の方へと導くのである。

確かに，これらの新しい流れは自動的に地域・世界共同体の出現へと導くわけではない。協力と相互依存にとってより歓迎すべき雰囲気の中であってさえも，接触の増加は対立と不和の原因と要素を必然的に伴うことになる。それ故，彼らの間で純粋に協力的な組織を作るという目的のための新しい機会を利用するために，関係する諸国間の共通の努力が絶え間なく，作られるべきなのである。この目的の実現化のための努力をしている間に，地域，そして世界レベルにおいて安定し，一貫した，そして永続的な協力の仕組みを確立し，維持することが極めて重要である。言い換えれば，国際的協力を「深化」させることは，地域・グローバル共同社会へと向かって前進するために必要とされる。この点について，国際関係におけるいくつかの重要な理論的，実際的な事柄についてまた新たに注目することが重要である。

（1） 国際的無秩序の新たな理解

支配機構としての政府の存在は，国内政治と国際政治において区別されるとしばしば指摘されてきた。国内政治では，最高権威機関としての政府は，法とルールを作り，行使し，そして適用することによって個人やグループの間の紛争を解決し，秩序と安定を社会において維持することに従事している。一方，国際関係において，国民国家よりも上位に位置する機関の不在はより多くの紛争と無秩序を生み出す。

この現実主義的見解は，国際政治における無秩序状態と国家間の競争と対

立を直接結びつける。それは，「自然状態」というホッブス的な観念——万人の万人に対する闘争——を国際関係の領域にも適用するのである。「自然状態」において，つまり社会には社会関係を制御する中央政府が存在しない状況において，個々人は利己的な利益のために極度の紛争状態に陥ることになる。[15] 同様に，国家の上位に存在する機構が存在しない国際的平面においても，個々の国益を追求する国家はお互いに絶え間ない紛争に押し込まれ，しばしば戦争へと発展する。したがって，「万国の万国に対する闘争」が国家間政治を象徴することになる。

我々が「自然状態」という上述の観念に基づいて国際関係の本質を理解した時に，個々の国家にとっての危急の懸念は，他国との争いが規定される場合において国家として生き残りつづけることになり，換言すればそれは国家の安全を保障するということである。そして，より上位の機関の不在は，安全保障においても自力しか頼りにならないという「自助」(Self-Help)という状況に彼らを位置付けることになる。したがって，国家間の相互作用は，（一国の安全保障の促進は他の諸国にとっての安全保障を弱めるという）「ゼロサム」ゲームになってしまうのである。国内政治と違い，国家はゼロサムゲームの自助的状況の中で生き残るために，第一に軍事力に頼ることになる。

しかし，「無秩序」が想定される国際政治において紛争と対立が蔓延しているという上記の見方は，国際関係における特定の特色に焦点を当てた際に，重要な問題点を示唆する。つまり上位の機関が不在であっても，国家間の相互作用は紛争的というよりはむしろ協力的なものである，と考えられるのである。はじめに，必然的な無秩序状態における自助的状況が国家間の紛争を招くという現実主義的構想は，国際関係についての偏向した理解に基づいているといえる。それは，「囚人のジレンマ」のように，相互不信に陥った状態で自己の利益を可能である限り最大限に追求するのであるから，国家間の相互作用においては協力よりむしろ紛争が蔓延するという議論である。しかし，

これは非常に近視眼的な見方である。新自由主義者が主張するように，関係者の主な戦略が裏切りであるという「囚人のジレンマ」においてさえ，建設的な協力は可能であるのだ。「囚人のジレンマ」は2人のプレーヤーによる一度きりのゲームを想定している。しかしそのようなゲームは国際政治の中では頻発するものなのである。ゲームの繰り返しの中で，自己の利益の最大化を図ろうとするプレーヤーは現在の状況と同様に，将来における得失についての計算に関心を持つようになる。裏切りは長期的にみてより有利な結果を得ることができない。何故なら，現在の裏切りから得る予想される利益より，他の面での報復によって生じると予想される損失の方が上回るからである。[16] この関連で，2人のプレーヤーが初めてのゲームで無条件に他者と協力し，後に続いた相手に「しっぺ返し」するという方法――協力に対しての協力，裏切りに対しての報復――で応じたとすると，次のゲームからは，他のプレーヤーは裏切りよりも協力の方がむしろ現在の彼，ないし今後ゲームを繰り返す上での彼にとってより利益をもたらすということを理解する。このように，協力は無限に続く相互関係の中で広まってゆくのである。[17]

　第二に，国際的無秩序状態は現実主義者によって提示される自助が求められる紛争的状況とはまた違った意味も持ちうるのである。既に考察したように，国際的無秩序状態の紛争的理解はホッブズ的な自然状態の理解である。しかしながら，我々はまた違った方法で無秩序的な自然状態を検討することができる。自然状態のロック的理解は，例えば中央機関を持たない個々人は，他者の正当な利害関係を無視しながら自身の利益を増加させることに集中することができない。むしろ，彼らは他者もまたその労働と結果に対する権利を有し，そして万人に対して，他者の自然権を侵害した者を罰する権利が付与されている，と認めている。[18] この方法において，自然状態に関するロック的見地の含意は社会の成員の正当な権利を認めることによって無秩序状態においても秩序と相互依存の要素が存在しているということである。国際関

係にこの発想を適用すると，上級の機関が存在しない場合，自助と紛争よりもむしろ相互依存と協力に基づいた「国際社会」が，全ての国家にとって共通したある種の権利が承認されるという国家の相互作用を根拠にして，描き出されるのである。[19]

さらにまた，国家間の間主観的な社会化に焦点を当てる構成主義的見地（constructivist perspective）に従えば，現実主義者によって提示される自助的状況と紛争的パワーポリティクス，というものが，本質的で不変な無秩序な国際体制の状況である，とは認められないのである。言い換えれば，自助的状況とその帰結としての紛争的な主権国家間の政治は，唯一つ国際的無秩序という要素のみを構築するのではなく，それは国家間の相互作用の過程において形成される様々な構成物の内のほんの一つに過ぎないのだ。社会における諸個人と同様に，国際システムの内部の国家は他の諸国との継続的な相互作用を通してアイデンティティと利害を形作り，この社会化のプロセスに基づいて振る舞うのである。アイデンティティは通常特定の社会的状況から構築される。個人がその多様な制度的役割に応じて様々なアイデンティティを持つことを当然に行うように，国家もその国際関係の多様な要素に応じて複数のアイデンティティを得るのである。このように，自助的状況と国家間の権力闘争は，無秩序的国際体制の下での様々なアイデンティティと利害関係の内のたった一つの要素なのである。[20]

加えるならば，国家の第一の優先事項が国家の安全保障を確保することであると仮定された場合にも，彼らの安全保障の捉えかたは様々に定義され得るのであり，それは他の諸国との関係の間主観的な認識によりアイデンティティと利害を構築する様式に依っているのである，ということが挙げられる。ある国家がそのアイデンティティを，自国の安全保障を他国に対抗させる，という方法で定義すると，安全保障はそれぞれの国家の責任の問題になり，それは自助状態と力の競争を生み出すだろう。他方，国家がそのアイデン

ティティを，自国の安全保障を他の諸国の安全保障の状況を視野に入れて考慮するといった方法で結びつけたならば，国家の安全保障を確保することは特定の国家よりもむしろ全ての関係する諸国の責任に属し得るのである。したがって，利害関係は国際共同体の見地から定義され，国益は「国際的な利益 (international interest)」へと変容するのである。[21]

このように，「自助」的な状況は国際的な無秩序状態に内在的な要素ではなく，国家間の相互関係によって構成される社会化された制度である。国家のアイデンティティと利害関係は国家同士の相互関係のプロセスにおいて形成され，そしてそれは次に国家の振る舞いに対して影響を及ぼす。それゆえ，相互利益を追求する時の国家の協力的な相互作用の中で，新しいアイデンティティと利害関係が，自助的な状況が作り出すものとはまた違った社会化のプロセスを経て作られる可能性があるのである。そして，それらのアイデンティティと利害関係が国家の振る舞いの中で内面化された場合，協力は自助的状況がためし得るものと同様に無秩序状態の中でも制度化され得る。自助努力から発生する闘争と相互依存関係から生じる協調というものは，両方とも国際的無秩序のなかで想定できる状況である。それは異なった相互作用と異なった間主観的社会化によって制度化される。この新たに捉えなおされた国際無秩序状態の本質についての理解は，国家間の安定的で永続的な協力の促進のために非常に重要である。

(2) 相対利得と絶対利得に関する再評価

国際政治において「紛争」という側面を強調する現実主義の考えは，国家間の協力の可能性を排除しない。しかしそこでは相互作用の過程で国家間の協力関係が形成されることがあったとしても，それらは限定されたものであり，持続しないと考えられている。この協力についての悲観的な見方は，国家は他者との相互作用から生じる相対性をもつ利得に対して働きかける，と

いう認識に基づいている。「相対利得」とは，二国間の取引から生じる利益を両国が得られるという状況において，一国がもう一国の得た利得に対して相対的に得る利得のことである。また逆に「絶対利得」とは，ある国家が自国との間で取引を行った場合，もう一国の得た利益にかかわらず得る利得のことである。効用の相関関係を式でみると，絶対利得は $U=V$ と定式化され，相対利得は $U=V-k(W-V)$ である。この方程式において，U は効用，V は関係する一方の当事者の利得を表し，そして W はもう一方の当事者が得た利益を指す。そして k は刺激反応性の係数であるが，これは自国と他国の利得の相違について敏感に関知する度合いである。この係数 k は事柄や状況次第で変化するが，必ずゼロよりは大きい。[22]

　この現実主義的な見方は国際関係において絶対利得よりもむしろ相対利得に焦点を合わせたものである。何故なら，無秩序下における自助的状況にあって，国家の第一の優先順位は生き残りと安全保障に置かれているのであるから，国家は他国の得た利得に対しても自国自身のものと同様に懸念を抱かなくてはならないのである。それにより，相互利益のために他国と協力する機会に直面している国家にとっての第一の問題点はどのように予期される全体的な利得を国家間で分配するか，ということになる。これは，国家が，相対的により多くの利得を得た他国がその利得を自国の安全保障に対して脅威となる様に利用するのではないか，と考えるからである(例えば，軍事力の増強)。このような状況で，国家が他国の相対利得の存在に対して憂慮する限りにおいて，二国間の協力は非常に困難である。[23] したがって，他国と相互作用を持つという意味での国家の基本的な目標の一つは，相手が相対的利得を得ることを防ぐことであり，それは協力をより実現性の薄いものにするのである。

　この相対的利得の重要性に関する現実主義的見方は，国際関係における国家の生存と安全保障の重要性を考慮する時に相当程度説得力のあるものであ

る。しかしながら，相対的利得が協力を非常に困難にするという考察は，一方的な論理に基づいている。例えば，安全保障問題に関して共通の利益を持つ諸国家は相対的利得を憂慮せずに彼らの絶対利得の最大化を試みることができる。そして相対利益の最大化を狙う諸国家はしばしばそのような共通利益を欠いているのである。更に，相対利得に関する懸念は大抵の場合経済領域よりも安全保障領域において一層重要性を持つのであって，重大な軍事的効用における協力の足かせになることはあっても，より重要度の低い軍事的効用に関してはそれ程強くはないだろう。[24]

以上のように，相対的利得に関する憂慮は，国家の政治において常に決定的に重要な影響を及ぼすというわけではない。つまり，相対利得の重要性は条件次第で変化するということである。ある国家が他国との取引の際に，より多くの相対利益を得る場合でさえ，相手に対して軍事力を強化する意図と動機がある場合には，その利益は現実的な脅威を作り出すための資源となるのである。またそのような意図と動機がなくとも，相対利益は必然的に安全保障に対する脅威に結びつくわけではない。それは直接に結びつくものではないのだ。故に二国間の取引から生じる不均衡な利得はおそらく避けがたいものではあるが，だがそれだけで直ちに十分な脅威になるというわけではなく，それは安全保障に対する脅威について考慮するための一つの条件だということである。その上，相対利益を軍事的領域に転換しようという意図と動機が存在していても，実際の社会では他国の安全を脅かすといった方向でそれらを行使する適当な機会や方法が常に存在するわけではない。それらの条件は冷戦期のアメリカとソ連の軍事的対立のような紛争的状況において満たされるが，他の場合において常に満たされるとは限らないのだ。したがって，相対利益を他国の安全保障に対する脅威を作り出すために使用するということの単なる「可能性」というより，むしろ現実的な「実現性」が非常に重要になるのである。[25]

このように，相対利得の効用機能は $U = V-k(W-V)$ と定式化される。この方程式において相対利得の重要性に焦点を合わせる刺激反応性の係数 k は，常にゼロより大きいと想定されている。しかし実際は，k の評価はゼロ及びマイナスに成り得るのである。例を挙げると，安定した同盟関係を結んでいるメンバーの内の一国が敵対する他の同盟諸国に対抗するために，彼らの共通の立場を堅固にしようと他の同盟国のパワーを強化しようとする場合，k はマイナスの評価を持つことになる。冷戦初期に，アメリカは西ヨーロッパとともに東アジアの同盟国の経済力を共産圏に対抗して強化しようと努力したことは，代表的なケースである。相対的利得という概念は，2国間関係（Dyad）を想定するような場合において少なからぬ妥当性を持ち得るが，2国以上が参加するような国際関係において，その妥当性は低下し，その概念そのものがぼやけたものになる。これまでに考察されたように，我々が相対的利得の問題点に対しまた違った角度からアプローチすれば，国際協力を深める際の障害としての相対的利得に対する憂慮は低減され得るのである。

（3）　国際制度と多国間主義の重要性

国際関係において，「協調（cooperation）」は「調和（harmony）」とは異なった概念である。調和とは，自身の国益を個々の国家が追求することが他国と調和することであり，協力は自然な調和のない個々の国家の政策が調整，歩み寄り，そして共同作業により融和されることである。この意味において，協力はしばしば，潜在的に紛争的状況をその前提としている。[26] この理由により，異なった国益を持つ国家同士が協力しあうことは，常に可能なわけではない。潜在的な紛争を調和的関係に変化させることに役立つ具体的な協力関係の中で，国際政治には幾つかの構造的制約が存在する。第一に，無秩序が原則となる秩序（anarchical order）のもとでは，国家の利己的な振る舞いは制御され得ないし，またどの特定の政策が協力であるのか裏切りである

のかをはっきりとさせることは非常に困難である。第二に,「囚人のジレンマ」の場合のように,国家間の情報の不十分な流通もまた彼らの間の協力関係の創出を限定する。第三に,国際協力は通常関係する諸国間の継続的な調整と交渉を必要とする。しかし調整と交渉の過程で生じたコストは個々の国家の責任に帰するものであり,それは協力関係の確立にとって制約となる。

　国際組織は協力への諸国家の相互作用に付随するそれらの構造的な制約を乗り越えるための非常に重要な役割を果たす。一般的には,国際組織は国際関係においてアクターの役割を定義し,彼らの行動を規制し,また互いの確実に予期される事柄を具体的に表明する永続的で相互連絡された一連のルール,ないし規則化された行動のパターンであると理解されている。[27] 彼らは無秩序状態で生起する様々な問題（例えば国家の行動のコントロールをする）を扱うことによって,国際協力を容易なものにするための手助けをする。それは国家間をより効率的に流れる情報を作り,政策の調整と協議のための機会を増やす。それはまた適切な実施をチェックすることにより,国際的合意の確実性と耐久性に対する信頼を高めるために貢献する。

　国際制度は3つの要素により構成されている：(1) 共通に認められている行為として暗黙の通例となっている非公式な協定,(2) 国家間のコンセンサスによって形成される規則と規範としての「国際レジーム」,(3) そして国家の行動を扱う正式な実体としての「国際組織」である。[28] 外交官の免責権と同様に,国際協定はいかなる成文法もなしに国家間の相互理解を深め,協議と調整を容易にすることの一助となる。GATT や NPT のような国際レジームもまた,共通の規範とルールの基礎に基づいた行動を導くことにより,国家間の協力関係を確立,維持するという実体的な役割を果たすのである。[29]

　国際組織は個々の国家のレベルでは太刀打ちが難しい問題を扱うために共同での努力を動員するために設立された。それはメンバー諸国の政策の調整と共同行動を生み出すことによって国際平和を推進するという大きな役割を

果たす。代表的な例は国連である。それは世界的に広がる加盟国と一般的な目標を持つ国際組織として、国家間の協力による世界平和と人間の福祉を向上させるために発足した。冷戦期の米ソ対立という実体的な制約があったにもかかわらず国連は世界平和の維持と人権の擁護のために大きな貢献をした。ポスト冷戦期において、国連の重要性は非常に大きくなってきている。世界政府、ないし世界連邦の設立が未だ遠い未来の出来事である現在の国際関係において、世界平和と国際協力を促進する中心的役割は、国連に任されている。この故に、先の章で検証されてきたように、Pax U.N., 国連による平和は広く開かれているのである。

政府間組織と同様に、非政府組織は近年急速に発達している。一般市民の自発的な参加を基礎に組織化された NGO は、国家の枠組みの外から普遍的な人間の価値を高めることを主眼としている。一種の国際制度としての国際非営利組織が、国家間のコンセンサスを困難にした国益による紛争に基づく人権、平和そして環境といったような重要な分野において国際規範と倫理に基づいて解決するために非常に大きなイニシアチブをとった。NGO はまた、政府によっては適切に扱われない問題に対して、国際的な注目を向けさせたのである。彼らの国際的連帯に基づく国家を越えた活動は、排外的な国家中心主義の限界を乗り越え、地球市民社会への土台を準備し、国際協力を強化することによって、地域、そして地球共同体の形成に向けて大きな弾みをつけたのである。[30]

このように、国際制度は国際協力のための強力なインセンティブを諸国家に与えるのである。なぜなら、諸国家は彼らの利益を自立的で排外的なものであると見なした場合でさえ、国際制度に頼ることによってよりよい結果を得ることができるからである。さらにそれ以上に、国際制度は国家を制約するだけではなく、国家の国益の定義と他国の政策の解釈に影響を及ぼすことによって国家の行動を「構成する」のである。言い換えれば、国際制度は国

家のリーダーが状況を定義し，意味を与え，そしてそこで生まれた意味に則って行動する，という彼らの間主観的な社会化のプロセスを進めることによって諸国家間の協力的行動を進めることを助けるのである。

　国際制度の規範的，構成的な要素のより効果的な具体化のために，国際協力に対するマルチラテラリズム（multilateralism）：多国間主義というアプローチが，一方主義（unilateralism）ないし相互主義に基づく二国間主義（bilateralism）よりも遙かに実り多いものである。国際関係におけるマルチラテラリズムとは，特定の国家の具体的な国益を考慮に入れないという一般的ガイドラインの詳細を参照する「一般化された行動原則」に基づいて 2 カ国以上の関係を調整するための合意である。[31] 一つの制度化した原則として，マルチラテラリズムは「多数国によって参加されている」という状況とは相違したものである。「多国間制度」（multilateral institutions）は国家の相互作用の公式な，組織的な見方に焦点を置くものであるのに対し，「多国間制度」（multilateralist institutions）は主体的な側面を強調するのである（例えば多様な国家間関係をどのように組織化，ないし様式化）。この見地にたつならば，関連する国家は地理学的，機能的に，相互作用から利益と損失を分け合い，そして各問題に対して即時に利益を得るというよりも，むしろ様々な問題について，長い目で見た際に得る利益を期待するのである（diffuse reciprocity: 拡散した相互主義）。[32] それは国家の相互作用の単純な集合体としての「国家間組織」をしのぎ，制度化された多国間協調主義は利益調整と諸国家間の合意作りを基礎としながら，それゆえに「国際社会」の重要な要素を含むのである。

　国際関係の運営上の原則としての多国間主義は，以下のように国際協力の促進と維持に貢献しうる。[33] 第一に，国際的なマネジメントのための多国間共同的な仕組みを作ることは，関係各国の国益の相違により困難である。しかしながら，いったんこれが作られ，運用されたならば，それは非常に高い

レベルでの永続性と柔軟性を持つことになる。それは，一度多国間共同的な組織が協力のために構成された制度的仕組みを用いて運営すると，それは状況の変化に対し適応する自身のダイナミックスと共に存続し得るのである。第二に，それは一般化された行動原則に立脚しているので，多国間共同制度は特定の利益と状況的緊急性に基づいた一時的な合意よりも遙かに融通性(順応性)の高いものである。例として集団安全保障と国際貿易制度を取り上げると，国家間のパワーの推移に直面した時にも多国間共同制度はそれらの変化をその一定の手順で（working formula）「吸収」することができるであろう。第三に正当性の問題は，マルチラテラルな機構において施行される場合では一層容易に解決可能である。なぜならその機構は，主要諸国のイニシアティブの下でさえ，大部分は関係諸国の永続的なコンセンサスに依っているからである。第四に，多数の今現在の国家間のマルチラテラルな関係は，正式な集合体による国際制度から形作られ，また継続的なそれらの機構の発達は，次には国際政治のマルチラテラリズムの拡大に良い影響を及ぼすのである。

(4) 大国の役割

　国際協力を深めるための国際制度とマルチラテラルな社会構造の設立と維持に関連して，大国の役割は非常に大きなものになりそうである。力による政治の本質を強調する現実主義者の見方では，国際秩序の確立と継続は一定の覇権の存在に依存する，という。この見方によれば，国際システムのヘゲモニックな力による支配が，Pax Romana, Pax Britannica, Pax Americana のように，平和と秩序と協力を増進させるのに対して，その欠如は紛争，無秩序，そして対立を増加させる傾向にあるという。[34] 同様に世界経済の領域においても，ヘゲモニックな国際システムのもとで，安定性に富み，開放的な自由主義の経済秩序が広がったのに対し，ヘゲモニックな力が存在しな

い世界経済のなかでは，保護主義とその結果として国家間の紛争が激しくなったという。[35]

　国際秩序の進展において，否定し得ない諸大国の重要な役割が存在するのにもかかわらず，この「ヘゲモニーによる安定」を主張する理論は，力の論理に過度に焦点を当てた「超大国決定論」に偏向する傾向にある。ヘゲモニックな諸力のあり方を「慈悲深い」ないし「強制的である」の二つに分けて考えた時，前者は彼らと協力をするようなインセンティブを他の諸国に供給することによって，安定した協力的な国際秩序を設立しようとし，後者は他の諸国に対し強制力を行使することによって国際秩序を自らの国益の追求にとって好ましいものに作り上げるというねらいを持っているということになる。[36] 特に強制的ヘゲモニーの場合，自己の利益のために強制力を持って国際秩序を形成することに成功した場合でも，国際正義と同様に平和的協力へと導くものではない。他の諸国は押しつけられた国際秩序に対して挑戦するであろうし，そこには無秩序と紛争が内在するからである。ヘゲモニックな大国の国力が低下した際に，それらの不和と対立の潜在的な可能性は表に現れ，協力的構造をうち砕くのである。ヘゲモニックな安定性を主張する理論に対する批判はさらに，強国は自ら国際秩序と平和的構造を打ち壊す方向へとその力を行使することによって，世界経済の中の継続的な危機と不安定さを作り出しているという議論を提示している。[37]

　更に，ヘゲモニックな安定性を主張する理論を多様な歴史的時代と問題の分野に適用した場合，高度な有効性は証明されないのである。ヨーロッパにおける関税政策の研究では，当時のヨーロッパ諸国の貿易政策は，個々の国家の経済状況ほどには（好況であれ不況であれ），支配的な大英帝国のパワーと政策には影響を受けなかったとされている。[38]

　他の70年代の自動車産業における貿易の分析では，ヨーロッパ各国とアメリカ双方の保護主義的な諸政策はアメリカの支配の低下よりもむしろ余剰生

産の吸収力によって決定されたと指摘している。[39] したがって，ヘゲモニーによる安定は，経験的には十分に証明されていないのである。

　紛争と分裂を減らし，国家間の協力と連帯を強化するという超大国の役割は非常に重要である。しかしその排他的な利益の増加ないし支配的なポジションの強化のために国際秩序を形成するということは，単に国際的な正義において問題を引き起こすだけではなく，彼らの長期的利益にも背くことになる。これはまた国際制度の設立と継続，そしてマルチラテラルな制度においても同様である。強国の支配力の下でのそのような機関は，関係諸国の自発的合意を基に成立したものよりもはるかに他の諸国による抵抗の原因となる可能性が高いであろうと思われるからである。多国間主義を旨とする有効な機関の形成と維持において，この問題は更に明確となることだろう。それ故に，永続性のある機関と協力的構造の合意のための基礎を形成し，維持するためのイニシアチブを取ることによって，共通の目的を優先した「先導的ないし建設的なリーダーシップ」を発揮するということが，超大国にとって望まれる行動なのである。言い換えれば，彼らに望まれているのは，「強国」ではなく，「偉大な国家」の追求なのである。[40]

　このような見地からみると，ポスト冷戦期におけるアメリカの振る舞いは望ましい場所から大きく離れている。冷戦の終結により政治的，軍事的，そして経済的に唯一の超大国になったにもかかわらず，ユーゴスラビアにおける空爆，国家ミサイル防衛システム: NMD System (national missile defense) 開発への固執，また包括的核実験禁止条約: CTBT (Comprehensive test ban treaty) を受諾しなかったこと，国際的短期金融資本を抑制するための手段の導入に対して消極的であることなどの例にみられるように，その振る舞いはリーダーシップを取るというよりも，ヘゲモニックな優位をより志向している様にみえる。もしこれが事実なら，アメリカの首脳部は，建設的リーダーシップは究極的には優位な支配の追求よりも，世界の平和と

協力を増進させるということとアメリカの利益を守るということの双方により効果的であることを真剣に考慮すべきであろう。

4. 結びに代えて

　国民国家は人類の政治的，経済的，そして社会的生活の進歩に大きな貢献をしてきたが，国家間の国益の衝突もまた，国際関係において様々な種類の深刻な問題を引き起こしている。全体的に世界秩序が世界平和と地球規模の協調にとって好ましい状況になっている現代において，国家主権の対外的表出は主として利己的な国益の追求に留まっている。それ故，我々には全人類が平和に，協力し，繁栄して共に暮らせるよう，地球共同体の建設のための絶え間ない努力が必要なのである。このようなグローバル共同体の可能性の一つがグローバル共同社会なのである。

　小さな封建国家群が統一され出現した広大な現代国民国家は今日，地域的，ないし世界的な両レベルで彼ら自身をより大きな協力的，集成的な共同体へと組織化することができる。近隣諸国によるそれぞれの地域的協力・共同社会が十分に確立し，強化された後に，それは一層広い地域での協力的な社会構造へと広がり，そしてその後それはグローバル共同社会へと溶け込み合い，一層発展させることができるのである。グローバル共同社会の下で人類の統合を深めることは，最終的には一つの「グローバルな家族」のなかで全国家の政治家と人々が世界市民として考え行動するというような諸国家による世界連邦へと導かれると推測される。[41] これら全ての過程は直線的なものでは決してない。地域協力・共同社会の形成は一般にグローバル共同社会へと移行するであろうが，国際社会の客観的な状況と人類の主体的意志を反映しながら，双方は同時に進行し得るのである。

地域協力・共同社会の地球協力・共同社会への発達の過程で，国際関係において新しい紛争と対立の種が発生し得る。地域協力組織が他の地域を排除するために，その地域的利益を追求するとき，これは地域協力システム間の分離と紛争へと発展しかねない。これは実際に起こりうる事態である。したがって，地域，世界双方のレベルにおいて，一貫し安定した，そして恒久的な国際協力の制度を確立し，強化していくことが，世界共同体へと近づくなかで決定的に重要なのである。

地球共同体を作るために国際協力を深化させるため，国際関係において幾つかの重要な問題点についてこれまでとは異なる留意をすることが必要である。(1) 紛争，協力のどちらの原理も優位になり得るという国際協力のための肯定的な相対的利益の再評価，(2) 協力的社会構造を促進するための多国間共同的な国際制度の重要な役割を規制的，建設的の双方の面において承認すること，(3) 支配的な優位よりもむしろ建設的リーダーシップを超大国の望ましい役割として再定義すること——これらは，国際的無秩序状態の本質に関する全く新しい理解である。

現在の国際的な現実を鑑みるとき，本論考は非常に理想主義的で規範的に響くであろう。ホッブスからモーゲンソーまでが議論したような「古典的現実主義者」の悲観的な見方によれば，人類の利己的で貪欲な本性により，国際関係においては協力と協同よりもむしろ紛争と対立が優勢であり，避けがたいという。[42] しかし人間の結びつきの本質がそのようなものであったとしても，シシフォスの運命はそこで留まり続けることであったとしても，[43] 我々は人類の生活のために世界をよりよい場所にするための努力を放棄すべきではない。より良き世界への人間の意志は，極めて貴重なものであるから。

翻訳: 井上詩織(中央大学大学院総合政策研究科博士課程前期課程)
竹内雅俊(中央大学大学院法学研究科博士後期課程)

1) F. H. Hinsley, *Sovereignty*, 2nd ed. Cambridge: Cambridge University Press, 1986, A. Giddens, *The Constitution of Society: Outline of the Theory of Sructuration*, Cambridge, Polity Press, 1984, J. Dewey, Democracy and Education, New York, Macmillan, 1916. サドリア・モジュタバ「国際関係論と国際法の接点―市民社会の武器としての国際法」『総合政策研究―金学鉉教授古希記念論文集』2000年 pp. 61-80.
2) Charles Tilly, "Reflections on the History of European States-Making," in C. Tilly., ed., *The Formations of National States in Western Europe* Princeton, N. J.: Princeton University Press, 1974, pp. 51-70, See also C. B. MacPherson, *The Political theory of Possessive Individualism*, Oxford, Oxford University Press, 1962, *A. Ryan, Proprety and Political Theory*, Oxford, Blackwell, 1984.
3) Peter Alter, *Nationalism* (London: Edward Arnold, 1989), pp. 28-34 L. Greenfeld, *Nationalism. Five Roads to Modernity* Cambridge, Harvard University Press, 1992, A. Smith *Nationalism and Modernism*, London, Routledge, 1998, K. Brehony & N. Rassool, *Nationalisms Old and New*, London, Macmillan, 1999; M. Leifer, ed., Asian Nationalism, London, Routledge, 2000. サドリア・モジュタバ "PETIT ESSAI SUR LA GENESE DU TOTALITARISM"『国際関係学研究』第17号, 津田塾大学, 1991年 pp. 95-105 も参照のこと。
4) *New York Times*, August 21, 2000.
5) 訳者注: 原文では Research Center on budget and policy preference である。
6) *Hankyureh* ("One-Nation" Daily News), October 14, 1997, p. 10. I am greatful to Professor Jongryn Moon and his students for the valuable help in translating documents in Korean language.
7) *Hankyureh*, April 27, 2000, p. 8.
8) *Munhwa Ilbo* (Cultural Daily News), June 27, 1997, p. 8; October 24, 1997, p. 8. For a broader armument seen. C. Asuncio-Lande, ed., *Ethical Perspectives and Critical Issues in Intercultural Communication*, Falls Church. Speech Communication Association, 1979, R. Kitchner, *Piaget's Theory of Knowledge: Genetic Epistemology ans Scientific Reason*, New Haven, Yale University Press, 1986; B. Rioux L'Etre et la Verite chez Heidegger et Saint Thomas d'Aquin, Paris, PUF, 1963; F. Jullien, *Fonder la morale. Dialogue de Mencius avec un philosophe des Lumieres*, Paris, Grasset, 1995.

サドリア・モジュタバ「地球全体に拡がる失望からの脱出は可能か」『グリオ』第4号, 1992年, pp. 9–14.

9) 国際協力, ないし共同社会(加えて地域協力, または共同社会)という着想は, 1970年代中盤からヤン・シーク・チョウ (Dr. Young Seek Choue) 博士により, その多数のスピーチ及び著作を通じて表されてきた。一例として, Y. S. Choue, *Magna Carta of Global Common Society* (Seoul: Center for the Reconstruction of Human Society, 1999), esp. pp. 35–53. Sadria, Modjtaba "Globalism, Nation-State, and Daily Life: Visions for Ethnic Policy" in *State Formation and Ethnic Relations in the Middle East*. 2001: JCAS, pp. 125–42. を参照のこと。

10) この意味において「地域共同社会」とは, 世界の中のある地域で隣接した場所にある, 国家の枠を超えた共同体として政策を実施する諸国家の共同体であり, 「地域協力社会」とは, 地理的に近隣に位置し, 様々な重要な政策領域で協力, 共同作業を推進する諸国家からなる地域連合である, と理解することができる。

11) ヨーロッパの統合の発展からヨーロッパ連合の形成までに関する, 短くも大変優れた文献として, William Wallace, *Regional Integration: The West European Experience* (Washington, D. C.: The Brooking Institution, 1994). を参照の事。

12) Young Seek Choue, *Why and How Human Society Should Be Reconstructed* (in Korean) (Seoul: Koryowon, 1993), pp. 255–6. Paul Ricoeur *Oneself As Another* (Translated by Kathleen Blamey) Chicago, Chicago University Press, 1994, EIGHT STUDY, "The Self And The Moral Norm" pp. 203–240. See also M. Eliade *Images and Symbols*, Princeton, Princeton University Press, 1991, H. Cleveland, *The Global Commons: A Policy for the Planet*, Lanham, University Press of America, 1990.

13) Sadria, Modjtaba "Cultural Identity and State" in *National Movements and World Peace* 1990, Avebury: pp. 141–159.

14) これは国際統合における機能主義, 及び新機能主義理論の中心的議論の一つである。David Mitrany, *A Working Peace System*, Chicago, Quadrangle Press, 1964; Ernest Haas, *The Uniting of Europe: Political, Economic, Social Forces, 1950–1957*, Stanford, Stanford University Press, 1958). これらの統合理論は, 1960–70年の間, ヨーロッパ共同体において加盟諸国間で分裂と紛争が発生していたという事実に即し, 適用不可能であると見なされていた。しかし, 冷戦の終結によりヨーロッパの統合に向けての動きは弾みがつき, ヨーロッ

パ連合の創出へと帰着したことにより,その諸理論は再び注目を集めるようになった。J. Bowen & R. Petersen *Critical Comparaisons In Politics & Culture*, Cambridge, Cambridge University Press, 1999; M. Gauchet, *Toqueville, L'Amerique et Nous. Sur le Genese de la Societe Democratique*, Paris, Libre, 1980; G. Lukas, *Histoire et Conscience de Class*, Paris, ed. De Minuit, 1960; R. Miliband, *L' Etat dans la Societe Capitaliste, Analyse du Systeme de Pouvoir Occidental*, Paris, Maspero, 1973; G. Roth & W. Schluchter, Max weber's Vision of History, University of California Press, 1979.

15) Thomas Hobbs, Leviathan (Harmondsworth: Penguin Books, 1968), pp. 185–6.

16) Robert O. Keohane, After Hegemony: Cooperation and Discord in the World Political economy (Princeton: Princeton University Press, 1984), pp. 75–78. R. Cox, With T. Sinclair, Approaches To World Order Cambridge, Cambridge University Press, 1996; C. Bretherton & G. Ponton, Global Politics, Oxford, Blackwell, 1996; J. G. Ruggie "What Makes the World Hang Together? Neo-Utilitarianism and Social Constructivist Challenge" in P. Katzenstein, R. Keohane, and S. Krasner, eds., Exploration and Contestation in the Study of the World Politics, Cambridge, MIT Press, 1999.

17) ゲーム理論に基づいて行われたこの過程の分析として,Robert Axelrod, *The Evolution of Cooperation* (New York: Basic Books, 1984). 参照。サドリア・モジュタバ "Japan's New Cultural Intercourse with Asia"『総合政策研究』第一号,1996年,pp. 99–110.

18) J. Locke, *Two Trieste of Government*, ed. By Peter Laslett, rev. ed., New. York: A Mentor Book, 1965, pp. 328–9, 312, 314–5. See also H. Mayo, *Introduction to Democratic Theory*, Oxford, Oxford University Press, 1960; H. Lefebvre, *La Fin de l' Histoire,* Paris, ed. De Minuit, 1970.

19) 近似した視点として,Hedley Bull, The Anarchical Society: A Study of Order in World Politics (London: Macmillan, 1977). 参照。

20) Alexander Wendt, "Anarchy Is What States Make of It: The Social Construction of Power Politics," *International Organization*, vol. 46, no. 2 (Spring 1992), pp. 403–7. See also H. Arvon, L'anarchisme au XXe siecle, Paris, PUF, 1979.

21) A. Wendt, "Collective Identity Formation and the International States," *American Political Science Review*, vol. 88, no. 2 (June 1994), pp. 387–8.
22) Joseph M. Grieco, "Anarchy and the limits of cooperation: A Realist Critique of the Newest Liberal Institutionalism," *International Organization*, vol. 42. no. 3. (Summer 1998), pp. 497, 500–1.
23) Kenneth N. Waltz, *Theory of International Politics* (Reading, Mass.: Addison-Wesley, 1979), p. 105.
24) Arthur A. Stein, "Coordination and Collaboration Regimes in an Anarchic World," *International Organization*, vol. 36, no. 2 (Spring 1982), p. 318; Charles Lipson, "International Cooperation in Economic and Security Affairs," *World Politics*, vol. 37, no. 1 (October 1984), pp. 15–18.
25) R. O. Keohane, "Institutional Theory and the Realist Challenge After the Cold War," in David A. Baldwin, ed., Neorealism and Neoliberalism: The Contemporaly Debate (New York: Colombia University Press, 1993), pp. 282–3.
26) R. O. Keohane, *After Hegemony*, pp. 51–57.
27) R. O. Keohane, *International Institutions and States Power: Essays in International Relations Theory* (Boulder: Westview Press, 1989), p. 3.
28) *Ibid.*, pp. 3–4.
29) 国家間の相互作用における国際レジームの役割についてのより十分な論議のために，Stephen D. Krasner, "Structural Causes and Regime Consequences" and "Regimes and the Limits of Realism," *International Organization*, vol. 36, no. 2 (Sring 1982), pp. 185–205 and 497–510. 参照の事。
30) Scott Turner, "Global Civil Society, Anarchy and Governance: Asessing a Emerging Paradigm," *Journal of Peace Research*, vol. 35, no. 1 (1998), pp. 25–42.
31) John G. Ruggie, "Multilateralism: The Anatomy of Institutions," in J. G. Ruggie, ed., *Multilateralism Matters: The Theory and Praxis of an International Form* (New York: Colombia University Press, 1993), p. 11.
32) James A. Caporaso, "International Relations Theory and Multilateralism: The Search for Foundation," *International Organization*, vol. 46, no. 3, (Summer 1992), pp. 601–2.
33) このパートは主に John G. Ruggie, "Multilateralism: The Anatomy of Institutions," pp. 32–35. に依拠している。

グローバル市民社会と倫理 233

34) 代表的議論として, Robert Gilpin, *War and Change in the World Politics* (Cambridge: Cambridge Unversity Press, 1981). 参照。
35) 代表的研究として, Stephen D. Krasner, "State Power and the Structure of International Trade," *World Politics*, vol. 28, no. 3 (April 1976), pp. 317–45.
36) Duncan Snidal, "The Limits of Hegemonic Stabillity Theory," *International Organization*, vol. 41, no. 4 (Autumun 1985), p. 581.
37) Suzan Strange, "The President Myth of Lost Hegemony," *International Organization*, vol. 41, no. 4 (Autumun 1987), pp. 551–4.
38) T. J. McKeown, "Hegemonic Stability Theory," *International Organization*, vol. 37, no. 1 (Winter 1983), pp. 73–91.
39) Peter Cowhey and Edward Long, "Testing Theories of Regime Change: Hegemonic Decline or Surplus Capacity?," *International Organizations*, vol. 37, no. 2 (Spring 1983), pp. 157–85.
40) Young Seek Choue, "Peace Strategies for a Global Common Society and the role of the United Nations in the 21st Century," keynote speech on the occasion of the 10th anniversary of the U. N. International Year of Peace, Seoul, 1996, p. 18.
41) Young Seek Choue, *Magna Carta of Global Common Society*, pp. 48–49; R. Dahrendorf, "Economic Opportunities, Civil Society, and Political Liberty", in C. Hewitt de Alcantra, *Social Futures*. Global Visions, Oxford, Blackwell, 1996, pp. 19–39; B. Axford, *The Global System. Economics Politics, and Culture*, Cambridge, Polity Press, 1995, pp. 33–63.
42) K. N. Waltz, *Man, the State and War: A Theoretical Analysis* (New York: Columbia University Press, 1959), chapter II.
43) 訳者注: シシフォス (Sisyphus) とはギリシャ神話の登場人物。コリントの邪悪な王だったが, 死後その悪行の報いとして山頂まで押し上げるたびに転げ落ちてしまう石を繰り返し押し上げるように運命づけられた。

人間本性と善
―― M. ヌスバウムによるアリストテレス的本質主義の擁護 ――

土 橋 茂 樹

序

　現代倫理学の状況を語る際，誰もが枕詞のように言い立てる現代社会の病理の数々，それらに対する伝統的な倫理学の非力さ，倫理学そのものへの深い懐疑とそこからの出口なき将来への閉塞感，それらすべてに伴って一人一人の心の内に進行しつつある生きる意味の喪失，そうしたいわば倫理そのものをなし崩しにしていく現状を目の当たりにして，果たして倫理学を殊更に「学として」問い直す意味があるのだろうか[1]。それは，早急に手当ての必要な瀕死の病人を前にしながら，なお高邁な医学談義を止めようとしない医師の如きふるまいではあるまいか。確かに倫理的「臨床現場」を蔑ろにする倫理学には，もはや既にその学としての存在理由はない。近年の応用倫理学における活発な取り組みそれ自体を面と向かって非難し得る倫理学者はおそらく一人もいまい。
　しかしその一方で，そうした現場即応的な実学的倫理学の活動地平そのものを切り拓いていくような哲学的営みとしての倫理学もまた，今，実は切実に求められているのではないだろうか。たとえば「我々人間はそもそも何者であり得るか」という問いを考えてみよう。確かにこの漠然とした哲学的問いは，現実に困苦に苛まれている人々にとっては，神経を逆撫でするだけの

無用の問いのようにもみえる。しかし、自分が人間として何者であり得、何をなし得るかという問いをもし予め禁じられ奪われてしまっているとすればどうだろうか。そうした条件の下である者がたとえば財貨を貯めることに熱中しているとすれば、それは財貨によって自分が何をなし得るか、そのことによってどんな人になり得るか、といった問いを一切問うことなくひたすら蓄財に腐心していることを意味する。つまりその者の生は、彼の自由な生の目的設計によるのではなく、むしろ蓄財という生のかたちを自らにとっての既成の範型として無批判に受け入れることによって、好むと好まざるとにかかわらず既に財貨によって支配され疎外された生となっているのだ。このことは、早急な手当てを必要とする差し迫った問題群にとっても例外ではない。たとえそのように切迫した問題であれ、その解決を見出すための議論がそこにおいて適切になされるための哲学的・概念的枠組みといったものを欠いては、その解決のための行為が逆により深刻な事態への引き金ともなりかねないのである。

その意味では、先進国が発展途上国に対していかなる援助をなすべきか、という国際社会全体にかかわる経済発展の問題は、まさにそのように差し迫った問題群の典型的事例と言い得るだろう。本稿では、こうした問題領域において「様々な切迫した問題を適切に議論するための哲学的・概念的枠組み」[2]を作り上げることに邁進してきたアマルティア・センとマーサ・ヌスバウム、とりわけ後者の倫理思想を取り上げ、そこにおいて展開される諸議論を考察することによって、現代においてなお、学としての倫理学の可能性が見出され得ることを明らかにしていきたい。そのためにまず本稿では、予め現代英米系倫理学における前世紀の流れを一瞥し、そこから導き出されたアリストテレス再評価の意味をアリストテレス自身から見直した上で、ヌスバウム自身の立てたいわゆる「アリストテレス的本質主義」(Aristotelian Essentialism)[3]へと足を踏み入れることとなるだろう。

1. 現代英米系倫理学における「徳」倫理の再生とその前史

1992年にマーサ・ヌスバウムは,「徳の再生——アリストテレス的伝統における習慣,情念,反省」という題名のもとに,当時の英米系道徳哲学界の動向をきわめて手際よくかつ精確に以下のように纏めている[4]。

> 英米系道徳哲学は,普遍性をもった啓蒙の理念に基づいた倫理学から伝統と特殊性に基づいた倫理学へ,原理原則に基づいた倫理学から徳に基づく倫理学へ,体系的・理論的正当化の彫琢に邁進する倫理学から理論に懐疑的で地域的な知恵を尊重する倫理学へ,孤立化した個人に基づいた倫理学から友愛と配慮に基づく倫理学へ,歴史から遊離した倫理学から歴史の具体性に根ざした倫理学へと転回しつつある。

彼女自身,こうした潮流の主導者の一人でありながら,同時にこの新しい反理論的倫理学の方向性に大きな危惧を抱いていることも確かである。なぜなら,それがある特定の共同体内での徳の伝統的理解に根ざすものである限り,ある種の政治的保守主義への動き,さらには啓蒙派が掲げる民族,国民性,階級,性,人種の違いを横断する人間の平等への根本的要求をさえ放棄する動きへと繋がりかねないからである。この点に関しては後ほど詳細な考察を加えることになるが,しかしこうした動向が生じるにいたった前史とでもいうべきものをここで瞥見しておくことは,今後の理解に少なからず資するものと思われる。

そもそも20世紀前半を特徴づける倫理学的傾向は,むしろメタ・エシックスと呼び得るもので,道徳語の概念分析への専心とそれに伴う実質的な倫理問題の閑却とから成るものであった。こうしたメタ・エシックスへの移行は,1903年に公刊された G・E・ムーア著『倫理学原理』によって引き起こされたが[5],周知のようにそこでの主要テーゼは,「善」を定義しようとする一

切の試みを,「自然主義的誤謬」(naturalistic fallacy)[6]すなわち善と何らかの自然性質・事実(たとえば快)とを等値しようとする誤謬として退けるものであった。ただし,ムーア自身の立場は,善の意味を自然性質と等値することを断固否定する点で反実在論でありながら,同時に善を何らかの性質(property)とみなす点で主観主義とは一線を画し,あくまで直覚主義を貫くものであった。皮肉なことに,こうしたムーア固有の主張はその後ほとんど顧みられることはなかったが,自然主義的誤謬を導出するための「問いにならない問いの議論」(the open-question argument)の方はムーア以後に大きな影響を及ぼすことになった[7]。

その論法とはこうである。たとえば,善とは私が現に経験する快であるとしよう。すると,善を快という実在する自然性質と等値する限り,「快は善いか?」という問いは結局「快は快いか?」というトリヴィアルな同語反復に陥る。然るに「快は善いか?」という問いがそうした同語反復を求めるのではない何らか実質的な問いである以上,善は快のような自然性質と等値することはできない,と結論づけられる。さらに,この論法は以下のような含意をも持ち得る。善はいかなる自然性質によっても定義されない,ということは,いかなる主語に「善い」を述語づけようが,その述語づけ自体を論理的に不整合であり不可能であると立証し得るものもまた存在し得ない,ということである。たとえどんなに奇異なものに対してであれ,それに「善い」を述語づけることが「論理的」には可能であるとすれば,もはや何かを「善い」と呼ぶことはまったく恣意的な事柄となるだろう。

かくしてムーア以後の哲学者たちは,善はいかなる種類の自然性質(そればかりかムーアの提示する直覚対象としての性質を)も意味せず,むしろ人がその対象に対してとる態度を表現するもの,つまりきわめて主観主義的にその対象に対する承認や愛好の態度の表現だとみなすようになった。そうした態

度の表現には，A・J・エイヤーやC・L・スティーブンソンに代表される情緒主義者（emotivists）の方式と，R・M・ヘアに代表される指令主義者（prescriptivists）の方式の二通りがあったが，前者は文字通り自らの恣意的な感情に訴えるものである。「このりんごはおいしい（よい）」と言う時の「よい」とは，情緒主義によれば，そのりんごに対する私の感情の表現に過ぎない。対して，指令主義の方は，より意図的で合理的な選択を表現するものであり，「このりんごはおいしい（よい）」とは，「このりんごをどうぞ！」という意図的な推奨を意味している。受動的な感情に基づく恣意的選好の表現に過ぎなかった場面に，何らかの熟慮的性格をもった選択に基づく合理的な指令を持ち込むことによって，合理性という観点がこの後，規範性との合致という面での重要な契機となっていくのである。

　しかしいずれにせよ，行為者にとって，いかなる行為を自らなせばよいのか，何が善く何が悪いのか，何が正しく何が不正なのか，という差し迫った倫理的な問い，実質的な倫理問題に対して，メタレベルでの道徳言語の分析に終始する如上の倫理学者たちの及び腰を鋭く衝いたのは，1958年に公刊されたG・E・M・アンスコムの「現代道徳哲学」という論文であった[8]。彼女はそこで，「善」ではなく「べき」（ought）という道徳的義務に焦点を合わせ，その概念のもつ不整合性がその成立根拠である「神起源の法」（divine law）の放棄・喪失に由来するものであると断ずることによって同時代の道徳哲学すべてに対する批判を展開していった。「べき」という義務概念がなお実効力をもつように見えるのは，「神起源の法」なき後，言語慣習に温存された「催眠的な効果」（mesmeric force）によるものであって，実際には事実記述から論理的に導出されることのない空虚な概念に過ぎない，というのがアンスコムの論点である。

　その上でアンスコムは，アリストテレスに範をとり，具体的な人間のよさ，すなわち徳に焦点を合わせ，行為そのものの構成契機である動機や意図の考

察を，人間の性格や徳との関係から具体的文脈に即して考察する「心理学の哲学」こそまずもってなされるべき課題であると主張した。実はこのように徳へと転回することによっても，先程のムーアによる「問いにならない問いの議論」を克服することは容易ではないのだが，少なくともこうした主張がやがてフィリッパ・フットらに大きな影響を与え，また独自にアンスコムと同様の説を展開していたアラスディア・マッキンタイアーの動きとも結びつきつつ，徳倫理学（virtue ethics）の再生という事態を到来させたのである[9]。それはまた，カント主義的な義務論とも結果主義的な功利主義とも異なるいわば第三の倫理説へと向かう起爆力という意味では，実質的倫理問題から隔離された地点での倫理学諸説の不一致という不毛な束縛を捨て，さしあたりの原理的前提（リベラル・デモクラシーという共有基盤からのスタート）と一般的な経験事実とを自由にフィードバックさせながら熟慮を重ねていくいわゆる「反照的均衡」（reflective equilibrium）によって，実質的な正義論を展開していったJ・ロールズにも大きな影響を与えたものと思われる。

　こうした前史を経，しかもそのいくつかを背景にもつことによって，本節冒頭に掲げたヌスバウム報告に記されたような倫理学界の動向が生じたわけであるが，その中でとりわけ注目に値するのは，アリストテレス哲学（倫理学・政治学）への再評価である。この点を次節においてやや詳細に論ずることにする。

2. アリストテレス倫理学＝政治学と「公共性」

　「実践哲学の復権」運動[10]において既に顕著であったアリストテレス倫理学＝政治学再評価の機運は，英米圏においてもかつてない高まりを見せたが，とりわけそれは堅実な文献学的研究との哲学史上きわめて稀な相乗効果によ

るものであった[11]。ここではそうした個々の研究に立ち入ることはせずに，むしろなぜアリストテレス哲学が現代において倫理学を論じようとする多様な，時に対立さえする立場の人々の共通の基盤となり得ているのか，その点を考察してみたい。予めそうした考察の帰趨を略述しておけば，以下の三点に要約できるだろう。すなわち，相互に議論や評価を交わしあうことを可能にする認知的かつ価値的な公共空間の措定，現に流通し共有されている信念群・信念系を批判的に受容する方法論の確立，その際の批判の起点となるゆるやかな自然主義，ないし本質主義，以上の三点である。以下順に，アリストテレスのテクストに即しつつ本稿で必要な範囲での考察を試みる。

(1) 認知的・価値的な公共空間の成立

アリストテレスによる周知の人間規定，すなわち「動物のうちで人間だけが言語をもつ」(Pol. 1253a9–10)[12]および「人間は自然本性的にポリス的動物である」(Pol. 1253a1–3, 7–9)[13]，この二つの規定によって一体何が語り出されているのか，それをまずもって解明する必要がある。そもそもアリストテレスにおける言語観を公式に表明した箇所は，言うまでもなく『命題論』冒頭であり，そこでは，言語は魂のうちにあって諸事物と類似した受動的状態のシンボル(Int.16a3–8)として規定されている。つまり，まず第一に事物からの作用を受けた(「質料抜きに形相を受け取った」)魂がその当の事物と類似した状態にあることによって，その受動的状態は原型たる事物のいわば模写像とみなされ，次いでその内的な模写像の社会的規約による事後的かつ外的な表出記号化として音声言語が位置付けられるのである。しかし，感覚対象を起動因とする一連の因果連鎖からもたらされる心的印象を事後的・恣意的に社会規約と結合する，という複合的規定のうちには既に人間の社会性・相互主観性が前提されている以上，人間が自然本性的にポリス共同体を構成するという事態が言語とどう関わるのか，その点の究明こそが先決問題

となるだろう。

　そもそも「人と人との結び付き」である共同体の諸形態が，その端初からの自然本性的な発生過程の考察という自然学的方法によって記述されている点に注意する必要がある。あくまで人間が人間として生きるという根源的な場面において，人間にとっての〈自然〉，〈共同体〉と共に〈言語〉もまた解き明かされていくのである。そうした考察は，「ポリス的動物としての人間」という規定に結晶化するが，その理由は以下のように述べられる。

　　なぜなら，われわれの言っているように，自然はなにも無駄には作らないからで，動物の内で人間だけが言語(ロゴス)をもつものである。ところで「声」は苦と快のしるしである。したがって，それは他の動物にも備わっている。(なぜなら，それら他の動物の自然本性もそこまでは，つまり苦と快の感覚をもち，それらをしるしによって互いに知らせ合うところまでは達しているからである。)しかし，言語は役立つものと役立たないもの，したがって正しいものと不正なものとを明らかにするために存する。なぜなら，他の動物に較べてそのこと，つまり善・悪，正・不正，その他そうしたことの感覚をもつことが，人間に固有なことだからである。(Pol. 1253a9–18)

　ここで述べられていることの要点は，言語は，単なる受動的情態(パトス)の表出にとどまらず，むしろ「役立つ―役立たぬ」という人間との関わりにおける(私のためになるかならないかという)目的―手段の分節化をもたらすことによって，言い換えれば，単なる認知対象としての世界を私に役立つ〈何かとして〉現前させる人間自らの実践的関与によって，客体的世界さえをも価値的に秩序付けられたものとして分節化していく，という点にある。当然そこでは，言語によって分節化された価値を，その同じ言語によって「互いに知らせ合う」ことをも含意している(つまり何より「生きる」ために人は

人と結びつくのである）以上，言語は相互主観的な媒体としても機能するだろう。こうした相互主観的な行為と知の実現を媒介する働きを言語に帰する言語観こそ実はアリストテレスのもう一つのより根源的な言語観と言い得るだろう[14]。

しかし，先に挙げられた『命題論』冒頭の言語観にもそれが要請される然るべき背景があった。それは，私の魂の私秘的状態がいかにして相互主観的に了解可能なものとなり得るか，という認知面での公共性の成立に関わる問題である。それは言表の真偽という真理論的局面を拓くと同時に，人間の認知行為が単なる受動的情態以上の「真理指向的」「真偽関与的性格」をもつものであることの解明を要請する[15]。アリストテレスは『霊魂論』においてその要請に対して以下のようなドクサ（信念的認知）論によって答えている。

  ドクサは真にも偽にもなる。そしてドクサには信じることが伴う（なぜなら，何かを思いなしながら，そう思われる事柄を信じないということはありえないからである）。けれども，いかなる獣にも信じるということは成立しないが，表象のはたらきはその多くに備わっている。さらにすべてのドクサには信じることが伴うが，信じることに対しては説得されるということが伴い，説得には言語（ロゴス）が伴う。ところが獣のあるものには，表象のはたらきは備わっていても言語は備わっていないのである。(De An. 428a22–24)[16]

つまり，人間の認知とは，単に感覚対象からの働きによる受動的情態においてのみ成立するものではなく，そこにそれを何かとして「信ずる」「思う」という敢えて言えば能動的な働きが伴うことによって初めて成立する。しかし，そうした信念には同時に説得という言語活動が伴うとされる以上，私秘的情態に対して信念（ドクサ）には常にその信念を他者に対して真なるものとして，つまり説得可能なものとして提示する働きが含意されていることにな

るだろう。

　以上より，アリストテレスが構想する言語空間としての世界とは，それが諸々の信念(ドクサ)から構成されるものである以上，相互主観的な真偽画定を可能とする認知公共性をもち，同時にそれが目的——手段連関的な世界分節化から構成されるものである以上，相互主観的な価値評価を可能とする評価公共性をも備えたものである，そう解釈することが可能だろう。こうした公共空間を予め措定すること自体の是非はさらなる批判に委ねねばならないが，少なくともこのような公共空間を方法論的に措定することによって実質的な倫理問題を議論する場が拓かれるという利点は決して小さなものではない。アンスコム以降，メタ・エシカルな地平から実質的な倫理問題を扱うべく現実場面へと一歩足を踏み出そうとするとき，最小限の譲歩によってもっとも確実な基盤を提供し得たものこそ，このアリストテレス的公共空間だったのである。

（2）　既存信念群の批判的受容

　人々に共有された通念(エンドクサ)を批判的に受容する方法論はアリストテレスに特徴的なものである。社会政策的な立法場面に関して言うならば，諸国の(理想国として構想されたものも含めた)既存の法制度のうちで人々の評価の高いものを相互に比較検討し，そこからの批判的取捨選択を経て最善の制度の雛型とも言うべきものを作り上げるのである。一例として共同食事という一種の公共福祉制度を見てみよう[17]。

　市民結束のための地域内および世代間の紐帯として，共同食事の果たす役割・重要性にまず着目したのはスパルタであった。その点は評価に値する。しかし当地では，共同食事を維持するために要求される財貨を供出できない者つまり貧しい者は共同食事に与ることのみならず，市民としての諸権利さえも剝奪された。アリストテレスはこのように財貨を基準とした市民の差別

化をもたらすスパルタの制度を批判し，その点ですべての市民に共同食事に与るよう取り決めたクレテの制度を賞賛する。しかし，クレテにおいて共同食事を維持するための資金には，所領地農民のような非市民からの年貢などが当てられており，その点をアリストテレスは明確に指摘・批判した上で，最終的な彼自身の案を提示する。それは，全市民が共同食事に与るためにはその費用や材料の一切を公共領地から拠出せねばならない，というものである。そのために，彼は国土を私有地と公有地に二分し，後者をさらに国家的祝祭（悲劇やその他の文芸が上演・朗読される機会という意味では教育活動の場でもあり得る国家的祝祭）と共同食事のための資金源・材料源として二分した。こうして，一方で国土の私有化を認めながら，他方で市民の私有財産である土地の一部を公共の利用に供するよう命じることによって，共同食事用の共有地が確保され，さらにそのことによって最貧層の市民をも含む全市民の生存維持のための食糧配備が結果的になされるような法・制度が導出されたわけである。

　さて，以上のような批判的検討の場面が先の(1)で述べられた認知的・価値的公共空間において初めて可能となるということは言うまでもないだろう。つまり，人々が共有する信念群が公共空間に並べ置かれることによって，その比較検討が可能となるのである。それは現代における既存の諸制度を比較検討する際にも同様である。しかし，そもそもそうした批判的取捨選択の基準として機能するより上位の信念群がもう一方にないならば，批判的検討自体が可能にはならないだろう。すなわちそうした批判的検討は，先の公共食事の例で言えば，〈ポリスの政治・法制度はまず何より全市民の人間としての限りでの生命保持を保証しなければならない〉という一般信念に依拠し，そこでの「人間としての限り」という条件はさらに「人間とは何か」に関する予め共有さるべき信念群に潜言的な仕方で依拠しているのである。こうした信念群とは，人間の自然本性にかかわる本質的な信念群である。

(3) ゆるやかな自然主義ないし本質主義

人間は自然本性によってポリス的動物である,というアリストテレスの規定の内には,人間が人間であるための本質契機が既に予め自然によってもたらされている,という限りでの自然主義ないし本質主義が容易に見出される。しかし,人間は果たして自然状態において,ちょうど種子が発芽し花を咲かせ実を結ぶように,〈自然に〉ポリス共同体を形成するのだろうか。ポリス共同体が自然によって存在する(Pol. 1252b30)という彼の主張もそのように解されるならば,その一方でポリスの創始者について語り(Pol. 1253a29–31),具体的な立法家について触れた箇所でそのような者を職人(デーミウルゴス)とみなすような彼の姿勢にはある種の混乱が,すなわち一方でポリス共同体は自然(本性)の産物であると主張しながら,他方では人為的産物であるとする点での混乱があるとみなされても仕方がないのではないか。まして,法およびそれに基づく共同体制度を単なる約束事とみなすリュコプロン(いわば古代ギリシアにおけるホッブズに相当する人物)に批判的言及をなし得たアリストテレスにあって,彼の自然主義は確かに整合性を欠くようにすら見える。

以上のような疑念を検討するためには,やはり「自然本性によってポリス的動物である」という主張そのものをより詳細に吟味する必要がある[18]。そもそも,自然(本性)が人間をしてポリス共同体における生を可能たらしめるとは,まさにそうしたポリス的生のための内的可能性(innate potentialities)を人間が所有しているということに他ならない。しかしその内的可能性には,ポリス共同体における生を営むことが〈できる〉という能力の側面ばかりでなく,そうした生をまさに〈生きたい〉という自発的衝動の側面もまた含まれる。その両者が相互に補完的に働くことによって初めて人間は現実にポリス的動物たり得るのである。

まず能力の問題であるが,それはアリストテレスの可能態―現実態論をまず踏まえる必要がある。人間には様々な可能性が,すなわち世界を知覚し,

諸々の技術や学知によって世界に働きかけ，言語を介して他の人々と交わり，共同体を形成する可能性が開かれている。もちろんその可能性とは，無際限な論理的可能性のことではなく，ちょうどモンシロチョウが水泳する可能性をもたないように，人間にも自力で空を飛ぶ可能性は断たれている，そういう意味での可能性のことである。こうした一定の制約を伴った限りでの人間という種に固有な可能性のうちにポリス共同体を形成する可能性は含まれる。しかし，人間が技術的能力や言語能力を教育や習慣によって習得するように，ポリス共同体形成のための可能性も自働的に実現されるのではなく，何らかの習慣と教育によって然るべき能力として習得される。しかるにそうした教育や習慣付けはポリスの法によって強制的にもたらされる（EN 1180a14-b28）以上，ポリス的生の能力は決して自然本性的な可能性のみによってもたらされるものではなく，後天的かつ人為的な教育と習慣付けによってそうした可能性を能力へと実現して初めて生じるものなのである。「政治術が人間を造るのでなく，むしろ自然から受け取ってそれを用いる」（Pol. 1258a21-23）とアリストテレスが述べるように，自然から受け取るのは人間という種に固有の可能性であり，それに法に基づく教育や習慣付けを施すことによってポリス的動物としての人間が作り上げられるのである。このように人間としての可能性が能力として十全に展開されたとき，そこに「徳」が生じるのである。

　しかし，ヴァイオリン演奏の能力を習得しながら，以後ずっと実際に演奏する意欲をまったく持たない（したがって実際に演奏活動をなさない）とするなら，その者をもはやヴァイオリン演奏家とは呼べないのと同様に，ポリス共同体を構成する能力を習得しながら，以後ずっとそうしたポリス共同体的な生への意欲を一切持たない（したがって実際にそうした生を送らない）とするなら，その者をもはやポリス的動物とは呼べないだろう。つまり，人間にはポリス共同体の構成に向かう自然的衝動・意欲・欲求がそのための能力と

は別に必要なのである。しかし、そもそも人はなぜ人と結び付き、共同体を作ろうとするのだろうか。

　　(1) 相互の援助を何も必要としない人々でさえも、やはり人とともに生きることを欲するのである。(2) しかしまた、各人が善美に生きることを分かちあう限り、共通に利益となるものが人々を集める。この善美に生きることこそとりわけ、すべての人にとって、公共の観点からも各自ひとりひとりの観点からも、最終目的である。(3) しかし、生きることそれ自体のためにも人々は集まってきて、ポリス共同体を保持する。‥‥明らかに多くの人間は、生きることになんらかの歓びと自然的な甘美さが内在するかのように、多くの辛苦に耐えて、生きることに執着する。(Pol. 1278b17-30)[19]

　人は単に生きることだけに対しても自然な衝動を持つ (3) が、そうした動物本能的なレベルにとどまらずに、さらに善く生きることへの欲求をも秘めている (2)。しかし、人間一人では善く生きることはできない。人間は一人では自足できない動物である。したがって人間は自らの目的達成のための必要性によって、ポリス共同体を構成する。しかし、たとえ仮にそうしたポリス共同体からの援助を何一つ必要としない自足した人であってさえ、やはり共同体を構成することを欲するだろう (「自分ひとりだけであって、すべての善いものを所有していたいと願うものは一人もいない」EN 1169b17-19)。そのレベルでのポリス共同体への欲求は、必要性の充足のためばかりでなく、むしろ人間の十全な自己実現のために喚起されるのである (1)。

　以上のように、人間の自然本性とは、人間という種に固有な制約を伴った多様な可能性であるが、それは後天的・経験的な要素によって現実に実現可能な能力となり、さらに様々なレベルでの自然的衝動・欲求の駆動力によって初めて現実の人間の働きとして発動するのである。こうした人間に固有な、

つまり人間本性的な可能性の実現に向けた多層的な展開をアリストテレスは実際，テクストの随所に鏤めていたのであり，そうした総体をもって彼の自然主義とみなすなら，前述されたような自然と人為の混乱という意味での不整合の指摘は，彼の自然主義を一面的に捉えた上での誤解として退け得るだろう。いずれにせよアリストテレスが浮き彫りにする人間本性に関する信念群とは，このように多層的な複合体であることを絶えず想起する必要がある。それは個人の自由な選択や文化の多元性を圧殺するような一義的自然主義でもなければ，人間のもつ様々なレベルでの衝動や欲求から遊離した形而上学的本質主義でもない，その意味でゆるやかな自然主義であり本質主義なのである。

以上より，考察された三点いずれもが，多元性，ローカリティ，伝統，個人の信念と自由といったものを何らかの程度で許容しつつ，同時になにがしかの普遍的規範を提示し得るものでもあることが，いくらかは明らかになったことと思われる。もちろん，こうしたアリストテレス倫理学＝政治学の特質を受容した現代思想家たちが皆一様の方向付けをもつわけではなく[20]（もちろん極端な主観主義的相対主義の傾向に対抗する限りでの一致はあるだろうが），むしろ多様な立場に立ちつつ，なお相互に議論が可能な場としてそれが機能している点にこそ，現代におけるアリストテレス哲学再評価の核心が存するのだと言えよう。次節においては，こうしたアリストテレス倫理学＝政治学の特質を最も有効かつ精力的に現代的状況において展開していると思われるM・ヌスバウムに焦点を合わせることにする。

3. M. ヌスバウムと現代アリストテレス主義

では，ここで場面を再び現代に戻そう。現在，世界が抱える様々な病理の

根底には，先進国と発展途上国の間の埋めがたい経済的乖離，二極化という病巣が存在するという点で，大方の共通の了解が得られていることは確かである。しかし，発展途上国にとって一体どのような「発展」(development)が望ましいのか，という議論に一旦踏み込むとなると，既に地球規模での経済ネットワーク化が進行中である上に，先進国と発展途上国双方の政治的思惑が絡み，さらには宗教問題や民族問題という古くて新しいベクトルが持ち込まれることによって，問題は錯綜し混迷を深めるのみである。こうした状況を鑑み，まず必要なのは「発展，とりわけ経済的発展の過程で生じる切迫した問題群を議論するための哲学的・概念的枠組み」であるとして，WIDER (World Institute for Development Economics Research)を舞台に積極的な活動を展開しているのがアマルティア・センとマーサ・ヌスバウムの二人である[21]。とりわけ1988年以降，ヌスバウムは，先に見たようなアリストテレス倫理学＝政治学の根幹をパラダイムとする諸論考によって，経済学出自のセンの教説をより深め体系化することに大きく寄与した。本稿では，そうした論考からヌスバウムの主張を再構成し，その上で幾許かの評価検討を加えたい。

(1) 人間本性論の擁護

センとヌスバウムは，何よりもまず「発展(発達・開発)」という概念そのものの明確化に大きく貢献した。従来，経済的発展の指標とされてきた経済成長率やGNPというようなものは，結局いずれも単なる手段に過ぎず，そうした手段がそれのために求められているまさに目的となるものこそ，人間の「幸福」(well-being)であり「生の質」(quality of life)の向上である，と明確に規定したセンは，「発展(発達)」概念が人間にとってのより善い生の実現の度合いを測る基準・規範として働きつつ，それ自身「生の改善」を目指すものであることを主張した[22]。したがって「発展(発達)」概念は，それが

理論的であれ実践的であれいずれにせよ,〈人間が何であり得るか〉,〈人間が何をなし得るか〉に応じて規定されるべきである。つまり,人間の機能(functionings)遂行の強化およびそうした機能遂行のための能力(capabilities)の拡張こそ「発展」の意味するところなのである[23]。こうした人間の機能遂行および機能遂行のための能力を重要視する(センが capability perspective と呼ぶところの[24])観点は,まさに先述のアリストテレスの自然主義・本質主義的人間観と大きく重なるものであることに着目したヌスバウムは,アリストテレス倫理学＝政治学に依拠するいわゆる「アリストテレス的アプローチ」によって,人間の諸機能の十全なる遂行をまずもって人間本性の側から解明するための論考をこれまでにも精力的に展開してきた。本節ではそこで明確に示される「人間本性論の擁護」がいかなる性格のものであるか,見ていきたい。

　まずここで「本質主義」とは,ヌスバウムによれば「人間の生には何らか中心的な定義的諸特徴(certain central defining features)が備わる,とみなす見解」[25]のことである。従来,こうした本質主義は,没歴史的な上に女性やマイノリティに対する感受性に著しく欠け,ややもすれば人種差別(racism)や性差別(sexism),さらに一般的には家父長制的な保守反動的な思潮と結びつけられ,それらに対抗する極端な相対主義の側にこそかえって現代社会がかかえる病理への適切な処方箋が見出され得るかのような論調の輩出を許してきた。確かにその多くは正当な本質主義批判の中にあって,果たして,なお本質主義を擁護する道は残されているのか,またその意義はあるのか。その問いに答えるためにヌスバウムは本質主義を「形而上学的実在論に基づく本質主義」(Metaphysical-Realist Essentialism)と「内的本質主義」(Internalist Essentialism)とに二分し,前者への批判を反本質主義者(anti-essentialists)と共有しながらも,なお後者を積極的に肯定していく戦略をとる。

　まず,形而上学的実在論とは,「生物の認知能力がなす解釈的な働きとは独

立に世界が存在するための特定の様式がある」[26]と前提した上で，ある特権的な能力(神およびそれに準ずる者)のみがそうした世界の独立存在様式(構造)と合致する真なる世界記述をなし得るとする立場である。こうした見解において人間本性とは，我々の生活や歴史において見出される自己理解や自己選択とはまったく無関係である以上，そもそもこの種の形而上学的人間本性の理解可能性自体が問われ直されなければなるまい。たとえばハンナ・アレントが人間本性と人間の条件を厳しく区別し，前者の認識をひとり神のみに帰したのも，こうした形而上学的な本質主義を前提してのことであった[27]。では，ヌスバウムが提唱する「アリストテレス的本質主義」はこうした批判を免れ得るのだろうか。

ここでヌスバウムは，アリストテレス理解の点で十分な信頼と同意を共有するバーナード・ウィリアムズによってなされた自然本性論批判に的を絞る[28]。まずアリストテレスの人間本性論に関する彼の論点を，ヌスバウムは以下の三点に纏める[29]。

1. 人間の自然本性に関する問題は，アリストテレスにとって，自然科学的な事実の問題であって，倫理的価値の問題ではない。それは，外的観点からなされた「自然の絶対的理解」であり，倫理的な概念や判断からはまったく離存・独立なものである。したがってアリストテレスの人間本性論は，彼の常套的方法と異なり，エンドクサ(日常的信念，公共的合意)に基づいたものではない。
2. 通常，論議の的となる倫理問題と異なり，自然本性の問題はアリストテレスにとってもはや議論の余地のないものである。
3. 人間の自然本性の発見は，規範的・倫理的問題の解決を得るためのいわばアルキメデス点を提供する。

ヌスバウムによるこうした論点整理が果たしてウィリアムズの意図を正確

に反映したものであるかどうか，という点には確かに疑問が残る。ウィリアムズ自身も反論するように[30]，ヌスバウムには実際そこで意図されている以上に実証主義へと偏向したアリストテレス解釈を彼に帰す傾向が見出される。現代倫理学のほとんどすべての領域における中心的な問題提起者であるばかりでなく「古代ギリシア思想のある種の再生に関する指導的擁護者」[31]でもあるウィリアムズに対して強い共感を抱くヌスバウムにとって，だからこそアリストテレス解釈における彼との相違を明確に表明しておかねばならぬという思いがあったことは確かである[32]。そうした微妙な偏差を除去した上で両者の共通性と差異を跡付ける作業が今後是非とも必要であろう。

　しかし，ここではヌスバウムの論旨を追うことに専念する。もしウィリアムズの解釈が以上のようなものであるなら，アリストテレスの人間本性論は，それが外的観点からなされた形而上学的実在論的なものである限り，人間による認識不可能性と人間倫理への適用不適格性の二点で批判されるべきであろう。これに対しヌスバウムは，アリストテレスの人間本性論はあくまでも内的な観点からなされたもの，すなわち「内的本質主義（internalist essentialism）」（「歴史的に基礎付けられた経験的本質主義」）[33]であると主張する。その際，そうした人間本質をほぼ確定し得る説明方式が，本質的特性と付帯的性質の識別に依拠するものである以上，それは何らかの価値評価的（evaluative）な探求を要請する。では，それは一体どのようにして内的であり評価的であるのか。

　まず我々一人一人が，共同体内における多様な習慣付けによって「規則とか指針とかに還元されえない一般的な評価態度を，個々の断片的な事例の様々な局面から身に付け内面化すること」[34]のできる存在として理解される必要がある。そうした内面化は，人間自身の生の要素の評価，すなわち当該人物のどの機能の不在が，その人の生の不在を意味するほど重要で中心的なものであるのか，とりわけ「人間」という種の成員としての存続を不可能と

するほどのものであるのか，という種としての人間の同一性に関わる評価的態度に顕著である。ヌスバウムは，その都度の快のみを求める快楽至上主義者の生が，現在の快の認知も，過去の快の記憶も，将来の快への算段も欠く限り，もはやそれを人間の生とはみなし得ない，とするプラトン『フィレボス』篇導入部にそうした評価的態度の哲学的実例を見出し[35]，さらに，友人が相手に最大の善を望むのは，あくまで相手が人間であり続けるという条件の下でのみだ，というアリストテレス友愛論にその典型を求める[36]。

　しかし，そうした評価的態度が形成されるためには，ある意味での伝統が，すなわち人間共同体の自己規定，自己解明の物語が必要である[37]。その物語とは，人々（特に若者）をその物語が教示する境界線（多くの変身譚においてその変身＝越境を可能とする，一方が獣と人間との，他方が神と人間との境界線）によって構成される〈人間としての〉生活様式に参入させ，そこに留まらせるために，あるいは既に留まっている者達には，その生活様式の反省的自己理解を促すために，連綿と語られ続けてきたものである。とりわけ古代ギリシアにおける悲劇上演の慣習は，観劇に集まった民衆が共に想像し，考え，感じながら，さらにはまた舞台上の悲劇への情緒的反応を通して，その共同体のアイデンティティを若者に教え，自分自身でもそれを肯定しようと求める，共同体ぐるみの再帰的・反省的市民参与の典型例であった。こうした物語は，日常的な信念系の外にある外的観点から語られることは決してなく，むしろ何が望ましく何が望ましくないか，何が人間としての生を可能にし，何がそれを不可能にするか，といったいわば公共的合意（エンドクサ）のあくまで潜言的（implicit）な形成に関わる限りで，徹底して共同体内在的であり，評価的・倫理的であった。

　では，以上のような伝統の中にあって，果たしてアリストテレスの人間本性論はその正嫡とみなされ得るのであろうか。それとも（ヌスバウムが解する限りでの）ウィリアムズの批判するように，それはエンドクサから遊離した外

的な観点からなされた没価値的な形而上学的本質に過ぎないのか。この点を吟味すべくアリストテレスの著作中，人間本性に関してもっとも有名な二つの箇所，(i)「人間は自然本性によってポリス的動物である」および(ii)人間の機能に関する『ニコマコス倫理学』第 1 巻第 7 章の議論にヌスバウムは検討を加える[38]。

(i) 人間のもつ社会的，政治的本性にかかわるこの「ポリス的動物」規定は，人間の幸福（eudaimonia）に含意される自足（autarkeia）が果たして文字通り孤立した個人において可能なものであるのか，それともそれは既に常に共同体的な性格を帯びたものであるのか，という問いに対するアリストテレスの明確な立場表明である。言い換えれば，プラトン的自足概念への異議申し立てでもあるこの主張は，倫理学書における友愛（philia）の重視，および既に本稿 2-(3) 節で見た政治学書におけるポリス共同体の自然発生説の内に見出される。

友愛論においては，友愛の必要性が絶対的な地点からの論証という形ではなく，あくまで「人間生活において見出される価値に関わる評価的な信念」[39]の集積として（cf. EN 1155a6-12, 16-23），しかもそれをさらに読者の評価的信念に委ねる（cf. EN 1169b8-10, 16-19）という徹底して内在的かつ評価的な叙述の仕方が多用されるが，その点にまずヌスバウムは注目する。彼女によれば，我々が自らを人間として同定し得るのは，「周囲の誰彼すべてを人間として認知し，かつ人間に対する応答をなし得る能力」[40]をその本質として共有していると思われるからであり，さらにそうした人間の相互関係性を排した孤立した生が「奇妙に思われる」のも，我々の「自己同一性に関する深層信念に反する」[41]からである。

『政治学』冒頭においても，人間がポリス的である限り人間として劣悪でも人間を超えたものでもないという判断の根拠として挙げられるのは，学的論

証ではなくむしろホメロスの引用（Pol. 1253a5）である。それは言うまでもなく古代ギリシアの伝統的信念群の源泉であり、その点にヌスバウムは注意を促す。人間のみが言語をもつという指摘も、ニューマンによれば、人間を獣を超えたものにする貴重な賜物としての言語、という当時の修辞学の常套表現に依拠するものであり[42]、それはさらに、言語使用を人間にとって本質的だとみなす「当時広く普及していた日常的信念を反映した」[43]ものであるとさえ言い得る。

（ii）次に、幸福の何であるかを理解するためには、人間の働きの何であるかを把握する必要がある。然るに人間の働き（の善さ）は人間にとって本質的な働き（の善さ、すなわち徳）であるのだから、いかなる働きが人間にとって本質的かが問われねばならない。ところがここには二通りの解釈がある。すなわち人間は生きるための働きの多くを他の生物と共有しているが、人間に固有の働きに基づく生は、その働きのみを意味するのか[44]、それとも人間固有の働きによって秩序付けられた他の働きをも包括した全体的生を意味するのか[45]。ヌスバウムは後者の解釈を採り、人間の生とは理性的な生、すなわち実践理性によって他の働きが秩序付けられ統合された生であると解する。したがって人々は自らの幸福な生を選択する際に、その必要条件としての実践理性に目を向けねばならない。しかし、こうした実践理性を人間の本質とみなす観点はあくまでも内的なものであり、たとえ富や財に恵まれ、おいしいものを食べ（栄養摂取機能）、旅行に出かけ（運動機能）、優れた芸術作品を鑑賞（感覚機能）したとしても、それらが「理性によって統合された実践的生（praktikē zōē tou logon echontos）」（EN 1098a3f.）でない限り人間の生ではない、という人々に共有された評価的信念に基づくものである。もちろんヌスバウムが補足するように、理性によって理性に従わない生活を選択した限りでの非理性的な人もまた、理性によって統合された生を営む限りで人

間である。悪しき計画も間違った推論もうっかりミスも，理性の行使による産物であることに変わりはないが，自身の生のいかなる場面においても何らの思案も見通しもなく，それどころかそれを自身の生として自覚的に把握することすらないような生をアリストテレスは人間の生とはみなさないだろう（ただし，正確に言えば，「自由人」の生とはみなさない，ということであり，ここにいわゆる「自然による奴隷」の問題が未解決のまま残されていることは否めない）[46]。

さて，以上見てきたように，社会応答性と実践理性という二つの本質契機に収斂するアリストテレスの人間本性論は，共同体内の伝統や〈物語〉を介して人々に共有された評価的信念に基づく内的本質主義であり，その限りで少なくとも形而上学的本質主義に向けられた批判をひとまず回避することはできたように思われる。しかし，ヌスバウムによれば，内在的本質主義はなお三つの有効な批判に晒されている[47]。すなわち

1. 歴史的・文化的相違の軽視：強者の論理に従ってマイノリティの評価・理解を却下し，ある特定の本質的特性を賞揚し，他を貶める傾向が本質主義者に皆無であると言い得るか。
2. 自律の軽視：人々が自らの見解に従って自由に自身の生のプランを選択する権利を，本質主義者は尊重していないのではないか。
3. 偏った適用：人間本性という概念の適用に当たって，弱者を排除する傾向が本質主義者にあるのではないか。

こうした手強い批判に応答し，アリストテレス的本質主義を擁護するために，ヌスバウムが前面に押し出してくるのが，「濃密だが漠然としている善」という彼女独自の概念に基づいた倫理学構想である。したがって，次節ではその教説を考察した上で，上記の批判への彼女の応答を見ることにする。

(2) 濃密だが漠然としている善の概念

前節で見たアリストテレスの人間本性論から導き出された「人間」概念をヌスバウムは「濃密だが漠然としている人間概念（thick vague conception of the human being）」と呼び[48]、それに基づける形で人間の諸機能・働き（ergon）及びその働きの「よさ」の包括的な理解を得ようとする。その際、そうした機能の「よさ」はやはり「濃密だが漠然としている善（thick vague conception of the good）」と呼ばれ[49]、できる限り普遍的・包括的に、しかも多用な特殊化をも許容する概念として用いられる。これに対し現代の自由主義論者たちは、アリストテレスの人間本性論に基づくこうした善の優位に関する理論を、形而上学的であるとして論難する。両者の隔たりは一見すると確かに大きいが、その実かなり漸近しつつあるようにも思われる。したがってまず最初に、その点をロールズのいわば〈希薄な〉(thin) 善概念と比較することから始めていきたいと思う。

そもそもウィリアムズから借用した「濃密」という概念[50]をヌスバウムは、「人間生活の全領域にわたる人間にとっての諸目的に関わる」[51]という意味に読み換えて用いている。言い換えれば、人間のよき生を構成する諸機能の全体性に関わる限りで、その概念は可能な限りの普遍性を担い、そのことによってまったく異なった伝統の構成員が「人間」として認知されるための基礎となることを目指す[52]。しかしその一方で、それが「善」概念と結びつくことによって、人間生活の全領域にわたる善の専制化が個人の選択の自由を奪うのではないか、という自由主義論者の懸念も十分な説得力を持つ。しかもたとえ自由主義論者といえども、たとえばロールズのように、公正な配分すなわち正義に関する諸原理の選択に先立って、最低限必要なものに限定された善、いわゆる「基本財」(primary goods) を措定せざるを得ない以上、彼が採り得る「善」概念が「人間が生きるための万能の手段の枚挙に制限された」[53]という意味での「希薄な」概念になるのは当然の成り行きである。

つまり基本財(たとえば富，収入，所有物など)とは，それが「希薄な」善である限り，合理的な個人のいかなる目的選択にも対応し得る万能の手段であり，アリストテレス的に言えば「外的な善」のことである。しかし，「外的な善には道具と同じように限界がある。およそ役に立つものである限り，何かのために役立つのである」(Pol.1323b7-8)。資本主義経済体制に育った我々には当然に思われる more is better の発想が，アリストテレス主義にとってはむしろ〈より多い財はより悪い〉とみなされ，否定される。つまり，「何のためか」という目的に立脚して初めて適切な量や秩序が見出されるのであり，その限りで基本財の所有量や配分分布に照らして暮らし向きの良し悪しを判断するロールズ流の配分方式は必ずしも適切なものとは言えない。たとえ暮らし向きが極めて悪い市民に多くの基本財を政府が与えたとしても，その当の市民一人一人が自らの機能を十分によく働かせることができるようにならないなら，その政府はなすべき課題をまだ半分も果たしていないのである[54]。

しかし，他方，濃密な善がもつ固定化し偏向した実質的善概念の強要という自由主義者からの批判はいまだ有効であり，それをどうクリアするかが次の課題となる。そこでヌスバウムが持ち出したのが「多くの具体的特殊化を許容する」という意味での「漠然とした (vague)」という概念である[55]。すなわち，「濃密だが漠然としている善」概念が目的とするのは，ある特定の仕方で機能する人々を生み出すことではなく，ある特定の仕方で機能することの〈できる〉人々を生み出すことであり，もし望むなら，そのように機能するために必要な訓練を受けることのできる人々を生み出すことである。その機能を選択するか否かはあくまで本人に委ねられる。つまりこの善概念がもっとも中心的に促進するのは，選択の能力（capability）すなわちこうした一切の機能遂行をその人自身の実践的熟慮に則して行うための能力であり，それこそアリストテレスの人間本性論の要ともなるべき本質的部分なのであ

る[56]。

このように「濃密だが漠然としている善」理論は，自由主義論者が懸念したように，現実社会を遊離したものでもなければ，単一の形而上学的・宗教的伝統に固有の理論でもない。とりわけヌスバウムが強調するのは，永年共同体において語り継がれてきた物語や神話を紡ぎ出す想像力と〈語り〉の果たす役割である。各々の共同体において，自分自身と子供たちに対して〈人間として生きる〉ということのある重要なアスペクトを，想像力を駆使して自ら語り演じることによって明らかにしていこうとする自己解釈・自己解明のプロセスが物語として生起するのである。しかもこのように局所的に発生した物語でありながら，まったく異なった伝統の多様性を損なうことなく，人間の生の一般的な輪郭ないし構造を人間自らに物語らせるところにこそ，「濃密だが漠然としている善」概念の特質がある[57]。

次いでヌスバウムは，こうした善概念の社会政策的な場面への適用を想定し，具体的なリストを作成する。もちろんそうしたリストはその性格上，常に暫定的なものに留まらざるを得ないが，ここでもまず一旦輪郭を描いてみるというアリストテレスの方法[58]に対する共感がうかがえる。まず「濃密だが漠然としている概念」の第1段階として〈人間を人間として構成する環境すなわち人間の生のかたち〉が以下のようにリストアップされる[59]。以下その項目のみ挙げてみる。

〈可死性〉

〈人間の身体〉

1. 空腹と喉の渇き：食べ物と飲み物の必要性
2. 住居の必要性
3. 性的欲求
4. 移動性

〈快と苦の受容能力〉

〈認知能力：知覚，想像，思考〉

〈幼児期初期の発達〉

〈実践理性〉

〈他の人間との協調〉

〈他の種や自然との関係〉

〈ユーモアと遊び〉

〈個別性〉

〈強い個別性〉

さらに次の段階としてヌスバウムは，以上のような〈人間の生の形〉に応じた基本的な人間の機能遂行能力を挙げる[60]。

1. 可能な限り，人間としての生をまっとうすることを目的として生きていく能力。ただし，その者が夭逝することなく，あるいはそうした生を生きるに値せぬほど生命力が衰退する前に。
2. 健康であり，十分に栄養を摂り，適切な住居をもち，性的満足を得る機会をもち，方々へ移動することのできる能力。
3. 不必要で無益な苦痛を避け，心地よい経験を得る能力。
4. 五感を働かせ，想像し，思考し，推理することのできる能力。
5. 物事や自分以外の人々に愛着をもち，我々を愛してくれ，気遣ってくれる人たちを愛し，そうした人たちの不在を悲しみ，さらに一般的な仕方で愛し，悲しみ，憧れと感謝の気持ちをもつことのできる能力。
6. よいことの概念を形成し，自分自身の生活プランに関して批判的反省を加えることのできる能力。
7. 他人のために，他人と向き合って生き，他人を認識し，他人への関心を示し，様々な形態の家族的，社会的相互行為に携わる能力。
8. 動物，植物，自然世界への関心とかかわりをもって生きることので

きる能力。
  9. 笑い，遊び，娯楽活動を楽しむことのできる能力。
  10. 他の誰のものでもない自分自身の生を生きる能力。
  10a. まさに自分自身の環境と文脈において自分自身の生を生きる能力。

　以上は人間生活において非常に根本的である機能遂行のリストである。この内のどれが欠けても，人間として生きていくには極めて深刻な欠落となる。したがって，人間の善き生を実現しようとする政府機関にとっては，このリストが必要最小限の理論を提供してくれることになるだろう。既に考察してきたように上記の二つのリストは，いかなる形而上学的・宗教的観念によっても拘束されない，その意味で十分国際的な同意を求め得るものであるが，同時にそれは決して全員一致を求めるものでもない。むしろ，同意を拒むというその行為自体が，このリストの重要な要素，たとえば実践理性や協調性の妥当性を承認している証となる。ヌスバウムも強調するように，このリストはあくまで(形而上学的ではなく)政治的な反省的検討のための基礎として十分な実用度をもった公共的合意の実現を目指すものである[61]。

　いずれにせよ，以上のような「濃密だが漠然としている善」の理論とその具体的な輪郭の言表化によって，前節最後に挙げられた内的本質主義への三つの批判に対して，果たしてヌスバウムはなお自身のアリストテレス的本質主義を擁護し得るのであろうか[62]。

　まず歴史的・文化的相違の軽視という批判に関しては，なによりもアリストテレス的本質主義における「漠然とした」という概念の導入によって擁護が可能となる。前掲リストの各要素にしても，それは単に漠然と一般的な形で構想されたというのではなく，あくまでも多様な地域社会において固有の歴史と文化を担いつつ多元的に特殊化されるべく構想されたものであり，その限りで「漠然としている」のである。もともとウィリアムズの「濃密な」概念は地域性に根差したものであったのだが，それをヌスバウムはウィリア

ムズ的な意味で一旦希薄化した上で，多元性と地域性の二方向で特殊化し直していったわけである。そのような普遍性と特殊性，国際性と地域性という相対立するベクトルの均衡が果たして可能か，という問題は残るものの，歴史的・文化的相違への配慮は十分になされていると言えよう。

　次に生の選択に関する自律性の軽視という批判に関しては，ヌスバウムは以下の四点で応答している。まず第一に，前掲のリストはあくまで人間の機能遂行のための「能力」の列挙であって，現になされている機能のリストではない。つまり，実際にそれをなすかどうかの選択の余地は各個人に残されている。第二に，自律した選択の重視という点は，実践理性に割り当てられた主導的な役割として既にリストに組み込まれており，一切の機能遂行を当人の実践理性のなす熟慮に基づいて行う能力こそ選択の能力である以上，前掲リスト中，もっとも枢要な能力の一つと言い得る。第三に，この批判の主唱者である自由主義者の見解は当初思われていたほどアリストテレス主義の見解と乖離したものではなく，たとえば実践理性や協調性の重視がロールズにも見出されるように，むしろ互いに収斂しつつある。第四にアリストテレス主義は，選択がなされるのはあくまで物質的，社会的条件の下である以上，自律と同時にそうした条件にも配慮すべきである，と主張する点でむしろ自由主義の狭い自律概念に対しては批判的ですらある。

　最後に人間概念の偏った適用という批判に対して。確かに妥当な人間概念でありながら，それを女性やマイノリティに適用することを否定する危険性は残る。しかし，そのことはこの人間概念の力を弱めるのではなく，むしろその効力がどのように働くかを示している。なぜなら，いかなる種類であれ相手と人間としての交渉をもつことは(たとえ「おまえを人間とは認めない」と相手に宣告することによってさえ)，その相手を潜言的に人間と認めていることなのであって，その限りで，偏見や無知によってにせよある特定の人々を人間とみなそうとしない者は，むしろ自分が人間であることを裏切り，自

らの協調性への傾向を欺くことになってしまうからである。もちろん，そのような自己欺瞞は憎悪や優越感，イデオロギーや狂信によって容易に隠蔽され得るだろう。しかし，偏見を持つ者の内に潜むこうした自己撞着は，常に反省的自己吟味に対する脆さを抱えているのである。

　以上がヌスバウムの応答の骨子である。批判に答える一つ一つの議論の強度と深度にばらつきはあるものの，彼女があらゆる方位からの論難に答えながら展開したアリストテレス的本質主義の擁護というものがいかなるものであったか，少なくともその概略を描くことはできたように思われる。

4. 批判と展望──結びに代えて──

　本稿後半は主にM・ヌスバウムの教説紹介に当てられたが，もちろんそれはどこかに隔離され純粋培養されたような単独の思想というわけではなく，いくつもの専門分野を横断し，多くの研究者との深く入り組んだ議論の結果成ったものである。したがって，私達には実はまだ多くの課題が残されている。少なくとも，共同研究者でもあるA・センとヌスバウムの関係を始めとして，B・ウィリアムズ，A・マッキンタイアーと彼女との異同，J・ロールズとの社会正義論上の影響関係，さらにH・パトナムの内在的実在論やJ・マクダウェルらの道徳的実在論に対する彼女のコミットメントの程度と内実，そして何よりアリストテレスやプラトンを始めとする数多くの古典哲学・文学テキストに関する彼女の解釈それ自体の検討はもちろんのこと，同時代の多くの優れた古典研究者との議論の応酬も含め，古典研究というものが彼女の現代に向けて開かれた哲学的・倫理学的態度の形成にどのように関わったのかという点の詮索まで，考察すべき項目は山積している。また，もし現代アリストテレス主義なるものが想定され得るなら，それがどのような布置を

もち，ヌスバウムがどこに位置するのか，さらには共同体主義や徳倫理学に対する彼女のスタンスの確認も必要になるだろう。しかし同時に，そうした詮索が哲学的洞察を欠く限り，現代思想上の単なるゴシップに堕することを忘れてはならない。

　だからというわけではないが，最後にささやかな批判と展望を一つずつ述べておきたい。それは，ヌスバウムの人間本性概念が可能性と限界付けという両面をもつ，それ自体が規範概念であるという点に関するものである。人間に何ができるか，という人間の機能遂行の可能性と，それをしてはもはや人間ではない，という限界設定は，一人称的評価場面と二・三人称的評価場面，すなわち自己評価と他者評価の場面とにひとまず分けられるだろう。それはまた，それぞれの場面で規範的・理念的に働く場合と事実評価の基準として働く場合に分けられる。つまり，事前に「私は何をしてよく，何をしてはならないか」という規範として機能する場面と，それが事後的に評価の基準として「私にはそれをすることが可能なのに，できなかった。それをしてはならないのに，してしまった」という形で機能する場面とに分けられる。君(たち)や彼／彼女(たち)についても同様である。さて，これらすべての場面について，ヌスバウムは，それらが内的観点から導出されたと考えているのであろうか。自己評価の場合は確かにそう言えるだろう。それは，いわば善き人柄の自己形成過程にあって，目標と現実とのズレを絶えず自己評価し修正しながら進む，その意味では規範である「人間本性」自体が「私」固有の規範として可塑的かつ柔軟に，つまり「漠然と」働く内的評価の過程と言えよう。しかし，他者評価の場合，それを内的な評価と言い得るだろうか。

　おそらくここでヌスバウムは，一人称複数つまり「我々」の自己評価という場面を両者の媒介として措定しているのではないだろうか。古代ギリシアの悲劇鑑賞場面における一種の共同幻想と言い得るような評価的態度の形成過程について見事な解説を加えたヌスバウムにあって，一人称複数形の自己

評価とはまさに共同体内のエンドクサ(公共的信念)形成のことに他ならない。したがって，これを異なる共同体に属する他者評価へとずらし込んでいくためには，異なる共同体には異なるエンドクサがある，という形で共同体に内在する評価視点を外在化せねばならないだろう。たとえば，ある国では女性に国政選挙の投票権がないとしよう。彼女たちには投票する能力があるのにそれが実現されていない，という評価はどこまで内的であろうか[63]。少なくとも民主主義的理念とその国の外的状況が外側から彼女たちの〈まだ実現されていない能力〉という評価を付与していることは確かである。では，彼女たちは自らの政治的選択能力の実現を目的として志向しながら，なお実現しない現実として当該国の選挙制度を内的視点から評価するための公共的信念をもっているのだろうか。おそらくここではヌスバウムがロールズを批判したのと同様の論法が当てはまるだろう。すなわち，外的な評価基準にしたがって女性に選挙権を与えたものの，識字能力がない女性に投票用紙と鉛筆を与えても，彼女の政治的選択能力を機能させるという目的は必ずしも実現し得ない。外的な評価基準は往々にして手段を目的と取り違えてしまうからである。では，彼女達には今，投票権よりもまず識字能力を高めるための教育が必要である，という評価は一体内的だろうか。実はこれも他の共同体の評価基準が外的に適用されているに過ぎない。

　しかし，ここで大切なことは，ある共同体において自らの能力に関する公共的信念が自覚的に形成されるためには，まず最初に〈外から〉何らかの評価基準が付与される必要がある，という点にある。そうした外的な規範が徐々に内面化された歴史が伝統となり，数々の物語を生み出してきたのである。しかしその一方で，この外から持ち込まれた評価基準が，それ自体としては他の共同体に内在的な評価基準でありながら，一旦外在化されてからは，あくまで他者を評価するための普遍的，客観的基準とみなされ一人歩きする危険性があることもまた事実である。もとより，アリストテレス倫理学にお

いては，人間の善さは第一義的には自己の人柄を善くするための自己評価の規範として語られていた。その点と較べるならば，ヌスバウムの善概念は，あまりにも他者評価あるいは社会評価の方向へと重点が移ってはいないだろうか。

しかし，実はこうした問題を解決する方向もヌスバウムは自ら示してくれていた。それは，立場を異にするロールズの基本財のリストとヌスバウムの〈濃密だが漠然としている善〉のリストが漸近していく事実が示す方向，すなわち，〈反照的均衡を伴った緩やかなエンドクサの形成〉という方途である。それはまた，他者評価に潜む視点の外在化を再び内面化する有力な方策でもあるように思われる。今後，より多岐にわたる研究が望まれるのもまさにその故である。

1) こうした問題状況のごく一般的な概観としては，拙論「今，倫理学に何が求められているか」『人文研紀要』第41号，中央大学人文科学研究所，2001年を参照されたい。
2) M. Nussbaum and A. Sen, Internal criticism and Indian rationalist traditions, in: M. Krauss (ed.), *Relativism, Interpretation and Confrontation*, Notre Dame, 1989, p. 299.
3) この他にもヌスバウムは自らの立場を「アリストテレス的アプローチ」(An Aristotelian Approach) とか「アリストテレス的社会民主主義」(Aristotelian Social Democracy) などと自称している。ただし，アリストテレス哲学に基礎をもつ現代の思想的な立場全体を総称する場合は，「現代アリストテレス主義」(Contemporary Aristotelianism) という呼称が一般に用いられる (cf. J. R. Wallach, Contemporary Aristotelianism, *Political Theory*, vol. 20 No. 4, 1992)。
4) M. Nussbaum, Virtue revived — Habit, passion, reflection in the Aristotelian tradition (以下 VR と略記), *Times Literary Supplement*, July 3, 1992, p. 9.
5) G. E. Moore, *Principia Ethica*, 2nd ed., Cambridge, 1993 (1st ed. 1903),

p. 57:「「善い」〔という語〕がどのように定義されるべきか，という問いがすべての倫理学のうちでもっとも基本的な問いである。」
6) *Ibid.*, p. 62.
7) この点に関する以下の議論は，P. P. Simpson, *Vices, Virtues, and Consequences — Essays in Moral and Political Philosophy*, Washington, D. C., 2001, pp. 24–30 から多くを学んだ。さらに S. Darwall, A. Gibbard, P.Railton, Toward *Fin de siècle* Ethics — Some Trends, *The Philosophical Review*, vol. 101, No. 1, 1992, 特に pp. 115–121 も参照のこと。
8) G. E. M.Anscombe, Modern Moral Philosophy, *Philosophy*, 33, 1958 (idem, *The Collected Philosophical Papers of G. E. M. Anscombe Vol. III — Ethics, Religion and Politics*, Oxford, 1981, pp. 26–42 に再録).
9) こうした徳倫理学のその後の展開と現代的意義に関する考察としては，神崎繁「《徳》と倫理的実在論――アリストテレスの「徳」概念の現代的意義」（日本倫理学会編『徳倫理学の現代的意義』，慶應通信，1994 年，所収)が簡潔にして周到である。
10) この運動の多様な成果は，M. Riedel (Hrsg), *Rehabilitierung der praktischen Philosophie*, 2 Bde., Freiburg, 1972–74 に集成されている。
11) Cf. Nussbaum, VR, p. 10.
12) アリストテレスのテクスト指示は Bekker 版に拠り，書名と頁・行数のみを記す。書名は Pol. (= Politica), EN (= Ethica Nicomachea) 等と Liddell and Scott, *Greek-English Lexicon* の方式に従って略記する。なお，アリストテレス原典からの翻訳に際しては，特に断りのない限り岩波版『アリストテレス全集』に準拠したが，必要に応じてかなり変更が加えられている。訳者諸氏には，その点をお詫びし感謝申し上げる。
13) その他にも，この規定は以下のように多様な文脈で用いられる。cf. Pol. 1278b17–21, HA 487b33–488a14, EN 1097b8–11, 1162a17–19, 1169b17–19, EE 1242a22–27.
14) こうしたアリストテレスに伏在する二つの言語間に関する考察としては，拙論「ロゴスとヌースをめぐる一試論――アリストテレス『霊魂論』に即して」（日本倫理学会編『倫理学年報』第 42 集，慶應通信，1993 年)参照。
15) この点に関しては，中畑正志「哲学の教育――過去そして現在」（関西哲学会年報『アルケー』No. 9, 京都大学学術出版会，2001 年，156–7 頁)から教えられた。
16) 訳文は中畑，前掲論文中のものを使用したが，それは基本的には同氏訳『魂につ

いて』(京都大学学術出版会, 2001年)のものと同一である。
17) 共同食事に関する以下のアリストテレス『政治学』第7巻第10章をめぐる議論は，M. Nussaum, Aristotelian Social Democracy (以下 ASD と略記), in: R. B. Douglass, G. R. Mara, H. S. Richardson (eds.), *Liberalism and the Good*, New York/London, 1990, pp. 203–5 において簡潔に纏められている。
18) この点に関しては，F. D. Miller, Jr., *Nature, Justice, and Rights in Aristotle's Politics*, Oxford, 1995, pp. 30–36 から多くを学んだ。以下の考察も同書に依拠する部分が多い。
19) この訳文は，牛田徳子訳『政治学』(京都大学学術出版会, 2001年)に拠る。
20) Wallach, op. cit., p. 618 によれば，極めて多岐にわたる現代アリストテレス主義者ではあるが，それでもほぼ以下の3つのグループに分類され得るという(ただし，これはあくまで政治学的見地からの分類である)。すなわち，分析的アリストテレス主義(T・アーウィン，R・クラウト，S・ブローディ，より一般的には P・フット，D・ウィギンズなど)，正当派(原理主義的?)アリストテレス主義(M・ヌスバウム，L・シュトラウス，S・ソークバーなど)，伝統的アリストテレス主義(A・マッキンタイアー，H-G・ガダマーなど)，以上の3つである。
21) センとヌスバウムの業績を綜観したものとしては，D. A. Crocker, Functioning and Capability — The Foundations of Sen's and Nussbaum's Development Ethic, *Political Theory*, Vol. 20, No. 4, 1992 参照。また，二人の共同編集により成る *The Quality of Life* (Oxford, 1993) も参照されたい。
22) Cf. A. Sen, *Resources, Values and Development*, Oxford, 1984, pp. 485–508; idem, The Concept of Development, in: H. Chenery and T. N. Srinivasan (eds.), *Handbook of Development Economics*, Vol. 1, Amsterdam, 1988, pp. 9–26, etc.
23) Crocker, *op.cit.*, p. 586.
24) A. Sen, Gender Inequality and Theories of Justice, Paper presented at the WIDER Conference on "Human Capabilities: Women, Men and Equality," Helsinki, 1991, p. 14, quoted in: Crocker, *op. cit.*, p. 586.
25) M. Nussbaum, Human Functioning and Social Justice — In Defense of Aristotelian Essentialism (以下 HF と略記), *Political Theory*, Vol. 20, No. 2, 1992, p. 205.
26) *Ibid.*, p. 206.
27) H. Arendt, *The Human Condition*, Chicago/London, 1958, pp. 9f.

28) Cf. B. Williams, *Ethics and the Limits of Philosophy*, Cambridge, MA, 1985, pp. 43, 45–6; idem, Hylomorphism, *Oxford Studies in Ancient Philosophy*, 4, 1986, pp. 198–9.
29) M. Nussbaum, Aristotle on Human Nature and the Foudations of Ethics (以下 HN と略記), in: J. E. J. Altham and R. Harrison (eds.), *World, Mind, and Ethics — Essays on the Ethical Philosophy of Bernard Williams*, Cambridge, 1995, p. 88.
30) *Ibid.*, p. 195.
31) Nussbaum, VR p. 9.
32) Cf. Nussbaum, HF p. 243, n. 7.
33) *Ibid.*, p. 208.
34) M. F. Burnyeat, Aristotle on Learning to be Good, in: A. O. Rorty (ed.), *Essays on Aristotle's Ethics*, Berkeley/Los Angeles/London, 1980, p. 72.(神崎繁訳「アリストテレスと善き人への学び」, 井上忠, 山本巍編訳『ギリシア哲学の最前線 II』, 東京大学出版会, 1986年, 92頁)
35) Nussbaum, HN pp. 98–102.
36) *Ibid.*, pp. 90–92.
37) 以下の伝統及び物語のもつ機能に関する考察は, *Ibid.*, pp. 95–98 に大きく負っている。
38) (i) に関しては *Ibid.*, pp. 102–110 が, (ii) に関しては *Ibid.*, pp. 110–120 が考察を展開している。
39) *Ibid.*, p. 103.
40) *Ibid.*, p. 104.
41) *Ibid.*, p. 105.
42) W. L. Newman, *The Politics of Aristotle*, Vol. II, Oxford, 1887, pp. 122f.
43) Nussbaum, HN p. 108.
44) ヌスバウムはこの立場を擁護する者として, J・クーパー, J・A・ステュワート, T・ネーゲルを挙げている。
45) この立場を擁護する者としては, T・アーウィン, K・ウィルクスが挙げられている。
46) 自由人(主人)と奴隷の間の友愛の可能性に関しては, さらに M. Nussbaum, Shame, Separateness, and Political Unity, in: Rorty (ed.), *op.cit.*, p. 434, n. 54 参照。
47) Nussbaum, HF pp. 208f.

48) Nussbaum, ASD p. 205.
49) *Ibid.*, pp.205f.
50) ウィリアムズの意味する「濃密な」倫理概念とは，あくまでもローカルな次元でその概念に相応するほぼ一様の認知的反応を惹起するような，たとえば「卑怯もの」「残忍」「嘘つき」といった，事実と価値の混淆した概念のことを指し，真善美といったような希薄な概念と対置される。cf. Williams, *Ethics and the Limits of Philosophy*, pp. 129, 140, 143–5.
51) Nussbaum, ASD p. 217.
52) *Ibid.*, pp. 6, 217.
53) *Ibid.*, p. 217.
54) *Ibid.*, p. 211.
55) *Ibid.*, p. 217.
56) *Ibid.*, p. 214.
57) 不思議なことではあるが，地域に根差した物語には，その自閉性を内破するかのような外部指向の流離譚が数多く散見される。そうした流離譚において，人はその漂白の旅路の果てにあってなお人に出会う。「ひとは，すべての人間がどれほどお互いに身内の親しいものであるかを，漂白の旅路においても認めうるだろう。」(EN 1155a21–22)
58) 「おもうに，ひとは，まず粗描きした上で，後でそれを描き上げるべきである。粗描きのうまくできているところをさらに進め，念入りに仕上げるのは誰にでもできることであり，時間はこのような仕事における良い発見者であり，助け手であると考えられよう。さまざまな術における進歩もそこから生じてきた。なぜなら，欠けているものを補うのは誰にでもできることだからである。」(EN 1098a21–26).
59) Nussbaum, ASD pp. 219–224. 同一のリストは Nussbaum, HF pp. 216–220 にも見出される。
60) Nussbaum, ASD p. 225, HF p. 222. 比較対照の便を図るため，ロールズのより拡張された比較的新しい基本財のリスト (J. Rawls, The Priority of Right and Ideas of the Good, *Philosophy and Public Affairs* 17, 1988, pp. 251–76) も挙げておく。
    1. 基本的な権利と自由
    2. 移動の自由と機会の多様性を背景とした職業選択の自由
    3. 基本構造である政治的・経済的制度における職務や地位の権限や特権
    4. 収入と富

272 第2章 「善への問い」とさまざまな応答

5. 自尊心をもたらす社会的基盤

ロールズにおける変容，すなわち収入や富への一局的収斂の度合いが薄れ，多様な要素への配慮がなされつつあるという一種の洗練化の内に，ヌスバウムらの陣営への漸近の傾向を見取ることができるように思われる。

61) この点でヌスバウムはロールズの「重なりあう合意」(J. Rawls, The Idea of an Overlapping Consensus, *Oxford Journal of Legal Studies* 7, 1987) との文字通り「重なり合い」を意識して，それとの比較を薦めている（Nussbaum, HF p. 223)。

62) 三つの批判に対するヌスバウムの以下の応答は，Nussbaum, HF pp. 224–6 に拠る。

63) Nussbaum, ASD pp. 215–7 のバングラデシュの女性たちの事例も，ヌスバウムが同様の事態に一抹の憂慮を抱えながらも果敢に取り組んでいる好例である。しかし，そこになお本文で述べるような疑念が残るのである。なお，M. Nussbaum, Justice for Women!, The New York Review of Books, October 8, 1992（川本隆史訳「女たちに正義を！」『みすず』8月号，1993年）も参照のこと。

第3章　環境，開発，自然の権利

環境倫理の原則的な諸問題

古 田 裕 清

　1970年代に，環境破壊に反対する活動家たちや一部の哲学関係者たちにより，環境倫理学という議論の分野ができた。この分野は特に米国で発展し，その議論は日本にも紹介されている。他方，「倫理は個人の意識や良心の問題であり，環境問題の解決には役に立たない」「環境問題は社会問題であり，技術革新と法整備により解決が図られる。倫理学がなぜこの問題に口出しするのか(できるのか)」という素朴な疑問も日本では根強い。環境問題を発生させるのは人間の行為であり，行為には多くの価値判断が関与している。また，既に発生した環境問題に対処するためにも，多くの価値判断が必要である。価値は倫理学の主題である。環境問題に対して法的に対処するにせよ，技術的な解決を図るにせよ，倫理学の視点は不可欠となる。本稿では，法的対応と倫理学との関係に留意して上記の素朴な疑問に答えたい。具体的には，環境問題に対する倫理学のアプローチを概観し，その法的対応との関係，及び倫理学の観点から見た環境問題における原則的諸問題を主題化する。

1. 環境問題と価値判断

(1) 環境問題とは何か

「環境問題」という語はふつう環境破壊問題[1]を指す。「環境破壊」という

際の「環境」とは、第一義的には物質的環境[2]であり、また「破壊」とはその何らかの仕方での改変である。物質的環境の改変は、すべてが環境破壊である訳ではない。人類は太古から自分たちの周囲にある環境を改変し、利用してきた。牧畜や農耕、技術開発や応用、都市や工場の建設、廃棄物の排出といった人間の営みは、すべて環境改変の実例である。この中には環境破壊と言い難いものも多い。都市や歴史的町並みは、我々に必要不可欠な生活環境の一部（いわゆるアメニティ）ですらある。また、日本では稲作や畑作の普及により多くの原生状態の山野が耕地化されたが、これも環境破壊だったとは言い難い。「破壊」という語はふつう否定的な価値観を伴って使われる。物質的環境が云々の仕方で改変された、と言うのは事実判断だが、その改変が破壊である、と言うのは否定的な価値判断である。

　この否定的なニュアンスは、多くの場合「他者危害」と言い換えられる。即ち、「環境破壊」という語は、環境改変を通して他者に危害（権利侵害）が及ぶ、という価値判断の中で使われることが多い。例えば水俣病事件では、単にメチル水銀が海中投棄されたに留まらず、食物連鎖を通して人体に取り込まれ健康被害が発生した。また地球環境問題では、単に温暖化ガスが発生するに留まらず、これが将来世代の生存基盤を脅かすと予想される。他方、環境破壊問題には加害者が同時に被害者であるケースも多い（自動車排ガス問題や生活ゴミ問題）。他者危害に留まらず、一般に対人危害を発生させる物質的環境の改変が環境破壊だ、と言った方がより適切だろう。更に、工場や自動車から硫黄酸化物が排出されるのは環境破壊だが、三宅島噴火による二酸化硫黄噴出は環境破壊だと言えない。後者は自然現象である。「環境破壊」という語はふつう人間の行為に対して使われる。人間が自分自身に危害を及ぼす仕方で物質的環境を改変することが「環境破壊」である、と言えよう。

（2） 自然環境の破壊

しかし，環境破壊の中には，対人危害をもたらすと即断できない場合もある。いわゆる自然環境の破壊がそれである。自然環境破壊を伴う開発行為に対して，「開発行為が社会にもたらす利益より，失われる利益の方が大きい」などの理由で反対運動がしばしば起きる。こうした反対論には次の三つのパターンが大別できる。

第一に，最終的には対人危害が発生すると断定するパターンがある。例えば白神山地の開発問題（世界遺産に登録されて計画は縮小・中止された）がそうした場合である。白神山地のブナ原生林は，地元住民（特に青森県側の住民）にとっては山菜採りなどの仕方で生活に不可欠な環境である。このブナ原生林を伐採すると山菜採りができなくなるのみならず山地の保水能力が低下し，急峻な谷の下流域に洪水が起こる危険が増加する。こうした判断に基づいて，下流域の村落の共同体生活を守るために上流域での林道建設・森林開発に反対する，という結論が下された。白神山地（特に青森県側）のブナ原生林が守られたのは，その破壊が近隣住民とその共同体に（長期的に見て）危害を及ぼすことが住民自身によって意識され，反対運動につながったためである[3]。

第二に，自然享有権に類する考え方を持ち出す場合がある。人里離れた山奥や無人島の自然環境を開発して改変する際には，直接的な対人危害が発生するか否かの断定は特に困難になる。こうした問題に対して「自然は公共財であり，我々はこれを後の世代に継承するべき義務がある。貴重な自然環境を破壊するのは，我々及び次世代の人々から自然を享有する権利を奪うものだ」という考え方を1986年に日弁連が提出した。自然享有権の侵害は広い意味での「対人危害」に相当する。これは米国での動きに触発されて自然保護運動の理論的支柱となるべく提出された考え方だが，全く新しいタイプの権利の提唱であり，司法判断上は現在も認められていない[4]。

第三に,「対人危害」という論拠をもはや持ち出さない立場がある。20世紀初頭,米国西海岸のヨセミテ国立公園内でのダム建設計画が発表され,賛否両論が起こった。反対論者の中心に「渓谷や動植物はそれ自身として価値のあるもの,神が宿るものであり,破壊されるべきでない」という考えの持ち主がいた(米国の自然保護運動の先駆者ジョン・ミューア)。これは「自然は人間の力を超越する存在であり,自然を前にして我々は畏敬を持たねばならない」という考え方で,類似の自然観は日本にもある。また,1970年代に始まったディープ・エコロジー運動は,人間だけでなくあらゆる生物に繁栄する権利がある,という考えに基づいて他生物・生態系の尊重を主張している。こうした「自然固有の価値」を擁護する考え方[5]は,その後も多くの開発反対運動や自然との共生を実践する活動につながっている。これと軌を一にする法的な動きに自然の権利訴訟がある。米国では,1973年に Endangered Species Act(絶滅危惧種保護法)が制定され,生物種を絶滅から救うため市民による訴訟の提起が可能となった(11節g項)。以来,訴訟を通しての開発差し止めが何例も出ている。

(3) 環境問題への対応

「自然固有の価値」が問題となるケースを除けば,環境問題は「対人危害」という形をとって表面化する。この対人危害問題には技術的な解決策と法的なそれとがある。前者の例には,日本で70年前後に開発された主に大気汚染や水質汚濁に対応する公害防止技術,現在発展中のゼロエミッション技術やCO_2排出削減技術などがある。後者の例としては,環境破壊により生じた具体的な他者危害の調停(公害訴訟,前述の自然享有権運動など),環境破壊を予防(悪化を抑止)するための新たな立法措置などである。日本では70年前後に数々の公害立法が成立し,90年代には数々の環境立法が成立した。自然公園法や都市計画法(市街地調整区域の設定),保安林を指定する森林法なども

環境破壊を防止する機能をもつ。地球規模の環境問題に対しては国内法による対応では不十分なため，条約締結（砂漠化防止条約や気候変動枠組み条約など）による問題解決が模索されている。

　技術革新と法的対応は，環境問題の解決にとって最も重要かつ効果的である。では，倫理（学）には何ができるか。以上で，「環境破壊」という語には「対人危害を防除すべし」と「自然固有の価値を尊重すべし」という内容の価値判断が含まれることを確認した。価値は倫理学の主題である。次節ではこれを確認する。環境問題への法的対応には倫理学の視点が不可避的に含まれる。

2. 倫理学の考え方

(1) 「倫理」の意味と倫理学の問題領域

　「倫理」という語は，現代日本では大まかに見て次の三つの仕方で使用されている。(1) 儒教の伝統的な用法。「倫理」とは，五経の一つ『礼記』（楽記篇，『楽者通倫理者也』）に見える古い語で，「ともがら（共に生きる人々）のことわり」の意である。共同体で生きていく中で，守らねばならない筋道や約束事。それを会得している人が『倫理に通じた者』とされ，儒教では尊敬の対象となった。日本でも近代までは専らこの肯定的な意味で「倫理」という語を使用してきた。現代でも「倫理観の強い人」などの表現にこの用法は未だ生きている。

　他方，現代の日本には「倫理」という語に拒否反応を示す人がかなり存在する。こうした人々は (2)「『倫理』という語は，自分の価値観を他人に向かって独善的に押し付けてくる者が口にする言葉だ」というニュアンスを感じている。「倫理」という名を冠した新興宗教まがいの団体もある。これに対

する否定的語感は,「価値観は千差万別であり,普遍的な価値など存在しない」という戦後広まった価値相対主義(戦前の天皇制一元的価値観に対する反作用)により成立したようである。また,かつて汚職事件を頻繁に起こした政治家たちが政治倫理確立を求める世論に対して消極的態度を取ったが,これも「倫理」に対する否定的態度の一例である。

　上記二つの用法は,倫理を個人的な行動規範と見なす点で共通している。即ち,個人が研鑽の末に会得するものとして,あるいは良心や潔癖さなどの個人的資質として,倫理が捉えられている。しかし,(3)個人的な正義感や信条とは異なる意味で「倫理」という語が用いられることもある。例えば「生命倫理」という語は,医療現場で人間の生命をどう扱うべきか,という問題を指して使われる。医療技術の発展により,脳死や不妊治療などの問題が20世紀後半に出現した。こうした具体的問題において生命に対するどのような扱いが許容され,また許容されないか,については社会的な合意が形成されておらず,既存の法律も解決の型を提供しないことが多い。この問題が「生命倫理」と呼ばれるとき,「倫理」という語は個人的な価値観や性癖(各人多様)ではなく,むしろ皆が共有する価値・規範(我々が一般に遵守すべきこと),という意味で用いられている。

　(3)は,英語の ethics の訳語として「倫理」に備わる意味である。「生命倫理」も bioethics (ギリシア語で「生命」を表す bios と ethics「倫理」の合成語)の訳語である。原語の ethics には,(1)の(敬意を払われるべきという)肯定的語感も(2)の否定的語感もない。また ethics という語は,我々が従う価値・規範一般のみならず,そうした価値・規範に対する批判的な吟味,学問のことを指しても使われる(前者の場合は「倫理」,後者の場合は「倫理学」と訳し分けられる)。語源はギリシア語の eethos (「慣れ親しんだ場所」「慣習」,複数形で「習わし」)の形容詞形で,アリストテレスが使った「倫理的徳」や「倫理的学問」などの表現にさかのぼる。彼は「人は共同体の

中でどのように行い，どのように生きる存在か」を体系的に記述した最初の欧州哲学者だが，その見解は大略すると「人は，各々の生まれ育ちに応じて自分の能力を開花させ，ポリス(都市国家)の中での自分の役割を果たす仕方で(中庸を重んじて)生きる存在である。こう生きることが，人間の自然本性にかなっている」というものだった。彼はポリスで生活する誰にでも備わっている自然本性として倫理を捉える。これは，儒教的な倫理(多くの人には備わっておらず，それゆえ身に付けた人は敬意を払われる)とは異質である。

現代の欧米では，倫理学は価値(よい，悪い，に関する事柄)と規範(すべき，すべきでない，に関する事柄)を一般的に論ずる学問として定着している。人間は様々な価値や規範に従って主体的に行為する存在である。その際の「行為」とは，狭義の行為(自分の信条や願望に根ざした他者との関係における行為，自分自身にその結果がはね返ってくる行為)のみならず，広く政治的行為や経済的行為でもある。広義の倫理学は政治学や経済学を内包する。価値・規範一般の吟味から，主体がその中で生きる社会システムの吟味までが倫理学の主題となる[6]。

価値と規範を扱う点で，倫理学と法学は対象を同じくする。しかし，法学が扱う価値と規範は，通常は明文化され社会的拘束力を持つものに限られる。倫理学は，より広い文脈で価値と規範(その本質や正当化の問題，価値判断の特質，価値判断と事実判断の関係などを含む)を主題化する。価値と規範の自然誌・民俗誌(記述倫理学)や，特定の価値や規範を積極的に提唱して正当化する作業[7]も，広い意味での倫理学に含まれる。

(2) 人格概念を通して見た法と倫理の関係

倫理学と法学に共有される基本概念の一つに，人格概念がある。人格概念はローマ法とキリスト教の伝統で育まれてきた欧州特有の人間観である。この概念に着目して法と倫理の接点を確認したい。

「人格」という語はラテン語の persona（英語の person）の訳語として明治時代に確立された。この語は元々「（役者のかぶる）仮面」「面」を指す語で，更に元をたどるとギリシア語の prosoopon（prosoo「前を向いた」から作られた語で，「顔」「面」の意）に行き着く。ラテン語では，persona は紀元後1,2世紀にローマ法の文脈で「（訴訟当事者としての）人」の意で用いられるようになった。この用語法は，訴権を持って訴えを起こし，裁判の登場人物となる，という点に着目して成立し，現代のドイツ民法典や日本の民法典にまで継承されている。他方，キリスト教の文脈では紀元後200年頃に三位一体論が初めて提出され，その中で persona という語が「位格」の意で使われた（神は実体としては一つだが，父・子・聖霊の三つの位格，即ち三つの顔を持つ）。この用法もカトリック教会に継承されて現代に至っている。

この二つの文脈は中世の西欧で融合し，次のような人間像を生み出す。即ち，人間は神による被造物であり，神が三つの persona を持つのに対して一つだけの persona を持つ。この persona は霊魂と肉体を兼ね備えた人間個体（目に見える個々人）であり，信仰を通して神との契約を結ぶ主体，同時に人間どうしの世俗的な契約を結ぶ主体でもある。この人間像は近世以降も大枠として維持されるが，人格概念には二つの流れができる。一方は外面的人格，他方は内面的人格と呼べるもので，前者の初期の代表者はホッブズ，後者のそれはロックである。

ホッブズは「舞台上の役者の外見」という person の原義に立ち返り，人格は物理的な個人（個体）と必ずしも一致しないと考えた。同一の個人は，多様な人格を演じ得る。言葉や行為が(外から観察して)「ある人格から発せられたものだ」と言える限りで，その人格は成立する（『人間論』）。自然人格（natural person）は物理的個人と一致すると見なせるが，ホッブズは団体や国家なども人格として捉えた。後者は人工人格（artificial person）と呼ばれ，自然人が発する何らかの言葉や行為（意思）が帰せられる。他方，ロック

は自己意識に訴える「人格の同一性」の考え方を提出した。それは「私の人格は，私の記憶が及ぶ限りで(自己意識が及ぶ限りで)同一なものとして成立する」というものである。自分がしたと言われる契約や犯罪行為について，我々は記憶が及ぶ限りで(身に覚えがある限りで)責任を負い，刑にも服す。身に覚えがないのに責任を負わされるのは不当である。

　ロックの人格観はカントに，ホッブズのそれは功利主義にそれぞれ継承される。カントと功利主義は，倫理を宗教(キリスト教)から完全に分離し，専ら法との関係で考察する世俗的倫理学説を提出した先駆者である。ロックは人格概念を生命・身体(人身)と同義でも用いた(『統治二論』)が，カントは両者を峻別する。生命・身体は自然法則に従う物理的存在だが，人格は形而上の存在である。ローマ法以来の物と人(人格)の区別も，物理的存在と形而上存在の区別により説明される。物は自然法則に従うだけの存在で，我々の生活中で道具(手段)として用いられる。他方，人格はこうした手段に尽きる存在ではない。人格は，自らの理性により自分自身に道徳法則(道徳律)を課して行為する主体である。道徳法則は，自然(因果)法則とは独立した形而上的な人間の行為規範である。理性と道徳法則に従う主体であるがゆえに，人格は自らの行為に責任を負わせることのできる主体ともなる(『道徳形而上学』)。ここに，カントは因果法則による決定論から脱した人間の尊厳と自由の本質を見出す。これに対して，物は理性を持たぬ存在，自然法則に服するのみの存在であり，帰責対象ともなり得ない。

　カントの倫理学説は，近代ドイツの実定法を通じて現代日本の実定法にも影響を与えた。日本の民法は「人格(人)が自由に意思を表示し，法律行為を成立させる」という人間像に基づいて構成されている。また，刑法は「行為の有責性は，行為主体(人格)の自由な意思のあり様により故意，過失，錯誤に分類できる」という人間像を土台としている。自由意思に着目するこの人間像は，カントの強い影響下にドイツの民法典草案や刑法典に取り入れられ，

更に日本の実定法に持ち込まれた。カントによれば，意思とは道徳法則に従い行為を生み出す人間の能力である。だが，人間は道徳法則に従うのみならず，エゴイズムに流されて行為することもある。各人の自由意思が調和して成立するように，一定の仕方で自由を外から制限するのが法である。法とは各人の内面にある道徳法則を外化させたもので，全ての人格(国民一般)の意思により社会全体に課される，とカントは考えた[8]。

　他方，ベンサムが唱えた功利主義は，個人の内面(意思)に極力立ち入らず，外面的な行為の結果に注目する。彼はホッブズに習い，苦を避けて楽を求める人間の自然本性(エゴイズム)を是認する。我々各人にとって「よい」(価値)行為とは，苦の減少と楽の増加をもたらす(結果する)行為である(個人レベルの功利主義)。また，社会全体にとって「よい」(価値)とは，苦の減少と楽の増加に一人でも多くの人が与ることである(社会レベルの功利主義，即ち最大幸福)。だが，ベンサムはホッブズやロック以上に経験論を徹底させ，社会契約や自然法は虚構だと考える。法律は，社会全体の最大幸福を害する行為に罰則(苦痛)を与え，これを抑止するために制定される限りのもの(実定法)である。民法は各人の財産を保護するために作られ，刑法は犯罪を効果的に予防するべく刑罰を規定する。法律は個人の内面に介入することはできず，専らその外面的な行動を規律する。

　ベンサムは個人レベルの功利主義が社会レベルのそれに調和すると考えたが，常識的に考えると両レベルは正面衝突する(例えば物盗りは楽をしようと思って窃盗をするが，これは多くの困った人を生み出す)。両レベルの調整原理として「他者の権利侵害を禁止する」という原則を明示し，更に「判断能力のある者ならば，他者の権利を侵害しない(他者に危害を加えない)限り，生命や財産など自分のものを，たとえ自分の不利益になる仕方(愚行)であっても，自由に処分・自己決定してよい」という仕方で自由を擁護したのがミルである[9]。これは，各人の心(人格の内面)には立ち入らず，外から見える行

為について最低限の遵守事項を課す倫理原則で,「自由な自己決定原則」とか「他者危害原則」と呼ばれる。この原則は同時に立法論の原則でもあり, 日本にも第二次大戦後に米国経由で導入され, 現憲法では自由権や幸福追求権として具体化されている。この原則に従うと, 民法は各人の自由な自己決定のために最低限必要なルールであり, 刑法は他者危害を行った者に対する刑罰を規定するものであることになる。第1節で見た「対人危害」は, 他者危害であればこの原則により禁止され, 自己危害であれば愚行権として容認される。

ミルの定式化に従うと, 自由な自己決定原則には「他者危害禁止」以外に自由を制限する要素がない。他方, 欧州には, 国民全体の利益増進のために「公共善」に類する理念(「公序」「公共の福祉」など)[10] を持ち出して個人の自由(私権)を制限する伝統がある。自由の制限要因としては, この理念は「他者危害禁止」とは一致しない。公共善の具体例には, 累進課税や所得再配分政策により一部国民(特に高所得者層)の自由を制限することで実現する社会保障(福祉), 或いは都市計画遂行や公共物建設のための強制執行などがある。また, 行政法は総じて公共善の実現を目指して発展してきた。更に, 欧州大陸法系では人権(人格がその担い手である)は公序に属するとされ, 個人の自由な処分に委ねられない。人権は他者危害を完全予防するための理念であると解することもできるが, 社会保障や強制執行はより踏み込んだ目的(国民全体の利益増進)で私権を制限する。このように, 公共善の推進は, 他者危害禁止よりも強く自由を制限し得る。公共善に基づく制限をも許容するものと捉えれば, 自由な自己決定原則は, 英語圏のみならず, 功利主義の伝統がない欧州大陸や日本にも共通する現代社会の倫理原則(立法論の原則)と見なし得る[11]。

以上, 特にカントと功利主義に棹差して, 倫理と法の接点を確認した。環境問題に含まれる「対人危害」と「自然固有の価値」は何れも価値判断である。「対人危害」のうち「他者危害(権利侵害)」は, カントの道徳法則によっ

ても功利主義によっても禁止される。他方,「自然固有の価値」は,自然(物)を道具存在とするカントの考えでは道徳法則にも法にもならないし,人間社会の最大幸福を目指す功利主義も行為の制限原則と見なさないだろう。倫理学は法学と同様に価値と規範を考察対象とする。環境問題に向けて法学が発言するならば,倫理学も同様に環境問題と関わらざるを得ない。実際,倫理学は環境問題を始めとするさまざまな社会問題に向けて発言している。こうした発言は言わば倫理学の応用問題であり,応用倫理学と呼ばれる領域を形成する。

(3) 応用倫理学の出現

現代社会では,とりわけ科学技術の発展により,従来の価値や規範では対応の困難な問題が頻出している。先述した医療現場での不妊治療や脳死の問題がその一例である。代理母などは日本では現行法が解決の型を示しておらず,社会問題化している。脳死については,これを人の死として認めるか否かについて日本の世論が割れ,臓器移植法の成立に影響を与えた。こうした問題は,既存の法で解決できないことが多く,必要に応じて新たな立法措置が講じられねばならない。こうした問題の議論が「生命倫理」と呼ばれるが,このネーミング[12]は,医療現場に関わる法律問題も立法論という観点では倫理学に他ならないことを示している。

生命倫理の議論では,もちろん医師や法律家も専門家として発言する。法学者は,既存の法との整合性や,既存の法解釈学説との整合性という観点からアプローチする。例えば不妊治療問題は家族法と密接に関わり[13],家族法の専門家が積極的に発言している。また,臓器移植は刑法学と密接に関わり[14],刑法学者が発言している。他方,倫理学は,人格を巡る価値と規範一般(法律を含む広い文脈で)という観点から同じ問題を考察する。例えば不妊治療問題では,この問題に関与する当事者(遺伝学上の父母,生みの母,育て

の父母，家族法上の父母，生まれてくる子，医師など)を区別し，具体的な治療を通してそれぞれの人格が被る利益と不利益を吟味する。その上で，その治療が許容されるか否か(様々な意見があり得る)，その理由(これも多様であり得る)，規制のあり方(多様な方法がある)などが検討される。「当事者(例えば体外受精で作られた受精卵)が人格といえるか否か」という問題(更に，人格とは何か，という問題)も吟味対象に含まれる。こうした考察は法律学と異質なものではなく，むしろ法律学と補完しあう性質のものである。

　生命倫理学では，「自由な自己決定」という原則をどこまで適用するか，という点が議論の中心となる。例えば人工妊娠中絶問題では，妊婦にこの原則を適用して「生まない権利」を認めるか否か，という点で賛否両論ができる(女性解放運動家やリベラリストは賛成派であり，カトリック教会は胎児の生まれる権利を尊重して反対する)。また安楽死問題は，患者にこの原則を適用して安楽死を認めるか否か，という点で同様に意見が分岐する。歴史的には，「自由な自己決定」原則が認められる範囲が拡張される傾向にある。安楽死や人工妊娠中絶は，これを条件付きで認める方針を打ち出す国が増えている。生命倫理学では，「自由な自己決定」原則を積極的に打ち出し，原則の適用範囲を拡張する議論が主流である。

　生命倫理の他，応用倫理には企業倫理や技術倫理，情報倫理(個人情報の扱いやIT技術に関連するルールを考える議論領域)や環境倫理などがある。次節では環境倫理学の主張を体系的に概観する[15]。

3. 環境問題と倫理学の接点

(1) 環境倫理学の三つの主張(加藤尚武)

「自由な自己決定」原則に従って技術力を駆使した経済活動が営まれる結

果，現代社会には多様な環境問題が発生している。環境問題に関与する当事者は，公害における加害者と被害者に留まらない。現在世代に属する個人以外に，未だ生まれざる将来世代，そして人間以外の生物や生態系も当事者として関わってくる。環境倫理学は，これら当事者に環境問題が与える利益と不利益を見定め，その上で許容可能なことと不可能なことを考量する。その結果，「自由な自己決定」原則に従来以上の制限を課すべし，という主張が強くなっている。制限要因となるのは，第1節で見た「対人危害(他者危害)を防除すべし」と「自然固有の価値を尊重すべし」という価値判断である。日本における環境倫理学の草分けである加藤尚武は，その主張を次の三つにまとめている[16]。

1) 生物保護開発・・・行為や乱獲，農薬使用などで自然環境が破壊され，動植物の生息域が狭められて絶滅する種も発生している。更に，生態学の知見は，他生物の圧迫が人間自身の生存をも危うくする可能性があることを教えている。こうした事実認識に棹差して「対人危害の防除」あるいは「自然固有の価値の尊重」という価値判断を適用すると，「他生物，生態系，景観など『自然』と総称されるものを尊重し保護するべき」「これにより我々の自由に一定の制限が課されてもやむを得ない」との主張が出てくる。現代社会の法体系では，守られるべき最大の価値(法益)は個人の生命・財産・自由であり，生物保護には従属的な価値しか置かれていない。後者にも重点を置いた社会を築くべきである。より具体的には (1) は次の三つの主張から成り，その何れもが法的な動きに発展している。第一は自然固有の権利という主張。人間だけでなく，生物種や生態系，景観などにも固有の権利があり，これを守るべき，とされる。米国だけでなく日本でも自然の権利訴訟[17]が起きている。第二は，生物種の保護義務を人間が負うべき，という主張。種の絶滅は自然界で頻繁に発生するが，人為的な原因で絶滅する種の数が最近激増している。これは人間自身を含む地球生態系全体に悪影響を及ぼしかねないため，

種の絶滅を防除すべくワシントン条約が締結された。日本でも同条約に基づき種の保存法ができている。第三は動物の虐待禁止。日本にも動物保護法(1973年，2000年に動物愛護法に改正)がある。

  2) 世代間倫理‥‥化石燃料消費による温室効果ガスの大量排出により地球温暖化が見込まれ，将来世代の生活や生存が脅かされる。過度の牧畜や農地化により砂漠化した大地を将来世代に引き渡す。原子力発電所から出る放射性廃棄物を将来世代に押し付ける。こうした事実を認識した上で，将来世代に対する「他者危害」の禁止が主張される。ミルの考えた「他者危害禁止」は，現在世代内部で相互に遵守すべき最低限の義務(共時的責任)である。将来世代は未だ出生していないので相互性が期待できず，この義務の適用対象にならない。将来世代をこの義務の適用対象とし，将来世代の生存可能性に対する責任(通時的責任)を現在世代の我々が負うべきである。同時に，この責任を果たすために必要ならば，現在世代の自由は(正当化できる範囲内で)制限されなければならない。現行の民主的な政治システムでは，将来世代は代表者を政治的意思決定の場に送れない。我々の通時的責任を明確にする社会システムの整備が必要である。87年の国連環境・開発委員会報告書で「持続可能な発展」[18]という考え方が提唱され，気候変動枠組み条約(92年)にも取り入れられた(国内でも93年の環境基本法に採用された)が，これは通時的責任を見据えた考え方の一つである。

  3) 地球の有限性(地球全体主義)‥‥工場が自由に廃液を垂れ流すと魚を食べた人が中毒になる。石油を自由に掘って燃やすと温暖化につながる。大量消費から出たゴミを自由に燃やすとダイオキシンが発生する。従来の「自由な自己決定」原則は，目撃証人により立証可能な他者危害(毒殺や傷害，詐欺など)以外のすべての行為を自由に委ねていたが，20世紀になるとこうした「自由な」行為から新種の対人危害・他者危害(一見して目に見えない危害，因果関係の特定が困難な危害)が発生した。これらの危害の事実は，「人

間は，物質循環を通して他生物と依存しながら生存を保つ生態系の一構成員にすぎない」という生態学の知見に裏打ちされる。従来の原則は，「宇宙は無限空間であり，人間はその中で独立自存するアトムである」という17世紀欧州で確立された宇宙像・人間像を土台としていた[19]。現在では，この宇宙像・人間像が地球生態系に関しては誤りだったことが分かっている。この実情に合わせて我々の行為規範を変えていく必要がある。「自由な自己決定」原則を維持するならば，他者危害禁止を実効ある仕方で実現するために，この原則の適用実態を変えていく必要がある。これを具体化する一案として，経済学から「外部不経済の内部化」[20]が提案され，90年代の日本における環境立法や気候変動枠組み条約の京都議定書(温暖化ガス削減義務や排出権取引など)に活かされている。

(2) さまざまな立場と正当化を巡る議論

環境倫理学は，要約すると「『対人(他者)危害禁止』と『自然固有の価値』という価値判断に現代の我々が従うなら，『自由な自己決定』という行動原則は従来以上の制限を受ける」という問題提起だが，実際には多くの論者が多様な立論を行い，自説の正当化を試みている。また，「他者危害禁止」より踏み込んだ自由の制限要因である「公共善」を持ち出すならば，自由の合理的制限の設計へ向けた環境倫理学の立場は更に多様化する。以下では，特に「他者危害禁止」と「自然固有の価値」に着目して，多様な立論を概観する[21]。他方，環境倫理学の主張とは別に，自由の制限に反対する意見も一般には根強い。これらの反対論は，自らの無制限な自由を守るために現在世代が考え出した言い訳とも受け取れる。以下では，反対論も比較対象として並べる。

1) 生物保護に関しては，自然の権利・生物種保護・動物愛護の何れの主張にも，二つの対極的な立場がある。一方は(ア)「自然固有の価値」を持ち出す立場，他方は(イ)これを持ち出さずに「対人危害(他者危害)」のみで自

己正当化する立場である。第1節で、自然破壊に反対する根拠として対人危害、自然享有権、自然固有の価値の三つを例示した。このうち後者は(ア)の立場、前者二つは(イ)の立場に分類できる。

(ア)の立場は、「自由な自己決定」原則に対する制限要因として、「他者危害」以外に「自然固有の価値」を付加せよ、と主張する。「自然」という語で生物個体を指すのか、生物種を指すのか、生態系全体を指すのか、あるいはそのすべてを指すのか、によりさまざまなヴァリエーションがある。代表的なものに、動物個体に関して(「感覚がある」あるいは「生命の主体である」などの理由で)人権に類似した固有の価値(権利)を認めようとする立場[22]、あらゆる生物種のかけがえのなさを主張する進化論者や生態学者の立場、生態系全体に価値を認める立場[23] などがある。

(イ)の立場は、生物保護を怠ると「他者危害(対人危害)」が発生することを示し、新たな制限要因を付加することなく「自由な自己決定」の原則を堅持する。この立場にも多くのヴァリエーションがある。代表的なものに、「自然(生物種、生態系、景観)は人間が生存するための貴重な資源であり、不可欠な道具としての価値を持つ。利用されるべき道具であるがゆえに保護すべき」という立場(道具主義)[24] や、「利用という観点はさしおいて、人間は自然を享受することを価値とする。それゆえに守らねばならない」という立場(自然享有権運動)がある。

(イ)の立場は、発生する「他者危害(対人危害)」が特定の者に対するものか、不特定多数(国民あるいは人類全体)に対するものか、また禁止されるべきは危害の実行行為なのか、あるいはより広く危害可能性を持つ行為一般であるのか、によって立論が異なってくる。特定地域の開発計画に対して、その地域の住民に対する危害発生(危害可能性)を論拠にして反対が起こる場合もある。また、その地域の自然が国民(あるいは人類)全体の財産であるという論拠から反対が起こる場合もある。白神山地の開発計画は、地元住民に対

する危害発生(及びその可能性)を論拠にした反対運動が,世界遺産登録という形で実を結んだ。世界遺産条約,自然公園法,種の保存法などを(イ)の立場から根拠付けようとすると,他者危害禁止のみでなく国民(人類)全体の利益(公共善の推進)という論拠が必要になる。

他方,生物保護は我々の自由な自己決定を制限する材料にならない,とする価値判断も可能である。現代社会では,相変わらずこうした価値観が法整備や経済活動の主要な原動力となっている。例えば米ブッシュ政権は2001年の発足早々にアラスカの自然保護区での油田開発という政策を打ち出した。これは,「アラスカの原生自然より,カリフォルニア大停電のような事態を予防する対策や,米国経済を減速させないための条件整備の方が重要だ」という理由で正当化された。この政策は(ア)の立場とは正面衝突するが,(イ)の立場の中には容認論があり得る(特に道具主義の立場から)。道具主義的な生物保護と経済政策が対立した場合,相互にどう折り合いをつけるかについては多様な立場が分岐し得る。

2) 世代間倫理は,将来世代を利害当事者に加えて配分の公平性(正義)を考え直せ,という主張である。具体的な立論に際しては,(ウ)将来世代の個々人を他者危害禁止や公共善推進の適用対象と見なす立場,(エ)将来世代を全体視して現在世代との世代間公平を訴える立場,の二つが大別できる。(ウ)の場合,「将来世代に属する人は皆,現在世代と同時存在はしないが,将来の或る時点で地球上に生まれ出ることが因果的に不可避な他者である」という事実認識が理由付けの基本となる。こうした他者を考慮に入れて,他者危害禁止や公共善の具体的設計が訴えられる。(エ)の立場としては,ロールズの無知のヴェールに関する議論を世代間倫理に応用し,すべての世代が等しい権利を持たねばならないことを引き出す立場[25],親子関係を拡張して将来世代に対する現在世代の責任を根拠付ける立場[26]などがある。

また,(ウ)と(エ)の区別とは独立に,将来世代に公平に配分されるべき環

境とは何か，その公平な配分は如何になされるか，という点で多様な立場が分岐し得る。例えば，温暖化や砂漠化の防止，水資源などに関しては，その将来世代への保障の必要性が広く認識され，取り組みも始まっている。だが，石油などの枯渇性化石燃料を将来世代にも残すべきか，あるいは原発の放射性廃棄物を将来世代に押し付けてよいか，などの問題には異論がある。こうした立場の相違は，持続可能な発展を具体的に設計する政策上の相違となる。

他方，現在世代の自由の制限を拒否する立場(価値判断)も多様に可能である。極端な例として，持続可能な発展を拒絶する立場が考えられる。例えば，「我々が危害だと感じるものが，将来世代によっても危害だと感じられる保証はない。将来世代に対する危害を想定し，これを理由に我々の自由を制限する，という議論には説得力がない」という価値の相対性に訴える考え方がある。だが，将来世代が生物学的に見て我々と同じヒトであれば，その生存に必要な物理的条件は同じはずである。この条件を破壊することは他者に対する危害だと断定せざるを得ない。また，「将来世代は我々にとって他者である。将来世代の問題は彼等が自ら解決すべきだ」という立場もあり得る。これは将来世代の自己責任に訴えているように見えるが，実は現在世代による世代間公平の拒絶である。将来世代は，温暖化という厄介な環境を自分の意思で引き受ける訳ではない。温暖化の原因と責任は彼等ではなく現在世代にある[27]。

持続可能な発展に賛成した上で，自由の制限を拒否する立場も多数ある。例えば，「原発の放射性廃棄物の最終処理は将来世代に任せればよい。彼らは英知を発揮して問題を解決するだろう」という発言がしばしば為される。これは「自分の廃棄物を他人に押し付けずに自分で処理する」という自己責任の原則に違反している上に，「将来世代の英知」という不確かなものを持ち出して自己正当化を図っている。同様な判断に，「国の借金が増えても現在の景気対策を優先すべし。国の借金は将来世代が解決するだろう」がある。こう

した現在世代に都合のよい価値判断は，将来世代からの反対が現実になされない以上，実行に移されることが多い。また，地球温暖化問題では，気候変動のメカニズムが現時点で十分解明されておらず，将来の温暖化予測は現時点では練り上げ不足な仮説に基づいている。これを理由に，米ブッシュ政権は 2001 年春に「今まで通り温暖化ガス排出を続けても，将来世代に危害が及ぶとは言い切れない」と主張した。更に，持続可能な発展は自由の制限ではなく技術開発によって実現される，と考える立場もある。ブッシュ政権は地球温暖化問題で「仮に温暖化が事実だとしても，大気中の温暖化ガスを固定する技術を実用化してこれを抑止するべき」という方針を打ち出した。だが，こうした技術開発は，温暖化ガスの経済内部化がよほど進まない限り，自由市場経済では民間企業にとってのビジネスチャンスたり得ない。現状では，CO_2 固定化技術の開発は，公的資金を投入した研究支援がなければ不可能だろう。この目的での税負担を強いられる限りで，納税者の自由はやはり制限を受ける。

3) 地球全体主義は，有限な地球環境という観点を加えて各人の自由を公平に配分し直せ，という主張である。ここでも二つの対極的立場が可能である。(オ)公害問題などが発生したのは地球有限性を考慮せずに「自由な自己決定」原則に従った結果なので，今後は地球有限性を正しく反映した仕方でこの原則に従うべき，という立場。この反対極に，(カ)「自由な自己決定」原則は欠陥品なので放棄せよ，という立場がある。

(オ)は最低限享受されるべき環境に関して(現在世代内部で)配分の公平性を再考し，従来自由であると思われていた行為を具体的に制限するよう求める立場である。経済学や法学から表明される立場は例外なく(オ)のヴァリエーションとなる。例えば法律学では，各種公害訴訟を通して危険責任という考え方が広まった。これは無過失責任の一種で，公害被害者(原告)側が厳密な因果関係を立証できなくても有害物質排出企業(被告)側が損害賠償責任

を負う，という考え方であり[28]，企業側の自由に公害防止という観点から制限をかけることになった．また，外部不経済の内部化という経済学的な考え方に沿ってゴミの有料化やリサイクル義務，環境税の導入や排出権取引市場の創設などが進み，経済活動の自由を合理的に制限するさまざまな社会的な仕組みが実現されつつある[29]．この際，例えばゴミの排出責任やリサイクル費用負担に関して，これを生産者に課すか消費者に課すか，などの点で内部化の具体的設計が異なってくる．また，（オ）の内部には，（2）の場合と同様，何が「最低限享受されるべき環境」であるか（何を他者危害と見なすか）に関して多様な立場があり得る．更に，（イ）の場合と同様，他者危害禁止を考慮するだけか，あるいは公共善増進という観点も導入するか，という点でも多様な立場があり得る．どの立場を採るかにより，具体的な環境政策のあり方が違ってくる．

（カ）は「自由な自己決定」原則を放棄し，別の原則で置き換える，というラディカルな立場である．この立場には，私有財産制を否定して対応するネオ・マルクス主義や，地球（生態系）全体主義を原則に据えるものがある．後者は，人間個人の自由よりも地球生態系全体の維持により高い価値を置く．これは，「他者危害」を根拠に自由を制限するのではなく，むしろ「自然固有の価値」を中心に据える考え方である[30]．

他方，従来型の「自由」に固執する主張（価値判断）も可能であるし，現実の政治判断にはこうした主張が多い．米国では「CO_2排出量に何らかの規制・制御を設けるという発想自体が受け入れられない」としてCO_2の経済内部化そのものに反対する意見がブッシュ政権内部にある[31]．また，尼崎公害訴訟判決で排気ガス差し止め命令が出たことに対して国は控訴した（その後の和解でも排気ガス差し止めを拒絶した）が，これは「排ガス削減努力はするが，自動車走行の自由を道路封鎖で制限することはできない」という価値判断である．その根拠は，通行止めに伴う民間の自由な経済活動の停滞と，そ

れによる国民生活への影響である。環境問題に直面した際,既存の法体系に忠実であると(オ)にすら反対せざるを得なくなることがある。公害問題における危険責任も,1972年以前は実定法上も判例でも認められなかった。また,新たなルールの策定が求められる場合にも,利害関係者が互いの利益(自由)を主張して譲らない場面が多々ある(京都議定書を巡る交渉問題など)。

物質循環経路上での有害物質による他者危害(の可能性)発生には様々な実例がある。薬害エイズや狂牛病もその実例だが,ここでは他者危害の原因行為(者)を比較的容易に特定でき,また危害発生の緊急な根絶が求められる。だが,母乳中に含まれる微量のダイオキシンのような例では,その発生源を特定することが難しい。こうした例では,現状が他者危害に相当するかどうか自体が争われてしまうし,また救済措置(体内からのダイオキシン除去)も講じられていない(ダイオキシン排出規制そのものは進んでいる)。

(3) 人格概念と法

総じて,環境倫理学は現在世代に属する人格の自由を制限せよと主張する。では,制限をどう具体化(立法化)すれば正当化できるだろうか。また,環境倫理学の主張には,近代的な(法的)人格概念そのものに対する問題提起も含まれている。人格概念という観点から,環境倫理学の三つの主張それぞれに問題点を簡単に整理する。

1) 生物保護...現在の法体系では,法的人格(権利能力の主体)は出生から死亡までの人間個体のみに認められる。生物保護の主張は,これを何らかの仕方で人間以外の存在(生物種,生態系,景観,動物個体など)にも認めよう,という主張である。もちろん,人間とまったく同じ権利を認めるということではない。こうした存在には,人間と同じ仕方で言語による意思表示能力がある訳ではない。しかし,たとえ限定された仕方であれ,権利能力の主体であること(価値があること)を認めれば,人間の自由な自己決定に制限を

加えることができる。

　この主張に対して，「『生態系や生物種に法的人格を認める』というのは言葉遊びに過ぎない。生態系に権利の行使などできるはずがない。こうした存在に権利を認めよ，というのは，一部の偏向した人間の独善，自己満足に過ぎない」という反論があり得る。これに対しては次の再反論が可能である。先ず，日本語で「人間以外の存在に『人格』を認める」と言うと確かに形容矛盾であり，言葉遊びのように聞こえる。「人格」という語には「人」という語が既に含まれており，「人格」を承認されるのは「人」に限定されるに決まっているからである。しかし，person（persona）という元の語は「前を向いたもの」「顔」「面」を意味し，人間に限定されない。動植物や景観も「顔」を持っているし，物語の登場人物となることすらしばしばある。欧米人の語感では，person を他生物や景観に拡張することは，何ら奇妙なことではない。person という語は，決して「『人』格」と同一ではない（「人格」と和訳するのは誤訳とすら言える）。

　また，権利の主体として保護されるべきこと（価値を認めること）と，実際に権利を行使する能力があることは，別問題である。現実に，権利能力の主体（法的人格）としての地位は，独力で権利の行使ができない赤ん坊や植物状態の人間にも与えられている。この地位を認められる存在は，歴史をたどると順次拡張されてきた[32]。女性や子供に現在のような仕方で法的人格が認められたのは，そう遠い昔ではない。欧州では，キリスト教徒でない者に法的人格を認めない時代が長く続いた。病人，精神疾患者，昏睡状態にある人，などに人格が認められない時代もあった。こうした存在は一般に社会的弱者と言ってよい。法的人格は，社会的弱者にも認められるべくその適用範囲を拡張されてきた。その結果，意思表示能力がない人間存在（赤ん坊や植物状態で寝たきりの人）にも現在では法的人格が承認され，社会的保護が与えられている。その範囲は，現在のところ「出生から死亡に至る人間個体」と決めら

れているが、これを一定の理由で拡張し、人間以外の生物や景観をもその範囲に入れ、社会的保護を与える立法がなされても、特に矛盾は生じない。意識があるとは疑わしい他生物をも権利主体と認めることは、必ずしも言葉遊びではない。第1節で、絶滅危惧種を保護するために誰でも訴訟を提起できると規定した米国の絶滅危惧種保護法に触れたが、この規定は絶滅危惧種そのものに原告適格性を認めるものと解釈することもできる[33]。この限りでは、人間以外の生物種を権利能力の主体として認める法律は既に存在している。

　他方、生物保護の主張に沿ってperson概念の適用範囲を拡張するならば、その拡張はどこまで押し進められるだろうか(人格の必要条件、あるいは必要十分条件はあるのか、という問題)。「顔」や「面」という元の意味に立ち返っても手がかりは得られまい。また、具体的にどのような権利を生物に認めるべきなのか。生物保護が法的に具体化されると、現在世代の人格に対する私権制限が発生する。では、どのような私権制限が合理的に正当化できるのか。日本では、自然公園法(57年)、自然環境保全法(72年)、ワシントン条約に基づく種の保存法(92年)などで私権制限が具体化されている。制限を受ける当事者からは、「人間よりオオタカの方が大事なのか」等の不満の声が聞かれる。こうした声に環境倫理学は真剣に答えてこなかった。今後は、具体的な私権制限の設計(立法)に役立つ説得力ある原則論の提示(人格概念に関する原則の確立)が一層求められる。

　なお、日本では幾つかの自然の権利訴訟が提起されているが、自然物の原告適格性というハードルで躓いている。最初の訴訟であるアマミノクロウサギ訴訟(ゴルフ場開発許可取消を求めた行政裁判)では、クロウサギを原告とする訴状が95年に却下された後、クロウサギの代理人として個人名での訴えに切り替えられた。この訴えも、2001年1月に「原告適格性なし」として却下された。現行法を文字通りに適用する限りでは、この結論は妥当だろう。だが、判決は「人及び法人の利益救済を念頭に置いた現行法の枠組みのまま

で今後もよいのか，という不可避の問題を提起した」として訴えの意義を認めた。問題提起に対する解決の型を現行法が与えていないなら，新たな立法が検討されるべきだろう。自然享有権は一つの考え方だが，今後も多くの議論が望まれる。

2) 世代間倫理を個人レベルで捉える(ウ)の主張は，「現在世代の人々だけでなく，将来世代に属する人々をも前倒しで人格として扱い，現在世代の行為決定に際して他者危害原則の適用対象とせよ」と換言できる。現代社会では，ある時点を起点として，この時点で「出生から死亡まで」の範囲に収まる人間存在に対してのみ人格概念が適用されており，その時点でこの範囲に入らない将来世代の人々は人格と呼べない。(ウ)の主張は，額面どおり受け取ると，人格概念の適用範囲を将来世代まで拡張せよ，という (1) に類似した人格拡張論になる。

将来世代を前倒しで人格視する点で，(ウ)は人工妊娠中絶反対論(出生前の胎児を前倒しで人格視する)と類似した主張にも見える。しかし，世代間倫理は，(ウ)(エ)共に，将来世代に対する環境の公平な配分という目標を持ち，持続可能な発展のためには人口調整(特に無秩序な人口増加の抑止)も肯定する。調整方法として中絶奨励が選択される(出生に至る前の胚・胎児を「人格でない」という理由で抹殺する)こともあり得る。世代間倫理では，将来世代全体の重要性(次世代全体主義)と将来世代に属する個人の人格の重要性(次世代個体主義)が緊張関係に置かれる。将来世代の人々の具体的な姿が見えない(不特定多数でしかない)のに，それを尊重されるべき人格として扱い，不確定要素が伴う将来予測に基づいて公平な配分(持続可能な発展)の具体像を描き，場合によっては現在世代の自由に対する制限も検討せねばならない。これは困難な作業である。

持続可能な発展は，元々は漁業資源などを乱獲から保護して永続的に利用するための方策として経済学で導入された考え方である。漁業資源について

は，目に見えて減ってくる漁獲量に対する切迫感が漁業者に芽生え，禁漁区や禁漁期間の設定，漁獲高制限などが自発的に考案される。しかし，地球環境問題においては，その危害が及ぶのは行為の当事者(現在世代に属する人格)ではない。現在世代の個々人の自発性や良心に委ねたままで持続可能な発展が達成できるとは期待できない。将来世代への危害防除，或いは世代を越えた公共善を理由として公的に介入し(理念に基づく公的インセンティヴ)，合理的な私権制限を行うことが不可欠となる。環境経済学では，ストックとフローの関係に着目して環境税の導入が提唱されているが[34]，経済学的観点からは公的介入の正当性の根拠や環境税を具体化する際のコスト配分(誰が，何を，どれだけ負担するか)などの問題を十分考察することができない。私権制限の具体的設計には，生物保護に関して指摘したのと同様の問題が付きまとう。環境倫理学は，各世代の各人に公平に配分されるべき最低限の環境を明確化した上で，その配分を実現する社会システムのあり方(立法論の原則)について合理的なヴィジョンを提出する課題を負う[35]。

3) 地球有限性の主張には，従来の人格概念に対する根本的な批判の視点が含まれている。ローマ法とキリスト教の伝統の中で培われた人格概念は，17世紀になって「無限空間における完結したアトム」という形を取った。この人格観の成立には，とりわけ我々個々人が被造物として独立自存し，自己完結したアトムとして神との対話・契約を行う主体である，とするプロテスタント的人間観が大きな影響を与えた。アトムとしての人格観は，自由な自己決定原則の土台，私的所有権を中心とする近代の法制度の土台でもある。だが，20世紀になって得られた生態学的な知見は，この土台そのものを覆しつつある。その代わりに，有限空間における他者との境界が曖昧な存在としての人格，物質循環を通して他者とつながった存在としての人格，という人格観が提出される。

上述した危険責任と外部不経済の内部化は，何れもこの人格観を反映した

コンセプトである。公害問題における危険責任は，物質循環が目には見えず，その把握が困難なことに留意した上で，人格間の調停手段として考案された法技術である。科学技術を駆使した経済活動は多様な物質を利用し，また発生させている。我々は知らぬ間に有害物質を体内に取り込む危険に常に曝されている。一般人の体内に蓄積されたダイオキシンの場合，その発生源の特定は現時点でも困難だが，古典的な公害被害の場合，その原因物質と発生源の特定は多くの場合可能である。だが，被害者が救済を受けるには，加害者側の過失と因果関係の立証を全て自力で行わねばならない。これは被害者側には過大な負担である場合が多い。被害発生地域に所在のある原因物質排出者が危険責任(無過失責任)を負う仕組みは，排出者と住民が物質循環でつながっていることを反映した合理的な調停法だろう。

　外部不経済の内部化は，従来は無価値であった物に対して新たに(正負何れかの)経済的価値が付加されることである。例えば，PCBの投棄やダイオキシンの発生は各人が自由に行うことができ，しかも無料だと思われていた時代があった。だが，その投棄や発生が物質循環のプロセスで他者危害を生み出し，損害賠償や原状回復費用により結局は高コストであることが露呈する。その結果，PCBやダイオキシン無害化の市場が開拓される。こうした内部化は，市場の自発的反応(私権制限を伴わない)で進む場合もあるが，実際には公的介入(私権制限を伴う)によることが多い。PCBやダイオキシンも，無害化技術の市場が成長するには立法措置による規制が大きな役割を果たした。公的介入に関しては，2)で指摘したのと同様な立法論の原則が明確化されねばならない。

　だが，無過失責任と内部化は，何れも古典的人格観に基づく自由主義・個体主義(配分の当事者としてのアトム)を原則として維持し，それに制限を付加する考え方である。他方，現代の科学的知見は，古典的人格観の修正に留まらず，有限性や連続性を反映した新たな人格観を求めている，とも受け取

れる。これを次節で考える。

4. 環境倫理の原則的諸問題

(1) 人格概念の行方

「人格」と捉えられる人間個人が「自己完結したアトム」ではないことを明示した科学的知見の代表は、ゲノム科学と生態学である。ゲノムは生物の遺伝情報であり、細胞核にある DNA（デオキシリボ核酸）中にある4種類の塩基の配列パターンとして蓄積されている。例えばヒトの場合、23対の染色体を構成する DNA には約30億の塩基配列が存在している(この塩基配列の総体はヒトゲノムと呼ばれる)。このうち、一定数の断片がたんぱく質を合成する設計図(遺伝子)として機能するが、ヒトに関しては遺伝子総数が約3万と予想されている。ヒトを始めとする生物の体は、塩基配列のさまざまなパターンを基に多様なたんぱく質が合成されることで形成される。ヒトゲノムは2001年にほぼ解読され、現在ではヒト遺伝子の特定と機能の分析が進められている。

ヒトゲノムは人体を構成するどの細胞中にも含まれているが、それ自体は物質ではなく情報(塩基配列パターン)である。我々は、この情報を共有しているが故にすべてヒトである。しかし、一人ひとりのゲノム(個人のゲノム)は微妙に異なる。30億対のうち0.1％ほどが個人差の部分であり、ここから人種、髪の毛の色、体質などの違いが起因する。ある人と完全に同じゲノムを持つ人は事実上存在しない(唯一の例外は一卵性双生児)。この意味で、ある人のゲノムは、その人を他人から区別する「個人」としての証しであり、究極の個人情報である。

だが、個人のゲノムは、個人がアトムとして他者と隔絶し、自己完結した

同一性を保持する証しだと解されてはならない。逆に，ゲノム科学は個人が自己完結したアトムではあり得ないことを証明している。我々は自分のゲノムを生物学上の両親からもらう。つまり，各人はその両親とゲノムの一定部分を完全に共有している。また，兄弟や他の親族とも，血縁の遠近を反映する割合でゲノムを共有している。この際，ゲノムが物質でなく情報である，という点が重要である。人体は物質であり，物理的にも当人に固有のものと言ってよい側面がある。だが，ゲノムは情報であり，情報は共有され得る。決して当人に固有のものではない。ゲノムの共有関係を子から親へ，そのまた親へと遡り続けると，それは数十億年の生物の歴史と一致する。逆に未来へ伸ばすと将来世代となる。

　人体を構成する無数の細胞は，その各々がゲノム情報の一部を発現し，特定の役割を果たすべく機能している。免疫細胞や生殖細胞など，その多様な機能はヒトが一つのまとまり（有機体）として周囲の環境に適応して生存するために分岐させてきた生活戦略であり，数十億年という生物進化の歴史のなかでゲノム情報に蓄積されたものである。我々一人一人は，物質的にはこうした人体という形を取って周囲環境との物質循環の中に置かれている。呼吸器官や消化器官を通してさまざまな物質が取り込まれ，排出される。人体を構成する物質は新陳代謝により約7年で完全に新しい物質に置き換わる。物質レベルで見た人体は，地球という閉じた物質循環系の中での，物質の流れの一結節点に過ぎない。生態学的に見れば，我々は周囲と物質的に隔絶した存在ではないし，他者との境界が明瞭に区切られたアトムでもない。

　ゲノム科学や生態学は自然科学である。それは，ヒト及びヒトを取り巻く環境についての自然認識（自然法則の定式化）という目的で営まれる。他方，人格概念は自然科学的な概念ではない。それは，自然科学とは別の目的で，即ち宗教的・法的・倫理的文脈（価値と規範に関わる文脈）で人間個体を指して用いられる。だが，人格概念はヒトに関する自然認識の成果を無視するこ

とはできない。我々が行為の具体的な規範を獲得し，これに従って行動するには，正しい自然事実の認識が不可欠だからである。現代の人格概念（私的所有・自由な自己決定などの価値と規範に従う主体としての人格）の基礎を据えたのはロックやカントだが，彼らの概念把握は同時代のヒトに関する事実認識を踏まえていた。それによれば，アトムとしての人体を基盤として，アトムとしての人格が成立しており，これが自由意思に基づいて行動する。各人の人体は，一見した限りでは，それぞれが周囲の環境から独立した個体（アトム）である。この「一見」に従って，「目に見えて他者と異なる存在」「意識の上で自己同一性を保つ存在」「意思の上で他者から独立した存在」としての個人という生活実感が17, 18世紀の欧州人には定着していた。これは，ヒトに関する自然科学的認識を深める出発点ともなった。

　こうした生活実感に根ざした事実認識は，一見して目に見える訳ではない事柄を解明したゲノム科学や生態学により覆された。これと歩調を合わせて，人格概念そのものの再考が求められる。従来の人格観では，人身の自由な処分は公序違反で禁止されても，死後の臓器提供は個人の意思表示により可能である。しかし，ゲノムは親族全てに関わる以上，個人の意思による自由な処分には原則的に馴染まない。またロックやカントの時代にはなかった科学技術の社会的応用が，個人主義的な人格観の再考を求めている。放射能や環境ホルモン，遺伝子組換えは，その発生の自由に関して適切な制限を設ける必要がある。哲学的に見れば，現代の事実認識（とりわけ地球の有限性）を反映した仕方で人格概念を再定位し，価値と規範を再構成する，という課題に我々は直面している。従来「自己」と思われていたものが実は自己ではない，もっと広い地球生態系全体が「自己」である，と言えるような人間観が，科学的事実認識の側から要請されている。だが，法律との関係に留まるならば，新たな人格観の提出は大きな意味を持たない。法は基本概念に関して保守的である。ゲノムや物質循環は，生命・財産の自由な処分が許されない実例な

ので，所有概念に的を絞って以下で若干の考察を加える。

（2） 所有概念･･･近代的人格観の一つの特徴

　所有権は，法的人格にとって最も基本的な属性の一つである。例えば物権的所有権は，絶対的・排他的な支配権とか，自由な使用・収益・処分の権利とか規定される。所有権に従って，我々は何かが「自分のもの」であると主張し，また「自分のもの」を自由に処分することが許される。この場合の「自分のもの」とは何だろうか。我々がふつう考える「所有」の礎を築いたのはロックである。彼は『統治二論』で生命（身体），自由，資産を包括的に指し示す語として property という語を使った（第2篇§123）。処分不可能な身体と処分可能な財産が同じ語で指し示されるのは，現代の我々が一見すると奇妙である。だが，これは語源を見れば理解できる。原語はラテン語の proprietas（ローマ法で「所有」の意）だが，この語は proprius（「固有な」「適切な」，proper の語源）から作られた抽象名詞で，更に元をたどると形容詞 prope（「近接した」）の比較級 propior につながる。私に比較的近接したもの，その意味で固有なもの，その代表は身体であり，また私に身近な財産である。こうした発想で proprietas という語はできている。ロックはこの発想を踏襲する仕方で property という語を使っている[36]。
　ローマ法には proprietas の他に dominium という所有概念がある。後者は「家長（dominus）の支配に服属するもの」が原義で，土地家屋や家畜，奴隷など物権に限って使われる。これら二つの所有概念は欧州の所有観の基盤を形成するが，今日的な意味での所有権が確立されたのは近世以降である。ロックはいわゆる労働所有説を提出して所有概念を近世的な主体性の文脈に定位し，所有権の確立に寄与した。身体は各人にとって最も近接したものであり，各人が自分の身体を動かして行う労働はその人に固有のものである。自然状態にあるものは，これに対して人が労働を付加した限りで，その人が

支配する所有物になり，その人はこれを処分する自由(権利)を持つ。これは「私が労働を投入してから得た産物は私のものである」という現代の我々の所有観につながる。

身体と物体的財産が等しく property と呼ばれる理由をロック自身は明確にしていない。他方，(初期の)カントは所有物を「意思により動かせるもの」「意のままになるもの」と定義することでこの理由を与えている。こう定義すれば，身体は意思により動かせるものであり，また物体的財産も意思により動かせるものとなる。身体と物体的財産は何れも形而下の存在である。これに対して形而上的な意思(あるいは人格)が支配を及ぼし，処分を行う。カントはこうして所有概念を形而上的な倫理学説・法学説(上記第2節参照)に定位する。他方，ロックが労働所有説(物への一方的な労働の投入という経験的な事実)で所有権の権原を説明したのに対して，カントは人格(の自由な意思)のあいだを調停し拘束するアプリオリな理念としての法に所有権の根拠を求めている。カント自身は労働所有説を攻撃し，その代わりに先占説(無主物は他者に先駆けて占有されることでその根源的取得が認められる，とする説)を提出したが，後者は前者と基本的に同じ発想で出来ている[37]。

近世的所有概念には様々な批判が加えられている。第一に，労働所有説は根拠のない信念に過ぎない，との指摘がある[38]。「私が労働を付加したもの(私の意のままに制御できるもの)は私の所有物である」という定式は，所有権の根拠を労働に求める説というより，むしろ「所有」を「労働付加(あるいは制御可能性)」と等値する所有概念の定義に過ぎない。あるいは，「私が労働を投入したもの(私の意のままになるもの)は私のものである」という信念といってもよかろう。これは，「各人に近接したものは各人の意のままになり，その限りで各人の支配に服する」という所有に関する一つの直感を「各人のものにしてよい」という価値判断へと転換させたものである。この価値判断は，ロックの時代以来，人々の欲求とうまくマッチして，社会全体で実

現されるべき肯定的なものと見なされてきた。だが，この所有観に合理的な説得力があるか否かは別問題である。第一に，我々の身体をとってみても，これが我々の意のままに制御できるとは言い切れない。消化器官やゲノムなど，我々の意のままにならない要素が身体には数多く含まれる。また，土地や水，木材が私のものになるためには，私が労働を投入する以前の問題として地球の存在や降雨，樹木の生物としての生育が必要である。だが，これらは我々が生存しなくても存在する自然現象であり，その意味では決して我々の労働が生み出すものでも意のままにできるものでもない。我々にはこれら自然現象を利用することしかできない。ものを利用できるように労働を投入することと，ものの排他的な所有権を持つことを，等値してよいのだろうか。

　第二に，ロックの労働所有説には但し書きがある。投入した労働を根拠に所有権が認められるのは「共有のものが他人にも十分かつ豊潤に残されている場合」（§27）という但し書き，あるいは土地所有が認められるのは「土地が十分かつ豊潤に残されている場合」（§33）という但し書きである。この但し書きが満足されなければ，労働を投入しても所有が正当化される訳ではない。ロックの時代には誰のものでもない土地や共有のものが十分に残されており，事実上は但し書きを考慮せずに労働所有説による正当化ができた。だが現代では，地球上の土地や化石燃料が有限であるのみならず，地球生態系そのものが有限で閉じた空間であると認識されている。こうした現代の認識に照らせば，労働所有説はその前提条件が満たされずに無効となってしまう[39]。

　現在の所有概念（およびその経済システムでの運用）は，地球有限性や持続可能性とはかけ離れた所で一人歩きしている。例えば，現代日本では自家用車の所有者が車の利用を自粛して公共交通機関に乗り換える経済的メリットは（駐車料金と渋滞が問題となる大都市圏の一部を除いて）全くない。ガソリンの値段が公共交通機関の運賃より相対的に安く，また自家用車の購入費・維持費もその利便性と比較して割安であることがその原因となっている。だ

が，エネルギー効率や温暖化ガス削減効果という観点では，自家用車利用は公共交通機関より劣る。現代の経済システムでは，財の価格はエネルギー効率のみで決定される訳ではない。化石燃料を使用しながら持続可能な発展を図るには，エネルギー効率が経済性（価格）と一致するような経済システムを作ることが望ましい。これを実現するには，その合理性を根拠付けた上で自由経済への公的介入を設計するのみならず，現行法体系の所有概念を根本的な仕方で再考することも求められよう。

　従来も，所有権には他者危害禁止や公共善などの制限が加えられてきた。第3節で環境倫理学が主張する「自由な自己決定」原則の制限に言及したが，これらも他者危害禁止や公共善に立脚した自由制限の実例である。しかし，環境倫理学の主張には，単に従来の所有権に制限要因を付加していくに留まらず，所有（権）概念そのものを新しく構築し直そうという提言も含まれる。例えば，ゲノムは人体と異なり，自由な処分という所有権の原則にそもそも服さない。1997年のユネスコによる世界ヒトゲノム人権宣言では，ヒトゲノムが象徴的な意味で人類全体の遺産（heritage）であるとされたが，この宣言は従来の所有概念に対する全体主義的挑戦を含意するとも解せる。また，人体は周囲の環境と連続した物質の流れの中にあり，「近接」「固有」「支配」という伝統的な仕方で捉えることが厳密には意味をなさないことが明確となっている。人類はこれまでも経験知の進展にあわせて行為規範を変えてきた。個々の人間は決して自己完結したアトムではなく，他の個体と連続し，循環系という全体とつながって初めて存在する，という事実に，最低限の行為規範としての社会制度（権利を含む）が即応していかねばならない。これまで人類が獲得してきた個人の尊厳（人格の自由）と，地球環境全体の尊厳との調和点が真摯に追求されねばならない。

（3）　環境倫理の課題

　米国から発信された環境倫理学は，現代世界に強い影響を与えている訳ではない。地球上の大多数の人々にとっては，南北問題(現在世代内部での配分の問題)の方が環境問題より切迫した問題である。特に生物保護という主張は，多くの南側諸国民の目には，飽食した先進国民の暇つぶしに映るであろう。世代間倫理も，京都議定書で途上国の温暖化ガス削減義務に言及されなかった通り，南北格差の前にはかすんでしまう傾向にある。地球の有限性も，明日の食料や当座の医薬品にすら事欠く状況に置かれた人々にとっては，大きな意味を持ち得ない。

　日本においても環境倫理学は影響力を持っている訳ではない。高度成長時代やバブル時代の価値観は人々の行動様式にまだ根付いており，環境倫理学が主張する私権の制限は快く響かない。経済の成長神話を信ずる人，大規模公共工事による所得再配分を重視する人，大量消費・大量廃棄を無意識のうちに是認し実践する人が現代日本には数多く存在する。環境意識という点では，日本人はドイツ人などと比べて平均するとかなり劣る。

　環境倫理学の主張は，欧米の精神的伝統を踏まえて現れたと言ってよい。それ故に，この主張が欧米におけるのと同じ仕方で日本でも受容される必要はないし，またそれは不可能であろう。他方，この主張は，現代世界が直面する問題に対処するための一つの処方箋を描いており，その問題を我々も共有する限りでは看過できない。更に，日本が欧米起源の法体系を使って社会システムを構成している以上，その主張の重要度は増す。現実に，自然の権利訴訟や環境権運動など法曹による対応に環境倫理学の主張は反映されている。

　環境倫理学の主張は，また，環境問題についての個人の内面的な倫理観や意識に関するものというより，むしろ，社会全体で考慮されるべき価値と規範，即ち社会政策につながる主張である。だが，こうした主張が個々人の価

値観にも定着し，環境意識が向上することは望ましい。環境倫理学には多くの対立する議論があるが，総じて一定の価値と規範を合理的に擁護している。家庭や学校，地域などで，自然との結びつきや生態学的な自然観・人間観が意識される機会が増えれば，こうした価値や規範が（倫理学でなく）倫理として人々の生活態度に根付くきっかけになる。価値と規範は，最終的には，各人が慣れ親しんだ場所(居住地域)に根ざして，その毎日の生活中で実践されねば意味がない。足元が地に着いた環境教育の果たすべき役割は今後も大きいだろう[40]。

1) 「環境破壊 (environmental disruption)」という語が経済学で登場した経緯は，植田和弘他『環境経済学』(有斐閣 1991 年)第一章参照。同書は，多様な環境破壊を「環境汚染」「アメニティ破壊」「自然破壊」の三つに分類して経済学的分析の方法をまとめている。本稿は，環境問題に含まれる価値判断に着目して話を進める。
2) 環境基本法(93 年)も「環境」という語をこの意味で用いている(2, 3 条)。だが，「環境（environment, Umwelt)」という語の原義は「（我々を取り巻く）周囲」である。これに従えば，「環境問題」とは物理的環境に関する問題のみならず，広く社会問題から人間関係の問題一般に至るまで，およそ我々の身の周りにある問題すべてである。環境破壊の実例を見ると，物質的環境破壊は精神的環境(人間関係など)や生活環境(地域共同体など)の破壊を伴うことが多い(例えば水俣病事件では，メチル水銀中毒のみならず漁民の地域共同体破壊が発生した)。
3) 鬼頭秀一『自然保護を問いなおす環境倫理とネットワーク』(ちくま新書 1996 年)に詳しい。
4) なお，同じく日弁連が提唱した類似の権利に環境権(1970 年)がある。これは，公害が社会問題化した時代の要請を受けて提唱されたもので，「我々には環境を支配し，よき環境を享受する環境権がある。汚染物質で我々の生活環境が破壊されるのは，我々の環境権の侵害だ」という考え方である。環境権は 1970 年代に各地の火力発電所建設反対訴訟などで援用されたが，やはり司法判断の上では認められなかった。
5) 自然概念(ラテン語の natura, ギリシア語の physis)は欧州哲学の核心にある

基本概念である。欧州では自然が法則に支配されているという考え方が伝統的に根付いており，この法則を人為的に認識する（及びこの法則を応用して自然を改変する）ことが肯定視されてきた。これは科学技術の発展につながると同時に，自然破壊や環境破壊を生み出す淵源にもなった。他方，これに対抗して，人為の加わらぬ自然（人為を隔絶した自然）に対する畏敬を表明する思想的伝統も欧州には細々と存在してきた。古代ではストア派の一部に，近世では「自然に帰れ」という標語の生みの親となった18世紀のルソーにその代弁者を見ることができる。ルソーは自然状態における人間はけがれを知らぬ無垢な存在であった，という旧約聖書的・牧歌的な原型を提出し，自然状態への憧れと帰還とを説いた。近代欧州の自然保護運動はルソーに立ち返ることが多かった。また，19世紀初頭米国のエマソンやソローも人為を超絶した自然の美しさを称えた全神秘主義者で，米国知識人に影響力を持った。ヨセミテ国立公園のダム建設に反対したミューアは，この系譜につながる人であった。

　欧州における自然概念の詳説としてはシュペーマン，レーヴ共著『進化論の基盤を問う　目的論の歴史と復権』（原著1981年，山脇直治他訳東海大学出版会1987年）などがある。環境問題に関係する限りで短く自然概念に触れたものに加藤尚武編『環境と倫理』（有斐閣1998年）の序章（ミューアについては第7章）がある。

　「自然固有の価値」を称揚する考え方は，欧州文化圏とは独立に日本でも提唱されている（梅原猛ら）。日本の論者が持ち出す論拠は，縄文以来の日本人の自然観や自然との共生思想，仏教思想などである。なお，漢語文化圏における伝統的な自然概念は老荘思想のそれであり，欧州における自然概念とは性格が大きく異なる。

6) 社会（国家，経済システム）には何らかの価値と規範が制度的に実現されている。こうした広い文脈で倫理学を捉えるのはアリストテレス以来の伝統である。中世スコラにおいても，人間の共同体における行為（振る舞い）として倫理的行為，政治的行為，経済的行為が区別され，倫理学・政治学・経済学の三科が区別された（三つは広義の倫理学に包括される）。経済学を倫理学として考えるアマルティア・センもこの伝統の中にいる。

7) こうした作業は現代では特に米国で盛んである。現代の米国社会をどう形成していくか，という問題を巡って自由主義，自由放任主義，共同体主義などさまざまな立場が提出され，政党のブレーンを巻き込んだ政策論争につながっている。このような米国産の議論が日本でどこまで有効か，に関しては別途議論が必要である。

8) だが，法の具体的決定手続きとして，カントは民主主義を採らなかった。彼は法の支配という理念が実現される国家体制として共和制を擁護しているが，民主制は多数の横暴により個人がないがしろにされかねない危険をはらむ制度であるとして批判した。他方，仮に専制君主が相手であっても国民に抵抗権はない（言論による抗議は許容できるが），ともカントは主張している。

9) このコンパクトな定式は，ミルからの直接の引用ではなく，彼の『自由論』に棹差して加藤尚武『現代倫理学入門』（講談社 1997 年）が行ったもの。

10) 「公共善（bonum commune）」は，中世のトマス・アクィヌスが正義の目的として理論化した。実際の政治的場面（中世から近世初頭にかけて）では，領主が自らの所領で果たすべき平和と法の維持，及びその実現のための行政を意味した（村上淳一『近代法の形成』（岩波書店 1979 年，33 頁以下）。カントは公共善が幸福主義に立つ考え方だとして批判している。「公序（ordre public）」は私権を制限してでも守られるべき国家社会の一般的利益（公的秩序）のことで，19 世紀初頭のナポレオン法典に「良俗」と並列されて取り入れられた（フランス民法典第 6 条）。「公共の福祉（public welfare, gemeine Wohlfahrt）」も古くからある語だが，19 世紀末以降は国家が介入して国民一般に最低限の社会保障を平等に普及させる文脈で用いられている（社会権という観点での配分正義の実現）。日本国憲法ではもっと広い意味で，基本的人権の規制・制限要因一般として言明されている。三つの概念はそれぞれ異なる歴史を持っているが，本稿では一括して「国民全体の利益」と解しておく。

11) ドイツ連邦共和国基本法も「自由な自己決定」を掲げている（前文）。なお，加藤尚武は『現代倫理学入門』（注 9 参照）で現代社会の倫理が功利主義だと断言しているが，これは言い過ぎだと思われる。立法により他者危害を禁止しない国は現代欧米にはないが，他者危害禁止は功利主義の専売特許ではなく，聖書やカントも肯定する欧州に普遍的な価値判断である。功利主義の核心はむしろ，他者危害禁止のみを制限要因とする自由から，最大幸福が結果する，と考える所にある。この考え方は，米国ではロールズらに修正を受けながらも立法論に定着している。だが，欧州諸国では，自由をより踏み込んで制限する仕方で社会制度が整備されている。

　この欧米間の違いは，最近の生命倫理や遺伝子組換え食品などの社会問題への対応を見ても明白である。遺伝子組換え技術の応用に関しては，EU 諸国では「他者危害の完全予防」という原則で政府が早い段階から法的措置を講じ，強く監督・規制している。この技術の応用は生態系に対して予期し得ない影響を長期的に見て及ぼし得る。また，組換え体の食品としての安全性も完全に担保されて

いる訳ではない。広範囲にわたる環境破壊・他者危害を引き起こす可能性が否定できない以上，事業者の自由な自己決定に委ねるわけにはいかない。事業者の自由は政府の介入により制限されるが，それは事業者が当然担うべき責任であると国民に受け取られ，支持されている。他者危害を予防する責任を政府が履行しないのは，行政の不作為である（予見されるあらゆる観点から他者危害予防の仕組みを整える，比較的大きな政府）。他方，米国では，遺伝子組換え体の環境への影響防止と安全性確認のために最低限の指針を政府が課すだけで，後は基本的に市場での自由な取引（契約）に委ねられる（小さな政府）。遺伝子組換え体を巡って他者危害が発生すれば事後処理的に処罰され得る（契約違反として）が，政府が高コストを伴う制度整備により他者危害の完全予防を期することを米国民は求めていない。

生命倫理でも，精子バンクや代理母などは米国では個人の自由な契約に委ねられている（契約違反は処罰され得る）のに対して，欧州諸国では法的に制限されている。制限の理由として，人体を売買契約対象とすることによる公序（注10参照）の侵害，生まれてくる子どもの尊厳の侵害，家族法秩序の破壊，などが持ち出される。このように，他者危害を完全予防するために社会制度を整える欧州型の立法と，他者危害の実行犯を事後的に罰することに力点を置く米国型の立法とでは，かなり色彩が異なる。「他者危害禁止」は広い意味で欧米共通の「現代社会の倫理」と言い得るが，具体的立法におけるその働きは欧米に共通していない。

加藤教授は「現代社会の倫理」＝「立法論としての功利主義」＝「他者危害原則」＝「他者危害を禁止した上での自由な自己決定」という等式で考えている。この等式が通用するのは米国だけだろう。「自由な自己決定」原則は，公共善に類する理念による制限を許容するならば「現代社会の倫理」と呼べるだろうが，それはもはや功利主義ではない。他方，「自由な自己決定」原則は米国固有のもので，欧州の原則はもはや別物だ，という用語法も可能である（橳島次郎「フランスの先端医療規制の構造」（『法学時報』69巻10号所収）49頁，立岩真也『私的所有論』（勁草書房1997年，167頁など）。

12）「生命倫理」は1970年代初頭に生物学者のポッターが初めて用いた造語だが，彼はこの語を「我々が地球上でさまざまな他生物とどのように関わりながら生きてくか」という問題領域を指す用語として使った（同『バイオエシックス。生命の科学』（原著1971年，今堀和友他訳，ダイヤモンド社1974年，参照）。つまり，今日の環境倫理と大差ない意味で用いられた。しかし，この語はその後「医療問題において人間の生命をどのように扱うべきか」という問題に関わる領域を指し

示す語として転用され，現在ではポッターの意味で用いられていない。
13) 遺伝学的な父と家族法上の父を分裂させる(AID による体外受精)，また遺伝学的な母と生みの母を分裂させる(第三者から提供された受精卵による出生)，などの問題を引き起こす。
14) 脳死説(脳死を人の死の判定基準として認める)と違法阻却説(三徴候死を人の死の判定基準として維持し，臓器移植の意思表示をした人が脳死状態になった際に殺人の違法性阻却を行う)の対立がある。
15) 過去 30 年間の環境倫理学の簡単な発展史は加藤尚武編『環境と倫理』(注 5, 第 8 章)を参照。
16) 加藤尚武編『環境と倫理』(注 5, 第 1 章)，同著『環境倫理学のすすめ』(丸善ライブラリー 1991 年)などを参照。
17) 奄美大島でのゴルフ場建設に対する県の許可取消しを求めたアマミノクロウサギ訴訟(1995 年)，霞ヶ浦近辺のオオヒシクイ生息地の鳥獣保護区指定を県に求めたオオヒシクイ訴訟(1995 年)，諫早湾干拓中止を求めたムツゴロウ訴訟(1996 年)，圏央道建設工事中止を求めた高尾山天狗訴訟(2000 年)など(詳しくは加藤尚武編『環境と倫理』(注 5, 第 4 章を参照)。何れも動物種や自然景観を原告(の一部)として提訴に及んだが，裁判所から訴状を却下された。自然人を原告とした訴訟は継続している。
18) 「持続可能性」はもともと経済学の用語で，古くは農地に関して，最近では木材資源や漁業資源に関して，これらを枯渇させることなく永続的に利用するための方途を検討する場面で使われた。環境問題との関連では，世代間公平性に反することなく，どの世代に属するどの人も最低限の生活を享受できるような，環境と調和した経済システムを構築することで持続可能な発展が達成できる。これに関する経済学の考え方は植田和弘他著『環境経済学』(注 1)を参照。
19) この宇宙像・人間像については，加藤尚武『環境倫理学のすすめ』(注 16, 40–48 頁を参照)。
20) 外部不経済の内部化は，従来の経済システムで貨幣価値が付いていなかったもの(外部不経済，例えば二酸化炭素，ごみや自動車の排気ガスなど)に新たに値段を付け，経済システムの内部に取り込む，という経済学の考え方である。我々の生存に欠かせない水や空気がその質に応じて市場取引されるなら，清浄な水や空気は汚染されたものより高価な値を付けられ，汚染物質の除去が市場原理によって進む。また温暖化ガスの排出に対して炭素税や排出権取引市場を創設すれば，その抑止が市場原理によって期待できる。経済学者の中には，環境税などの経済的インセンティヴを政治主導で導入することが環境問題の解決に最も有効なのであ

り，これを根拠に環境倫理不要論を唱える論者がある(例えば岩田規久男「環境倫理主義批判」，環境経済・政策学会編『環境倫理と市場経済』東洋経済新報社1997年所収)。こうした論者は，概して「倫理」という語を個人の意識の問題(第2節の冒頭参照)に限定して解する傾向にある。ものに値段をつける，ということは一つの価値判断であり，これをルールとする(あるいは市場を創設する)インセンティヴは，一定の価値判断を採用して「自由な自己決定」に制限を行うことに他ならない。こうした見方を採れば，内部化は環境倫理学の主張の一つとなる。

21) 本稿とは違った観点で環境倫理学の多様な立場を網羅的に紹介したものに，鬼頭秀一『自然保護を問いなおす』(注3参照)や加藤尚武編『環境と倫理』(注5参照)がある。

22) 「感覚がある」という理由を持ち出す代表者にシンガー(同『動物の解放』(原著1975年，戸田清訳，技術と人間1988年))，「生命の主体である」という理由を持ち出す代表者にテーラー(P. W. Taylor, "The Ethics of Respect for Nature", in: Environmental Ethics 3 (1981))らがいる。

23) レオポルド『野生のうたが聞こえる』(原著1949年，新島義昭訳，森林書房1986年)が代表例。キャリコットらの論者がいる。「自然固有の価値」を主張して現在につながる環境倫理学の分野を立ち上げたのは，1970年代初頭の法学者ストーン(絶滅危惧種保護法につながる)，哲学者ルートレー，ネスらである。特にネスは，生存し繁栄する権利を人間のみに限定する考え方を「人間中心主義」と呼んで非難した最初の人物である(Naess, A. "The Shallow and the Deep, Long-range Ecology Movement", in: Inquiry 16 (1973) pp. 96–97)。

24) パスモア『自然に対する人間の責任』(原著1974年，間瀬啓允訳，岩波書店1979年)が古典的代表。保全と保存を区別し，保全論を擁護。

25) K・S・シュレーダー・フレチェット「テクノロジー・環境・世代間の公平」(同編『環境の倫理』(原著第2版1990年，京都生命倫理研訳，晃洋書房1993年所収)。「自分がどの世代に属するか分からない」と仮定した上で，あらゆる世代が従うべき道徳原則を引き出すと，「すべての世代が等しい権利を持たねばならない」が出てくる。下敷きはロールズ『正義論』(原著1971年，矢島鈞次監訳，紀伊国屋書店1979年)。

26) ハンス・ヨナスの立場(同『責任という原理』原著1979年，加藤尚武監訳，東信堂2000年)。我々は，目の前に赤ん坊がいるとき，「保護してやらねばならない」という態度を自然に取るだろう。ヨナスはこれに着目し，赤ん坊の存在には「保護するべき」という当為(価値)が含まれる，と考える。彼は「当為(価値)は

316　第3章　環境，開発，自然の権利

存在から独立した問題である」とするヒューム以来の倫理学の考え方から決別し，自然そのものに価値を見出す立場から将来世代への責任を根拠付ける。ヨナスの立場は，親子関係から出発して将来世代に属する人々を潜在的な他者として扱うべきという主張とも解せるので，(エ)ではなく(ウ)の立場に分類することも可能である。

　なお，世代間倫理では「自分の子や孫はかわいいだろう」などの感情に訴える論法が可能である。実際に子や孫がいる人は，こうした感情を共有し，将来世代に最低限の環境を保障するために自由を制限されてもある程度は甘受する可能性がある。だが，この感情は何百年，何千年先の「子孫」を考えた際にも保持できるだろうか。また，シングル主義者や若年世代には，感情に訴えても説得力がないかもしれない。合理的な理由の提出が求められる。ヨナスの立場がこうした感情に訴える論法の一種であるか否か，は別途検討を要する。

27) こうした持続可能性不要論は，世代間倫理が完全義務ではなく不完全義務であるという前提に立たないと正当化できない。この前提が誤りであることを加藤尚武『現代倫理学入門』(注9参照)第13章が指摘している。

28) 有害物質から被害者個人の健康被害への厳密な因果関係が立証できなくとも，疫学的因果関係を証明できれば足りる，という考え方が判例で示されたのは，1972年の四日市公害訴訟判決とイタイイタイ病訴訟判決が初めて。

29) もちろん，最低限のルールを定めて後は自由な市場原理に委ねる立場と，環境税を導入する立場とは，経済学的には対極的な考え方である。また，CO_2削減に関しても，法による私権制限を通して削減を実現する手法と，政府資金の一部を削減対策に廻すが後は当事者の自主努力に委ねる，という方法は対極的な考え方である。しかし，何れも地球の有限性を認識した上での「自由な自己決定」に対する制限の付加であることには変わりない。

30) 例えば，レオポルドの土地倫理を援用したキャリコットは，1980年に生態系の構成員が生態系全体への貢献度という単一基準により評価される，と述べている(彼は自説を「生態系中心主義」と名付ける)。彼には「環境ファシズム」という非難が浴びせられたが，彼の主張を額面通り受け取ると自由な自己決定を原則とした既存の社会的価値は転倒させられることになる。なお，最近のWTOシアトル会議やジェノヴァ・サミットなどに経済グローバル化に反対する勢力が結集しているが，彼等の中には(カ)の立場に立つ人々もいる。

31) 共和党系シンクタンクのアメリカン・エンタープライズ研究所所長デミュースの発言(2001/6/16日経)。

32) ナッシュ『自然の権利』(原著1989年，岡崎洋監修・松野弘訳，TBSブリタ

ニカ 1993 年)参照。
33) 裁判では，絶滅危惧種そのものを原告として認める判例が幾つか出ている(加藤尚武編『環境と倫理』(注5，第4章を参照)。もっとも，実際には人間が代理人として訴え出ねば訴訟は始まらない。
34) 植田和弘他『環境経済学』(注1)第4章を参照。
35) 配分の公平性については，基本財(資源)の配分に注目するロールズ(注25参照)以外にも，アマルティア・センが一つの原則(各人の能力開発に必要な貧困除去や教育などの社会的条件整備が公平な配分には含まれる，という考え方)を提出している。同『福祉の経済学』(原著1985年，鈴木興太郎訳，岩波書店1988年)や『不平等の再検討』(原著1992年，池本幸生他訳，岩波書店1999年)など参照。ロールズやセンの原則を世代間倫理に応用する可能性については，別途検討が必要である。
36) 直接的には，ロックはこの語を17世紀前半の英国人論者たちから受け継いだ。彼らは property を生命・身体ではなくもっぱら所有財産 (dominium) の意味で用いており，古来の身分制により保障されている土地財産に対する所有権を基礎として，これを享受する自由が保障されると考えた。他方，ロックは property という語で資産のみならず生命・身体・自由をも指し示し，労働所有説を通して逆に生命と自由(自然権により保証される)から所有権を基礎付けた(村上淳一『近代法の形成』(注10，113頁以下参照)。proprietas と dominium のローマ法以来の変遷を追跡することは本稿では不可能である。ローマ法における両概念の歴史については次の基本文献がある。Max Kaser, Eigentum und Besitz im älteren römischen Recht (Köln, Bohlau. 1956 (2))
37) カントの労働所有説攻撃と先占説は『道徳形而上学』第一部第二章第一節14項以下。この攻撃は成功していないことを森村進『ロック所有論の再生』(有斐閣1997年)第四章が示している。
38) 立岩真也『私的所有論』(注11，第二章参照)。
39) 加藤尚武は，有限だが循環性のある資源については労働所有説の有効性を認めよう(持続可能性を満たす私的所有のあり方は正当化される)，と提言している(同編『共生のリテラシー』(東北大学出版会2001年，13頁)。
40) この点については鬼頭秀一『自然保護を問いなおす』(注3)が詳しく論じている。なお，本稿は，第18回中央大学学術シンポジウム・プロジェクトチーム第4回会議(1999年7月27日)での発表「現代倫理学の考え方。環境倫理問題を例として」を敷衍したもの。当日の質疑応答への参加者の方々に感謝致します。

「持続可能な開発」と環境倫理

西 海 真 樹

序

　1970年代以降，オゾン層の破壊，地球温暖化，生物多様性の減少などの地球規模での環境破壊，汚染が国際的に注目されてきた。これらの環境破壊・汚染は，その加害国を特定できず，かつ，いずれの国もその破壊・汚染の影響から逃れられない，という意味で，すべての国の利益にかかわる。さらにそれらは，将来世代にも影響をおよぼすことが避けられない。すなわち，これらの環境破壊・汚染は，時空を超えたすべての国家と人類の共通利益にかかわる問題である[1]。したがって，この地球環境問題に適切に対処するためには，国際法のレベルにかぎってみても，これまでの加害者・被害者関係を軸に作成されてきたルールでは不十分である。それとは異なる，より包括的で未来志向的な新たなルールを構築していかなければならない。こうして，1980年代を通じて，地球環境保護の指導原則として提唱されてきたのが「持続可能な開発（Sustainable Development）」である[2]。

　「持続可能な開発」の概念は，1987年の「環境と開発にかんする世界委員会」の報告書「われら共通の未来」[3]により提唱されて以来，急速に国際社会に広まり，今やそれは国際環境法の基本原則のひとつとなっている。「将来世代がその必要を満たす能力を損なうことなく，現在世代の必要を満たすよう

な開発[4]」と定義されるこの考え方は，環境保全と開発とを調和させようとするものである。環境と開発は，相互に結びついている。一方で，悪化する環境資源に依拠して開発を継続することはできない。他方で，環境破壊のコストを考慮に入れない開発は環境を保護できない。「持続可能な開発」とは，このような認識にたって，環境政策と開発政策とを調和させようとする構想にほかならない[5]。

「持続可能な開発」は，きわめて包括的な概念であって，その構成要素として，天然資源の持続可能な使用と保全，世代間・世代内衡平，共通だが差異ある責任，よい統治，予防原則，などのさまざまなものが唱えられている。現時点では，その内容および法的効力について諸国の合意が成立しているとはいいがたい。さまざまな国際文書(リオ宣言，アジェンダ21，地球憲章，生物多様性条約，気候変動枠組条約など)にとりいれられている点で，「持続可能な開発」はたしかに法原則になったとはいえるものの，その射程および実効性については，なお未知の部分が多く，今後の実行の蓄積を待つ以外にない。

他方で，この概念は法原則であるにとどまらず，すぐれて現代的な倫理概念でもある。現実に生きる人間のみならず将来世代の生活の質をも考慮に入れている点(通時的側面)，および，環境保全か経済開発かの二者択一ではなく，両者を綜合し，一方では，人間らしい最低限度の生活すら奪われている「南」の人々にたいして開発と「よい統治」の必要性を強調し，他方で，大量生産・大量消費の生活様式をなお捨て切れないでいる「北」の人々にたいして生活様式の変革を迫る点(共時的側面)にそれはよく現われている。その意味で，この概念は，この世に生まれ，または将来生まれ出るすべての人々が，ひとしく人間としての自己実現の可能性を確保されるべきであるという人間観・世界観に立脚して，わたしたちの生活を全地球規模で見直すことを促しているのである。

本稿では，まず，この概念の提唱と展開のプロセスをたどり，この概念の構成要素およびその相互関係を明らかにする（I）。ついで，この概念がどのように国際法の世界に組み入れられ，そこでどう解釈されているかを，地球環境保全条約および国際裁判・意見を手がかりにして検討する（II）。最後に，以上の検討をふまえて，この概念が有している意義について考えてみたい。

1. 「持続可能な開発」の概念

(1) 「持続可能な開発」の提唱

国連人間環境会議——上述のように，「持続可能な開発」という概念が広まるきっかけとなったのは，1987年に刊行された「環境と開発にかんする世界委員会」の報告書「われら共通の未来」だった。しかしこの報告書が出される以前から，持続可能な開発にかんする国際的とりくみは開始されていた。それを示すものが，1972年にストックホルムで開かれた「国連人間環境会議」である。同会議においては，科学技術の飛躍的進歩により人間活動が環境にたいして重大な損害を与える危険が高まっていること，したがって，環境保護が平和・開発とならぶ人類全体の課題であることについて，国際的合意が成立した。しかし，環境と開発との関係をめぐっては，先進国と途上国とのあいだに深刻な対立が生まれた。水と大気の深刻な汚染に苦しんでいた先進国側が環境への配慮を重視したのにたいして，途上国側は，環境への配慮により開発が遅れることを危惧した。同会議の結果採択された「人間環境宣言」の前文では，途上国の環境問題が低開発から生じているのにたいして，先進国のそれは工業化や技術開発に関連している旨が述べられ，それぞれの環境問題の質的相違が強調されている[6]。会議参加国は，準備段階から，環境と開発の関係をどうとらえるかが決定的に重要であると認識していたものの，先

進国と途上国とのあいだのこのような対立は，この会議ではついに克服することができなかった[7]。

それにもかかわらず，同会議は，環境と開発とが不可分の関係にあることをわたしたちに認識させてくれた点で大いに意義がある。「人間環境宣言」には，その言葉こそ用いられてはいないものの，「持続可能な開発」の考え方がとりいれられている。なぜならば，同宣言中の原則が開発と環境との調和に言及しているからである。それらはすなわち，すべての国の環境政策は途上国の現在および将来の開発可能性を高めるものでなければならないこと，開発計画に環境保護を組み入れる途上国にたいして追加的な技術・資金援助を行う必要があること，開発計画の立案にさいして環境保護と開発とを両立し得るような統一的・調和的な政策を採用すること，および，合理的計画は開発の必要性と環境保護の必要性との矛盾を調和し得る不可欠の手段であること，の4つである[8]。「人間環境会議」は，持続可能な開発に国際社会がとりくむにあたっての出発点だったのである。

われら共通の未来——「持続可能な開発」という言葉が国際社会において急速に認知されたのは，1987年の「環境と開発にかんする世界委員会」の報告書「われら共通の未来」によってだった。委員長(元ノルウェー首相)の名をとってブルントラント委員会と呼ばれた同委員会は，1983年の国連総会によって設立された[9]。その任務は，「持続可能な開発」実現のための長期的な世界戦略を策定することだった。同報告書によれば，「持続可能な開発」とは「将来世代がその必要を満たす能力を損なうことなく，現在世代の必要を満たすような開発」である。そこには2つの鍵概念がある。1つが，「何よりも優先されるべき世界の貧しい人々にとっての基本的必要」であり，もう1つが，「現在および将来の世代の必要を満たす環境能力に課される制限」である[10]。「基本的必要」は，生計(雇用)，食糧，エネルギー，住居，水，公衆衛生，保健など，人間が生きていくうえで必要不可欠なものをさす[11]。他方，「環境能

力に課される制限」とは，技術および社会組織の現状が環境資源に課すところの制限，および，人間活動の影響を吸収する生物圏の能力により課される制限を意味する[12]。これらの制限を越えることは，生態学的破綻をきたし，地球上の生命を支えている生命維持システムを危険に陥らせてしまうことになる[13]。

同報告書は，「持続可能な開発」実現のための戦略目標として，「成長の回復」，「成長の質的変化」，「基本的必要の充足」，「持続可能なレベルの人口の確保」，「資源基盤の保全と向上」，「技術の方向転換と危機管理」，「政策決定における環境と経済の融合」の7つをあげている[14]。上述した2つの鍵概念およびこれらの戦略目標からわかるように，「持続可能な開発」は，一方で開発の利益を全世界の人々の基本的必要を充足するように配分することを，他方で開発行為にたいして環境能力に課された制限を越えてはならないことを求めている。そこにおいて環境と開発は，二律背反ではなく相互依存の関係にある。つまり，将来に持続する開発は環境を保全することによって，また，環境保全は開発を前提とすることによってそれぞれ可能になる。こうして「持続可能な開発」は，世代内(社会内，社会層間，南北間)および世代間(過去，現在および将来世代間)の衡平を確保するための重要な概念として，「環境と開発」をめぐる議論の中心に位置づけられることとなった[15]。

国連環境開発会議——1992年にブラジルのリオデジャネイロで開かれた，別名，地球サミットと呼ばれる同会議では，環境と開発にかんするリオ宣言，アジェンダ21，森林原則声明が採択され，また，気候変動枠組条約，生物多様性条約が署名された。この地球サミットは，「持続可能な開発」を実現するための具体的対応策を議論し，合意することを目的としていた。リオ宣言は，正面から「持続可能な開発」に焦点を絞り，前文と27の原則を掲げている。そこでは，環境保全は開発から独立したものではなく開発過程全体の一部であること，平和・開発・環境保護は相互依存的で不可分の関係にあることが

宣言されている[16]。アジェンダ21は，リオ宣言を具体的に実施するために必要な行動計画を規定している。そのなかには，「持続可能な開発」を実施するための国際法文書・メカニズムにかんする具体的提案（審査・評価・行動分野，実施メカニズム，国際立法への有効な参加，紛争防止と解決）が含まれている[17]。この国連環境開発会議を通じて，「持続可能な開発」は，今後の国際社会が達成すべき確固たる目標の1つになった。さらに，気候変動枠組条約や生物多様性条約などの国際条約にもとりいれられることによって，「持続可能な開発」は，国際環境法上の基本原則の地位を有するにいたったのである。

地球憲章——2000年に国際・国内NGOの提携により作成された同憲章[18]は，「持続可能な生活様式のビジョンを地方，国家，地域，地球レベルで発展，採択すること」を意図している。同憲章の前文は，「自然への愛，人権，経済的公正，平和の文化の上に築かれる持続可能な地球社会を実現するために，わたしたちは手をとりあわなければならない」と述べる。このように，将来採択されるべき国際条約の倫理的基礎とみなされる同憲章は，「生命共同体への敬意と配慮」「生態系の保全」「公正な社会と経済」「民主主義，非暴力と平和」の4部から成り，各部は，それぞれ4つの原則から構成されている。リオ宣言が原則間の利益バランスに配慮しているのに比べて，同憲章は，諸原則を別個にかつ直截に列挙している。また，リオ宣言が国家を名宛人とし法的用語を用いているのにたいして，同憲章は，普通の言葉で書かれた現在世代の「わたしたち」の倫理的決意表明である。個人，組織，企業体，政府などの指針となり得るような，またそれらを評価し得るような「持続可能な生活様式の共通基準」を意図していることがここにみてとれる。諸国や国連環境計画などの国際機関が，今後どの程度，この地球憲章プロセスを支持するかは定かでない。けれども，同憲章は，「持続可能な開発」分野での国際法の発達に貢献し得る，もう1つの方法を示すものといえよう。

(2)「持続可能な開発」の内容

上にみてきたように,「持続可能な開発」は,環境と開発を相互補完的で不可分のものととらえ,両者の綜合をめざす概念である。それでは「持続可能な開発」の具体的な中身は何か。それはどのような要素からなりたっているのか。「持続可能な開発」の構成要素について,当然のことながら,学説や国際文書は完全には収斂していない[19]。しかしながら,いずれの学説や国際文書にも共通してとりいれられているものがある。ここでは,そのような構成要素のうち,代表的なものとして,世代間・世代内衡平,共通だが差異ある責任,よい統治,予防原則をとりあげて,それぞれの内容を確認する。

世代間・世代内衡平──「世代間衡平」によれば,ある世代がみずからの手にある自然・文化遺産を使用・発展させるさいには,前世代からそれらを受け継いだときの条件を悪化させることなく,それらを次世代に引き渡せるように配慮しなければならない[20]。「持続可能な開発」の定義に照らせば,「世代間衡平」が「持続可能な開発」の本質的要素であることは異論がない。この考え方によって,現在世代が環境や開発にかかわる政策を決定するさいに,将来世代との関係や将来世代への影響を考慮に入れなければならない,という視点が確立したことの意義は大きい[21]。ただし,「世代間衡平」の実現には困難な点がある。国際裁判において将来世代の代理人を誰が務めるのか,そもそも現在世代と将来世代との最適均衡はどのように決定されるのか,といった問題はまだ解決されていない[22]。

他方,今を生きる人々が等しくその自己の潜在能力を実現する機会をもつべきだという観点からは,「世代間衡平」とならんで「世代内衡平」も重視されなければならない。「われら共通の未来」がいうように,世界の貧しい人々にとっての基本的必要の充足を優先すること,ひいては,世界規模での富の不均衡を改めていくこともまた,「持続可能な開発」の重要な側面だからである[23]。この「世代内衡平」は,国際レベルでは,南北経済格差の是正,貧困

の根絶に向けての国際協力、環境・開発分野での途上国の特別待遇などを求めるさいの根拠となる。他方、国内レベルでは、政府にたいして、国内の経済的・社会的不平等の是正を求める拠り所となる。その意味で、「世代内衡平」は、「共通だが差異ある責任」および「よい統治」という、他の2つの構成要素の源泉として位置づけられる。

共通だが差異ある責任——「共通だが差異ある責任」とは、すべての国は地球環境の保護に共通して責任を負うものの、その責任の度合いは、地球環境の悪化への歴史的寄与および現在の寄与が国ごとに異なる以上、そこに差異が設けられるべきであるという原則である[24]。一見してわかるように、この考え方は、環境保護にかんする諸国の「共通の責任」と「差異ある責任」という2つの要素からなりたっている[25]。後者は、環境悪化への各国の異なる寄与、および、環境への脅威を予防・減少・管理する各国の能力の差異を考慮に入れたものである。このような「共通だが差異ある責任」から、次の2つの結果が引き出される。1つは、環境問題への国際的取り組みにすべての関係国が参加すべきこと、もう1つが、各国に課される環境基準は、その内容において差異化されるべきことである。

「共通の責任」は、複数国が環境保護のための権利と義務を共有するかたちをとる。「共通の責任」がとりいれられるのは、一国の所有物でない(または一国の排他的管轄下におかれていない)環境資源についてである[26]。これらの環境資源についての法的利益とその損害を予防する責任が、条約または慣習にしたがい、すべての国に帰属することになる。

「差異ある責任」は、諸条約および諸国の実行のなかで広く受け入れられている[27]。それは、特別の必要や事情、途上国の将来の経済開発、環境問題を引き起こした歴史的寄与の度合いなどの要因にもとづいて設定された「差異化された環境基準」のかたちをとる。そのような環境基準は、一方で、途上国をはじめとする相対的弱者の側の義務を緩和させ、他方で、資金供与や技

術協力の点で先進国の義務を強化するという内容になっている[28]。

よい統治——「よい統治」とは，1980年代後半から開発援助の新たな基準として唱えられるようになった。冷戦下での東西援助競争の時代には，被援助国の国内体制のありかたは不問に付されていたが，冷戦の終結とともに，非民主的開発独裁体制をとる国への援助が批判の的となり，被援助国の民主主義の確立が援助の条件とされるようになった[29]。

環境分野でも，参加型民主主義を意味する「よい統治」が重視され，それは「持続可能な開発」の中心的要素になっている。ブルントラント報告書は，意思決定に市民が効果的に参加できるような政治制度が「持続可能な開発」にとって必要であると述べ，これを受けてリオ宣言も，環境問題における市民参加(情報への接近，意思決定過程への参加の機会，補償と救済を含む司法・行政手続への効果的接近)の重要性を確認している[30]。

同じ文脈で，NGOの役割や国際組織の意思決定過程にも関心が高まっており，それらは，いくつかの環境保全条約上の制度に結実している(本稿 II (1)を参照)。

「よい統治」は，開発・環境政策の決定方式を，エリート主導のトップ・ダウン型から民衆参加のボトム・アップ型へと転換させるものであり，その意義は大きい。しかし，そこには1つの問題がある。「よい統治」の名による「人権・民主主義・市場経済」実現の要求が，先進国による途上国・旧社会主義国への経済的・軍事的支配を支えるイデオロギーに転化し得る。その場合，被援助国は内政不干渉原則をもってこれに対抗するだろう。ところがこの内政不干渉原則も，自国内部での人権抑圧や経済的不平等を隠蔽するイデオロギーとなり得る。「よい統治」には，このようなジレンマが内包されているのである[31]。

予防原則——国際環境法では，伝統的に，環境破壊のメカニズムが科学的に十分解明されてはじめてこれに対処すべきだという主張と，それ以前の段

階でも環境破壊のおそれがあればそれに対処すべきだという立場が対立してきた。「持続可能な開発」の観点からは，後者がとられるべきである[32]。この考え方を予防原則という[33]。同原則は，広義では，環境に悪影響を及ぼし得る活動にかかわる決定をとるさいに，国家は，注意深くかつ将来への配慮をもって行動すべきことを意味する。他方，狭義のそれは，環境に有害となり得る行為または物質は，たとえそれらが環境に生じさせるかもしれない害についての決定的，圧倒的な証拠が得られなくても規制・禁止されなければならないという原則である。ただし，そこには，規制・禁止措置をとるべきでないとの主張を覆し，一定の措置をとるためには，どの程度の科学的証拠が必要なのか，という問題が残されている[34]。

より重要なのは，同原則を立証責任の転換ととらえる解釈である。従来，ある行為が環境損害を引き起こすことの立証責任は，その行為に反対する者が負っていた。予防原則のもとでは，ある行為を実行したいと望む者がその行為が環境に無害であることを立証しなければならない。この解釈のもとでは，汚染者(国)に一定の物質の放出権が認められるに先立って，そのような行為が環境に悪影響を及ぼさないことを汚染者(国)自身が立証しなければならない。また，放置しておくと環境に深刻で回復不能な悪影響が生じ得ることが科学的証拠により示唆されている場合には，なんらかの国際的規制行為がとられなければならない。予防原則のこのような解釈は，現在，次第に諸国の支持を得つつある[35]。

2. 「持続可能な開発」と現代国際法

(1) 地球環境保全条約における「持続可能な開発」

1でみた「持続可能な開発」は，地球環境保全条約のなかに，どのように

とりいれられているのだろうか。ここでは、代表的な地球環境保全条約として、オゾン層保護のためのウィーン条約とモントリオール議定書、気候変動枠組条約と京都議定書、それに生物多様性条約をとりあげて、そこでの「持続可能な開発」の発現形態を考察する。

オゾン層保護のためのウィーン条約とモントリオール議定書——オゾン層保護のためのウィーン条約(1985年採択)は、オゾン層の破壊が人の健康や環境に悪影響を及ぼしているとの認識にたって、オゾン層破壊物質にかんする国際共同研究やオゾン層保護のために各国がとるべき措置を定めている。オゾン層破壊物質にかんするモントリオール議定書(1987年採択)は、フロン、ハロン等のオゾン層破壊物質の消費量の削減・廃止スケジュールを定め、締約国に課している。

条約と議定書のなかに「持続可能な開発」の諸要素はどのようにとりいれられているのだろうか。諸要素のうち、「世代間・世代内衡平」と「よい統治」についての言及はない。「予防原則」は、条約前文、同2条1項、議定書前文にみられ、フロン、ハロン等の排出とオゾン層破壊とのあいだの科学的因果関係が確証される以前でも、特定措置をとるよう締約国に求めている[36]。「共通だが差異ある責任」は、両文書とりわけ議定書のなかで詳細に具体化されている。それらはおよそ以下の3つに類型化することができる。

第1の類型としてあげられるのは、途上国への特別待遇を原則的に確認する規定(原則宣言型)である。それは具体的な権利義務を設定するものではない。また、前文に多いがそれに限られるわけでもない。条約前文3段、同2条2項、議定書前文6, 7, 9段がこれに該当する[37]。第2の類型は、途上国にたいして条約上の義務(責務)を緩和する規定(義務−α型)である。議定書5条1項は、フロン、ハロン等の規制物質の消費量が一定の基準未満である途上国について、その国の規制措置の実施を10年間遅らせることを認めている。これは、義務実施時期を延ばすというかたちで、該当国の義務を緩和す

るものである。第3の類型として、途上国にたいして条約上の権利(利益)を創設または追加する規定(権利＋α型)がある。途上国への技術移転促進を定めた条約4条2項を受けて、議定書は、途上国のための研究開発や情報交換の促進を求め(9条1項)、資金供与制度を設けている(10条)。この制度は、5条1項該当国が規制措置を実施できるようにするために、資金協力および技術協力を行うことを目的としている[38]。

気候変動枠組条約と京都議定書——気候変動枠組条約(1992年採択)は、先進国にたいして、二酸化炭素およびモントリオール議定書により規制されない温室効果ガスの人為的排出を、1990年代末までに従前のレベルまで戻すことを定めている。京都議定書(1997年採択)は、温室効果ガス削減の数値目標、共同達成、共同実施、排出量取引、クリーン開発メカニズム等を規定したものである。

条約と議定書のなかに「持続可能な開発」の諸要素はどのようにとりいれられているのだろうか。諸要素のうち、「世代間・世代内衡平」については、条約3条1項がこれを確認し、「予防原則」は、同3条3項にとりいれられている[39]。「よい統治」については、条約6条a(ii)、(iii)がそれぞれ市民への情報公開と、政策決定への公衆の参加を求めている[40]。これらに比べて「共通だが差異ある責任」は、両文書のなかでより詳細に具体化されている。それらは、おおよそ以下の3つに類型化することができる。

第1に、途上国への特別待遇を原則的に確認する規定(原則宣言型)がある。たとえば、条約前文10段は「国により異なる環境基準」を、同3条1項は「共通だが差異ある責任」をそれぞれ述べているが、これらはいずれも原則宣言型にあたる[41]。第2に、途上国をはじめとするいくつかのカテゴリーに属する国にたいして条約上の義務を緩和する規定(義務－α型)がある。たとえば、条約4条1項は、すべての締約国に課される義務を、同2項a, b, eは先進国と市場経済移行国にのみ課される義務をそれぞれ定めているが、これ

らの規定に引き続いておかれた同2項gおよび同6項は，途上国にたいして温室効果ガスの排出規制義務を緩和・免除させるものである。また，同12条5項は，やはり途上国にたいして締約国会議への情報送付義務を緩和・免除させる規定となっている[42]。議定書2, 3, 7条は，先進国および市場経済移行国にとっての温室効果ガス排出削減の措置(情報送付を含む)を定めているが，それに対応する途上国についての規定は議定書にない。第3に，途上国にたいして条約上の権利(利益)を創設または追加する規定(権利+α型)がある。先進国にたいして途上国への資金提供・技術移転の促進などの利益の提供を規定する条約4条3, 4, 5項，および議定書11, 12条が該当する。

生物多様性条約——生物多様性条約(1992年採択)は，生物多様性を保全しつつ，生物資源の持続可能な利用を促進することを目的として作成された。そこでは領域国が自然資源について主権的権利を有していること，ならびに遺伝資源の取得の機会を定める権限も領域国政府に属していることが規定されている(それぞれ3, 15条)。

この条約のなかに「持続可能な開発」の諸要素はどのようにとりいれられているのだろうか。諸要素のうち，「世代間・世代内衡平」については，前文最終段と2条最終段(持続可能な利用)がそれぞれ言及している。15条7項がとくに「世代内衡平」を確認している点が注目を引く[43]。「予防原則」は前文9段が言及し[44]，「よい統治」については14条1項a(環境影響評価手続への市民参加)および21条1項(資金供与制度の民主的で透明な管理の仕組みのもとでの運営)がそれぞれ述べている。これらに比べて「共通だが差異ある責任」は，条約のなかでより詳細に具体化されている。それらは，おおよそ以下の3つに類型化することができる。

第1に，途上国への特別待遇を原則的に確認する規定(原則宣言型)がある。「共通の責任」を示唆する前文3段[45]，途上国への資金・技術援助の必要性を謳う同16段，後発途上国および島嶼国の特別な事情と必要に注意を喚起する

同17段は、いずれもこの原則宣言型にあたる[46]。第2に、途上国をはじめとするいくつかのカテゴリーに属する国にたいして条約上の義務を緩和する規定(義務－α型)がある。市場経済移行国を含む先進国以外の国にたいして途上国への資金供与義務を任意のものとする20条2項中段がこれに該当する。第3に、途上国をはじめとするいくつかのカテゴリーに属する国にたいして条約上の権利(利益)を創設または追加する規定(権利＋α型)がある。技術取得の機会および移転について途上国にたいして資金供与も含めたより有利な条件を認める16条2、3、4項が、この権利＋α型に該当する[47]。

このように、上にみた地球環境保全条約にみられる「共通だが差異ある責任」は、一方で、途上国その他の国にたいして環境保護措置にかんする義務を緩和させ、他方で、資金供与や技術協力・移転の分野での先進国の義務を強化するというかたちをとっている[48]。

(2) 国際裁判・意見における「持続可能な開発」

「持続可能な開発」は国際裁判・意見のなかでどのように解釈・適用されているのだろうか。ここでは、核兵器の威嚇・使用の合法性事件、ガブチコヴォ・ナジマロシュ計画事件、小エビ・小エビ製品の輸入禁止事件、それにミナミマグロ事件の4つをとりあげて検討してみよう。

核兵器の威嚇・使用の合法性事件(国際司法裁判所勧告的意見1996年)――本件は、いくつかの反核NGOのイニシアチブにより、国連総会と世界保健機関（WHO）が、国際司法裁判所にたいして、核兵器の威嚇・使用の合法性について勧告的意見を要請したものである。国際司法裁判所は、WHOの請求はWHOの活動範囲内の問題ではないとして却下したものの、国連総会の請求には応じて、勧告的意見を出した。それは、核兵器の威嚇・使用は武力紛争に適用される国際法とくに人道法の原則・規則に一般的に反すると述べつつも、国家の存亡そのものがかかった自衛の極端な事情のもとでは、

その合法・違法を明確に結論することができない，というものだった。

　裁判所は，核兵器の使用が自然環境にとっての大惨事となり得ると指摘したうえで，環境とは抽象物ではなく人間の生きる空間であり，将来世代も含めた人間生活の質および人間の健康がそれに依存するものである，と述べる。そして，自国の管轄または管理のもとで行われる活動が他国の環境またはいかなる国の管轄にも属さない領域の環境を尊重するよう配慮することは，いまや国際環境法の一部を成すところの国家の一般的義務であるととらえる[49]。さらに裁判所は，核兵器の破壊力は時間的にも空間的にも阻み得ず，核爆発による放射能汚染は将来の環境，食物連鎖，海洋生態系に損害を発生させ，かつ将来世代の人々に遺伝的疾患を生じさせるおそれがあると確認したうえで，核兵器使用の合法性を考えるさいには核兵器の破壊力，その使用が人々に与える言語を絶する苦痛とならんでそれが将来世代に損害を生じさせることを考慮に入れなければならない，と述べる[50]。裁判所のこのような評価には，明らかに世代間衡平の発想がうかがえる。

　ガブチコヴォ・ナジマロシュ計画事件（国際司法裁判所判決1997年）——チェコスロバキアとハンガリーがドナウ川沿いのガブチコヴォ，ナジマロシュに共同でダムを建設することに合意しその旨の条約を結んだが，後にハンガリーが環境への悪影響を理由に建設工事を中断した。これを受けてチェコスロバキアも計画を変更，自国領域内でドナウ川の水を分流してダムの貯水湖をつくる計画をたて実行した。1993年のスロバキア独立後，ハンガリーとスロバキアはこの問題を国際司法裁判所に付託，両国の権利義務とその効果を争った。判決は，一方において，ハンガリーがダム建設を中断・放棄する権利を否認し同国の条約終了通告の無効を確認したが，他方において，チェコスロバキアの一方的計画変更とその実施を条約違反の国際違法行為と認定し，それは適法な対抗措置ともみなし得ないとした。そのうえで判決は，両国に環境影響評価を行うよう慫慂した。

両当事国が環境問題を前面に押し出したこともあって，本件は，裁判所が「持続可能な開発」の法的側面について判断を下す最初のケースとなるのではないかと期待されたが，結局判決はこの点につき詳細な考察を行わなかった。ハンガリーは，ダムの共同建設は適切な環境影響評価なしに行うことはできないと述べて，とりわけ「予防原則」の法的地位について検討するよう暗に裁判所を促したものの，裁判所は慎重な態度に終始した[51]。それでも裁判所が，環境損害の不可逆性やこの種の損害賠償メカニズムの限界を理由に環境保護の分野における警戒と予防を重視し，環境と開発をめぐって新しい規範・基準が形成されてきたことを確認し，さらに，経済開発と環境保護を調和させる概念としての「持続可能な開発」の意義を明示的に認めたことは，大いに注目されよう[52]。

小エビ・小エビ製品の輸入禁止事件（WTO 上級委員会報告 1998 年）——米国とインド・マレーシア・パキスタン・タイの間で争われたこの紛争[53]は，米国の小エビ輸入禁止措置とその適用のしかたをめぐるものだった。米国は，ウミガメの保護を理由として，ウミガメ除外装置（TED）を用いない商業的トロール漁業技術により捕獲された小エビの輸入を禁止する法律を制定した[54]。この輸入禁止措置が，GATT 規定への一般的例外を定める GATT20 条により正当化できるか否かが焦点になった。米国は，この法律とその適用は同条の条件を満たしているから GATT 違反ではないと主張した[55]。これにたいして，インドなど 4 国は，この法律およびその適用が同 20 条に違反し，恣意的で正当と認められない差別にあたるとした[56]。WTO の上級委員会は，米国の輸入禁止措置じたいは同 20 条 g を満たすから「さしあたり（provisionally）正当化できる」としたものの，その適用のしかたが「任意のもしくは正当と認められない差別」にあたり，したがって同 20 条冒頭文（chapeau）の条件に違反するから最終的には正当化できない，と判断した[57]。

同委員会は，同 20 条 g の「有限天然資源」の意味を確定するさいに，「環

境の保護と保全について国際社会が抱く現代的関心」に照らしてこの言葉を「変遷する（evolutionary）ものとして」解釈しなければならないと述べ[58]，WTO協定前文が「持続可能な開発」の目標にしたがった資源利用に触れていること[59]に注目し，これを「WTO協定に署名した人々が，国内・国際政策の目標としての環境保護の重要性と正当性とを十分に認識していたこと」の証ととらえている[60]。同委員会のこのような態度には，「持続可能な開発」の趣旨に照らして条約規定を解釈すべきだとの意向がうかがえる[61]。

ミナミマグロ事件（国際海洋法裁判所暫定措置命令1999年）──この事件は，オーストラリア（豪）とニュージーランド（NZ）の合意を得ずに日本が単独で実施したミナミマグロの調査漁獲に端を発する。豪・NZ両国は，この日本の行為が国連海洋法条約（UNCLOS），ミナミマグロ保存条約（CCSBT）および慣習国際法に違反すると考えた。さらに両国は，本件紛争をUNCLOS上の紛争とみなしたのにたいして，日本はこれをCCSBT上の紛争であると主張した。豪・NZ両国は，この紛争をUNCLOS付属議定書の強制仲裁手続に付託し，かつ，UNCLOS290条5項にもとづいて国際海洋法裁判所（ITLOS）に暫定措置を要請した。1999年8月に出された暫定措置命令では，豪・NZの主張がほぼ全面的に認められた。これにたいして日本は，仲裁裁判所に先決的抗弁を提出し，その管轄権を争うことにした。同仲裁裁判所は，その仲裁判決のなかで本件紛争について管轄権を有さないと判断したため，日本は勝訴した。これを受けて，ミナミマグロ資源保存の協議がCCSBTの枠内で行われた。本判決の意義は，公海漁業資源の保存についてはUNCLOSの強制仲裁よりも各漁業条約の定める紛争解決手続が優先することを認めた点にある[62]。

暫定措置命令のなかで，裁判所は，ミナミマグロ資源の保存にかんする科学的不確実性の存在を認めながらも，「緊急事項として，当事国の権利を保全し，かつ，ミナミマグロ資源のさらなる減少を防止するための措置がとられ

るべきである」と述べている[63]。そして，豪・NZ および日本にたいして，紛争を悪化・拡大するような行動をとらないこと，および，ミナミマグロの調査漁獲計画の実施を控えることを命じている[64]。以上の文言から，ITLOS は，予防原則を採用して暫定措置命令を出したことがわかる。

結．「持続可能な開発」の意義

　「持続可能な開発」の概念は，さまざまな国際文書にとりいれられ，国際裁判や意見のなかでしばしば判断基準として採用されている。この概念が国際的承認を得ている現在，一国の開発政策が原則として持続可能なものであるべきことや，天然資源が持続可能な方法で管理されるべきことに異議を唱える国はほとんどないだろう。しかしながら，この概念が法的に何を意味するのか，あるいは，個々の事例のなかでこの概念に具体的効果をいかに付与するのか，ということについては，国際社会にコンセンサスが成立しているとはなおいえない。一国の開発・環境政策の決定に付随する社会的，政治的，経済的な価値判断や，相対立する諸要因——環境保護はその一要素でしかない——を比較衡量しなければならない必要性を知ったうえで，国際裁判所が一国のそのような決定を再吟味し，それが「持続可能な開発」の基準を満たしていない，と結論することは考えにくい。結局，「持続可能な開発」の概念を解釈しこれに一定の効果を付与する実質的裁量は，各国政府が握り続けることになる。このような現状では，「開発が持続可能なものでなければならない」という国際的義務が厳密な意味で確立したとはいいきれないだろう[65]。
　しかし，他方で現代国際法は，「持続可能な開発を促進するプロセスの結果として」政策決定を行うよう各国に求めている。一国が政策決定を行うさいに，そこへの市民参加を奨励せず，そこにおいて開発と環境とを統合せず，

世代間・世代内衡平の必要性も考慮に入れないならば，その国は，持続可能な開発を促進するためにリオ宣言やその他の国際文書にとりいれられた諸要素の実施に失敗したことになる。II（2）で検討したガブチコヴォ・ナジマロシュ事件は，開発じたいの性質よりもむしろそこでの政策決定過程こそが持続可能な開発における重要な法的要素であるという考え方にたっている。裁判所はダム建設計画が持続可能なものだったか否かを問うことなく，当事国にたいして，持続可能な開発の利益のために発電所建設が環境へおよぼす影響を再検討するよう求めたのである[66]。

　このようなアプローチをとることによって，裁判所は，何が持続可能であって何がそうでないかを決定するという不可能な作業から解放され，リオ宣言に沿って「持続可能な開発」の目的を促進することが可能となるだろう。そこでは，持続可能な開発という概念そのものよりも，概念の構成要素に焦点があてられることになる。開発が持続可能であることを確保する国際法上の義務はなくても，「持続可能な開発」の分野における法は存在する。裁判所や国際組織は，たとえ一国の決定を再検討することはできないとしても，「世代間・世代内衡平」や「環境と開発の統合」のような原則を意思決定過程のなかで考慮に入れるよう求めることができる。裁判所や国際組織が法を解釈し，適用し，発展させるときに，「持続可能な開発」とその構成要素は，解釈基準を提供するものとして大きなかかわりをもつ。その結果，「持続可能な開発」が既存の法の重要な変化や発展を導くことがあり得る。このような意味で，現代国際法は，諸国や国際組織にたいして，「持続可能な開発」の目的を考慮に入れるように，そしてこの目的を考慮に入れるための適切なプロセスを確立するように求めているのである。このことの意義はけっして小さくない[67]。

　従来の開発・環境法のいかなる部分が維持され，いかなる部分が新たに修正されつつあるのか。さらには，国内・国際レベルにおける人権，開発，環

境政策の統合にたいして、いいかえれば「持続可能な開発」の促進にたいして、現代国際法がどのように寄与し得るのか。これらの問題を分析・総合していくことが、今後の国際法学の重要な課題である[68]。

　他方、「持続可能な開発」の概念は法原則であるにとどまらない。そこには重要な現代的倫理が反映している。とりわけそれは、「持続可能な開発」の中核的要素である「世代間・世代内衡平」によくあらわれている。「世代間・世代内衡平」は、環境と開発とを考えるさいに、現在世代だけでなく将来世代の人々の生活条件を考慮に入れること、「南」の人々が貧困から抜け出してより人間らしい生活を営めるようになること、および、「北」の人々がこれまでの消費的・欲望充足的な生活様式を改めることをそれぞれ促している。

　このことからもわかるように、「持続可能な開発」は、現にこの世に生きている人々と将来生まれ出る人々にたいして、人間としての自己実現の可能性が等しく認められるべきであるという人間観・世界観にもとづいている。そのような観点から、わたしたちの社会の現状を全地球規模で見直すよう、わたしたちに求めているのである。

　わたしたちは、この壮大な倫理をその本来の意味においてとらえ、わたしたちの生活のなかに実質化していくことができるだろうか。あるいは、人間のエゴイスティックな欲望追求を覆い隠す「かくれみの」としてこれを用いるだけに終わるのだろうか。どちらになるのかは現在のわたしたち一人一人の生き方、日々の生活のあり方次第である。とりわけ、将来生まれ出る人々、現在、貧困と絶望に打ちひしがれている人々が、豊かな国の住人であるわたしたちの態度を問い続けている。

1) 岩間徹「国際環境法における国家主権の位相」『国際政治』101号、1992年、133頁。
2) 「持続可能な開発」についての文献は、枚挙のいとまがない。本稿執筆にさいし

て多くを負っている文献として，以下を参照。岩間徹「持続可能な開発と国際環境法」『国際問題』390号，1992年; 高村ゆかり「Sustainable Development と環境の利益」大谷良雄編著『共通利益概念と国際法』，1993年; 高島忠義「国際法における開発と環境」国際法学会編『日本と国際法の100年第6巻　開発と環境』，三省堂，2001年; Konrad Ginther, Erik Denters, Paul J.I.M. de Waart ed., *Sustainable Development and Good Governance*, Martinus Nijhoff, 1995; Winfried Lang ed., *Sustainable Development and International Law*, Graham Trotman, 1995; Alan Boyle, David Freestone ed., *International Law and Sustainable Development*, Oxford, 1999.

3) The World Commission on Environment and Development, *Our Common Future*, Oxford, 1987;（邦訳）環境と開発に関する世界委員会(大来佐武郎監修)『地球の未来を守るために』，福武書店，1987年。
4) *Our Common Future, op.cit.*, p. 43.
5) *ibid.*, pp. 43–46; 松井芳郎『国際法から世界を見る　市民のための国際法入門』，東信堂，2001年，157–158頁。
6) 同宣言前文4項。
7) 高島忠義『開発の国際法』慶應通信，1995年，423–426頁; 同「国際法における開発と環境」前掲，3頁。
8) 同宣言の11, 12, 13, 14原則である。次を参照。岩間徹「持続可能な開発と国際環境法」前掲，52–53頁。
9) 国連総会決議38/161。同委員会は世界の有識者による「賢人会議」のかたちをとり，21人の委員により構成された。
10) *Our Common Future, op.cit.*, p. 43.
11) *ibid.*, pp. 54–55.
12) *ibid.*, p. 8.
13) 高村，前掲，376頁。
14) *Our Common Future, op.cit.*, pp. 49–65.
15) 高村，前掲，376頁; 岩間「持続可能な開発と国際環境法」，前掲，53頁。
16) それぞれリオ宣言原則4, 25を参照。
17) *Agenda 21: Programme of Action for Sustainable Development*, Section 4, Means of Implementation, no. 39（International legal instruments and mechanisms), pp. 281–283.
18) 同憲章は，2000年6月にハーグの平和宮で発表された。同憲章は，当初，国際的に拘束力ある文書として作成される予定だったが，国連環境開発会議の後，そ

のようなアプローチが非現実的であることが明らかになり，それにかわってNGO アプローチがとられることとなった。したがって，同憲章は，「民衆の条約」であり，「誕生しつつある世界社会の倫理的基礎」として用いられることが意図されている。同憲章については，次を参照。*International Law Association, Report of the Sixty-Ninth Conference*, London, 2000, pp. 666–667. また，次のウェブサイトも参照。http://www.earthcharter.org/ なお，同憲章の邦訳が地球憲章推進日本委員会から出されている（http://www.gea.or.jp/)。

19) 「われら共通の未来」は，付属書 1 のなかで「持続可能な開発」のための 22 の法的原則を掲げている。リオ宣言が「開発と環境の不可分性」「平和・開発・環境保護の相互依存性」を含む 27 の原則からなっていることはすでに述べた。また，国際法協会（ILA）の「持続可能な開発の法的側面にかんする委員会」は，1995 年に，アドホック専門グループの手により，5 つのカテゴリーからなる全部で 19 の原則を作成している。「持続可能な開発」の内容の多彩さは，学説レベルでも同様である。本稿でとりあげる 4 つの原則以外にも，環境保護と経済開発の統合，開発の権利，天然資源の持続可能な使用と保全，汚染者負担原則，参加型民主主義などに言及する論者が多い。たとえば以下を参照。高島「国際法における開発と環境」，前掲，6–22 頁; Patricia Birnie and Alan Boyle, *International Law & the Environment*, second edition, Oxford, 2002, pp. 84–95; Philippe Sands, *Principles of international environmental law*, vol. 1, Manchester University Press, 1994, pp. 198–208; Philippe Sands, "International Law in the Field of Sustainable Development: Emerging Legal Principles", in Winfried Lang, *Sustainable Development and International Law, op.cit.*, pp. 58–66; Alan Boyle and David Freestone, *International Law and Sustainable Development, op.cit.*, pp. 9–16.

20) Alan Boyle and David Freestone ed., *International Law and Sustainable Development, op.cit.*, pp. 12–15. ワイスは，各世代が自然・文化遺産の管理人であると同時に利用者でもあるという観点から，世代間衡平について詳細な考察を行っている。次を参照。Edith Brown Weiss, *In Fairness to Future Generations: International Law, Common Patrimony, and Intergenerational Equity*, United Nations University, 1989; (邦訳)イーディス・B・ワイス(岩間徹訳)『将来世代に公正な地球環境を』国際連合大学/日本評論社，1992 年，とりわけ第 2 章(33–59 頁)。

21) 世代間衡平は，人間環境宣言第 1 原則(「人は，現在および将来の世代のために環境を保護し改善する厳粛な責任を負う」)，リオ宣言第 3 原則(「開発の権利は現在

および将来の世代の開発と環境上の必要性を衡平に満たすことができるように行使されなければならない」)で，それぞれ言及されている。

22) ただし，国内裁判では，世代間衡平を裁判規範としてとらえた例がある。フィリピンの子供たちが，森林破壊を阻むために，「自分たちの世代とまだ生まれていない世代を代表して」，政府の森林伐採許可の取り消しと新規許可の差し止めを求めた事件で，フィリピン最高裁判所は，子供たちが現在世代だけでなく将来世代をも代表して訴訟を提起する資格を有することを認め，かつ，現在世代が将来世代のために環境を保護する「世代間責任」を負っていることを明言した (Supreme Court Decision on Minors Oposa v. Secretary of the Department of Environment and Natural Resources, 30 July 1993, ILM, vol. 33, 1994, pp. 173-206; 高島，「国際法における開発と環境」，前掲，9-10 頁)。

23) ワイスは，「世代間衡平は，世代内の状況にまで拡張されなければならない。さもないと，国際社会は，世代間のすべての負担を国際社会の一部に，また世代間のすべての権利を国際社会の他の部分に割当ててしまうことになるだろう」と述べ，世代間衡平と世代内衡平との連関を重視している。次を参照。ワイス，前掲，37 頁。

24) 「共通だが差異ある責任」が国際文書にとりいれられた最初の例が，「国により異なる環境基準」を述べた人間環境宣言第 23 原則である(「...先進国にとって妥当であるが途上国にとっては不適当であり，かつ，不当な社会的費用をもたらす基準の適用限度を考慮することがすべての場合に不可欠である」)。「共通であるが差異ある責任」および「国により異なる環境基準」は，リオ宣言第 7, 11 原則にそれぞれ規定されている。

25) Philippe Sands, *Principles of international environmental law, op.cit.*, p. 217.

26) 「共通の責任」を導く「共通の関心」は，「人類の共通の関心事」としての「地球の気候の変動およびその悪影響」(気候変動枠組条約前文 1 段)および「生物の多様性の保全」(生物多様性条約前文 3 段)，「全人類に認められた活動分野」としての「宇宙空間や月」(宇宙条約 1 条)，「国際的な資源」としての「水鳥」(ラムサール条約前文)，「人類全体のための世界遺産の一部」としての「文化遺産および自然遺産」(世界遺産条約前文)，「人類の福利のために保全されるべき自然系の一部分」としての「野生動物」(ボン条約前文)，「人類の共同遺産」としての「深海底およびその資源」(国連海洋法条約前文および 136 条)「人類の遺産」としての「植物遺伝資源」(FAO 植物遺伝了解 1 条)などにみいだされる。次を参照。Philippe Sands, *ibid.*, p. 218.

27) 「差異ある責任」の具体例は、本稿 II (1) の諸条約の他にも、「すべての国の環境政策が途上国の開発の潜在能力を増進すべきであって、これを害すべきでない」と述べる国家の経済的権利義務憲章30条、上述のリオ宣言第7、11原則のほか途上国の特別な事情を優先すべきことを説く同宣言第6原則、投棄により生じる海洋汚染を防止するための措置を「自国の科学的、技術的および経済的な能力に応じて」とるべき旨を規定したロンドン海洋投棄条約2条など数多く存在する。次を参照。Philippe Sands, *ibid.*, pp. 219-220.

28) 地球環境保護条約上の「差異ある責任」の諸類型と、その問題点については、次を参照。西海真樹「南北問題と国際立法」『国際法外交雑誌』95巻6号、1997年、21-26頁。

29) その例として、EU・ACP諸国間の第4次ロメ協定の修正協定があげられる。この修正協定は、「人権尊重、民主主義的原則、法の支配」から構成される「よい統治」への違反が生じた場合には、申立国が違反国にたいして協定の全部または一部の運用停止措置をとることを認めている。次を参照。高島「国際法における環境と開発」、前掲、10頁。また、1992年に閣議決定されたわが国のODA大綱が、ODAの実施にあたっては、途上国の民主化の促進、市場指向型経済導入の努力、基本的人権・自由の保障状況に十分注意を払うとしているのも、冷戦後のこのような動きに沿ったものである。

30) *Our Common Future, op.cit.*, pp. 63-65; リオ宣言第10原則。同様の言及が、北東大西洋海洋環境保護条約9条、環境に危険な活動から生じた損害のための民事責任条約15、16、18条にみいだされる (Philippe Sands, "International Law in the Field of Sustainable Development: Emerging Legal Principles", *op.cit.*, p. 64)。

31) 高島「国際法における環境と開発」、前掲、11-12頁; 西海真樹「書評『民主主義の国際法』(桐山孝信、有斐閣、2000年)」日本国連学会編『グローバル・アクターとしての国連事務局』、国際書院、2002年、264-269頁。

32) 環境破壊が開発政策と表裏の関係にあることからすれば、前者の考え方にも一定の理由がある。しかし、環境破壊はいったん生じればとりかえしがつかない場合があり、また、たとえ回復可能であっても、回復のためのコストが予防のためのコストをはるかに上回る場合もあるからである。次を参照。松井、前掲、165頁。

33) 松井、同前、166頁。予防原則は、リオ宣言およびいくつかの環境保護条約のなかに取り入れられている。たとえば、リオ宣言第15原則(「深刻なまたは回復しがたい損害のおそれのある場合には、十分な科学的確実性が欠けていることを理

由に，環境悪化を防止するために費用対効果の大きい措置をとることを延期してはならない」），ヘルシンキ条約2条5項a（「科学研究が有害物質と潜在的越境影響との間の因果関係を十分に証明していないことを理由に，潜在的越境影響を回避する行動をとることを延期すべきでない」），ロンドン海洋投棄防止条約1996年議定書3条1（「海洋環境に損害を生じさせると信じる理由がある場合には投棄とその結果の間の因果関係を証明する決定的な証拠がない場合でも予防措置をとる」），ベルゲン閣僚宣言（「十分な科学的確実性の欠如が環境悪化を防止するための措置をとることを延期する理由として用いられてはならない」）。なお，気候変動枠組条約，生物多様性条約については，本稿II（1）を参照。

34) Philippe Sands, *Principles of international environmental law*, ,op.cit., pp. 208–213.

35) *ibid*.

36) ウィーン条約前文では，その1, 7, 8段などを通じて「予防原則」が示唆されるにとどまっているが，同2条1項は，「オゾン層を変化させまたは変化させるおそれのある人の活動の結果として生じまたは生じるおそれのある悪影響から人の健康及び環境を保護するために適当な措置をとる」と規定し，より明確に同原則をとりいれている。さらにモントリオール議定書前文1段は，上記文言に続けて「（...適当な措置をとる）義務があることに留意し」と述べ，さらに強い規範意識を表明している。

37) ウィーン条約前文3段（「開発途上国の事情および特別な必要を考慮し」），同2条2項（「締約国は，この目的のため，利用することができる手段によりおよび自国の能力に応じ，」），モントリオール議定書前文6, 7, 9段（「開発途上国の開発の必要に留意しつつ」「開発途上国の必要を満たすため」「開発途上国の必要を特に留意しつつ」）。

38) 第2回締約国会議は，途上国にたいする技術移転を促進するのに必要な費用の増分をまかなうため，「多国間基金」を設立した。また，10条に関連した規定として，議定書5条6項がある。同項は，5条1項該当当事国が資金的技術的能力の不足のために条約義務を履行できなかった場合，他の締約国は，この義務不履行の原因を留意しつつとるべき措置を決定する，と規定する。この規定は，義務不履行国にたいして場合によっては警告や権利停止でなく「適切な援助」を行うことを定めた「議定書不遵守手続」（1992年第4回締約国会合採択）と連動することにより，5条1項該当当事国が新たに資金・技術供与を受ける可能性を開くものである。

39) 同3条1項（「締約国は，衡平の原則に基づき...人類の現在及び将来の世代のた

めに気候系を保護すべきである」),同 3 条 3 項(「深刻なまたは回復不能な損害のおそれがある場合には,科学的確実性が十分にないことをもって,このような予防措置をとることを延期する理由とすべきではない」)。もっとも同項は,これに続けて「気候変動に対処するための政策および措置は,可能な限り最小の費用によって地球的規模で利益がもたらされるように費用対効果の大きいものとすることについても考慮を払うべきである」と述べ,「深刻なまたは回復不能な損害」という先の文言と並んで「費用対効果」基準を導入することにより,「予防原則」の適用に歯止めをかけている。以下を参照。Philippe Sands, *Principles of international environmental law, ,op.cit.*, p. 211; 高島,「国際法における開発と環境」,前掲,16 頁。

40) 他方で,条約 11 条 2 項,21 条 3 項は,「同条約上の資金供与制度が透明な管理の仕組みのもとにおかれ,かつそこにすべての締約国が衡平かつ均衡のとれたかたちで代表されるべきこと」,「同制度の運営を暫定的に委託される地球環境基金が,適切に再編成され,その参加国の構成も普遍的なものとされるべきこと」をそれぞれ要求している。そこに,「よい統治」への関心が国際組織の意思決定方式や制度的取極にも向けられていることがうかがえる。次を参照。Philippe Sands, Philippe Sands, "International Law in the Field of Sustainable Development: Emerging Legal Principles", *op.cit.*, pp. 64–65.

41) この他にも,条約前文 6 段,同 3 条 2,5 項,同 4 条 7,8,9,10 項が該当する。

42) 条約 4 条 2 項 g は,付属書 I に含まれない締約国にたいして温室効果ガスの排出規制を課す同項 a および g に自国が拘束されるか否かを自由に決定することを認めている。これにより途上国は全面的に排出規制義務を免れることができる。また,同 6 項は,市場経済移行国にたいして温室効果ガス排出量の基準となる過去の水準につき同条 2 項の約束の履行を弾力的に解釈することを許容するものであり,さらに同 12 条 5 項は,付属書 I の締約国すなわち先進国と市場経済移行国は条約が自国について発効した後 6 ヶ月以内に情報を送付しなければならないのにたいして,それ以外の締約国は条約が自国について発効後または資金が利用可能となった後 3 年以内に情報送付を行えばよく,さらに後発途上国の情報送付についてはその裁量に委ねる,と規定している。

43) 15 条 7 項の文言は次のとおり。「締約国は,遺伝資源の研究及び開発の成果並びに商業的利用その他の利用から生じる利益を当該遺伝資源の提供国である締約国と公正かつ衡平に配分するため,...適宜,立法上,行政上又は政策上の措置をとる。」

44) その文言は次のとおり。「生物多様性の著しい減少または喪失のおそれがある場

合には，科学的な確実性が十分にないことをもって，そのようなおそれを回避しまたは最小にするための措置をとることを延期する理由とすべきではないことに留意し，」

45) その文言は次のとおり。「生物の多様性の保全が人類の共通の関心事であることを確認し，」
46) 途上国への資金援助についての条約20条4, 5, 6, 7項も，原則宣言型である。
47) 同条約12条(途上国のための研究訓練の奨励)，20条2項前段(途上国の義務履行を可能にするための先進国の資金供与)，21条1項(途上国のための資金供与制度)もこの類型に該当する規定である。
48) このうち，義務の緩和は，弱者たるカテゴリーに属する諸国を短期的に利することはたしかだとしても，それは地球環境保全という条約目的の実現を阻む効果をもつ。気候変動枠組条約において途上国が温室効果ガスの排出規制義務を完全に免れていることを考えればこのことは明らかである。したがって，条約目的達成の見地からは，先進国から途上国への資金供与や技術協力・移転を促進することによって途上国自身の環境保護能力を向上させ，その結果，上にみたような途上国の義務の緩和をできるだけ早く撤廃することが決定的に重要となろう。次を参照。西海真樹，「南北問題と国際立法」，前掲，25頁。
49) *CIJ, Recueil des arrêts, avis consultatifs et ordonnances, Licéité de la menace ou de l'emploi d'armes nucléaires, Avis consultatif du 8 juillet 1996*, p. 242, para. 29.
50) *ibid.*, pp. 243–244, paras. 35–36.
51) 坂元茂樹「ガブチコボ・ナジマロシュ計画事件」田畑・竹本・松井編『判例国際法』，東信堂，2000年，363頁。
52) *CIJ, Recueil des arrêts, avis consultatifs et ordonnances, Affaire relative au projet Gabčíkovo-Nagymaros, Arrêt du 25 septembre 1997*, p. 78, para. 140. なお，ウィーラマントリ判事は，その個別意見のなかで「持続可能な開発」について詳細に論じている。彼はこれを発展の権利と環境保護の権利の双方にもとづく規範的価値を備えた原則とみなし，「逃れ得ない論理的必然」と「地球社会による広範かつ一般的な受諾」を理由としてそれは現代国際法の一部になっていると評価している。そして，このような「持続可能な開発」を本件に適用することによって，「環境影響評価を計画時点だけでなく実施過程でも継続的に行うべきこと(継続的環境影響評価の原則)」および「継続的な環境影響評価の基準は条約締結時の科学的知見にではなく評価実施時のそれに依拠すべきこと(環境保護規範の適用における同時代性の原則)」という2つの結果を導いている。次を参照。

"Opinion individuelle de M. Weeramantry", *ibid*., pp. 95, 111–115.
53) WT/DS58/AB/R, 12 October 1998
54) Section 609 of Public Law 101-162.
55) WT/DS58/AB/R., *op.cit*., para. 10.
56) *ibid*., paras.35, 39.
57) この判断は，法律（Section 609）を実際に適用するガイドラインが他の締約国の一律の対応を求める硬直的なものだったこと，輸入禁止措置の発動に先立ってウミガメ保全のための他国との交渉を米国が行わなかったこと，以上の態度が米国も当事国であるウミガメ保全のための米州諸国間条約上の規定と相容れないこと，などを理由とするものだった。以下を参照。*ibid*., paras. 160–177, 184, 186, 187 (c).
58) *ibid*., paras. 129–130.
59) WTO協定前文1段後半は以下のように述べている。「...経済開発の水準が異なるそれぞれの締約国のニーズ及び関心に沿って環境を保護し及び保全し並びにそのための手段を拡充することに努めつつ，持続可能な開発の目的に従って世界の資源を最も適当な形で利用することを考慮し，」
60) WT/DS58/AB/R., *op.cit*., para. 129–130. これ以外にも，同報告は，有限天然資源の保全を含む地球規模の環境対策はできるだけ国際協力にもとづいてとられるべきことを，リオ宣言第12原則，アジェンダ21（2–22 (1)），それに生物多様性条約5条などを援用しつつ強調している（*ibid*., para. 168）。
61) *ibid*., para. 153.
62) 山田中正／河野真理子／松川るい「みなみまぐろ事件仲裁裁判所判決について」『ジュリスト』1197号，59–66頁。
63) 同事件については以下を参照。http//www.un.org/Depts/los/ITLOS, INTERNATIONAL TRIBUNAL FOR THE LAW OF THE SEA, YEAR 1999, 27 August 1999, List of Cases no. 3 and 4, SOUTHERN BLUEFIN TUNA CASES, NEW ZEALAND v. JAPAN; AUSTRALIA v. JAPAN, Requests for provisional measures, ORDER, paras. 77–80（青木隆訳「みなみまぐろ事件暫定措置命令」『法学研究』72巻10号，1999年，122–135頁）.
64) Requests for provisional measures, ORDER, *op.cit*., para 90, 1 (a), (d).
65) Patricia Birnie and Alan Boyle, *International Law & the Environment*, *op.cit*., pp. 95–96.
66) *CIJ, Recueil des arrêts, avis consultatifs et ordonnances, Affaire relative au*

projet Gabčíkovo-Nagymaros, op.cit., para. 140.
67) Patricia Birnie and Alan Boyle, *International Law & the Environment, op.cit.*, pp. 96–97; 松井芳郎, 前掲, 159頁。また, II (2) で扱った「小エビ・小エビ製品の輸入禁止事件」で, WTO上級委員会報告は, GATT20条冒頭文 (chapeau) を解釈するにさいに, 「WTO協定とりわけ1994年GATTの締約国の権利義務にたいして色彩, 質感, 陰影を与えている」WTO協定前文の特別な用語(持続可能な開発の目的に言及した部分を指す――西海)を考慮に入れることが適当であると述べている (WT/DE58/AB/R, *ibid.*, para 155)。本稿の考え方に通じるものといえよう。
68) *International Law Association, Report of the Sixty-Ninth Conference, op.cit.*, p. 669.

地域自主アセスメントによる環境保全対策

上田 平三郎

1. はじめに

(1) 公害から環境へ

理工系が文系専門シンポジウムに参加し，報告書を提出することは誠に不安ながら，不備を最小限におさえるよう尽くしたい。

最近はコンピューターの進展を筆頭に，車社会の拡充，遺伝子組み換え等々の技術面と相俟って，このまま今後どのような進歩・変化が起こるか，何人も全く予想出来ない状態になってきた。今後の環境倫理の主張と社会の展開には大きな問題が立ちはだかるので，以下では必要以外は省略して避けて通ることにする。

かって公害が大問題として取り上げられて，防止策がとられた。初期の頃はまだまだ地球は無限のもので，公害問題は一部の地域に限られたものと一般には思われていた。

ところがその後，次第に公害は大気，河川・湖・海洋，大地等，地球全体に影響することが分かった。公害は地球環境問題とつながっている。

理工学部における生体濃縮測定の経験

以前，テーマ「重金属カドミウムの生体濃縮」研究に参加し，実験室的第1段階で，アサリを対象とし，自然海水にカドミウムのppm.濃度を変えた

複数の水槽にアサリを生育させて，一定期間毎に海水・アサリのカドミウム濃度を検出・定量した。当時は現在の様な定量・解析機器が無く，ボルタンメトリー[1]がある大学，メーカー研究所[2]へ測定用に湿式分解法処理[3]の試料を持ち込み，測定しなればならなかったので，満足する結果は出ないままに終わってしまった。

この実験からわかったのは，アサリは，海水中のカドミウムが或る濃度になると急に濃縮し始める[4]ということである。

別のグループがカドミウムのアイソトープを使って調べると，アサリが取り込んだカドミウムは入れ替わるらしい。従って取り込んだカドミウムをどんどんそのまま，蓄積するのではなく，富士山の笠雲が次第に大きくなる状態らしい。

濃縮濃度は貝の臓器によって違う。また一度カドミウムを生体内に取り込むと，何らかの障害を起こすらしい。貝は直接海水を体内に吸・排水するので，経口濃縮である。貝の摂餌は初期の自然海水からのみで，水槽測定は1〜2ケ月が限界。貝は痩せてくる。貝殻の変形が起こったように見えて，貝殻にもカドミウムが作用したのではないか。

海洋の自然界では，河川の植物プランクトンが，支流等から流れ込んだ公害物質により微量ながら汚染され，これを食べた魚がまた次々と広く外洋の魚等に及び，ダイオキシン等の生体濃縮が起こる。これはすでに世界の海全体に汚染が広がっていると報じられている。また池・沼および湖等の水域の流れ，循環は非常に複雑で，地球自転も関係するという汚染拡散理論と諸説がある。

公害は主として地上で発生する。これが海洋，大気を汚染する。

フロンの場合は大気の上空にあるオゾン層を破壊し，地上の生物等へ極めて危険といわれる。

かつて汚染物質の濃度は，ppm, ppb. 単位で超純度試薬を使って測定出

来た。しかし最近は更に超々微量のピコ単位の環境ホルモンが問題になっている。この濃度は例えると，50メートルプールの水に1〜2滴の環境ホルモン原液を滴加した量という。このような超々微量の濃度は，原液が直接溶けたのではなく，固形物等に含まれた環境ホルモン物質が，微量溶け出して作用するものらしい。例えば；

　　船底の貝付着防止用塗料中の有機錫の海水中への溶出。生殖機能に障害
　　食器，玩具等の樹脂加工品(プラスチック)中の可塑剤の人体経口摂取。
　　同障害

などが知られている。樹脂食器等は一般に使われていて，学校給食の樹脂食器が問題にされた。幼児が樹脂の玩具をなめても溶け出すといわれている。
　樹脂加工品の可塑剤は戦(前)後から使われていて，当時はジブチル・フタレートが主に使われていた。樹脂；プラスチックが柔軟性をもち，割れにくく加工性を良くするためには欠かすことの出来ない化学物質なので，簡単に使用を取りやめる事が出来ず，対策が難しい。

　　ジブチル・フタレート[5)]を合成した経験

　ジブチル・フタレートは化学合成工場で，フタル酸にブチル・アルコールを加え，硫酸を触媒に，110°C位で5〜6時間加熱すると出来る。沸点が100°C以上なので，減圧蒸留により分離精製する。

　　工場の1例　　無水フタル酸　　　　　　　　55 kg
　　　　　　　　ブタノール(ブチル・アルコール)　60 kg
　　　　　　　　硫酸　　　　　　　　　　　　1 (〜1.5) kg

理論収量は別として，粗製品をまとめて減圧蒸留精製すると約55%に。出来た製品の良否は直接なめてみて，渋味で判断した。中企業の検査では時に，

社長自ら，以下何人かがなめて検査したが，当時は内分泌腺攪乱障害が起こるとは夢にも思わなかった。それでも一応注意して検査後は，つばと共に吐きすてていた。

(2) 環境と倫理

　公害問題から環境へ，人類社会は今まで経験したことのない局面に立ち入ったらしい。今まで自然界には存在しなかった化学物質を作り，豊かな自然景観(景観地)をどんどん開発造成して破壊したために，世界的・地球規模の変化がおこりつつある。また更に今後どのような変化が起こるか分からなくなってきた。

　このうち地球温暖化，オゾン層破壊などの予知されることは防止対策がとられ始めた。環境倫理の主張することは，現在の社会の抱える問題と，各層のしがらみにより，必ずしもうまく進められていないが，新しいシステムが動き出している。

　地球全体を閉ざされた世界と見なし，自然破壊が止まらなくなる前に防止しようとする環境保全対策がとられている。しかし，現在では環境保全対策として決定的に有効な方法はない。

　環境保全対策の効果が直ちに出て環境が元に回復することは現状では不可能と絶望視される。出来るだけ地球環境の破壊防止対策をとっておく必要性が急がれる。これに現世代が全員参加して，来世代に良い環境の地球を送らなければならない。(願わくば現世代でくい止めて，来世代に環境破壊の進行を送ってはならない)。

　環境上の景観とは，豊かな自然生態系をもつ区域を言う。

　ゴルフ場は，芝・樹木の手入れが行き届いた綺麗な広場だが，ゴルファーのために野生動物を寄せつけず，虫・ミミズなども多量の殺虫剤で殺し，雨水やゴルフ場の地下水も多量の農薬を含んでいるので，景観とは言えない。

公共事業の橋，高速道路，河川・湖等のコンクリート護岸等も生態系に影響が大きい。コンクリート護岸は永い間繁殖してきた野生生物が，土の川岸をコンクリートで固められたために巣が作れず数が減り，またはいなくなったところもある。川底等もコンクリートで固めると川の造成管理が確実・堅固で綺麗になり，理想的な行政施行と思われていたが，かえって川の水が浄化されず，一般によごれてきた。自然へのコンクリート造成加工社会の介入が，環境保全に悪影響を及ぼすことが漸く行政にも知られ始めた。

その後，行政側もこのことを説得されて，土の川岸の方が浄化され，水が清くヘドロが溜まりにくく，浄化されやすいという認識が高まってきた。そして既設のコンクリート系の河川護岸，湖の護岸堤防はその上に土をかぶせて環境保全をするということも考えられるという。（霞ヶ浦のコンクリート系堤防）

環境保全は一種類，一系統のみの生物の保護・保全では意味が無く，または不可能で，生態系全体の保全が必要となってくる。それは広大な地域から，果ては地球全体に及ぶ環境保全である。

今や既に地球全体の環境保全問題が必要になった。いわゆる地球全体主義である。

海では，豊かな環境の森林からの植物プランクトンを食べて育った生物（魚）が集まるところに優れた漁場が出来る。

また豊富な植物プランクトンのある海域は直接牡蠣等の養殖場となる。

このように海の生態系保全には，広大な陸地の山林環境・生態系保全が必要となる。一般に日本の優れた沿岸漁場は優れた広い景観地をもつ山地の近くにある。海洋全体の保全も必要だが，地球全体からみれば世界の漁場は極く限られた地域だけで，これも今まで思われていたような無限ではなく，閉ざされた世界である。

(3) 環境倫理の三つの主張

人類の歴史に比べ、他の生物、自然の景観・生態系の生存履歴は遙かに古い。これらは地球の歴史と共に現在に至っている。これらに比べて人類の履歴は極めて浅く、地球から受けた厳しい試練は氷河期ぐらいか。人類が現れて以来、絶滅したり、絶滅危惧種となりつつある生物が出てきて、最近特に増えてきたという。しかも、最近の人間を含む試練の原因は、人間社会が造り出したことばかりである。これに対して、環境倫理の主張は人類（といっても一部分かも知れない）が作り出した環境破壊等で保全の利かなくなった地球となる前に、そのような破壊を避けるための方法だ。

この方法は現在確立されていない。一部公的、公共機関もあるが、一般市民による活動・運動も活発に、主に三つの環境倫理の主張に沿って進められている。その一つに市民アセスメントがある。最近は行政も市民アセスメントの意見を聞かなければならないことになった。しかし、公的アセスメントは行政上の各層の都合がどうしても優先されてしまうらしい。

地球上すべての生態系、景観地は人間社会の影響を大きく受けている。森林を伐り開かれて、自然生態系を失なった野生動物はやがて死滅するほかはない。

現代人間ばかりではなく、地球上のすべての生物、景観地（生態系）等にも生存の権利、自然の権利がある。

しかし、地球上の人間社会が生物の生態系を破壊、崩してしまった場合は保護、保全をする義務がある。完全回復は現在では殆んど不可能に近いようだ。

地球上にはまだ細々と残された景観と生態系があり、日本にもラムサール条約登録湿地の指定をうけて、国際的に保全が認められた地域がある。

新しい生物多様性を含む生態系等の環境倫理より議論すると、今迄の人間社会が急速に進めた近代化進歩開発主義の基礎概念に大きな疑問をもち、世界で通用しなくなったことは明らかであり、そして世界的に今迄とは全く

違った環境倫理を含んだ基礎概念に転換したシステムの方向へ動き始めている。これが環境倫理の特徴である。しかし社会の諸層の新しい基礎概念は必ずしもスムーズには動いていない。

都市化による環境の変化で生態系が乱れ，野生生物が次第に衰退してゆく様子に，地域自主的アセスメントが動いて野生生物の保護・環境保全活動を進める上で，自然物の生存の権利，自然の権利および環境保全を強く訴えなければならない。グループから団体へ，更に組織が必要となる。最近は強力な組織がある。情報・PR，機材等の資金も必要。

自然物(野生動物)代行訴訟という法戦略があり，環境倫理，保全，野生動物保全論等の専門弁護士グループの活動と相俟って訴訟を行う。この場合も公共事業の予定，社会的諸事情による判決が下される。

2. 環境倫理とオオヒシクイ代行環境保全対策の経過

(1) 環境倫理の主張認定

15年前は東京から利根川を渡ると，まだ自然の生態系が残っているところが多かった。実験海水槽のアサリが ppm. 濃度のカドミウムを生体濃縮する測定をしていて，管理実験測定に対して，生物の自然生態にも接して多少知っておく必要があると思い，気にしているときに地方情報誌の「観察会」の記事により，土浦市乙戸沼(おっとぬま)野鳥観察会に参加した。沼の野鳥の観察・説明と，ミーティングで鳥の絵を多数使った説明があったが，カイツブリの名以外は直ぐに分からなくなってしまった。ここで2人の自然生態系派の人に出会った。1人は観察会の代表，他の1人は画用紙に何種かの野鳥の絵を描いて，丁重な説明を行った。その後も何回かの野鳥・小野川流域等の自然生態系の観察会があり，その後は主に小野川上流に沿って観察・記

録して歩いた。

この観察会では，出会った植物，鳥，生物の名と数を時間と共に記録した。観察会代表飯島博氏は殆ど全ての生きものの名も分かっていて，どんどん記録した。月1回位，通年に亘り各地を回った。

今迄知らなかった「シュリーゲル蛙」（アオガエルと同じで少し青味があるように見えたが識別困難），多く見られるようになった「ハクセキレイ」，「セグロセキレイ」，「キセキレイ」。猛禽類(鳥)に食べられたばかりのカモの死骸，空を舞う「チョウゲンボー」（猛禽類）。等々

同行者は子連れの主人，主婦のレギュラーメンバーで，すでに長い間観察会を続けていたらしく，生きものの名をかなりマスターしている。特に同行の幼児（乳児も参加），小中高生の方が自然に相当馴染んでいる。このような自然生態にはなるべく小さいときから馴染ませた方が効果があるらしい。

現代人間の視聴能力が最高になるのは，小学校3年生をピークにその前後といわれる。

当時小さかった同伴者の人々もすでに高校・大学，また社会人となっている。中には東大に進み，環境関係の研究室に入る予定の人もいる。それぞれに環境倫理を身につけていると，現世代，次世代の環境倫理による新しいシステムに対応出来るものと思われる。

この観察会は単なるウオッチングではなく，自然景観生態系の調査（センサス Census）だ。センサスは卓越した特技を持たないと出来ない。野鳥は8倍位の双眼鏡で観察するのが適し，あまり倍率が高いと観察しにくいという。鳥はほぼ決まった種類がいるが，少し変化が見られる様になってきたという。シラサギも何種か居て，時期とシラサギの種類により入れ変わり，渡りもあるという。同伴の子供達は，すっかりこのことは身についているらしい。

観察会は別に月に1度集まって，会報の発送，世界の情報交換会等がある。子供達も来て手伝ったり，時に走り回って騒ぐ事もあるがこの会議を子供に

も分かるように「むぐっちょ会議」といっている。「むぐっちょ」とはカイツブリのことで，水にむぐって（もぐって）餌をとることから名が付いたようだ。会議・観察会には10名位のレギュラーが出席するが，メール会員は20～30名いる。

　情報交換によると，同じ様な会が他の地域にもある。

　むぐっちょ会議は環境倫理の主張する「全ての生物の自然生存の権利」を認め，ときには保護し，人間が勝手に生存権の権利を無視してはならない。

　人間社会により破壊，衰退中の生態系については人間に責任がある。

　地球は無限に大きいものではなく，閉ざされている。

　生態系は地球規模で守らなければならない。

という主旨の基本概念をもった観察会活動。

（2）　日本の農業はエコロジー

　小野川流域は広い谷津田を形成していて景観をなす。他にも多くの谷津田がある。谷津田とは都会では聞き慣れない言葉だが，河川の両側は川に向いて傾斜していて広い段状の田圃を形成して水が引きやすい。（図面1参照）小高いところに農家があり，大木があって，フクロウが巣を作り代々住む。フクロウはネズミ，野ネズミを相当数補食する。カントウネザサは増えるとやっかいだが，畑作等の必需品だ。一般の農家では農薬は必要なところに最低限しか使わない。湧き水があればホタルが飛び交う。谷津田の上流，下流が宅地造成等で分断されると，生態系に影響がある。（図面2参照）

　これは，農家・農業は自然と共生していることで，古代からのエコロジーだ。小野川の上流で圏央道の建設が始まった。

（3）　環境倫理の主張と訴え

　観察会は「牛久の自然を守る会」主催代表飯島博で，観察会の自然生態系

の景観地も急速な都市化のために影響が出てきた。河川の影響が早く,観察会は機動性が良くなったので,牛久に限らず霞ヶ浦周辺を含む湖沼・河川に広げて,自然生態系のセンサスを始めた。

観察会は月に1度から回数を増やして,牛久沼周辺と河川のポイントを定期的にセンサスし,簡易水質チェックセットで,汲んだ水を直ちに10項目位の水質検査を加えた。(図面3参照)

レギュラーと同伴の幼児から高校生も検査に加わり,複数の処理時間の合図をすると,各自分担した水質の値を幼児でも測定した。pH試験紙の色合わせなどは幼児・小学生の方が早くてうまい。一応チェックしているので正確であり,炎天下や寒風のフィールド測定調査は,非常に困難なやりにくいアルバイトだが,若い人の方が処理が上手で元気があった。

観察会;フィールド・センサスは水質検査だけに費やされた。水の色がどんよりと黒ずんで濁っているポイントの水質が,極端に悪い結果が出ると期待していたが,思った程の悪い値は出なかった。基準値より少し外れた程度であった。検査では極端な結果が出ないので,その後は保留した。実は基準値から外れた値が問題で,汚染に大きく影響していた。

さらに地域の都市化が進み,環境倫理の主張に反することが目立ち始めた。生態系の乱れどころか,保全も不可能な地域も出てきた。

行政からも「グレーターつくば構想」[6]の基本方針が出された。これは非常に遠大な内容のもので,都市ネットワーク,つくば圏のリーディング・ゾーン[7],各エリアの整備開発,クラスター開発[8]等々。

これに伴う水資源開発(霞ヶ浦の水源),圏央道(首都圏中央連絡自動車道)の建設を含むネットワーク他で,何れも自然景観,自然生態系の豊かなところが多い地域が開発予定地となり生態系に対する大影響は必至とみられる。(図面4-1〜4,5-1〜3参照)

はじめ,谷津田,湖沼・河川への生活水(下排水)の流入防止,景観と野生

生物の保全・保護，自然の生存の権利の認定等を主張する環境倫理の主旨を町役場～県庁等へ口頭，陳情書の提出等で訴えたが，殆ど聞き流し，無視が続き，対策は無くなり汚染は進み，生態系は次第に崩れてゆくのを待つばかりと思われた。

当時，役場，県庁等は近代化・開発事業等を最高の目標にする基本概念として，環境倫理の主張を持ち込んでも相手にしてくれなかった。たび重ねて申し入れると一種の圧力団体という目でみられた。そして一度は話が通じて了解したように見えても担当者が変わると又同じ事を，繰り返し説明しなければならなかったという。

このような活動を通して観察会はフィールド・センサスを行う観察会から地域自主環境アセスメントの役割をになうようになったのである。

(4) 「オオヒシクイ自然の権利」代行訴訟

自然の権利代行提訴(訴状)−判決−控訴−控訴却下−再審申立−継続審議−

1995年9月25日　茨城県監査委員へ住民監査請求

1995年10月20〜22日　世界湖沼会議NGOフォーラム；
KASUMIGAURA LAKE CONFERENCE NGO FORUM

ここでNGO霞ヶ浦宣言あり，環境倫理の主張が確認され，ヒシクイ保護提訴が承認された。

(世界湖沼会議に関する意見書　茨城県知事　橋本昌殿　第6回世界湖沼会議実行委員会)(資料1-1, 1-2参照)

1995年11月20日　監査請求脚下

1995年12月19日　「オオヒシクイの自然の権利」住民訴訟提訴　水戸地方裁判所(資料2, 3, 4-1〜8参照)

環境倫理の主張する「野生生物の自然の生存の権利」の弁護を，最も強い訴訟という法戦略により訴える。

原告はオオヒシクイで，オオヒシクイは鳥なので代って 飯島 博 が訴える。原告は3名で，同マガン代行 城土井 純子（牛久の自然を守る会 レギュラー）。

訴状（資料2, 3, 4-1~8参照）

原本より略記 （以下の各法文原本は縦書，和数字書き）

　　　原告　オオヒシクイ　こと　　　飯島　博
　　　　　　マガン　こと　　　　　　城土井純子
　　　　　　ヒシクイ保護基金　代表　飯島　博
　　被告　茨城県知事　　　　　　　橋本　昌
1995年12月19日
（原告訴訟代理人　弁護士団）
　　　　　主任弁護士　　　　　　坂元　雅行
　　　　　以下8名
　　水戸地方裁判所民事部　御中

訴訟の主任弁護士以下弁護団は，特に環境倫理，野生生物保全論他の専門家で，膨大な数の弁護資料証，追加訴状，開廷準備書面等を専門分野で作成，提出した。全てボランティア活動であった。

提訴により，環境倫理の主張，国際環境法，ラムサール条約指定地，公共事業，社会の諸層・相等の，多少でも環境倫理の主張する主旨にそった新しい基礎概念のシステムを盛り込んだ判決が，どのような形で出るのか期待された。

オオヒシクイの自然の権利とは，越冬地と周辺広く霞ヶ浦以外も含み自然生態系を保全することで，霞ヶ浦周辺湖沼・河川等の環境保全を目指す考え方である。オオヒシクイを主体とした環境倫理の主張である。

訴状の付加書類
　　甲第1号証　写真　原告　オオヒシクイ個体群

稲波 1993 年 2 月 13 日　飯島　博
ヒシクイ保護基金　規約　会長　飯島　博
甲第 2 号証　土地倫理　ランド・エシックス　弁護資料証
甲第 3 号証　樹木の当事者適格　自然物の法的権利について　弁護資料証
オオヒシクイの委任状　足形証　適格者主任弁護士以下 8 名殿
1995 年 12 月 16 日

　オオヒシクイ（bean goose; Anser fabalis middendorfi）について
　1966 年 6 月に文化財保護法により，国指定の天然記念物に指定された。毎年 11 月 10 日頃から江戸崎町稲波（いなみ），霞ヶ浦周辺で越冬し，翌年 3 月 20 日頃に帰ってゆく。1989 年頃は引舟（ひきふね）の田にいるオオヒシクイがビデオに記録されている。その頃は農家の人が近くにいる鳥を見ていたという。繁殖地はおおよそシベリア方面らしいが，江戸崎の鳥は新潟の鳥とは別らしく，足輪を（新潟等で）目印につけた鳥を全く見ることがない。これが江戸崎周辺の鳥の古来からの自然の権利，住民越冬権の適格を認めることの理由である。鳥等が 1 カ所に集中すると，多数病死する例があるので，この地域で保護することが大事である。稲波で越冬するオオヒシクイは稲波で保護しなければならない。（図面 6, 7 参照）

　稲波（いなみ）の田は，干拓する前は霞ヶ浦の一部でヒシ等の水草が生えている湖に，オオヒシクイ，水鳥等も多く年間を通して生態系は豊かであったという。古代よりこの地で越冬していたオオヒシクイは，湖水の無くなった干拓地でも続けて越冬する。干拓地の図面 9 の A 帯と B 帯の間にある用水路（排水路）の水を越冬中使う。用水路の標高は −1 m 以下の元の湖底で古渡橋（ふっとばし）側の排水機場で，干拓地の水を小野川に汲み揚げる。（図面 8, 9 参照）

オオヒシクイがこの地で越冬を続ける理由は，刈り取った後の2番穂の稲が実を結んで枯れ，多量にオオヒシクイの餌となっているためである。この他オオヒシクイはマコモ，昆虫類も食べているらしいが，人が撒いたトウモロコシの実等は何時までもそのまま残している。

　田おもては冬場に転起して，害虫等を殺したり，陽・冬の大気にさらす方が稲作に良いが，二番穂の籾を餌にしているオオヒシクイが，土中に埋まった籾は食べられないので，成る可く耕起しないように農家に頼んでいる。

　オオヒシクイの群生は一見平和そうに見えるが双眼鏡，フィールド・スコープ等で観察すると，絶えずファミリー間の小争いで動いている。その時に羽を大きく広げて羽ばたく。羽を広げると非常に大きい。2m位か，大体鳥の背丈は50〜60cmといわれているが，1m位の大きな鳥もいるという。オオヒシクイは普通，夜間は塒(ねぐら)に移る。塒は霞ヶ浦の水上らしい。どのようなときも1羽が監視していて危険と思うと声高く知らせる。鳴き声はツルの類だ。朝になると採餌場にもどり，殆ど何時も餌を探して食べている。緊急の時以外は飛び立つ合図があっても1羽でも同調しない時は飛ばない。飛ぶと＞型になり全羽揃うまで上空を旋回する。禁猟区以外は野生の鳥は危険な場所を知っていて降り立たない。最近アメリカコハクチョウが禁猟区外の引舟に降り立っているのが見られたが，2度とこなかったという。(図面10参照)

　オオヒシクイの自然の権利を提訴したあと，更によくオオヒシクイの観察を続けるようにして，越冬中は24時間体制もとった。主として若い人たちが観察記録をしたという。

　それによると，早朝塒から来て採餌，日中は殆ど動かずにうずくまり，夕方一斉に塒に飛び立つという。現地に近い引舟の農家(引舟のオオヒシクイをビデオ記録した浅野宅)がビニルハウスを提供，時に泊まり込みで観察したという。

地域自主アセスメントによる環境保全対策　363

オオヒシクイ弁護に向けて環境倫理の主張を訴えるための資料を逐次集めて資料証とし，追加提訴状を出した。追加証訴状は受理されると「第号証」になる。

甲第 9 号証　ガン類渡来地目録第一版 JAWGP 雁を保護する会 1994
甲第 10 号証　以後強く，銃猟地の実体(猟銃薬莢の散乱)，禁猟区域の拡大要望，更にグレート・つくば構想，圏央道のコースについての調査資料，訴状を多数提訴している。(図面 4-1～4, 8, 9, 10, 11-1～2 参照)
1996 年 2 月 7 日　オオヒシクイのみについて弁論分離の決定。

1996 年 2 月 20 日　オオヒシクイの弁論について判決　本件訴えを却下する。
平成 8 年 2 月 20 日　判決言渡　同日原本受領　裁判所書記官　笠井俊幸
平成 7 年(行ウ)第 16 号損害賠償請求事件
　　　　　　　　　　判　　決
　　　　　当事者　別紙当事者目録の通り
　　　　　　　　　主　　文
　　　　　本件訴えを却下する。
　　　　　　　　事実及び理由
本文略
　　　水戸地方裁判所民事第二部
　　　　　　裁判長裁判官　　　來本　笑子
　　　　　　裁　判　官　　　松本光一郎
　　　　　　裁　判　官　　　山田　真紀
　　　　　　当事者目録
　　　　　　原　　告　　　オオヒシクイ
　　　　　　訴訟代理人弁護士　坂元雅行

364　第3章　環境，開発，自然の権利

　　　　　　　　　　　　　　　　　　外　　　8名
　　　　　　　　　略
　　　　　　　被　　告　　橋本　昌
法廷判決のあと記者会見あり。そのあと当事者他，今後の対策協議。

1996年2月21日　ヒシクイ弁護団より緊急のコメントあり；
提訴内容について評価している点あり。控訴について検討。
弁護団は相当の負担をしている旨の飯島　博の追加あいさつあり。
1996年2月23日　読売新聞「自然の権利」どう守るかの記事あり。

1996年3月5日　「オオヒシクイ自然の権利」裁判控訴
　　　　　　　控訴状
　文略
　　　　　　　原告　オオヒシクイ
　　　　　　　　　　（住所地に越冬する地域個体群）
　　　　　　　　　　（控訴人訴訟代理人当事者目録）
　　　　　　　被告　茨城県　知事
オオヒシクイ損害賠償請求事件
　　略
　　　　　　原判決の主文
1　本件訴えを却下する。
　　　　　　控訴の主旨
1　原判決を取り消す
2　本件を水戸地方裁判所に差し戻す
3　訴訟費用は一審，二審とも被控訴人の負担とする
との判決を求める。

控訴の理由

略

追って準備書面で明らかにする。

添付書類

1 訴訟委任状 適格者9名1通，オオヒシクイの足跡レプリカ写真の証。

1996年(平成8年)3月5日

(主任)控訴人訴訟代理人

弁護士 坂元 雅行

同以下 8人

東京高等裁判所 御中

当事者目録

略

1996年3月5日 コメント「オオヒシクイ却下判決の控訴にあたって」ヒシクイ弁護団。

1996年3月15日 第一回口頭弁論 審尋(原告，被告の言い分を聞き審議すること)。ヒシクイ保護基金と自然人の原告らにたいして。

1996年3月27日 準備書面提訴 原告他，主任弁護士他。

1996年4月23日 オオヒシクイに対して控訴却下の判決 東京高裁。

平成八年 第二二号損害賠償請求事件(原審・水戸地方裁判所平成七年第一六号)

判 決

当事者 別紙当事者目録のとおり

主 文

1 本件控訴を却下する。

2 原審及び当審における訴訟費用は，控訴代理人らの負担とする。
　　　　　事実及び理由
　　略

東京高等裁判所第一四民事部
　　　　裁判長裁判官　　　　　　野田　　宏
　　　　裁判官　　　　　　　　　田中　康久
　　　　裁判官　　　　　　　　　太田　幸夫

　　　　当事者目録
　　略
　　　　控訴人　　　　　オオヒシクイ
　　　　訴訟代理人　　　主任弁護士　以下8人
　　　　被控訴人　　　　茨城県知事

右(上)は正本である。
平成8年4月23日
　東京高等裁判所第一四民事部
　　裁判所書記官　　　　　　　　浅間　述史

　控訴却下され，再審要求したが裁判所門前払いされたので，地裁前で飯島博他が座り込み要求し，再審継続された。
　1996年6月12日　第2回口頭弁論　ヒシクイ保護基金等　水戸地裁
　1996年6月　号証には無いが，『アサザ栽培ステーション』が霞ヶ浦湖畔にオープンした。土浦市大岩田 日動火災が空き地を提供。建設省(現国土交通省)も協力。オオヒシクイ越冬地の保全に関係する広大な周辺地域を含む生

態系保全を本格的に開始。
　霞ヶ浦・他の芦原の復活　市民ボランティア活動による。
　一日樵　市民ボランティア活動　人手不足の森林保護作業。粗朶作り。沿岸森林の保護による霞ヶ浦の生態系保全のため。里山保全活動。
　1996年7月29日　準備書面2　原告　ヒシクイ弁護団
　項略
　但しここで1991年(平成3年)に茨城県都市計画審議会環境アセスメント部会が行った「オオヒシクイ生態調査」(いわゆる「追加調査」)の釈明を要求。
『圏央道建設のため，オオヒシクイの越冬を故意に隠す気配あり』。
　その証拠方法として次の第9,10,11号証により追提訴する；
　第9号証「ガン類渡来地目録第一版」宮林泰彦編纂・日本ガンを保護する会発行。
　第10号証　写真撮影報告書4。
　第11号証　「鳥獣行政の歩み」林野庁編・林野弘済会　1969年3月20日発行。
　1996年8月2日　準備書面3　水戸地方裁判所御中
　略記　原告，主任弁護士
　鳥獣保護区と環境倫理の主張に対する法律構成上の論点。
　ここで知事が「追加調査」に起用した「鳥類専門家」は訴外森本信生か，論旨は不利となるので除外したか追求提訴。
　1996年8月2日　陳述書　水戸地方裁判所御中　城土井純子(ヒシクイ保護基金会員)　提訴　審尋。
　1996年8月2日　意見陳述要旨　水戸地方裁判所御中　オオヒシクイセンサスの細かい記録有り。オオヒシクイこと飯島博(ヒシクイ保護基金代表)　審尋。
　1996年8月2日　第3回口頭弁論　審尋。

1996年11月5日　第4回口頭弁論。

1996年11月5日　検証申立書（裁判所のヒシクイ越冬地実地調査要望）

原本　略

検証申立書

原告　ヒシクイ保護基金　他2名

被告　橋本　昌

略

1996年11月5日

略記　原告ら訴訟代理人　主任弁護士　他9名(ヒシクイ弁護団)

水戸地方裁判所民事第22部　御中

記

1　検証の目的

略

2　検証により証明すべき事実

略

3　検証すべき理由

略

以上

1996年11月28〜30日　ラムサールシンポジウム新潟――人と湿地と生き物たち――

1996年12月24日　準備書面6提訴

原本　略記　原告　訴訟代理人

水戸地方裁判所民事第2部　御中

準備書面6

略記　引舟・羽賀未設定地域，霞ヶ浦湖心水域を知りながら，圏央道計

画・霞ヶ浦総合開発計画推進のため，鳥獣保護区設定権限を恣意的に利用して，設定しなかった。他。

1996年12月24日　第5回口頭弁論　審尋

甲第132号証　全生態系保全で浄化；一カ所の保全では良くならない。生物多様性の湖　霞ヶ浦　滋賀大学教育学部　鈴木紀雄 1995年10月18日環境新聞　霞ヶ浦周辺の生態系保全推進は,「アサザを植える運動から」。

甲第134号証　「希少トンボ消滅」銚子新大橋　1997年2月21日読売。

甲第195号証　オオヒシクイの保護に関する緊急要請　1997年2月18日　ヒシクイ保護基金　代表　飯島　博　茨城県知事　橋本　昌殿

ヒシクイ越冬地(稲波・引舟地区)及び周辺での暴走行為の取り締まりを要請。

1997年4月29日　準備書面7　提訴　略記

原告　ヒシクイ保護基金，オオヒシクイこと飯島博，マガンこと城土井純子
　略

　　　　　　　　　　準備書面7

略記　オオヒシクイの保護の危機。鳥への妨害，環境悪化で日中採餌する場所が稲波の一部に追いやられた。看板等で保護策を。他。

1997年5月15日　オオヒシクイ越冬地の保護区拡大を求める要望書及び公開質問状　ヒシクイ保護基金　代表　飯島　博　茨城県知事　橋本　昌殿

国の天然記念物である野生生物の自然の権利を脅かし続けていても未だに鳥獣保護区に指定していない。圏央道計画推進のために鳥を近寄らせないようにしていることは明らかだ。

羽賀・引舟地区を保護指定地にしないのは何故か6月15日迄文書回答を。

要望項目　1, 2, 3

1997年6月3日　証拠説明書1　甲第1号証より甲第24号証まで。
　　略　原告同

　　　　被告同
　　　　原告訴訟代理人　主任　同　関口佳織
証拠説明　甲第1号証より甲第24号証まで。
1997年6月3日　第6回　口頭弁論。
1997年9月1日　上申書　被告　橋本知事の反論書　水戸地方裁判所御中
　略　原告　ヒシクイ保護基金　他2名
　　　被告代理人弁護士　小泉尚義
　　　同　大和田一雄
　　　同　木島千華夫
本文略　速やかに却下判決を。
1997年9月2日　証拠説明書2
　略

　　　　　　　　原告　ヒシクイ　　　　保護基金
　　　　　　　　　　オオヒシクイこと　飯島　博
　　　　　　　　　　マガンこと　　　　城土井純子
　　　　　　　　被告　　　　　　　　　橋本　昌

1997年9月2日
水戸地方裁判所民事第2部　御中
　　　　　証拠説明書2
　略　甲第25号証の1より甲第202号証まで。

1997年9月2日　第7回口頭弁論
　初出荷オオヒシクイ米　ヒシクイ越冬地の田は農家に農薬の使用を成る可くさけてもらう。その他見学者等が畦に立ち入ったり農業に迷惑と負担をかけているのでヒシクイ保護基金は稲波，引舟地区農家と契約して栽培した減農薬米「オオヒシクイ米」として全国にメール発送する。越冬地を守るため。

1997.10.24　読売新聞。

　1997年11月11日　準備書面9　同略　野生生物の個体数の回復に要する費用の試算　コウノトリ他の例　小倉京子。
　1997年11月11日　証拠説明書3　同略　甲第203号証より甲第217号証の3まで。
　1997年11月11日　検証申立書　同略　オオヒシクイ越冬地の実地視察を要望提訴。
　1997年11月11日　第8回口頭弁論
　1998年1月27日　第9回口頭弁論

　1998年2月3日　水戸地方裁判所オオヒシクイ越冬地検証　15時35分　江戸崎乙1341（資料5参照）
　　裁判長裁判官　矢崎正彦　　裁判官　坂野征四郎
　　裁　判　官　細谷　郁　　　裁判官　鈴木ひとみ
　1998年1月　「アサザプロジェクト」霞ヶ浦北浦再生事業の展開
　　湖沼水質保全計画　事務局長　飯島　博
　　小中学校でアサザの人工栽培・霞ヶ浦へ植え付け・タネ採り。
　　間伐材利用，湖の波よけ粗朶沈床・粗朶魚礁作り　ボランティア。
　1998年2月22日　水郷トンボ公園の計画書　潮来町徳島園地。

　1998年3月19日　上申書　原告　前同　被告　前同
　　主任弁護士　坂元雅行　同以下10名
　　稲波地区オオヒシクイ実地検証は，一部の地域のみに過ぎなかったことに御配慮を。

1998年3月27日　FAX受信　検証調書　引舟オオヒシクイ飛来証拠ビデオ

　同上

　原文略　ビデオテープ付き（図面12-1〜2参照）

　出頭当事者目録

　　　　　　　　原告代表者兼原告　　　飯島　博
　　　　　　　　原告　　　　　　　　　城土井純子
　　　　　　　　原告　ら代理人　　　　坂元雅行
　　　　　　　　　　　　　　　　　　　同以下5名
　　　　　　　　被告　代理人　　　　　小泉尚義
　　　　　　　　　　　同　　　　　　　木島千華夫

甲第306号証　意見書　畠山　武道　水戸地方裁判所御中　平成12年1月7日

　自然保護訴訟の新しい時代の判決を

　意見は読んでも無視したらしい（資料6参照）

　このあとも，森の風・法律事務所より多数の訴状・準備書面が出された。315号証を数えた。

　その後次第にオオヒシクイ保護基金と共に環境倫理の主張の基礎概念にしたがい，生態系の保全活動を活発に推進し，多くの協力を得ている。（図面13, 14, 資料7, 図面15〜43参照）

(5)　控訴審(再審)判決──控訴──最終控訴判決(結審)

2000年1月14日　（最終弁論・判決の）準備書面

　平成7年(行ウ)第16号

　　　　　　　　　　　　　原告　ヒシクイ　保護基金　外2名
　　　　　　　　　　　　　被告　橋本　昌

平成 12 年 1 月 14 日

　　　　　　　　　　　　被告代理人弁護士　　小泉尚義
　　　　　　　　　　　　同　　　　　　　　　大和田一雄
　　　　　　　　　　　　同　　　　　　　　　木島千華夫

水戸地方裁判所民事部　御中
　　　　　　準備書面
　原文略
2000 年 1 月 18 日　最終弁論　審尋　水戸地方裁判所
2000 年 3 月 28 日　判決（控訴審再審）
　平成 12 年 3 月 28 日　判決言渡・同日原本交付・裁判所書記官　藤ケ崎博行
　平成 12 年 1 月 18 日　口頭弁論終結
　平成 7 年（行ウ）第 16 号　損害賠償請求事件
　　　　　　判　　決
茨城県牛久市南 3-18-4
　　　原告　　　　　　　　　　ヒシクイ　保護基金
　　　代表者　　　　　　　　　飯島　博
茨城県牛久市上柏田 4-14-10
　　　原告　　　　　　　　　　オオヒシクイこと
　　　　　　　　　　　　　　　飯島　博
茨城県牛久市栄町 2-35-20
　　　原告　　　　　　　　　　マガンこと
　　　　　　　　　　　　　　　城土井純子
　　　　上 3 名訴訟代理人弁護士　坂元雅行
　　　　同　　　　　　　　　　朝倉淳也
　　　　同　　　　　　　　　　神田安積
　　　　同　　　　　　　　　　海野浩之

374　第3章　環境，開発，自然の権利

同	小倉京子
同	工藤一彦
同	佃　克彦
同	辻　希
同	則武　透
同	関口佳織
同	佐和洋亮

茨城県水戸市大町 2-1-33
被告	橋本　昌
上訴訟代理人弁護士	小泉尚義
同	大和田一雄
同	木島千華夫

　　　　　　主　文
1　原告らの請求をいずれも却下する。
2　訴訟費用は，原告らの負担とする。
　　　　　事実及び理由
原文略
　　　　　　水戸地方裁判所民事第2部
裁判長裁判官	矢崎正彦
裁判官	坂野征四郎
裁判官	松下貴彦

　図2点は略す
　判決は控訴却下だが内容として自然人（自然保護団体）の訴え，環境倫理の主張の基本概念に配慮していて，行政のアセス不備を指摘した上で，現代社会の各層・相の情勢・事情を綜合した判決と思われる。主要な部分だが割愛する。

2000年4月10日　控訴状(控訴審再審判決)提訴

控訴

原告，森の風法律事務所弁護団

東京高等裁判所　御中

　略

2000年11月8日　準備書面(1)略記

　平成12年(行コ)第159号

　　　　　　　　　　　　控　訴　人　　　　飯島博外2名
　　　　　　　　　　　　被控訴人　　　　　橋本　昌

　平成12年11月8日

　　　　　　　　訴訟代理人弁護士　　　　　小泉尚義
　　　　　　　　　同　　　　　　　　　　　大和田一雄
　　　　　　　　　同　　　　　　　　　　　木島千華夫

　東京高等裁判所第15民事部　御中

　　　　　　準備書面(1)

　原文略

　　　以上

最終判決(結審)

2000年11月29日　控訴審　判決(最終判決)

　平成12年(行コ)第159号損害賠償請求控訴事件

　(原審・水戸地方裁判所　平成7年(行ウ)第16号)

　(平成12年9月8日口頭弁論終結)

　　　　　　　　判　　決

　茨城県牛久市南3-18-4

　　　控訴人　　　　　　　　　　ヒシクイ　保護基金

376　第3章　環境，開発，自然の権利

　　　上代表者　　　　　　　　　　　　飯島　博
　　茨城県牛久市上柏田 4-14-10
　　　控訴人　　　　　　　　　　　　　飯島　博
　　茨城県牛久市栄町 2-35-20
　　　控訴人　　　　　　　　　　　　　城土井純子
　　　上3名訴訟代理人弁護士　　　　　坂元雅行
　　　同　　　　　　　　　　　　　　　朝倉淳也
　　　同　　　　　　　　　　　　　　　海野浩之
　　　同　　　　　　　　　　　　　　　工藤一彦
　　　同　　　　　　　　　　　　　　　小倉京子
　　　同　　　　　　　　　　　　　　　則武　透
　　　同　　　　　　　　　　　　　　　関口佳織
　　　同　　　　　　　　　　　　　　　佐和洋亮
　　　同　　　　　　　　　　　　　　　神田安積
　　　同　　　　　　　　　　　　　　　辻　　希
　　　同　　　　　　　　　　　　　　　佃　克彦
　　茨城県水戸市大町 2-1-33　県公舎内
　　　被控訴人　　　　　　　　　　　　橋本　昌
　　　訴訟代理人弁護士　　　　　　　　小泉尚義
　　　同　　　　　　　　　　　　　　　大和田一雄
　　　同　　　　　　　　　　　　　　　木島千華夫

主　文

1　本件控訴を棄却する。
2　控訴費用は控訴人らの負担とする。

事実及び理由

第一　当事者の求めた裁判

一　控訴人らの控訴の趣旨
1　原判決を取り消す。
2　被控訴人は，茨城県に対し，金2257万2000円及びこれに対する平成6年9月25日から支払い済みまで年5分の割合による金員を支払え。
二　控訴人らの本訴請求の趣旨
　　一の控訴の趣旨2項と同旨
第二　事案の概要
　　本件事案の概要及び本件の争点は，原判決の「事実及び理由」欄の「第二事案の概要」の項に記載されているとおりであるから，これを引用する。
　　すなわち，本件は，茨城県知事である被控訴人が，鳥獣保護区を設定してオオヒシクイを保全すべき法的義務を怠るという不作為によって，茨城県に対してその重要な文化財を損傷するという損害を与え，これによって，茨城県は，被控訴人に対して右の不法行為による損害賠償請求権を有していることとなるにもかかわらず，茨城県知事はその行使を怠っており，これは違法な財務会計行為に該当することとなるものとして，茨城県の住民等である控訴人らが，地方自治法二四二条の二第一項四号後段の規定に基づき，茨城県に代位して，被控訴人に対し，右の損害の賠償を請求している住民訴訟であり，控訴人らは，右の損害額については，これが被控訴人の茨城県知事としての一年分の給与の総額である2257万2000円を上回るものであると主張している。
第三　当裁判所の判断
一　原判決の説示の引用
　　当裁判所も，控訴人らの本訴請求には理由がないものと判断する。

その理由は，次項のとおり当裁判所の判断を補足するほかは，原判決が「事実及び理由」欄の「第三　争点に対する判断」の項で説示するところと同一であるから，別説示を引用する。

二　当裁判所の判断の補足

1　控訴人らは，本訴において，茨城県知事である被控訴人が，鳥獣保護区を設定してオオヒシクイを保全すべき法的義務を怠るという不作為により，茨城県に対して，その重要な文化財を損傷するという損害を被らせ，その損害が，少なくとも被控訴人の茨城県知事としての1年分の給与の総額である2257万2000円を上回ることが明らかなものと主張するのである。

ところで，このように，茨城県の有する損害賠償請求権という財産（債権）に関して，茨城県の長たる知事に違法にその管理を怠っている事実があるとする場合にあっては，まず何よりも，その損害賠償請求権の発生原因となる損害自体について，その具体的な内容や損害額等が明らかにされる必要があるものというべきである。なぜなら，この点が明らかにされない限り，その損害に対する損害賠償請求権の行使という事態も考えられず，したがって，その損害賠償請求権という債権の管理を県の長たる知事が違法に怠っているという事態を想定することも不可能なものといわざるを得ないからである。

しかしながら，控訴人らは，本訴において，被控訴人の上のような不法行為によって侵害される茨城県の財産ないし利益の内容としては，野生生物たるオオヒシクイに対する公物管理権，野生生物保護事務上余儀なくされる支出に伴う財産権，茨城県の名誉毀損といった極めて抽象的で漠然としたものを主張するにとどまっており，また，その具体的な損害の額についても，オオヒシクイ個体群の回復に要する費用が上の被控訴人の知事としての1年分の給与の総額である2257万

2000円を下らないなどと主張するのみで，それ以上にその損害額について主張するところがないのである。

そうすると，このように，控訴人ら自身においてもその損害の具体的内容や金額を主張，立証することさえできないような損害について，茨城県の長である知事がそれに対する損害賠償請求権を行使すると言うことは，それ自体事実上不可能なことといわざるを得ず，このような債権の行使を怠っていることが違法とされるという事態は，到底想定し難いものというべきである。

したがって，この点からしても，控訴人らの本訴における請求は，その主張自体からして失当なものという以外ない。

2　なお，仮に甲32号証及び33号証の各1のビデオテープに撮影されているオオヒシクイの飛来，飛翔場所が本件において問題とされている引舟・羽賀地区であるものとしても，これは平成元年2月あるいは平成6年2月にオオヒシクイが同地区の水田に降り立ちあるいはその上空を飛翔している様子が撮影されたにとどまるものであり，他方で，前記引用に係る原判決の説示にもあるとおり，平成3年から同5年にかけて行われた現地調査の結果では，オオヒシクイの引舟地区での飛翔は認められたものの，飛来までは確認できなかったものとされているのであるから，これらの証拠をもってしても，引舟・羽賀地区がオオヒシクイの越冬地として定着しているとの事実までを認めるにはなお足りないものとせざるをえず，結局，前記引用に係わる原判決の説示するとおりの結論に帰着することとなるものというべきである。

三　結論

よって，控訴人らの請求を棄却した原判決は相当であり，控訴人らの本件各控訴には理由がないから，これを棄却することとし，主文のとおり判決する。

380　第3章　環境, 開発, 自然の権利

　　　　　　　　　東京高等裁判所第15民事部
　　　　　　　　　　　　裁判長裁判官　　涌井紀夫
　　　　　　　　　　　　裁判官　　　　　合田かつ子
　　　　　　　　　　　　裁判官　　　　　宇田川基
　上は正本である。
　　平成12年11月29日
　　　　　　　　　東京高等裁判所第15民事部
　　　　　　　　　　　　裁判所書記官　　松田幸忠

3. あとがき

　環境倫理の三主張
　○自然の生存権の権利——人類以外の地球上の生命を持つものの自然の権利を無視してはならない。但し, ランド・エシックス(生態系全体を包摂する土地そのものに権利を認める考え方)もある。
　○現世代が責任を持つ——現代の人間社会による環境破壊は現代に責任がある。将来についても破壊から救わねばならない。
　○地球全体の保全——既に地球全体に環境の悪化が及んでいる。地球全体として環境保全を行わねばならない。
　ヒシクイ裁判では公のアセスの不備を指摘した結果が出た(控訴審再審判決)が, 再三不備を指摘したにも拘わらず, 頑として直さなかった。
　裁判の結果に関係なく, 環境倫理の主張の基礎概念に添って新しいシステムが少しずつ動きつつある。基礎概念に添った新しいシステムは社会の利便さと環境をよく検討し, 利便さより環境保全を優先する。
　ヒシクイ裁判の結審では環境倫理の基礎概念と離れた判決文だが, 2000年

3月28日の控訴審判決は基礎概念に添った活動をしている自然人(自然保護団体)の訴えを配慮している。

判決で行政のアセスの不備が指摘されてオオヒシクイの保護と生態系保全が部分的に進められ、次第に多くの支援活動がその後も寄せられている。

江戸崎町は越冬中のオオヒシクイの保護・監視に小屋を設置し、継続的に係員を置いている。国土交通省からも引き続き係員が出向している。

しかし、拡充された生態系の保護・再生・環境保全の活動は極めて地味で、忠実に管理しても華々しい効果が見られず、恒久的な期待は可能なものではない。また環境再生・保全の決定的な方法は未だ何も分かっていない。

オオヒシクイをとりまく生態系は遥か上流の広大な範囲――関東地区全域以上に及ぶ。その越冬地の保全には広い範囲での生態系保全が必要である。越冬に欠くことの出来ない霞ヶ浦を見ると、即急な再生・保全が既に行われている。

NPOアサザ基金は一般市民のカンパによるアサザ再生プロジェクト(霞ヶ浦・北浦)である。国土交通省の支援も加わった(省が環境倫理の主張の基礎概念を理解したこととおもわれる)。これはあくまでも越冬地保全の手始めだが、霞ヶ浦のアサザ(目標は在来種の湖岸植生帯)再生は拡充されている。この活動は地元農家、近辺小学校、中学、高校、生態学系研究室および一般市民ボランティアと行政省庁の貴重な学修実習、労力・資料提供および支援協力により進められている。

大事なことは、今の霞ヶ浦の状態を放任すると、急速に衰退した植生帯は一部を除き更に縮小または絶滅する方向に進む恐れがあるという資料と地域自主アセスメントの見解である。

その主な原因は、湖水の水位にある。鷲谷研究室(東京大学)のアサザ生態研究によると、古来より霞ヶ浦は冬季水位が下がり沿岸に多くの干潟湿地帯が出来た。そこへ秋に出来た種子が着床して発芽し、自然に自己再生して春〜

秋に浮葉植物となっていた。年間同じ状態のウエット・ランドではなかった。今の蓮田の多くが元の干潟湿地帯と思われる。

　ところが護岸堤防が湖岸景観地の湖沖深くに構築されたので，今は干潟湿地帯は殆ど無く，護岸堤防下まで年間湖水があるので人工栽培した苗を植え付けなければならない。アサザの種子は水中では発芽しない(又は待機状態)。このような種子の性格・生態は特に水生植物等にある。たとえば霞ヶ浦湖岸工事現場の元湖底湖岸の土壌から二千年蓮のような多数の在来種植物が芽を出して植生帯を再現した。その種子を埋土種子または土壌シード，含むところを土壌バンクと言う。これが最近は各地に見られて湖岸ウエット・ランド植生帯再現の一法になることが分かってきた。高波が来ない湖に続いた河口ビオトープも古来の自然サイクル水位が変わったために栽培が難しい。休耕田・湖岸等に造成したビオトープは各種別に区切って半人工栽培する(地元の保護管理による)。ただし上記の見解・対策について批判・反論があるが成否の確認は分かっていない。

　現在最も再生アサザの群落が保たれているのは各地のビオトープを除き，霞ヶ浦では土浦駅側湖岸と鹿島鉄道鉾田線「浜」駅湖岸である。他の群落も多目的波消し粗朶沈床の構築により保たれてきた。粗朶は湖岸の地形の(人工)変化により強風，台風の高波に洗われてしまうため高波を柔らかく消すためのものである。粗朶は消耗品で多量に使うので，業者「粗朶組合」が設立された。粗朶は周辺の主として里山整備で毎年出るが，手不足で荒れてしまうという。アサザ・プロジェクトがボランティア活動で一部の里山手入れ(周辺環境保全・里山保全)を行っている。

　アサザ自体に湖水浄化能力は無いが，魚その他の水生・水棲生物の生態系保全の役をしていることは確実であり必要なものらしい。また粗朶沈床は魚礁になり漁業復活に役立つ他総合的に適用されたといわれ，出来れば今の状況で元の自然環境に戻すのが目的である。

21世紀は，人間社会が悪化させまたは破壊してしまった自然環境を地味に人工で回復・保全してゆかなければならない。自然との共生による環境保全が大切である。

裁判中のエッセイをいただきました
《法律のひろば　ぎょうせい》より
憲法と野生生物——人類共存から地球共生系へ
ヒシクイ保護基金代表
特定非営利活動（NPO）法人　アサザ基金
代表理事　飯　島　　博

　環境倫理の提唱者アルド・レオポルドはその著書「砂の国の暦」の中でこう述べている。「大地の倫理は，土，水，植物や動物つまり集合的に大地というべきものを含むように，共同体の境界線を拡大するだけである。」
　彼の著作から間もなく半世紀が経とうとしている。21世紀にして，人類は共同体の境界をさらに拡大しなければならない状況に置かれている。生物多様性の喪失や大気の温暖化などの環境問題は，否応なしに私達に地球をひとつの共同体として意識させることになったからだ。
　人類は進化の歴史の中で，多様な生物と関係性を持ちつつ生まれたヒトというひとつの種である。すべての生物は，多様な種や環境との関係性の中から生まれ，それらの関係性の上にひとつの地球共生系が形成された。そして，人類はその一員である。人類は地球に生き続けようとする限り，自然を理解し「共に生きる」道を模索し創造し続けなければならない存在である。
　1980年代に入ると世界に自然破壊を背景とした政治的混乱と国際紛争が広がり，「環境難民」が急増した。民族や国家間の悲惨な戦争体験を通して，共同体の境界線を人類にまで拡大した日本国憲法の意義は，今日ますますその重みを増したといえよう。そして，人類という共同体を足場に地球共生系と

いう共同体へ，境界線を拡大させようとしている私達にとって，憲法第九条の理念はかけがえのない道標である。

　人類は，かつてない難問に直面している。人類に求められている文明の大転換とは，共に生きる道の模索とその具体化に他ならない。そのひとつの答えは，地域にある。人々はたくさんの生き物に囲まれて暮らしていた。しかし，トキやコウノトリ，カワウソ，ツル，ガンなど人里に見られた野生生物の多くが，現在絶滅の危機に瀕している。かれらの住処は，水田や水路，湖沼などの地域の人々の生活や生産の領域の中にあり，地域の文化は，かれらと共に創られた多様なものであった。私達は，大きな忘れ物をした。

　かつての隣人達と再び共に生きることは決して不可能ではない。私達が地域の共生の文化の継承者となり，その新たな創造者となることによって，それは可能となる。

　私達は，ガンの仲間オオヒシクイを原告に，自然の権利訴訟を提起した。万葉の昔から，ガンは冬の風物詩として人々の心の中に生き続けている。ガンの群が竿になり鉤(かぎ)になり空を渡る風景を守るために，私達は裁判所にその救済を求めた。人類的視野に立つ日本国憲法は「オオヒシクイと私達が共に生きる権利」を認めるものと確信していた。

　毎年11月10日頃から見かけて数十羽となり越冬し，3月の春の訪れと共にガンの群れは旅立っていく。大空に隊列を組み鳴きながら，遠くやがて地平線の中に溶け込むように，一本の境界線となって。

（いいじま　ひろし）

　裁判中のエッセイなので決審の今，一部文を直しましたが主旨は変りません。

1) ボルタンメトリー
　　ここではストリッピング・ボルタンメトリー Stripping voltammetry.

生体中の微量重金属(陽イオン)の電気的定量機。三菱化成㈱製 AS-01 型
アサリ試料を湿式分解法で処理し、電解セルに入れて水銀極を陰極にして重金属の特定電位に設定。電流を記録し、陽極にかえて水銀についた重金属をスイープ(放つ)するときの曲線を一次微分の山形に記録(分析用は殆ど微分記録計)する。重金属の標準(濃度)液の記録曲線との解析により試料中の重金属濃度を定量する。使用した試料液は再度定量可能。
陽極溶出法。

2)　メーカー研究所
三菱化成　茅ヶ崎分析機器センター。
アサリのカドミウム濃縮テスト試料を湿式分解法により処理し、ボルタンメトリーセンターの　田中　豊氏　により分析した信頼性あるチャートを得た。

3)　湿式分解法処理
三菱化成製湿式分解装置 HB-01 型　中央大学個人研究図書費(22万円)
ホット・ダイジェスター　生体試料陽極溶出法分析前処理器。構造は簡単。アルミ厚手ホットプレートに 16 個の穴があり、$\phi 22$ mm, 長さ 90 mm. の特殊カラス管に生体試料を入れ、硝酸、次亜塩素酸塩と硫酸(必ず加えないと爆発の恐れ有り)を加えて電気加熱。猛烈な黒褐色の煙は集煙装置へ。やがて生体試料は分解されて透明な液体となる。有機物、硝酸と塩素酸塩を混合すると危険。分解装置は他に利用出来て便利。使用試薬等は凡て精密分析用高純度 SSU クラス。分析室は禁煙。
電気化学会誌(元電気化学協会誌) 44. No. 6 (1976). p. 427 で紹介。
《湿式分解装置による陽極溶出法　超微量陽イオン定量法》

4)　生体の重金属濃縮開始濃度
アサリの試料を　注 1〜3)　の方法によりデーターを得た。
「アサリの重金属濃縮と代謝——アサリのカドミウム濃縮開始限界濃度」
電気化学会第 47 回大会 1980 年 4 月 6 日　横浜国立大学　環境化学部門
口頭発表

5)　ジブチルフタレート Dibutyl phthalate
フタル酸ジブチル $C_6H_4(CO_2C_4H_{9n})_2$ o オルトーが一般
分子式
$C_6H_4(COOC_4H_9)_2$
構造式

$$\text{C}_6\text{H}_4\begin{pmatrix} \text{COOC}_4\text{H}_9 \\ \text{COOC}_4\text{H}_9 \end{pmatrix}\quad o\text{-オルトー}$$

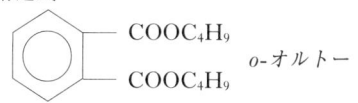

ベンゼン核 6 角形の右側 2 稜(2, 3 位置)にそれぞれブチル基が結合。
プラスチック等に加えて可塑性を出す。Di- は 2 を意味する。可塑材。

6) グレーターつくば構想

茨城県　平成 2 年（1990）4 月　都市，交通，道路，水源等総合方針。

7) リーディング・ゾーン

グレーターつくば構想のつくば研究学園都市を中心とした中枢エリア構想。

8) クラスター開発

ぶどうの房状開発。都市計画などである集合体を一つの単位(房)と考えて，複数の集合体を相互に関連づけて配置すること。

グレーターつくば構想。連絡主要道路の両側に団塊状に農地，大学，研究機関，行政機関，住宅地を開発。主要道路と鉄道，高速道と接続。

〈図面・資料〉

図面1　谷　津　田

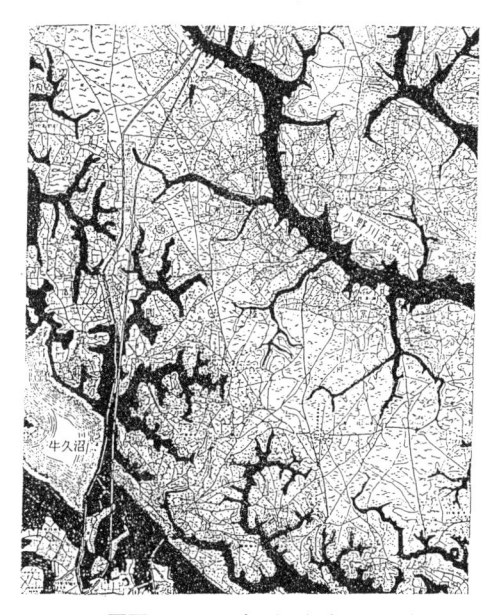

図面2　1881年頃の谷津田の分布

388　第3章　環境，開発，自然の権利

図面3　水質検査

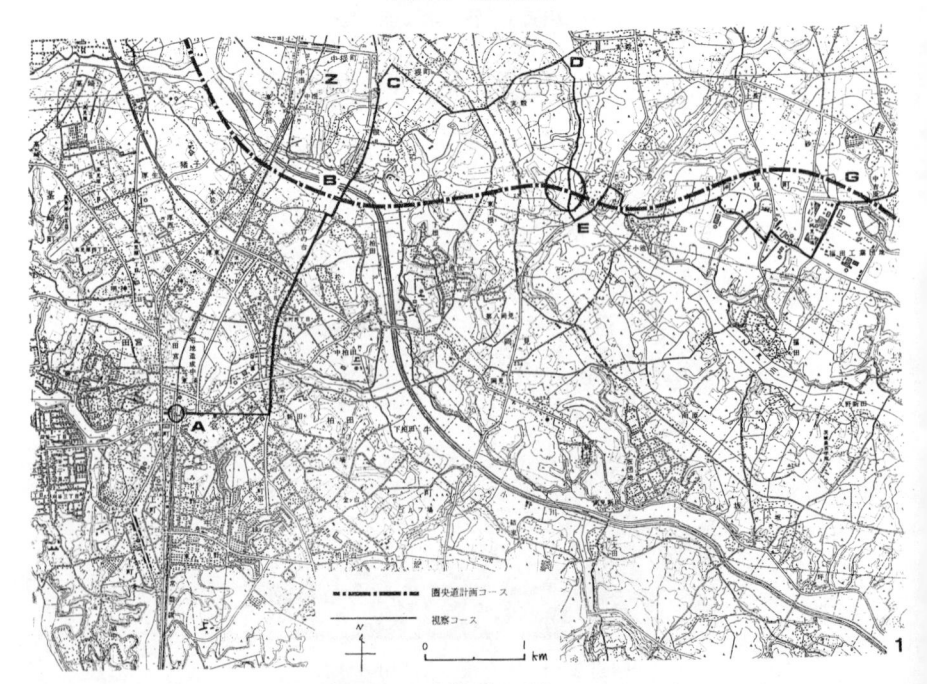

図面4-1　圏央道の予定コース

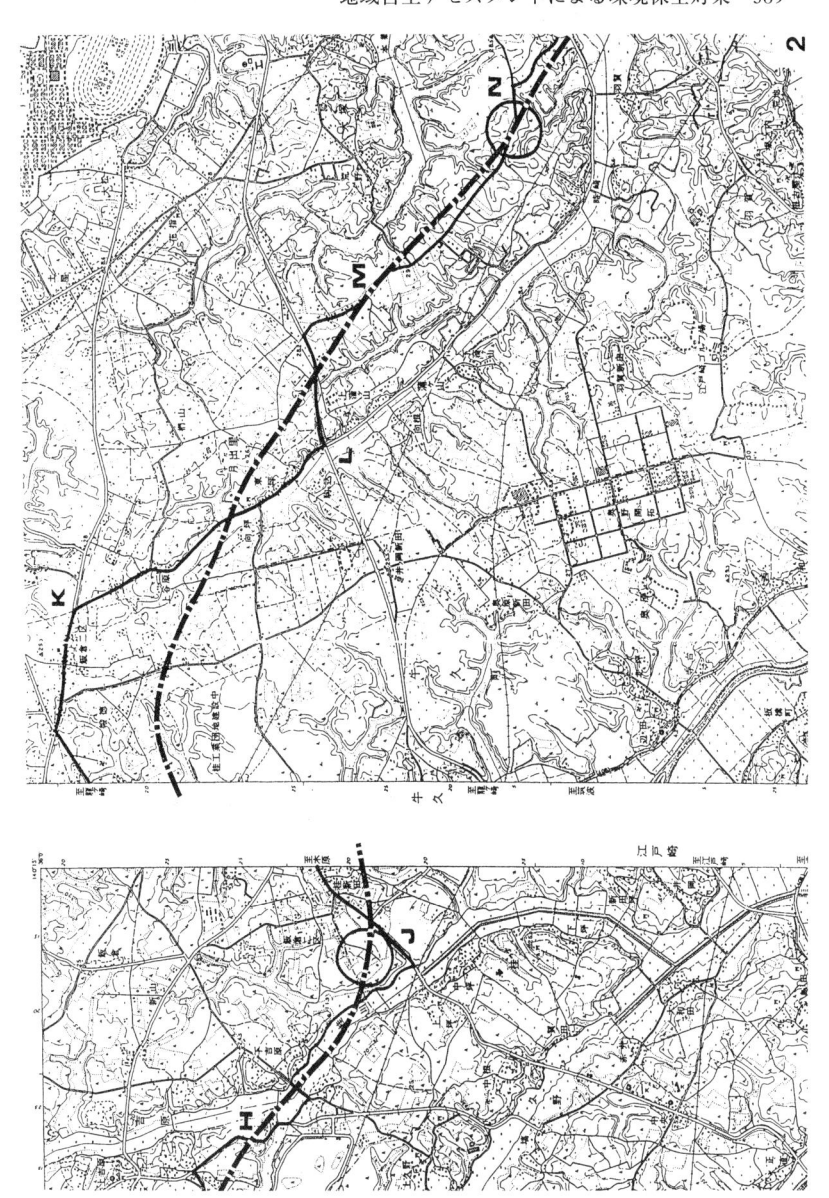

地域自主アセスメントによる環境保全対策　389

図面 4-2　圏央道の予定コース

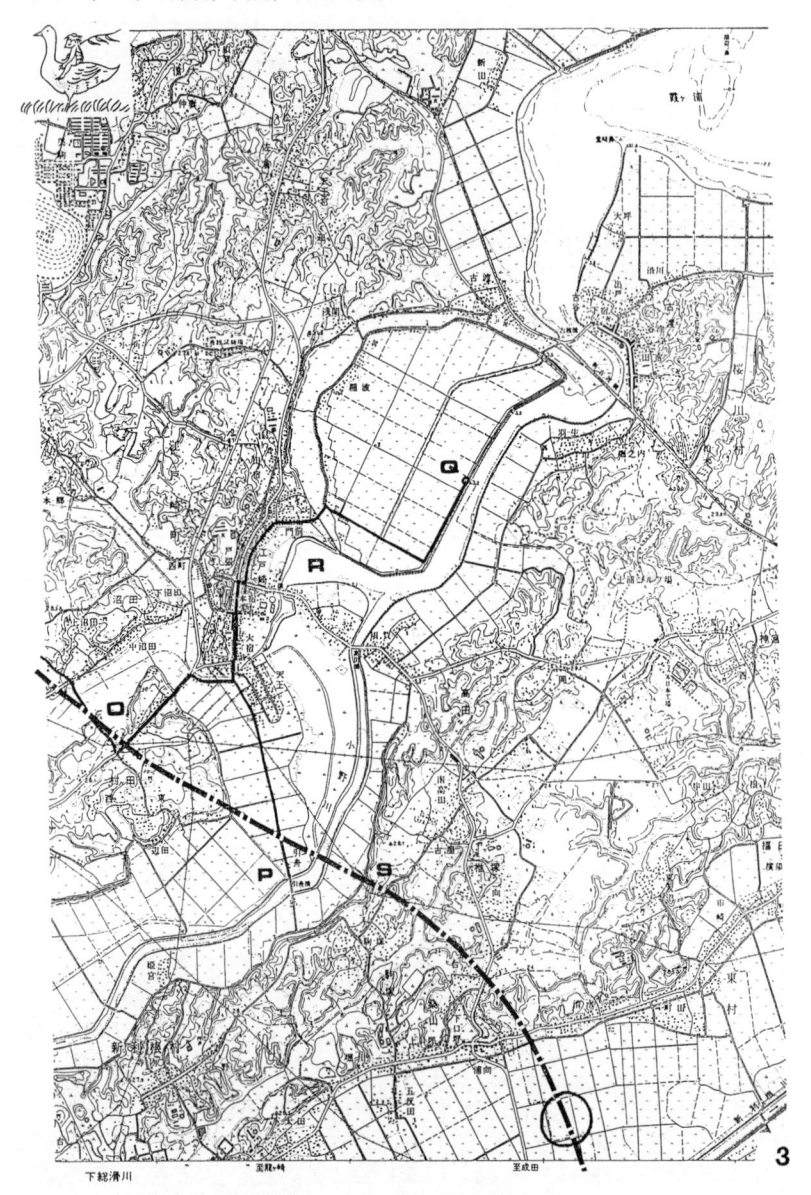

390 第3章 環境，開発，自然の権利

図面4-3 圏央道の予定コース

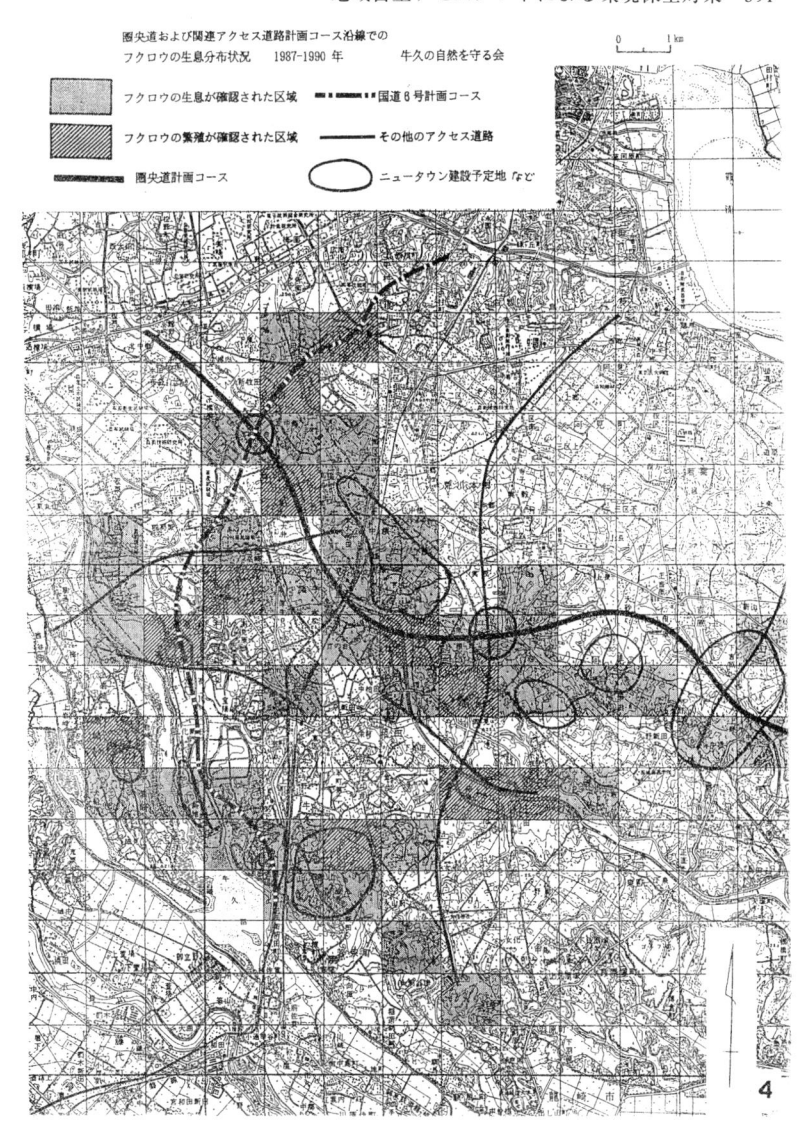

地域自主アセスメントによる環境保全対策 391

図面4-4 圏央道の予定コース

392　第3章　環境，開発，自然の権利

新規利水供給後の湖水位の変化（茨城県資料より引用）

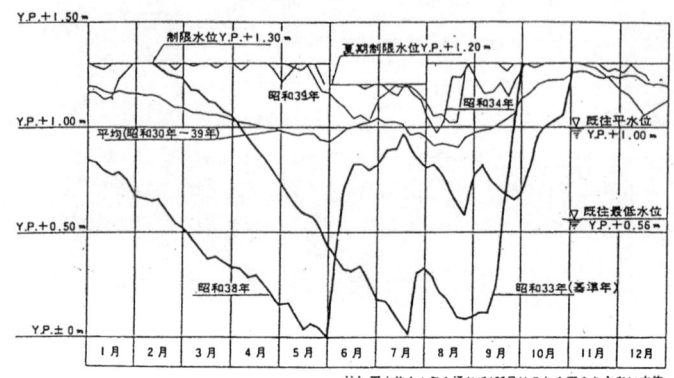

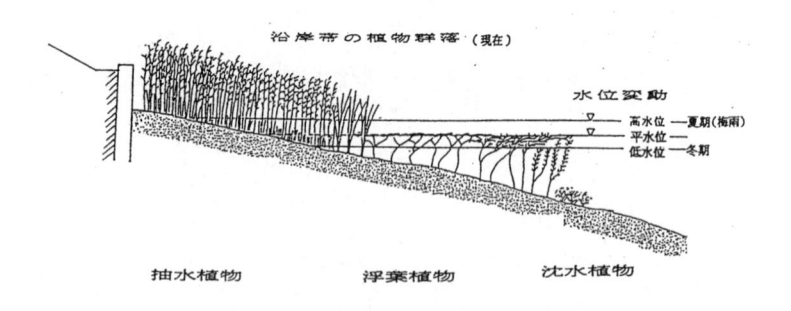

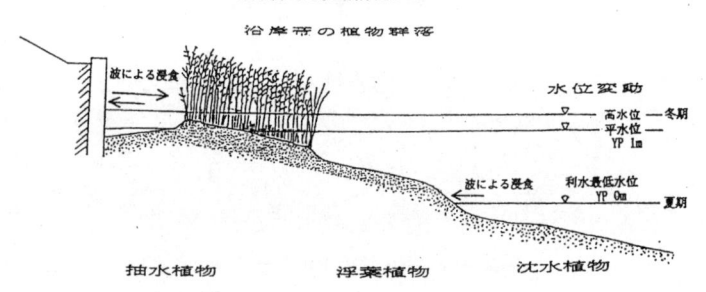

図面 5-1　湖水変化

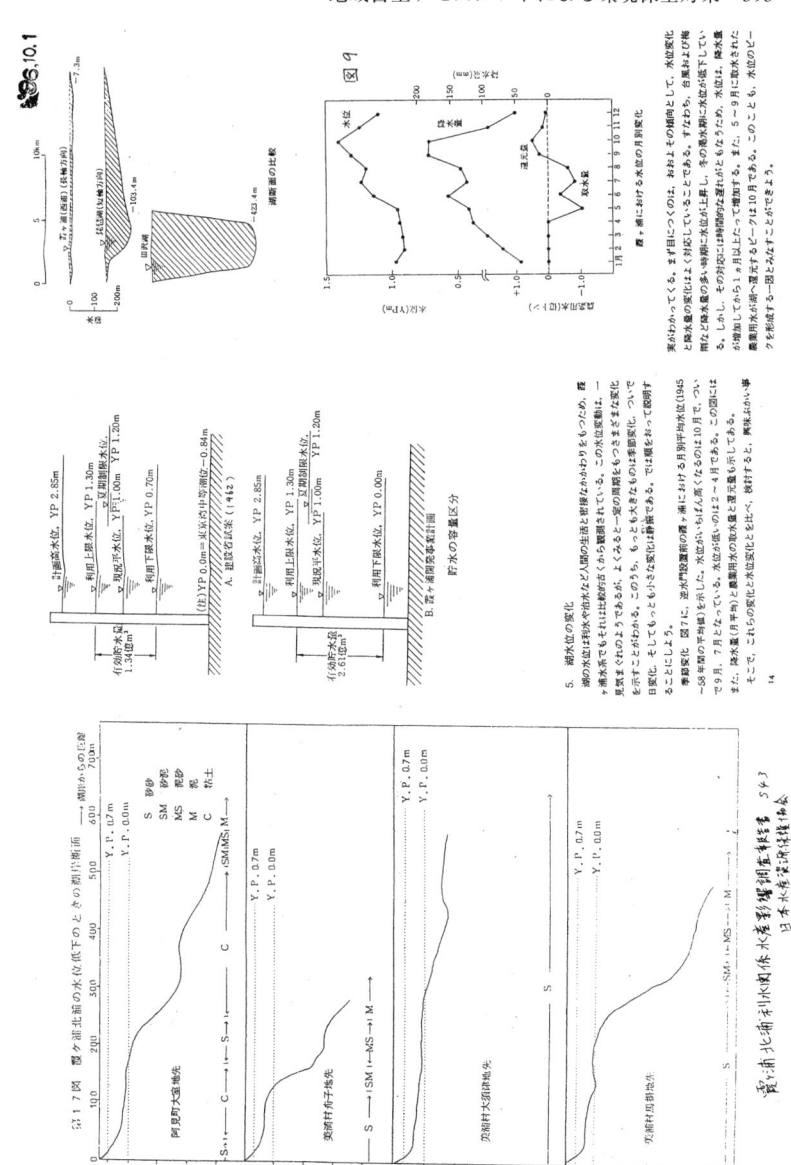

地域自主アセスメントによる環境保全対策　393

図 9

5. 湖水位の変化

湖の水位は1947年頃までは人間の生活と密接なかかわりをもつため、霞ヶ浦水門をもとにそれは比較的穏やかな観測されている。この水位変動は、一見気まぐれのようであるが、よくみると一定の周期をもつような変化をくりかえすことがわかる。このうち、もっとも大きなものは季節変化、日変化、そしてもっとも小さな変化は静穏である。ではまずこれについて説明することにしよう。

季節変化。図9に、逆水門除霞面の霞ヶ浦における5月別平均水位(1945-58年間の平均値)を示した。水位がいちばん低くなるのは10月で、つい9月、7月となっている。水位が高いのは12～4月である。この図には降雨量(月平均)と農業用水の取水量の変化も示してある。

まず、これらの変化を水位変化と比べると、興味ふかい事実がわかってくる。まず目につくのは、水位変化と降水量の変化はよく対応していることである。すなわち、台風および梅雨期には水位が上昇し、冬の乾燥期には水位が低下している。その期が1時間的な遅れがとても小さい。次に、水位と取水量をみてみると、この両者にはやはり対応がある。また、5～9月に取水量が増加しているから1月以上たってピーク10月であり、このピークを形成するー因となっていると考えることができよう。

計画高水位、Y.P. 2.85m
利用上限水位、Y.P. 1.30m
夏期制限水位、Y.P. 1.20m
現況平水位、Y.P. 1.00m
利用下限水位、Y.P. 0.70m

(注)Y.P. 0.00m = 足尾の中等潮位 - 0.84m

A. 縦断名称定義

Y.P. 0.00m 貯水量計画 (14億)

計画高水位、Y.P. 2.85m
利用上限水位、Y.P. 1.30m
夏期制限水位、Y.P. 1.20m
現況平水位、Y.P. 1.00m
利用下限水位、Y.P. 0.00m

有効水深 2.61億m³

B. 霞ヶ浦開発計画
貯水の容量区分

図17図　霞ヶ浦北浦の水位低下のときの湖岸断面

S 砂
SM 砂礫
MS 礫砂
M 泥
C 粘土

阿見町大室地先

麻生町矢幡地先

玄海村大生地先

玄海村成就地先

霞ヶ浦北浦利水関係水害影響調査報告書 543
日本水産資源保護協会

図面 5-2　湖岸水位資料

394 第3章 環境，開発，自然の権利

図面 5-3 将来の鳥

霞ヶ浦宣言 全文

第六回世界湖沼会議の参加者であるわれわれは、世界各地おおよびすべての大陸の国々から集まった人々の互恵存の関係にあり、湖沼における環境悪化と生物多様性の減少は、人口問題や人間活動と緊密に関連しており、水はすべての生命の基礎であり、湖沼およびその集水域は、人類の生命維持システムの重要な構成要素として、人類の生活を維持するために不可欠な生物・資源・資産であることを確認しつつ、きわめて重要な資源・資産であるきれて、さまざまな目的に利用され、人間活動による庄迫が加まされて、汚染や環境破壊がますます進行しており、この加速度的進行に、すべての湖沼に及ぼす影響を最小にするようなライフ・スタイルへの転換をはかりつつ、人間活動による庄迫を最小にするようなプログラムを推進しながら、われわれが直面しているの湖沼の問題には、地域的なものと全地球的なものがあり、また現在重要なものが将来重要となるものがあることを認識し、ここに本会議参加者の助言や意見をふまえ、以下のことを宣言する。

一 人口と生物多様性に関する宣言

人口と水の生態系とは相互に関連しており、湖沼の影響評価・中間モニタリングなどに広範な事象の詳細な対応をされ、その詳細な対応をされ、その詳細をふまえる参加者を得て、様々な会議においても幅広い多数な参加者を得て、種々な会議においても幅広い多数な参加者を得て、知識と経験の移転を推進すること。

二 知識と技術の移転に関する宣言

第六回世界湖沼会議のすべての参加者は、以下のことを提唱しながら、地球市民であって、それぞれ貴重な意見を図ること

(一)湖沼問題および陸水学の研究センターおよび研究機関からなる国際的なコンソーシアムを確立し、地域、行政組織の間の協力に基礎をおいた社会の諸分野間の適正な技術移転の最適化を求めること

(二)湖沼および陸水学の研究機関および研究センターから国際的なコンソーシアムを通して、湖沼問題および流域管理の適正な技術移転のための総合的な管理に対する支援を提案すること

三 湖沼の水質改善のための宣言

四 パートナーシップに関する宣言

湖沼は、もはや、各グループがそれぞれ個別に行う保全は、もはや、各グループがそれぞれ個別に取り組むだけでは、効果的に行えれる点を認識し、世界湖沼会議参加者は、開発途上国の代表を多数含む報告の内容がより充実したことにより、世界の湖沼の人々の注目する。国および国際レベルの大規模な水資源開発プロジェクトは、ますます困難さが増すものと思われる。これらを決するには、住民、行政、産業界、学界のパートナーシップを構築し、世界の湖沼の環境回復とその望ましい管理に向けて取り組むことを求めるとともに、先進国からの参加および国際間の知識、経験、技術の交流を確立するためには、パートナーシップの強化がより一層重要であることを認識し、つつある世界の水資源の保全について、湖沼の特性を生かしていくこと、また、湖沼の水資源の保全について世界各地で広くパートナーシップを行動できるようにする必要がある。

五 環境教育についての宣言

湖沼に対するインパクトとそれに対する行政組織の対応であるほとんどが、その利用者である人間の行為の結果にあることを認識し、流域のおける人間活動の結果、流域の過去の教訓にまなび、恒久的なビジョンを描き、未来への持続的な歩みを進めるために、また生まれぬ子孫に対して大きな遺産を残すために、また、こうた過去の教訓をまなび、未来へのビジョンを描き、恒久的な持続する社会を築くために、われわれが住む社会を豊かに保ち、われわれの子どもや、そのまた生まれぬ子孫に対して大きな遺産を残すために、湖沼に対するインパクトを回避、低減するため、総合的な管理に対する支援を提案する。それは、農耕、土地利用および流域特性におよび水質変化を伴う評価と、厳密な理解のもとに環境影響評価を伴う詳細な計画に基づくものでなければならない。さらに、流域の湿地環境の保全と管理には、水や物の生態環境の細やかな注意を払いながら、その生態環境に順応したライフスタイルへの適応をはかる必要がある。湖沼に関わる教育をより重要視する必要がある。湿地教育は、子どもを含むすべての年代を対象とし、現場教育を重視し、湿地の自然生態系と文化を保護し、これを適切に継承していくため、生態学の原理を採用しなければならない。この手法は、すべての関係者にとって、成功への手段となる。それは、地域の文化と伝統に従い、地域の人々およびすべての国々において実施されなければならない。

六 総合的な流域管理に関する宣言

湖沼に対するインパクトとその対応であるほとんどが、その利用者である人間の行為の結果にあることを認識し、過去を回避し、流域の住民に依存する地域社会の住民であることを認識し、湖沼とその流域の管理に関する地域的な取り組みを、全ての地域社会が自ら実現できるようにする必要がある。

七 共通の理解に関する宣言

この宣言を作成するにあたり、霞ヶ浦に関係する皆さまがたに敬意の念を表すとともに、市民の意思がここに十分反映されるよう努めた。霞ヶ浦95に集まった人々に対し、この会議に参加しくれた多くの貢重な意見について、深い敬意を表するものであり、茨城県の皆さまに対し、世界湖沼会議参加者から、温かい歓迎に対する感謝の意を表すとともに、この会議をこのように成功させてくれたすべての関係者に対する深いご感謝の意を表すとともに、またボランティアの方々のご苦労と感謝の意を表するものである。

資料 1-1 霞ヶ浦宣言全文

THE KASUMIGAURA NGO STATEMENT

TOGETHER WITH THE DIVERSE ASSEMBLAGE OF LIVING THINGS WHICH CONSTITUTE THE RICHNESS OF LAKE ENVIRONMENTS, WE ARE APPROACHING THE TWENTY - FIRST CENTURY AT A TIME WHEN OUR SOCIETY APPROACHES AN IMPORTANT TURNING POINT. SPECIFICALLY, WE NEED TO REASSESS OUR PRESENT OVER-USE OF NATURAL RESOURCES, AND ALSO REASSESS DEVELOPMENT WHICH DISREGARDS THE NATURAL ENVIRONMENT. THIS IS THE ONLY WAY IN WHICH WE WILL BE ABLE TO MAKE OUR SOCIETY A SUSTAINABLE ONE.

THE INTERNATIONAL LAKE CONFERENCE IS BEING HELD JUST AS A LARGE-SCALE DEVELOPMENT PROJECT WHICH AIMS TO UTILIZE LAKE KASUMIGAURA TO THE LIMITS OF ITS CAPACITY AS A RESERVOIR IS BEING PROMULGATED. THIS ILL-CONCEIVED PROJECT, THE "KASUMIGAURA DEVELOPMENT PROJECT" WILL RESULT IN THE DEATH OF THE LAKE. IT GOES WITHOUT SAYING THAT THIS LARGELY UNECESSARY DEVELOPMENT PROJECT COMPLETELY IGNORES THE PEOPLE AND OTHER LIVING THINGS AROUND THE LAKE. ORIGINALLY SUGGESTED OVER FOUR AND A HALF DECADES AGO, ITS IMPLEMENTATION HAS SIMPLY BEEN PUT OFF WITHOUT REASSESSMENT.

WITH THE COMMENCEMENT OF THIS PROJECT NEXT YEAR, THE WATER LEVEL OF THE LAKE WILL BE ARTIFICIALLY MANIPULATED WITHIN A RANGE OF 1.3 METERS , MEANING THAT AT MINIMUM WATER LEVEL PERIODS THE LAKE BOTTOM WILL BE EXPOSED. AND AT MAXIMUM WATER LEVEL PERIODS SAND BEACHES AND REEDBEDS WILL BE INUNDATED AND EXPOSED TO WAVE EROSION. IT IS EXPECTED THAT THIS WILL RESULT IN THE LOCAL EXTINCTION OF MANY SPECIES. THERE IS NO REAL NECESSITY TO MANAGE THE LAKE WATER LEVEL IN THIS WAY. WE HAVE BEEN APPEALLING FOR THE CANCELLATION OF THIS PROJECT. NGO FORUM PARTICIPANT GROUPS HAVE BROUGHT A COURT CASE AGAINST THE GOVERNOR OF IBARAKI PREFECTURE WHICH APPEALS FOR THE RIGHT TO SURVIVAL OF THE WILD CREATURES OF LAKE KASUMIGAURA, AS REPRESENTED BY THE BEAN GOOSE FLOCK WHICH WINTERS HERE.

THE THEME OF THE PRESENT INTERNATIONAL LAKE CONFERENCE IS "HARMONY BETWEEN LAKES AND PEOPLE." HOWEVER, THE JAPANESE NATIONAL AND LOCAL GOVERNMENT AUTHORITIES ARE NOT UNDERTAKING ANY REVIEW OF THE KASUMIGAURA DEVELOPMENT PROJECT, WHICH WILL UTTERLY DESTROY THE NATURAL FUNCTIONING OF THE LAKE. ON THE DAY WHEN OUR NGO FORUM COMMENCED, THE MINISTRY OF CONSTRUCTION HELD A PRESS CONFERENCE WHICH WAS VERY DIFFICULT FOR US TO UNDERSTAND. WE FEEL THAT THE "REVIEW" OF THE PROJECT THEY DISCUSSED ON THAT DAY WAS MERE WINDOW-DRESSING. NO REVIEW LIKELY TO BE INITATED BY THE AUTHORITIES WILL CONSIDER CANCELLATION OF THE PROJECT AS AN ALTERNATIVE.

THE INTERNATIONAL LAKE CONFERENCE MUST FUNCTION AS A PLATFORM FOR THE INSTITUTION OF EFFECTIVE PROCESSES FOR THE RECONSIDERATION OF UNECESSARY AND DESTRUCTIVE DEVELOPMENT PROJECTS SUCH AS THE KASUMIGAURA DEVELOPMENT PROJECT AND THE NAGARA RIVER ESTUARY DAM. AT THE CONFERENCE, THE KASUMIGAURA DEVELOPMENT PROJECT, WHICH WAS INITATED FOR THE PURPOSE OF WATER SUPPLY, IS BEING FALSELY PRESENTED AS A PROJECT AIMED AT "WATER PURIFICATION AND ENVIRONMENTAL CONSERVATION." THERE IS ALSO A MOVEMENT TO EXPORT THE TECHNOLOGY UTILIZED IN THISE PROJECT TO OTHER COUNTRIES BY WAY OF OFFICIAL DEVELOPMENT ASSISTANCE. THIS THREATENS TO EXTEND DESTRUCTION OF THE ENVIRONMENT TO A WIDER FIEL. IN ORDER TO PREVENT THIS FROM HAPPENING, WE NON-GOVERNMENTAL ORGANIZATIONS FEEL WE MUST ALERT OTHER COUNTRIES TO THE REAL NATURE OF THIS KIND OF DEVELOPMENT.

A SOCIETY WHICH CONTINUES TO DESTROY THE ENVIRONMENT WILL ALWAYS BE A SOCIETY WHICH PRODUCES POLLUTION. THE ORIGINAL MISTAKES WHICH BROUGHT ABOUT THE POLLUTION OF LAKE KASUMIGAURA WERE THE CLOSURE OF THE LAKE 'S OUTLET TO THE SEA, WHICH TOOK PLACE AS A PART OF LAKE DEVELOPMENT, AND THE CONSTRUCTION OF CONCRETE BANKS, WHICH RESULTED IN THE DESTRUCTION OF LAKE FRINGE PLANT COMMUNITIES . THIS PREVENTED EXCHANGE OF WATER

BETWEEN THE LAKE AND THE SEA, AND IMPAIRED THE SELF-PURIFYING ABILITY OF THE LAKE. ALSO, IN EXPECTATION OF THE COMPLETE CONVERSION OF THE LAKE TO A DAM-LIKE REVERVOIR, LARGE-SCALE WATERSHED DEVELOPMENT PROJECTS ARE ALSO BEING PLANNED. IF THESE PLANS ARE IMPLEMENTED, SEVERE POLLUTION OF THE LAKE WATER CANNOT BE PREVENTED. THE RESTORATION OF THE LAKE CAN ONLY GO FORWARD AFTER A THOROUGH REVIEW OF DEVELOPMENT PROJECTS WHICH IGNORE NATURAL ENVIRONMENTAL VALUES HAS BEEN COMPLETED.

ALTHOUGH LAKE KASUMIGAURA HAS SUSTAINED MANY DAMAGING BLOWS FROM DEVELOPMENT, IT STILL SUSTAINS A RICH DIVERSITY OF LIFE; THE LAKE IS STRIVING TO HEAL ITSELF. WITHOUT DISCUSSING RECONSIDERATION OF THE DEVELOPMENT PROJECT, WE CANNOT TALK ABOUT LAKE RESTORATION AND WHETHER WE WILL TRY TO ASSIST THE LAKE IN ITS REVITALIZATION, OR WHETHER WE WILL CONTRIBUTE TO ITS DETERIORATION BY USING UP ITS WATER. IT IS IMPOSSIBLE TO UNDERTAKE ENVIRONMENTAL CONSERVATION AND WATER PURIFICATION WHILE IMPLEMENTING LARGE-SCALE WATER SUPPLY PROJECTS WHICH HAVE NOT EVEN UNDERGONE ENVIRONMENTAL IMPACT ASSESSMENT. IF THE INTERNATIONAL LAKE CONFERENCE FAILS TO SINCERELY DISCUSS THE ISSUE OF SUCH LARGE SCALE DEVELOPMENT RE-EVALUATION, THIS WILL RESULT IN SEVERE DOUBTS ABOUT THE MEANINGFULNESS OF THE CONFERENCE ITSELF.

AT OUR NGO FORUM, HELD ON OCTOBER 20-22 IN ITAKO CITY, WE ENTHUSIASTICALLY DISCUSSED THE ISSUES OF RECONSIDERATION OF DESTRUCTIVE DEVELOPMENT PROJECTS, AND HOW TO CREATE A SOCIETY WHICH CAN REALLY CO-EXIST WITH NATURE IN THE CONTEXT OF FIVE WORKSHOPS COVERING THE FOLLOWING TOPICS: "CONSERVATION OF WETLANDS AND BIOLOGICAL DIVERSITY," "LEANING FROM THE ORIGINS OF POLLUTION," "AGRICULTURE, FORESTRY AND FISHERIES AND NATURE CONSERVATION," "WATER RESOURCE DEVELOPMENT PROBLEMS," AND "ENERGY PROBLEMS." MANY SPECIFIC SUGGESTIONS FROM A VARIETY OF POINTS OF VIEW REGARDING HOW TO PRESEVE THE ENVIRONMENT AND CO-EXIST WITH NATURE WERE MADE. WE WERE ALSO ABLE TO DISCUSS IN PLENARY SESSION GENERAL PRINCIPLES OF NATURE CONSERVATION STRATEGIES.

OUR FORUM FUNCTIONED AS A PLACE FOR NON-GOVERNMENTAL ORGANIZATIONS ACTIVE IN A VARIETY OF FIELDS TO GATHER AND IDENTIFY THE ELEMENTS LINKING THE VARIOUS FIELDS TOGETHER. THE ELABORATION OF THESE LINKS WILL, WE HOPE, RESULT IN NEW OPPORTUNITIES FOR ENHANCING OUR MOVEMENTS. IN KASUMIGAURA AND ELSEWHERE AROUND THE COUNTRY, CITIZENS AND PEOPLE ENGAGED IN AGRICULTURE, FORESTRY AND FISHERIES ARE COOPERATING IN NATURAL ENVIRONMENT RESTORATION PROGRAMS. IN ORDER FOR POLICY REFORM TO TAKE PLACE, THE PARTICIPATION OF CITIZENS IN THE DECISION-MAKING PROCESSES IS ESSENTIAL. REALISTC POLICIES CANNOT BE EXPECTED WITHOUT THE PARTICIPATION IN PRESENTLY BUREAUCRATIZED AND RIGID POLICY-MAKING PROCESSES OF PEOPLE ENGAGED IN PRIMARY INDUSTRIES, WHICH PLACE THEM IN THE FIELD, AND ORDINARY CITIZENS LIVING IN THE EVERYDAY WORLD. IBARAKI PREFECTURE, WHICH IS SPONSORING THE LAKE CONFERENCE, APPARENTLY INTENDS TO TAKE PART IN THE CONFERENCE WITHOUT BRINGING ANY SPECIFIC APPLICABLE POLICY INITATIVES TO THE DISUCSSION. CITIZENS WERE EXCLUDED FROM THE IMPORTANT DECISION-MAKING PROCESSES LEADING UP TO THE CONVENING OF THE INTERNATIONAL LAKE CONFERENCE, SUPPOSED TO BE A CITIZEN'S EVENT. THEY HAVE EVEN BEEN EXCLUDED FROM THE DRAFTING COMMITTEE CHARGED WITH DRAWING UP THE "KASUMIGAURA STATEMENT" WHICH WILL BE PROPOSED FOR ADOPTION ON THE FINAL DAY OF THE CONFERENCE. WE CANNOT COUNTENANCE ANY FUTHER ATTEMPT TO FALSIFY THE ACTUAL EXTENT OF CITIZEN PARTICIPATION. WE APPEAL STRONGLY FOR CITIZEN PARTICIPATION.

WE ALSO APPEAL TO THE SPONSORS OF THE INTERNATIONAL LAKE CONFERENCE TO INCLUDE A CONSIDERATION OF REASSESSMENT OF LARGE-SCALE DEVELOPMENT PROJECTS SUCH AS THE KASUMIGAURA DEVELOPMENT PROJECT, IN THE "KASUMIGAURA STATEMENT."

KASUMIGAURA LAKE CONFERENCE NGO FORUM
Itako, Oct. 20-22, 1995

第3章　環境，開発，自然の権利

資料2　オオヒシクイと共に創る文化（398〜406頁）

オオヒシクイ［自然の権利］訴訟

Data file

1995年12月19日提訴

1995年
9.25.　茨城県監査委員へ住民監査請求
11.20.　監査請求棄却
12.19.　住民訴訟提訴（水戸地裁。以下同じ）

1996年
2. 7　オオヒシクイのみについて、弁論分離の決定
2.20　オオヒシクイの弁論について、訴えの却下判決
3. 5　オオヒシクイ控訴（東京高裁）
3.15　第1回口頭弁論
　　　ヒシクイ保護基金と自然人の原告らに対するもの
4.23　オオヒシクイに対して控訴却下の判決（東京高裁）
6.12　第2回口頭弁論
　　　（ヒシクイ保護基金ら。水戸地裁）
8. 2　第3回口頭弁論
11. 5　第4回口頭弁論
12.24　第5回口頭弁論

1997年
6. 3　第6回口頭弁論
9. 2　第7回口頭弁論
11.11　第8回口頭弁論

1998年
1.27　第9回口頭弁論
2. 3　検証期日（予定。裁判所（担当裁判官3名）が現地に出向き、ヒシクイの状況などを検証する）

■連絡先

ヒシクイ保護基金
300-12　茨城県牛久市南3-18-4　霧生和子
TEL/FAX　0298-74-0191
会費　1,000円
郵便振替　00360-6-34295

図 1
霞ヶ浦導水事業の目的

運動編 8　オオヒシクイ自然の権利訴訟

オオヒシクイと共に創る文化

原告　飯島博

共生の文化の再構築に向けて

「雁渡る」「雁行」という言葉に、多くの日本人は郷愁を覚えるはずです。雁の群れが冬空を鉤になり竿になり飛ぶ姿は、ただ過去への郷愁として人々の心の中に生き続けているのではありません。それは、人間が自然の一部であること、人間の内なる自然の豊かさが失われてはいないことを教えてくれるものです。人間の心の中に生き続けるわたしたち雁の姿は、自然と調和した新しい文化の創造につながっていくものです。

昔から日本人は雁を題材に数限りなく詩歌を詠い、絵画を描き続けてきました。万葉集には、鳥類ではホトトギスについで雁が二番目に多く詠まれています。人間の文化は決して人間だけによって、創られてきたものではありません。文化は自然と共に創られてきたのです。

そして、今人間には、再び自然と共に創り、共に生きるための文化の再構築が求められているのです。わたしたち雁は、決して人間活動の余白部分で暮らしてきたのではありません。人里の水田や湖沼などで冬を越してきました。いつも人々の暮らしと共にあったのです。

雁の越冬地には、豊かで多様な水環境が必要です。その確保は、人間の隣人であるわたちたち雁と共に生きる道を見つけることの第一歩なのです。わたしたちと再び共生の文化をいかに創り上げることができるかが、人類の未来を左右することでしょう。

わたしたちが求めている「自然の権利」とは、人間の側から見れば、「自然と共に生きる権利」、「共生の文化の創り手としての権利」と言ってもいいかもしれません。

関東地方に最後に残された越冬地

「けふからは日本の雁ぞ楽に寝よ」

これは小林一茶の有名な俳句です。しかし、残念ながら日本で冬を越すわたしたち雁は、まだ決して「楽に寝る」ことができないのが現状です。戦後日本の各地で湿地の開発が行われ、わたしたちの住処は次々と奪われていきました。

わたしたちは、関東地方に残された最後の雁の群れです。沼太郎とも呼ばれる「オオヒシクイ」(*1)です。日本に渡来するもっとも大きなからだをした雁です。かつて戦後間もなくまで、水に恵まれた関東地方一帯は、わたしたち水鳥の楽園でした。関東地方は国内の雁の最大の越冬地といわれていました。しかし、残念ながら当時わたしたちオオヒシクイをはじめとした雁が、国内にどのくらい越冬していたかは調べられていません。唯一、人間がわたしたちの仲間を撃ち殺した数（狩猟統計）があるのみです。

関東地方で唯一の越冬地となった茨城県稲敷郡江戸崎町には、毎冬50羽から70羽のオオヒシクイの群れが細々と越冬を続けています。ここは昔から霞ヶ浦八景のひとつ「江戸崎の落雁」として知られているところです。

■著者プロフィール
1956年生まれ。ヒシクイ保護基金代表、霞ヶ浦・北浦をよくする市民連絡会議事務局長、牛久の自然を守る会代表。オオヒシクイの保護活動の他、農林水産業や学校・行政と一体となったアサザプロジェクト（湖と森と人をむすぶ霞ヶ浦・北浦再生事業）を展開している。

■著者注
1) オオヒシクイ：ヒシクイは「菱食」の意味で、菱の実を好んで食べることに由来する。オオヒシクイは大型の亜種。

わたしたちは雁の群れとしては、異例なほど小さい群れなので、その維持には手厚い保護が必要です。また、渡りのルートは未だに明らかにされていません。近くの霞ヶ浦と共にこの一帯が、わたしたちにとって掛け替えのない冬の住処になっているのです。ここはまた、雁の越冬地としては、太平洋側の南限にあたります。雁の越冬地はどこも南限に近づくほど厳しい状況にあります。

霞ヶ浦の300km北には、宮城県の伊豆沼があります。伊豆沼周辺は日本で越冬する大半の雁が集中しているところです。マガンの8割以上は、この伊豆沼で越冬しています。太平洋側の雁の越冬地は、伊豆沼と江戸崎町の2カ所です。わたしたちの越冬地は、この伊豆沼をバックアップする重要な位置にあります。

雁の越冬地の集中化

1969年に林野庁が発行した『鳥獣行政の歩み』には「宮城県の雁の増加は、従来千葉県や埼玉県など関東平野まで南下していた雁が、関東地域の環境の変化と狩猟の圧力によって南下しなくなり、比較的安全な宮城県の沼や水田にとどまるようになったためと思われ、観察の上からも裏付けられる」と書かれています。これは、当時雁が関東地方から北に追いやられていった状況を示しています。

雁の急激な減少（1960年代後半にはすべての雁の総数が1万羽を割り込む）に気が付いた国は、ようやく1969年にマガンとヒシクイ（とオオヒシクイ）を狩猟鳥から外し、国の天然記念物に指定しました。その後、個体数は増えていますが（オオヒシクイは現在約5000羽）、国内の越冬地はほとんど増えていません。むしろ、伊豆沼のように年々限られた越冬地に雁が集中する傾向が強まっています。わたしたちオオヒシクイも、日本で越冬する個体群の8割以上が新潟県北部に集中しているのが現状です。

同じ種類の野生生物が限られた地域に過密に生息する状況が続くと、感染症などが原因で一挙に大量死するおそれがあります。1973年から1974年にかけて、オーストリアのウィーンでは、ウイルスの感染が原因でツルが大量死しています。日本でも、雁やツルが限られた越冬地に集中することが問題になっています。そのために、越冬地を分散化させることが課題になっているのです。

わたしたちオオヒシクイが越冬を続ける江戸崎町の近くには霞ヶ浦があります。霞ヶ浦は、国内で2番目に大きな湖沼です。周囲にも水田や湿地が多く広がっています。ここは、雁やツルの越冬地の分散化を図る上で、重要な場所です。また霞ヶ浦は、ラムサール条約 (*2) の登録候補地のひとつでもあります。しかし、こうした水鳥の生息に適した環境があるのに、なかなかわたしたちの群れは大きくなれません。

それには、理由があります。広大な湖（220km²）の内3分の2以上は、いまだに狩猟区域になっているのです。首都圏に近い霞ヶ浦は、国内有数の狩猟場になっているのです。湖岸には、数多くの鳥屋（狩猟小屋）が建ち並んでいます。

さらに、わたしたちオオヒシクイが採食地として利用している地域も、まだ半分が狩猟地域になっているのです。

わたしたちは、広い湿地に恵まれているのに、実はほんの限られた地域に追い込まれながら、ほそぼそと暮らしているのです。これでは冬の間安心して暮らすことも、十分に食べ物を得ることもできません。そのために個体数を増やすことができないので

江戸崎町のオオヒシクイ。関東地方最後の雁の群れ

---

2) ラムサール条約：正式名は「特に水鳥の生息地として国際的に重要な湿地に関する条約」。日本は1980年に加盟。各締約国は自国内の重要な湿地を「登録湿地」に指定し、その保全と賢明な利用のための措置をとらなければならないことになっている。現在指定を受けているのは、釧路湿原、伊豆沼・内沼、クッチャロ湖、ウトナイ湖、霧多布湿原、谷津干潟、琵琶湖等。

す。
　わたしたちにとって重要な採食地の半分で、いまだに狩猟が行われていることには理由があります。それは、この地域（江戸崎町引舟）に、高速道路・首都圏中央連絡自動車道（圏央道）が計画されているためです。

オオヒシクイ越冬地を無視した高速道路計画
～環境アセスメントにおける情報操作の実態

　「オオヒシクイ自然の権利訴訟」は、圏央道計画を優先させるために計画ルート周辺の越冬地を不当にも鳥獣保護区に指定しない茨城県知事に対して、提訴したものです。被告茨城県知事の意図するところは、銃猟によって圏央道ルート周辺からわたしたちオオヒシクイを追い出すことにあるのです。
　なぜなら、被告には圏央道ルート周辺がオオヒシクイの越冬地であると都合が悪いからです。その背景には、圏央道の環境アセスメントに関する、ある事件があります。
　茨城県は1991年3月に、圏央道茨城ルートの環境アセスメント準備書を沿道住民に縦覧しました。ところが、ルート上に越冬地があるオオヒシクイについて、準備書はまったく触れていませんでした。これは、計画に都合の悪い国指定天然記念物オオヒシクイの存在を住民から隠すために行われた情報操作でした。この情報操作は、圏央道の事業者である建設省と都市計画決定権者である茨城県が共謀して行ったものです。
　わたしたちオオヒシクイが、準備書から抹消されていった経緯を説明します。まず、建設省は1988年から実施した現況調査に基づき、1991年春までに茨城県に対して報告書を提出しています。この報告書の段階ですでに、「オオヒシクイ」は抹消されています。
　この間の経緯を示す当時の関係者の証言があります。
　「資料ベースの調査でオオヒシクイの名前は出ていた。見落としたという認識はもっていない。」（建設省の委託を受けた調査業者の証言・朝日新聞1991年10月27日茨城版）
　「私の記憶では、少なくとも昨年（1990年）の段階でオオヒシクイの話しは出ていた。調査はどうしようかと内輪で話題になった。ある種の内部検討はやったと思う。」（建設省常陸工事事務所に当時勤めていた人の証言・朝日新聞1991年10月27日茨城版）
　「意見書で天然記念物の存在に気づいた後、建設省関東地方建設局の担当者に電話したが『知っていたがルートから離れているから大丈夫だと思い、県には言わなかった』と言われた。」（茨城県土木部都市計画課の担当者・朝日新聞1991年10月27日茨城版）
　「天然記念物の渡り鳥がいることは知っていたが、ルートから離れているので、大丈夫だと思い、県には言わなかった。」（建設省担当者から茨城県への返答・朝日新聞1991年8月19日社会面）
　これらの当時の関係者の証言から明らかなように、建設省は意図的にオオヒシクイを隠したのです。

もうひとつの嘘
「天然記念物であることを知らなかった」

　同じく1991年春に茨城県は、建設省の報告書を受け、環境アセスメント準備書を作成しました。準備書の作成に先だって、茨城県都市計画地方審議会アセス専門部会がその前年から3回開催されています。ここでは、環境アセスメントの内容について、各部局と専門家による調整や検討が行われています。当時の県環境保全課と県都市計画課の間で交わされた文書にも、オオヒシクイとその越冬地に関する記述は一切見当たりません。
　本来なら「オオヒシクイ」について記されるべき部分は、準備書では次のように記述されています。
① 「予測および評価を行う環境要素設定表」では、「(圏央道は) 天然記念物等の分布する地域を通過しない」と記載されています。
② 「史跡名勝天然記念物の分布図」には、圏央道ルート周辺の天然記念物の分布状況が記載されていますが、オオヒシクイに関する記載はありません。ところが、この図にはルートから6km以上離れたものまで記載されています。ですから、採食地の一方はルート上にあり遠い方の採食地でさえルートから2km程度しか離れていないオオヒシクイが、「ルートから離れているので（建設省）」という理由でわざわざ準備書から外される理由はありませ

③「動物（鳥類）」の項では、「江戸崎町は（略）、特に鳥類の生息が多い」としながら、まったくオオヒシクイについて触れていません。また、それ以外の具体的な鳥類の種名がひとつも記載されていないのも不自然です。

「天然記念物であることを知らなかった」
茨城県がオオヒシクイを外した理由

茨城県が、わたしたちオオヒシクイを準備書から外したのは、建設省から報告を受けなかったからではありませんでした。実は県はルート上にオオヒシクイ越冬地があることをはじめから知っていたのです。「オオヒシクイの飛来については認識していた」（茨城県知事、'92年8月18日付け実施機関意見書）[*3]

茨城県は、準備書からオオヒシクイを「見落とした」（実は外した）理由として、「オオヒシクイが天然記念物であることを知らなかった」からだとしています。ところが、そのようなことは次の事実からもありえません。

1) 1986年発行の「環境保全県民だよりNo.28」（茨城県環境管理課）には、表紙にオオヒシクイのカラー写真があり、その解説文には、はっきりと「天然記念物に指定」と書かれています。
2) 江戸崎町の越冬地内には、圏央道環境アセスの数年前から、茨城県が作成した「国指定天然記念物オオヒシクイの越冬地」を示す看板が複数立てられています。
3) 準備書が作成されたのと同時期（1991年1月12日）には、地元江戸崎町で第7回ガン・シンポジウム（雁を保護する会主催）が開催され、天然記念物担当の県教育委員会が後援しています。さらに、このシンポジウムでは、江戸崎町のオオヒシクイの保護を求めるアピールを採択し、後日アピール文が県知事に提出されています。
4) その他、わたしたちオオヒシクイは当時たびたびマスコミにも取り上げられています。

このように県が「オオヒシクイが天然記念物であること」を見落とすわけがありません。

さらに、茨城県が「オオヒシクイが天然記念物であることを知らなかった」ことだけを理由に、圏央道環境アセスメントから外したことも不自然です。なぜなら、環境アセスメントの対象となる生物は、別に「天然記念物」に限定されていないからです。

圏央道環境アセスメントは、茨城県環境影響評価要綱の第26条3項の規定により、建設省の環境影響評価技術指針（昭和60年9月26日建設省技調発516号）に基づいて実施されています。同技術指針では「予測及び評価を行う環境要素の設定基準」を「学術的価値の高いもの、天然記念物等の分布する地域を通過する場合」としています。つまり、県がオオヒシクイを「学術的に価値の高い」「保全すべき」ものとして認識していた場合は、オオヒシクイを準備書から外す（見落とす）理由はなくなります。

準備書に挙げられている参考文献をはじめ、県の公文書には繰り返し「江戸崎町が関東地方唯一の雁類越冬地」「保全すべき自然」等の記述が見られます。

以上のように、建設省と茨城県は、圏央道計画に都合が悪いオオヒシクイの存在を意図的に隠す情報操作を行っていたことは明らかです。

オオヒシクイのいない時期に追加調査を実施
～不当な手段で手続を進める

準備書での情報操作が明るみに出ても、県はあくまで「見落とし」「単純なミス」と言い張り、圏央道の都市計画手続を強引に進めようとしました。「見落としの場合は、追加調査を行えばよい」として、茨城県の都市計画地方審議会アセス専門部会はオオヒシクイが越冬地にはいない6月に、現地江戸崎町で形だけの追加調査を1回だけ行いアセスへの加筆作業を始めます。結論は調査の前から、もちろん「影響は避けられる」に決まっています。

---

*3 実施機関意見書：圏央道関連の公文書の公開を茨城県の情報公開条例に基づいて請求したところ、実施機関（茨城県土木部）が公開を拒否した。そのためヒシクイ保護基金は、行政不服審査法に基づく異議申し立てを行った。実施機関意見書は、基金の異議申し立ての主張に対する県の反論書で、公文書開示に関する県の審議会に提出されたもの。

しかし、建設省の環境影響評価技術指針では、動物の調査は「分布状況を把握出来る時期に行う」としていますから、この追加調査は「指針」にも反しています。

同時に県は、生物の専門家にアセス専門部会への出席と報告を依頼しましたが、この専門家が事前に「圏央道建設がオオヒシクイに重大な影響を与えるおそれがある」という内容の報告書を提出したところ、県は突然部会への出席を拒否し報告を阻止する行動に出ました。もちろん都合が悪いからです。後に明らかになった専門家の報告書には、1970年に越冬地内に国道4号バイパスが開通した直後に消滅した、仙台市福田町のマガン（約1000羽）の事例が示されていました。圏央道はこの道路よりはるかに大型の高速道路です。これは類似の例として重要な指摘でしたが無視されたのです。

このように極めて強引なやり方で圏央道の都市計画手続は進められ、同年（1991年）7月25日には都市計画地方審議会でアセスの承認とルート決定の答申が出される予定でした。しかし、審議会が開催される5日前に牛久の自然を守る会が、建設省と茨城県による「オオヒシクイ隠し」の情報操作が行われた証拠を公表したため、審議会では越冬地のある江戸崎町内のルートについてはルート決定を見送るという、変則的な異例の答申を出さざるを得ませんでした。

銃で建設予定地から追い出し、
開発に都合の良い調査結果を出そうとする。

その後の3年間は圏央道の都市計画決定は行われず手続は凍結状態になります。凍結期間中に建設省はオオヒシクイの実態調査を行い、3回の越冬期の調査を基に茨城県と合同で「ヒシクイ保護策検討委員会」を設置して、委員会に「圏央道とオオヒシクイは共存可能」という提言を出させ、それを受け1994年4月21日に都市計画決定を行っています。これにより、圏央道が越冬地内を通過することが決定してしまいました。

問題は、この調査のやり方です。茨城県は実態調査が始まる直前（1991年11月）に越冬地の内の圏央道ルートから離れた地域（江戸崎町稲波地区）を鳥獣保護区に指定して、ルート予定地周辺（同町引舟地区）を狩猟地区のまま放置する措置を執っています。その後、今日まで自然保護団体の度重なる要望

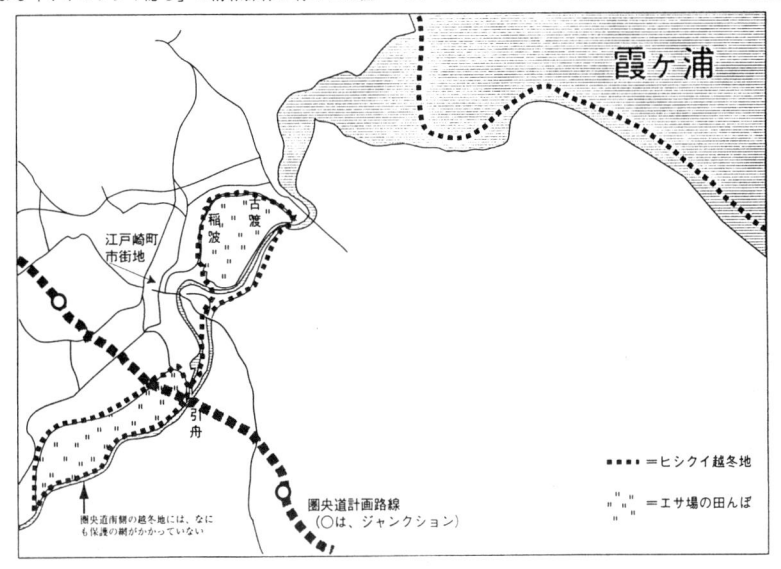

（越冬地全域を保護区にすること）を無視して、この状態が続いています。

ルート周辺を保護区に指定しようとしない茨城県の意図は明らかです。わたしたちオオヒシクイを銃で脅して圏央道建設予定地に近付けないようにして置いて、「最近オオヒシクイは圏央道予定地付近の越冬地を利用しなくなった」「この地域を放棄した」ので、「圏央道を建設しても影響は避けられる」「したがって、共存は可能である」という結論をこじつけたいのです。

先の「ヒシクイ保護策検討委員会」が出した提言には、まったくこれと同じことが述べられています。しかし、提言は銃猟の影響は述べていません。

これまで仲間の雁の越冬地が消滅したケースを見ると、銃猟禁止措置の解除や縮小によるものが少なくありません。わたしたちは、警戒心が強く銃猟に対しては敏感に反応するのです。建設省や茨城県あるいは「ヒシクイ保護策検討委員会」は、雁の習性をよく知りつつ、圏央道建設に有利な状況を作り上げようとしているのです。これは、関東地方唯一の雁の越冬地の消滅につながる危険な企みです。建設を正当化するために行われている、こうした愚かな行為をすぐに止めさせるべきです。

圏央道推進のために、絶滅しやすい状態に追い込む。

1994年4月の都市計画決定以後も圏央道の手続はほとんど進められていません。一方、建設省の実態調査は毎冬行われています。実態調査の目的は明らかにされていません。調査費はこれまでに2億円を超えているといわれます。

今日まで、わたしたちは一部の限られた越冬地（採食地・稲波）に押し込められ、銃で包囲された状態で越冬を続けています。越冬地内に複数の採食地を必要とするわたしたちオオヒシクイにとって、これは非常に不安定な状態と言えます。このまま、もう一つの採食地である引舟地区周辺を使うことができない状態が続けば、近い将来越冬地そのものが消滅してしまう恐れがあります。むしろ建設省や茨城県は、このような状態を続けることで、いずれオオヒシクイがこの地域を放棄することを待ち望んでいるのだと考えられます。このようなよこしまな悪意を感じさせる出来事が続発しました。都市計画決定（1994年4月）が行われ越冬地を圏央道が通過することが決定すると、その年の越冬期間中に、オオヒシクイに対する執拗ないじめが始まりました。パラグライダーや水上バイク、ヘリコプター、放し飼いの犬等の越冬地への進入、ねぐらの河川近くでの夜間照明の設置、保護区に向けた狩猟小屋（鳥屋）からの発砲など、群れを脅かす妨害行為が頻発したにも関わらず、茨城県や実態調査を行っていた建設省は見て見ぬ振りを続けました。

わたしたちオオヒシクイは全群で採食地の上空を一時間近くも旋回し続け、全く地上に降りることが出来ないまま、再び避難場所にしている霞ヶ浦に飛び去っていく異常な行動を繰り返すようになりました。

そのため、わたしたちはやむを得ず夜行性に切り替えましたが、今度は建設省の調査員が採食地（稲波）内をヘッドライトを照らして自動車で縦横に走り回るなどして妨害行為を続けました。わたしたちは、この年（1994年から1995年）本当に越冬地放棄寸前まで追い込まれました。オオヒシクイを一カ所に追い込んでおいてさらに妨害行為を行えばどうなるか、彼らには分かっていたはずです。

わたしたちは、代々同じ越冬地を使う習性（伝承的固執）があり、複数の採食地やねぐら、避難場所などをその時の状況にあわせて使い分けているのです。オオヒシクイを無理矢理一カ所の採食地に押し込めておこうとする茨城県と建設省の姿勢が、越冬地を消滅させることは明らかです。

越冬地での保護活動。ヒシクイ保護基金の子供たちが、群れに近づく人に注意を促している

地を消滅させることは明らかです。

　ヒシクイ保護基金は、妨害行為を確認しながら放置している茨城県に対して抗議を行い、保護策を実施するように度重なる要望を行いましたが、県は「オオヒシクイに特に異常は見られない」として全く動こうとはしませんでした。しかし、この異常事態が新聞で報道されるようになると、突然これらの妨害行為は止まったのです。

　また、その翌年からは「オオヒシクイ自然の権利訴訟」の提訴もあり、妨害行為は沈静化しています。これも裁判の効果のひとつです。

法廷に吹き込んだそよ風

　1995年12月19日、わたしたちの代弁者ヒシクイ保護基金とヒシクイ弁護団は、水戸地方裁判所に「オオヒシクイ自然の権利訴訟」を提訴しました。原告は、わたしたちオオヒシクイ個体群と、代弁者としての人間2名およびヒシクイ保護基金です。被告は、橋本昌茨城県知事です。わたしたちがヒシクイ弁護団に託した委任状には、くっきりとオオヒシクイの足形の印（越冬地にあった足跡から型どりしたもの）が押されていました。

　しかし、第一回の口頭弁論(*4)を前にした翌年2月7日に、裁判所は突然オオヒシクイのみについて弁論分離(*5)を決定し、2月20日にはオオヒシクイの訴えを却下する判決を行いました。結局わたしたちオオヒシクイは、一回も弁論を行うことが出来ずに却下されてしまったのです。

　ただし、裁判所は「判決文」で次のように述べています。「自然物の保護は、人が、その状況を認識し、代弁してはじめて訴訟の場に持ち出すことが出来る。」ヒシクイ弁護団は、この判断を画期的なものと評価しています。

　つまり、この後も人間の原告達が、オオヒシクイの代弁者として裁判を続けることが出来るというこ

とです。ですから、現在も裁判所が認めたオオヒシクイの代弁者が、オオヒシクイとして法廷で意見を述べています。

　けれども、訴えの却下は不当です。ですから、今度はオオヒシクイのみが原告となって、同年3月5日東京高裁に控訴しました。しかし残念ながら、4月23日、東京高裁は原告の控訴を却下とする判決を下しました。

　結果は却下でしたが、今回の判決文にも見るべきものが含まれていました。「当事者能力(*6)の概念は、時代や国により相違があるのは当然であるが、我が国の現行法のもとにおいては、右のように解せざるを得ない」とあります。これは、将来日本でも立法措置さえ執られれば、自然物に当事者能力を与えることができる可能性を示したものです。

　（人間の）代弁者による裁判はすでに1997年6月までで6回の口頭弁論を行い、現在も水戸地裁で継続中です。代弁者と弁護団は、わたしたちが越冬地に置いていった羽を胸に付けて、法廷で自然の権利を守る闘いを続けています。

　被告茨城県知事は答弁書を提出し、わたしたちの訴えにことごとく反論し、オオヒシクイの危機的状況さえ否定しています。本当の闘いはこれからです。

　しかし、わたしたちは今回の裁判を行う中で、少しずつわたしたちを取り巻く環境が変化した来たよ

越冬地で調査する子供たち

4）口頭弁論：狭義には、裁判において、当事者が実際に法廷で各々の主張・立証を行う手続き。広義には、証拠調べや裁判の言い渡しなどを含む。
5）弁論分離：民事訴訟法上、一つの手続きで併合審理されている複数の訴訟上の請求（原告が数名いる場合など）を別々に審判するために、手続きを分離する裁判所の処置。弁論の分離があると、その後は弁論も判決も別々となる。
6）当事者能力：民事訴訟の当事者となることのできる一般的な資格、つまり、法的権利・義務の主体となれる資格。私法上は、自然人・法人・権利能力なき社団の一部は、当事者能力を持つ。

406　第3章　環境，開発，自然の権利

野生生物の保護のあり方について関心を持つようになったことです。さらに、これまで県に言われたとおりに「圏央道は越冬地の近くを通過する」と記事に書き続けてきたマスコミも、裁判が始まってからは「圏央道は越冬地内を通過する」という事実を書くようになりました。マスコミがようやく事実を伝えるようになったのです。事実を確かめずに、市民団体の主張よりも行政側の主張にそって書いた方が無難だ、と思っている記者が多くなっていることは、マスコミが世論操作に利用される危険性を増大させています。

これからも、わたしたちは代弁者をとおして、法廷から「オオヒシクイと人間が共に創り上げる共生の文化」の可能性について訴えていきたいと思います。そして、わたしたちの群れが500羽1000羽と数を増やし一日も早く絶滅の危機を脱することができるよう、江戸崎町の越冬地が関東地方各地に再び雁のいる風景を取り戻すための拠点として位置づけられ、まともな自然保護行政が実施されることを望みます。人間が今すぐやるべきことは、圏央道計画を撤回し越冬地全域を鳥獣保護区にすること、そしてあなた方の民主主義の確立です。

地平線を越えた信頼

『砂の国の暦』(*7)の著者アルド・レオポルドはその中で、「土地倫理とは、共同体という概念の枠を、土壌、水、植物、動物、つまりはこれらを総称した「土地」にまで拡大した場合の倫理をさす。」(翻訳書『野生のうたが聞こえる』より)と述べています。

遠い地平線の彼方から子ども達を連れて戻る今度の冬こそ、越冬地が自由に安心して暮らせるようになっていることを信じて、わたしたちはこれからもこの地球の一角を目指して長く厳しい旅を続けていくでしょう。共生の文化の担い手である人々が、そこに暮らし続ける限り、必ず。

(いいじま　ひろし)

越冬地で調査する子供たちと、筆者

ヒシクイ保護基金では、97年度から、ヒシクイが越冬するために欠かせないエサ場である田んぼを守るためにオオヒシクイ保護に協力してくれる農家とともに「オオヒシクイ米」ブランドをスタートさせた。エサ場の田んぼは、極力農薬散布を行わず、冬場に荒起こしをしないことで、オオヒシクイに餌(落ち穂や田の草)を提供できる。詳細は、ヒシクイ保護基金まで

---

7) 『砂の国の暦』：原題は *A Sand County Almanac and Sketches Here and There*。1986年森林書房が日本語訳『野性のうたが聞こえる』を刊行。1997年に、講談社学術文庫が『野生のうたが聞こえる』と改題して刊行。「土地倫理」の章（森林書房版）を資料編に収録した。

資料3　法廷からの報告(407〜413頁)

運動編　9　オオヒシクイ自然の権利訴訟

法廷からの報告

弁護士　坂元　雅行

1　はじめに

「オオヒシクイ」。日本にわたってくる雁の中で最大の鳥であるが、この件にかかわるまでは知らない名前だった。しかし、名前を知り、その姿を見、雁が音(*1)を聞き、雁行(*2)を仰ぐうちに、彼らがロシアにいるはずの季節でも、混沌とした私の脳みその中を、のっしのっしと歩く存在となった。

とりわけオオヒシクイと特別な仲になったように感じたのは、彼らの面前で提訴の報告をしたときである。私たちがオオヒシクイの採餌場所に到着したとき、彼らは二群に分かれて採餌中であった。そこで、やれやれ、二度に分けて報告をしなければ、と思いながら最初の一群の前に立ったとき、もう一群がパッと飛び立ち、目の前の群に合流して整列した(ように見えた)のであった。自然(物)を原告とする訴訟で、自然を代弁する人たちは、その自然のことをよく知ると同時に、この時私が抱いたような意識を持ち合わせてきたのであろう。自然の尊厳、自然の内在的価値(*3)に対する畏敬の念はこのような時に意識の表面に波形となってひろがるものなのであろうか。

2　提訴に至る経過と訴訟の内容

オオヒシクイ自然の権利訴訟の背景となった問題については、オオヒシクイの代弁者である飯島さんの報告があるので、訴訟代理人の私としては、なるべく重複を避けて、提訴直前の経過と訴訟の内容について報告しておきたい。

1995年、「圏央道」(首都圏中央連絡自動車道)という高速道路建設問題を抱えながら、オオヒシクイたちは日々の人間活動による生活の攪乱にさらされていた。このままでは、圏央道が建設される前にオオヒシクイは姿を消すのではないか、そんな危機感がヒシクイ保護基金のメンバーを中心に拡がっていた。最も悪影響の大きい人間活動のひとつが銃猟である。

折しも、この年の10月に、オオヒシクイの越冬地でもある霞ヶ浦を舞台として、茨城県らが主催する「第6回世界湖沼会議」が開催されようとしていた。そこで、ヒシクイ保護基金とヒシクイ弁護団は圏央道建設の差止とは別に、銃猟と茨城県のオオヒシクイ保護施策を問題とする訴訟を起こすことを決めた。

具体的な訴訟の内容としては、オオヒシクイの越冬地で銃猟を許さないという観点から、オオヒシク

■著者プロフィール
坂元 雅行（さかもと・まさゆき）　1962年生れ。弁護士。オオヒシクイ「自然の権利」訴訟ではヒシクイ弁護団で主任弁護士を務め、他に、生田緑地・里山・「自然の権利」訴訟も手がける。野生生物保全の実践的な理論構築を目指すNGOである野生生物保全論研究会事務局長。

編者注
1) 雁が音：雁の鳴き声。転じて、雁そのものを指す場合もある。
2) 雁行：空を飛ぶ雁の行列。
3) 自然の内在的価値：自然の存在自体に認められる価値。自然(物)の諸価値を、人間にとっての何らかの意味での利用価値とはひとまず切り離し、第一義的に考えるもの。
4) 直接的に自然保護を求めて裁判で争うには、現行法上、多くの困難が存在する。住民訴訟の場合はその地方公共団体の住民であれば原告適格（裁判に訴え、判決を受ける資格）が認められる有利さがあるため、環境訴訟においてしばしば自然保護団体等がこの制度を活用する。→理論編の「環境権と『自然の権利』」(淡路剛久、142p〜)を参照。

イの越冬地の全域が「鳥獣保護及狩猟に関する法律」（鳥獣保護法）上の鳥獣保護区になっていないことについて（実は、保護区になっていない部分を圏央道が通る計画なのだが）、設定権者である茨城県知事の責任を問うことにした。訴訟形式としては、県の行政を問題にするということと、門前払いの可能性の少ない訴訟形式（*4）をとって中身の議論をしようということで、「住民訴訟」によることとした。住民訴訟は、地方自治法242条の2に規定されている。地方公共団体の財務会計上の行為、要するに公金の支出や債務の負担などに関する違法行為を住民が監視し、そのような支出を差し止めたり、支出されたお金を支出させた責任者に賠償するよう求めたりする訴訟である。

こうしてできあがった訴訟の内容の骨格は次のようなものである。

鳥獣保護法には、区域内での鳥獣の捕獲が禁止される鳥獣保護区制度の定めがあり（第8条ノ8）、都道府県知事にもその設定権限が付与されているところ、茨城県知事はオオヒシクイの越冬地の一部しか保護区に設定しなかった。このことは本来行使すべき行政権限（鳥獣保護区設定権限）を行使しなかったという意味において、違法な行為である。この違法行為によって、オオヒシクイは衰退し、茨城県はその衰退を食い止めるために特別の支出を余儀なくされ、また回復のための費用を負担せざるを得ない状況に追い込まれた。従って、茨城県は県知事個人に対して、この費用について不法行為（民法709条）（*5）に基づく損害賠償請求権を持ち、住民が茨城県に代わって、知事個人に対してこの請求を行う、というものである。

3 オオヒシクイ自然の権利訴訟

このように、本件訴訟は、茨城県知事個人に対する損害賠償請求を住民が代わって行うという形式をとりつつも、オオヒシクイの保護を目的としていることは明確である。しかし、ヒシクイ保護基金とヒシクイ弁護団はこの点をさらにはっきりと打ち出すことにした。オオヒシクイ自身が原告となり、「自然の権利訴訟」として提訴したのである。

「自然の権利訴訟」を一言で説明すれば、「自然（物）の存在自体に固有の価値（「自然（物）の尊厳」）を認め、自然の存続と利益のために、それを人間が代弁して司法救済を求める訴訟」ということになるだろう。

本件では具体的に、オオヒシクイの保護に最も大きくコミットすべき存在であるヒシクイ保護基金らが共に原告となってオオヒシクイを代弁して訴訟行為を行う。弁護士は、オオヒシクイ、ヒシクイ保護基金らすべての原告の訴訟代理をする。

(1) 「自然の権利訴訟」の意義
訴訟技術上の実践的意義

南カリフォルニア大学ロー・スクールの教授であるクリストファー・ストーンは、「樹木の当事者適格　自然物の法的権利について」（1972年）（*6）という論文の中で、自然の権利訴訟の訴訟技術上の実践的意義として数点を示した。第一に、重大な自然破壊が起ったが、直接的な被害を被る人がいなかったり、被害を被っても様々な社会的制約（*7）によって訴訟を断念せざるを得ないような場合に、自然を守るために訴訟提起する者を確保できること、第二に、訴訟において裁判所が判断する際に、（さらには人間の）利害ではなく、自然自身が被った被害を考慮できること、第三に、訴訟上得られた救済（損害賠償金など）を自然自身が享受できるようになることなどである。

例えば、本件では、県が衰退してしまったオオヒシクイの回復費用を支出せざるを得ない状況になったとはいっても、その大部分を未だ現実には支出していないため、勝訴した場合に県が得た賠償金が確実にオオヒシクイの回復のための施策に支出される

---

5) 民法第709条では、故意または過失によって他人の権利を侵害した者は、これによって生じた損害を賠償する責任を負う旨、定めている。
6) 「樹木の当事者適格　自然物の法的権利について」：資料編255p〜に『現代思想』（1990.11）に掲載された翻訳を全文転載した。
7) 例えば被害が比較的軽微な場合、高額の費用と多大な時間を費やす裁判を敬遠するケースとか、訴える相手や近隣との社会的・人間的関係の悪化を恐れる例（極端な場合、村八分や脅迫を受けたという実例もある）などが挙げられる。

ことが重要となる。真の被害者として救済の向けられるべきオオヒシクイを原告とすることは、少なくとも事実上、県に対して賠償金の使途に縛りをかける意味がある。ストーンの述べた、第三の意義にかかわることである。

(2)「自然の権利訴訟」に対する批判

これまでの自然保護訴訟には、法制度上の限界のために直接的には個人の権利(利益)侵害を問題にせざるを得ないという事情は別として、人間(個人)同士の利害の対立を調整する中で、結果的に自然を守ることができるという考え方を根底に持つものが少なくないように思われる。これに対して、自然の権利訴訟は、自然自体も人間と対等な立場に置いて、それらの利害を(広い意味で)調整しようとするものであるといえよう。

「人間か、自然かという二者択一を迫るもの」と揶揄する声もある。しかし、自然の権利訴訟は、特定の人間の利益と自然の生存とを対峙させるものではあるが、一般的に二者択一を迫るものではない。自然破壊の問題において、人間と自然が何らかの意味で対立し得ることは否定しようがない以上、対立する利害を矮小化することなく、あるがままの形でまな板に載せて(絶対的保護をも含んだ、広い意味での)利害調整を図らなければならない、と主張するのである。自然保護の根拠を個人の利益等に無理矢理還元し切ることから出発してはいけないと警告しているのである。

この警告の背景には、裁判所は判断の上で慎重かつ深く踏み込んだ(広い意味での)利害調整を行うべきであるという実践的意図、および自然の固有の価値を認め、人間中心主義を反省するという環境倫理的視点が存在する。

(3)「自然の権利」の内容

「自然の権利」とは、二つの意味を含んでいると考える。

第一は、自然自体が破壊から免れることは、個人の利害と無関係に、法律で守られるべき利益(法益)であること(法益たる自然の権利)。

第二は、自然はそれ自体が訴訟の当事者になれること(自然の法的当事者性)、である。

第一の法益たる自然の権利が認められる根拠は、生物多様性の価値にある。すなわち、自然資源としての価値、生態的価値 (*8)、精神的価値 (*9)、固有の価値であるが、特に四番目の固有の価値が重要である。

第二の自然の当事者性が認められる根拠は、自然の権利が法律で守られるべき価値(法益)なら、それが守られるような実効性のある法制度を作らなければならないはずであり、そのような制度としては自然自身に法的当事者性を認めることが不可欠だ、ということである。

なぜ、不可欠かといえば、それは既に述べた、(1)自然の権利訴訟の訴訟技術上の意義を、参照していただきたい。

なお、「自然の権利」はこのような意味にとらえられるのであり、自然人 (*10) が有する基本的人権のごとき「権利」とは異質なものであると考えている。

4 訴訟の経過

1995年9月25日、茨城県監査委員へ住民監査請求。

裁判当日の入廷風景

---

8) 生態的価値:大気や水の浄化・有機物の分解など、自然生態系が人間の生活環境の維持に役立っているという意味における、機能面に着目した価値。
9) 精神的価値:芸術・教育・レクリエーションなど、自然が人間の精神面に与える効果を指す。
10) 自然人:法律用語で人間のこと。法的権利・義務の主体である個人。企業・団体などの法人に対する用語。

第3章　環境，開発，自然の権利

本件は，地方自治法242条の2に基づく住民訴訟なので，訴訟に先立ち，住民監査請求の手続をとらなければならない。監査結果たる勧告の内容に不服がある場合に初めて，住民訴訟を提起することができる。
11月20日，監査請求棄却。
12月19日，住民訴訟提訴（水戸地裁。以下同じ）。
　原告は，オオヒシクイ，ヒシクイ保護基金，自然人（人間）2名。
1996年2月7日，オオヒシクイのみについて，弁論分離(*11)の決定。
2月20日，オオヒシクイの弁論について，訴えの却下(*12)判決。
3月 5日，オオヒシクイ控訴（東京高裁）。
3月15日，ヒシクイ保護基金と自然人の原告らに対する第一回口頭弁論。
　弁論（口頭弁論）というのは，実際に法廷で当事者が事件についての主張・立証を行う手続である。この日，被告は，原告の請求を棄却することを求めた。ヒシクイ保護基金代表の飯島博氏は，オオヒシクイを代弁して意見陳述などを行った。
4月23日　オオヒシクイに対して控訴却下の判決（東京高裁）。
6月12日　ヒシクイ保護基金ら第二回弁論（水戸地裁）。
　被告は，本案前の申立（原告の請求の理由に立ち入って審理するまでもなく，訴えは却下されるべきであるという申立）を行う。
　　8月2日　　第3回弁論
　　11月5日　　第4回弁論
　　12月24日　第5回弁論
　1997年
　　6月3日　　第6回弁論
　　9月2日　　第7回弁論
　　11月11日　第8回弁論
　1998年
　　1月27日　　第9回弁論
　　2月3日　　検証期日
　裁判所（担当裁判官3名）が現地に出向き，ヒ

シクイの状況などを検証する

　第3回弁論以降は，主として，被告県知事個人の責任の根拠と，オオヒシクイが衰退することで茨城県が侵害される利益，損害は何かという点が争点となっている。前者の関係では，圏央道計画や鳥獣保護事業にかかわる，知事個人の故意の職権濫用行為を基礎づける事実について，後者の関係では，県がオオヒシクイ保護策として支出した公金や，これから支出を余儀なくされる回復費用などについて，原告が主張を展開している。

5　水戸地裁・東京高裁の「訴えの却下」判決の内容と評価

　最後に，オオヒシクイの当事者性について裁判所の対応を紹介し，分析を加えてみたい。

(1)水戸地裁判決の概要と積極的に評価できる部分
　水戸地裁民事第二部は，分離された原告オオヒシクイに対して，「本件訴えを却下する」判決を下した。その理由は，「本件訴えは，」「当事者能力を有しない者を原告とする不適法なものであり，これを補正することができないことは明らかである。」ということであった。
　当事者能力とは，訴訟要件のひとつであり，民事訴訟の当事者となることのできる一般的な資格（権利・義務の主体となれる資格）をいう。中身について法律的紛争の解決をもたらさないような当事者を除外するための概念である。
　ただし本判決は，このように結論する前提として，非常に注目すべき判断を示している。
　第1に，「自然物の保護は，人がその状況を認識し，代弁してはじめて訴訟の場に持ち出すことができる」と述べている点である。自然（物）を代弁して訴訟を起こすという発想を裁判所が認めたことは画期的であり，自然の権利訴訟の本質的意義に一定の理解が示されたと評価できる。

11）弁論分離：民事訴訟法上，1つの手続きで併合審理されている複数の訴訟上の請求（原告が数名いる場合など）を別々に審判するために，手続きを分離する裁判所の処置。弁論の分離があると，その後は弁論も判決も別々になる。
12）訴えの却下：訴状の記載漏れ等を理由にした訴状却下命令（いわゆる「門前払い」）ではなく，訴えの内容に理由があるかどうかについて判断をした上での却下判決。

第2に、「自然物の存在の尊厳から、これに対する人の倫理的義務を想立しても、それによって自然物に法的権利があるとみることはできない」と述べて、やや間接的な表現ではあるが、人の自然に対する倫理上の保護義務を認めた点である。

倫理（規範）は、法（規範）を新たに生み出す基礎になり、既に存在する法（規範）を解釈していく際の重要な基準になる。

従って、裁判所がこのような理解に立つことは、今後の具体的事件において、「自然保護」の、法的に保護されるべき利益（「法益」）としての「重さ」を判断するにあたって、大きな意味を持つだろう。すなわち、裁判所の判断は、自然保護訴訟（人間が原告となる訴訟を含む）において、そこで主張されている自然に対して、個人の具体的な利害関係とは関係なく、安易な破壊は許さないという方向に働くはずである。

さらに、このような倫理上の保護義務を認めることが自然（物）の法的当事者性を認める上で重要な一歩を踏み出したものと評価することもできよう。

また、裁判外での影響として、環境倫理についての社会一般の理解を深める意義も持つだろう。

第3に、手続的な面であるが、本件では、訴状却下（訴状の記載もれを理由とする却下）ではなく、訴えを却下する判決がなされていることである。原告オオヒシクイが「自然物たる鳥であることは明らかである」と述べつつ、「原告オオヒシクイ」という記載自体が原告の表示として適法であることは認め、自然（物）に当事者能力があるかどうかについて実体的な判断を示したのである。奄美自然の権利訴訟で、アマミノクロウサギなど自然（物）原告の記載は、「余事記載ないし無意味な記載であると解するほかない」として訴状却下命令を下した裁判官の態度と比較して、「自然の権利訴訟」に対し、冷静にかつ一定の理解をもって対応したものといえる。

(2) 水戸地裁判決のオオヒシクイに当事者能力を認めない理由とその問題点

第一審である水戸地裁は、次の二点を理由に、自然（物）の当事者能力を否定した。すなわち、

第1に、自然（物）に当事者能力を認める根拠が民事訴訟法、民法等において見いだせないという点（現行法上根拠がない）、

第2に、「事物の事理」からいっても訴訟関係の主体となることのできる当事者能力は人間社会を前提にした概念だという点（要するに常識的に考えて、自然（物）に当事者能力がないのは当たり前、ということ）であった。

水戸地裁判決の理由の中で、特に問題なのは、第2の「事物の事理」である。常識からいって自然（物）には当事者能力を認められない、とされたのでは、今後の展望はなくなる。

そこでヒシクイ弁護団は、水戸地裁の却下判決に対して控訴することを決め、控訴理由として次のような主張を行った。すなわち、

第1に、当事者能力は「事物の事理」でその範囲が決まるものではなく、相対的な概念に過ぎない。合理的な紛争解決が図れるように認められていくべきものである。

そうしたところ、自然保護訴訟においては、破壊される自然（物）自体に当事者能力を認めれば、何が真に守られなければならない利益かを明確にできるのだから、自然（物）に当事者能力があると解する根拠は十分ある。訴訟手続は人間がサポートして進めればよいだけの話である。自然（物）に当事者能力を認めて何が問題か。

第2に、「事物の事理」からいって自然（物）に当事者能力が認められない、というのは訴訟制度の歴史を無視した主張である。当初は当事者能力を与えることなど考えもつかなかった団体や胎児に当事者能力が与えられる[13]ようになった歴史や、中世ヨーロッパでは動物を被告とする裁判[14]が日常当たり前に行われていた事実をどう考えるのか。

第3に、アメリカでは、自然（物）に当事者能力を正面から認めたといえるかどうかについては争いがあるものの、自然（物）と自然保護団体が共に起こ

---

13) 例えば、法律に基づいて設立された企業・団体は法人として一定の法的権利・義務の主体となることができるし、民法上「人」とは認められていない胎児にも、例外的とはいえ、同じ民法が損害賠償請求権や相続権等が認められている。

14) 詳しくは、池上俊一著『動物裁判』（→資料編、関連文献リストを参照）。

した訴訟について、あえて自然（物）だけを却下せず、原告が勝訴した事例が数多くある。
　こうした主張に対する東京高等裁判所の判断はどうだったであろうか。

(3)東京高裁判決の概要と評価
　東京高等裁判所第一四民事部は、「人に非らざる自然物を当事者能力を有する者と解することは到底できない。」と述べ、オオヒシクイの提起した控訴を不適法なものとして判決で却下した。
　その理由として、
「当事者能力の概念は、時代や国により相違があるのは当然であるが、わが国の現行法のもとにおいては、右のように解せざるを得ない。」
と判示した。
　このように、東京高裁は、結論として自然（物）の当事者能力を否定したものの、当事者能力が相対的な概念であること（「時代や国により相違があるのは当然」）を認めて、自然（物）に当事者能力が認められない理由は、「事物の事理」ではなく、法律に規定がないことに尽きる（「現行法の下においては、右のように解さざるを得ない」）ことを明確にした。
　東京高裁判決の意義は、少なくとも、立法措置さえとれば、自然（物）に当事者能力を与えることができることを、高等裁判所レベルで明確にしたことにあるといえる。

(4)水戸地裁判決と東京高裁判決によって展望できること
　このように、裁判所が「自然の権利訴訟」の趣旨を十分汲み取った上で、慎重な法的判断を行っていることを見ると、今後、自然（物）原告の手続上の扱いを変えてくる可能性は十分ある。つまり、アメリカのように、自然（物）と自然人（自然保護団体）が共に原告となっている場合、厳密な意味で自然（物）に当事者能力を与えるものかどうかについては議論の余地を残しつつも、あえて自然（物）原告の訴えを却下することなく審理を進める方法である。
　このような手続が一般化していけば、「自然の権利訴訟」の意義（自然（物）が、司法の場で、人間による代弁というバックアップを受けながら自らを防衛すること）が形式上も明確になり、裁判所によって自然保護の法益性が高く評価され、また自然保護を求める原告に有利に働くようなルール（挙証責任[*16]など）の解釈が行われるようになる可能性がある。
　要するに自然保護訴訟の中身の判断と自然（物）の当事者性の承認が相まって進んでいく可能性があるように思われる。
　さらに、こうした裁判所の動きは、既に述べたように、環境倫理についての一般理解を深め、自然（物）に当事者能力を認める立法、あるいは、アメリカのEndangered Species Act (ESA) [*17]にあるような、市民が広く自然保護訴訟を提起できる規定（市民訴訟条項）の立法を促す力になるだろう。
　　　　　　　　　　　　　　（さかもと　まさゆき）

---

16) 挙証責任：訴訟における審理の過程で、当事者が主張する事実の有無がはっきりしない場合が出てくる。このような場合でも裁判を可能にする必要性から、その事実の存在（または不存在）を仮定することになるが、そのことによって一方の当事者が受ける不利益を挙証責任という。民事訴訟で請求の根拠となる事実については、挙証責任は基本的に原告側が負う。ただし、公害・環境訴訟、消費者訴訟など、被告となる公権力や企業にそうした事実が独占されている場合（例えば企業による有害物質の排出行為と、人の健康被害や生態系破壊をもたらしたこととの間の因果関係の存在を立証するためのデータは企業が握っており、通常、原告となる一般市民に公開されることはない）、挙証責任を原則通り原告に負わせることが実質上不公正な場合がある。こうした例では「挙証責任の（被告側への）転換」が必要であるという見解が法律家の中でも有力。

17) Endangered Species Act(ESA)：「絶滅の危機にある種の法」などと訳される。アメリカ野生生物保護史上、画期的な法律といわれる。1973年、連邦議会において可決・成立した。

地域自主アセスメントによる環境保全対策　413

委　任　状

私共は、下記の弁護士を代理人と定め次の事項を委任します。

一、茨城県知事に対する措置請求を茨城県監査委員に対して申立てること

二　復代理人の選任を含む、上記申立に付随又は関連する一切の件

1995年（平成7年）9月25日

住　所　本件地域（霞ヶ浦、稲波、引舟、羽賀及び小野川流域）

氏　名　オオヒシクイ

委任状。オオヒシクイの足形が押印されている。

資料 4-1　オオヒシクイ自然の権利訴訟(414～426頁)

訴状■オオヒシクイ自然の権利訴訟

訴状

茨城県稲敷郡江戸崎町、桜川村、新利根、稲波、引舟・羽賀、稲波および引舟・羽賀に隣接する小野川、旧小野川、霞ヶ浦湖心水域（西浦）（別紙図面一に示した地域）
原告　オオヒシクイ
（住所地は越冬する地域個体群）
茨城県水戸市大町二の一の三三
被告　橋本　昌
その他の当事者の表示　別紙当事者目録記載のとおり
オオヒシクイ損害賠償請求事件
訴訟物の価額　算定不能
貼用印紙額　四、二〇〇円

請求の趣旨

一　被告は茨城県に対して、金二二、五七二、〇〇〇円およびこれに対する一九九四年（平成六年）九月二五日から完済に至るまで年五分の割合による金員を支払え
二　訴訟費用は被告の負担とする
との判決並びに仮執行の宣言を求める。

請求の原因

第一　はじめに

一　「オオヒシクイ」。古来より、「かり」などと呼ばれて親しまれてきた「雁」の仲間である。茨城県民は勿論、日本人の心象風景の空をくさび形に飛ぶあの水鳥である。そして、水域生態系の重要な構成要素であって、湖沼の生物多様性を示す生物である。一九六六年（昭和四六年）六月には、文化財保護法で国指定の天然記念物に指定されている。

その関東地方最後の個体群が、霞ヶ浦、小野川流域、稲波、引舟などの別紙図面一記載地域（以下、「本件越冬地」という）を越冬地としている。この個体群（以下、「原告オオヒシクイ個体群」という）のサイズは、茨城県職員措置請求事件監委第五二一号（以下、「本件監査請求」という）申立の時点までで、およそ五〇羽から六〇羽程度に過ぎない。この数は、我が国の他の地域のオオヒシクイ個体群と比較すると、一桁も二桁も少なく、何羽個体群が消滅（絶滅）してもおかしくない数である。原告オオヒシクイ個体群を維持し安定せるために、本件越冬地を適切に保全することが、現在急務となっている。

二　この本件越冬地を保全する手段として、茨城県知事は、鳥獣保護区の設定権限を有している。鳥獣保護区が設定されれば、オオヒシクイは銃猟の脅威から逃れられ、しかも積極的な生息地保全が行われる。ところが、茨城県知事の対応は極めて不当なものであった。

すなわち、本格的な調査が行われた一九八六年（昭和六一年）時点においても、別紙図面二のとおり本件越冬地のごく一部に既に江戸崎鳥獣保護区が設定されていたにすぎず（以下、「本件平成三年拡大前江戸崎鳥獣保護区」という）、それ以後にオオヒシクイの越冬地として鳥獣保護区に設定された地域は、別紙図面三記載の稲波干拓のみであった（以下、「本件江戸崎鳥獣保護区平成三年拡大部分」という）。本件越冬地全体の鳥獣保護区への設定が不可欠であることが客観的に示されているが、かつ実際に県知事自身が本件越冬地が越冬地の重要な一部であることを十分認識しているにもかかわらず、県知事はオオヒシクイの余の地域をことさらに鳥獣保護区の設定対象地域から除外したのである。

しかも、オオヒシクイを見守り、対話を重ねてきた原告ヒシクイ保護基金、原告＊＊、原告＊＊＊らの市民団体、市民が、再三、本件越冬地を鳥獣保護区に設定するよう求めてきたにもかかわらず、茨城県知事は、頑として応じようとせず、それ以後の江戸崎鳥獣保護区の拡大を回避してきた。

この茨城県知事の権限を逸脱した鳥獣保護区の不指定の結果、原告オオヒシクイ個体群は生存可能なサイズを回復することができず、成鳥と幼鳥の個体数比など個体群の構成における問題が解消されず、また個体の行動に異常が発生しており、一層の衰退を余儀なくされた。

三　県知事がこのような態度をとる理由は、現在、茨城県で進行している、首都圏中央連絡自動車道（圏央道）計画と霞ヶ浦総合開発計画にある。

1　圏央道は、首都中心から四〇～五〇キロメートル圏にある近郊整備地帯の中核都市を連絡して、首都圏の広域的多核都市複合体形成を促すとともに、放射幹線道路を相互に連絡することによって首都圏の交通混雑を緩和する環状高速道路として位置づけられている。しかしながら、この計画の帰結は、首都圏への一層の一極集中を招き、所期する都市化とは逆の結果を招くものであり、建設によって首都圏周縁部の最後のグリーンベルトが破壊され、大気汚染、残土処理等の深刻な問題を惹起することとなる。本件越冬地の一部である別紙図面四記載の地域（以下、「本件引舟・羽賀地域」という）は、圏央道の建設（通過）予定地であって建設工事が行われれば消滅する運命にある場所であり、同図面六記載の水域（以下、「本件引舟羽賀水域」という）は、右地域に隣接する場所である。

2　霞ヶ浦総合開発計画は、霞ヶ浦の湖汀を堤防で囲み、ダム化して、治水・利水に役立てようとするもので、今年度中に完成する。霞ヶ浦は、一九九一年（平成三年）には水質悪化の一途をたどっているが、右計画によれば、もともと平均水深が四メートルしかなく、水位の変動の幅が二〇センチ前後に過ぎない霞ヶ浦で、一・三メートルもの人為的操作を行うこととされている。その結果、生態系がそれを構成する生物とともに壊滅的影響を受けることになる。越冬地の一部である別紙図面七記載の水域（以下、「本件霞ヶ浦湖心水域」という）は、霞ヶ浦総合開発計画の現場である。

茨城県知事が、本件越冬地を残密に回避し続けている理由はここにある。茨城県知事は、大規模開発計画の実施と原告オオヒシクイ個体群の生存とが矛盾せざるを得ないから、当該地域における同個体群の保護をあえて回避し、同個体群を当該地域から排除しようとしたのである。

四　本訴訟の意義と原告らの関係

1　本件訴訟は、生物多様性の保全や自然物の存在と引換えに大規模開発を敢行しオオヒシクイの保護措置を回避する被告知事の行為が違法であることを明らかにし、原告オオヒシクイ個体群の衰退によって茨城県が被った損害を、県に代位して被告知事に請求するものである。

2　しかしながら、本件における真の被害者について、真に司法による救済を必要としているのは、原告オオヒシクイ個体群ないしそれを構成する各オオヒシクイに他ならない。本件訴訟の真の意義は、何人かの人間の利益を介するのではなく、自然物たるオオヒシクイ個体群自体のため、速やかに鳥獣保護区設定を本件越冬地域に拡大するよう求めるものである。このような意義を訴訟形式上に反映させるため、オオヒシクイ個体群自体が原告とならねばならない。そして、オオヒシクイ個体群に代わって訴訟行為を行う者として、オオヒシクイの生存を守ることを唯一無二の目的として活動してきた権利能力なき社団たるヒシクイ保護基金、自然人である＊＊、＊＊＊＊が原告となった。自然物の生存の権利については後述する。

第二　当事者
1　オオヒシクイ

オオヒシクイ(Anser Fabalis middendorfi)は、日本に冬渡来する最も大型のガン。国内にはおよそ六〇〇〇羽のオオヒシクイが渡来している。オオヒシクイの個体数は、全世界で一万羽程度と推定されており、国内はもとより、世界的にも絶滅に瀕した野生生物である。江戸崎町の越冬地は、国内に渡来するオオヒシクイの約一パーセントの個体が毎年越冬を続ける。

2　オオヒシクイの越冬地は、現在国内に一二カ所残されている。越冬地は主に日本海側に多い。江戸崎町のものは、太平洋側のガン類の越冬地の南限にあたり、太平洋側に残された数少ない越冬地のひとつである。さらに、ここは関東地方に唯一残されたガン類越冬地でもある。

オオヒシクイは、採食地としての湿地（湖沼、河川、水田）、塒としての湿地（湖沼、河川）、避難場所としての湿地（湖沼）をそれぞれ広大な越冬地内に必要とする。特に、採食地は複数必要である。また、オオヒシクイは一度決めた越冬地を代々使う伝統的固執をもつ習性がある。右のように、多様な水環境を有する豊かな湿地を代々生息地として使うこの習性は、湿地での過酷な開発に耐えることを困難にし、オオヒシクイの減少の大きな原因となった。

オオヒシクイの越冬地が位置する江戸崎町は、かつて霞ヶ浦の二大内湖があった場所で、現在もその名残を残し、現在の霞ヶ浦とともに良好な水域生態系を保持している。

3　オオヒシクイは亜種のヒシクイに比べ、頸が長く、嘴も基部が太く長い。

これは、マコモなどの抽水植物の根基部を採食するのに適した形状である。ヒシなどの実やマコモの根基部を好み水生生物の豊富な湖沼や河川、冬季も水分を多く含む水田（湿田）など

地域自主アセスメントによる環境保全対策

を探食地として選ぶ。

4 オオヒシクイを始めガン類は、古くから我が国の冬の風物詩として、人々の生活の中で文化の一部として生き続けてきた。雁を詠った詩集は万葉集以来数多く、雁は唱歌や童謡にもよく登場する。雁を描いた絵画は歌川広重の「高輪の月」をはじめ繰り返し描かれてきた。利根川図誌（赤松宗旦著）には霞ヶ浦の上空を鍵になり飛ぶ雁の姿が描かれた「息栖明神船中より正面を見る」がある。茨城県の南部西部には雁淵、雁通、雁島など雁の名の付く地名が多くある。また、江戸崎八景のひとつである江戸崎の「落雁」など人々が雁を眺める文化もあった。我々日本人は、今でも夕空に竿になり鍵になり飛ぶ雁の姿を、誰もが心象風景として共有している。

水郷地帯を有する茨城県をはじめとする関東地方は、かつて国内最大の雁類越冬地であった。江戸崎町の地内にも霞ヶ浦の個体数が増え、ここから再び関東他の地域に雁が分散し、かつての越冬地が復活し、雁のいる風景がよみがえることを多くの人々が待ち望んでいる。

5 なお、オオヒシクイは、一九六六年（昭和四六年）六月二八日に狩猟鳥獣から除外され、同日、文化財保護法上、国指定の天然記念物に指定されている。

二 原告ヒシクイ保護基金

1 ヒシクイ保護基金は、関東地方に唯一残されたガン類唯一の越冬地、茨城県江戸崎町のオオヒシクイ越冬地を守り、ここを拠点に関東他各地に再びガンを呼び戻すことを目的に権利能力なき社団として設立された市民団体である。

ヒシクイ保護基金は、オオヒシクイの存在を無視して、計画されている圏央道計画地に危機感を持った全国の市民が集まり、一九九一年（平成三年）に結成された。

以降、保護基金は、地元江戸崎町の住民とともにオオヒシクイの保護調査活動を行うと同時に、オオヒシクイの保護に消極的な国と県に対して繰り返し適切な保護策の実施を求めてきた。特に、オオヒシクイの越冬地全体を保護区にするよう県に対して繰り返し要望を行っている。

ヒシクイ保護基金による越冬地での保護調査活動には、一九九一年（平成三年）から一九九五年（平成七年）の二月にかけての四回の越冬期間に延べ五〇〇人を超える市民が参加し、越冬地での泊まり込みによる監視活動が継続されている。これらの監視活動により、オオヒシクイへの妨害行為を防ぎ、越冬を継続させることに貢献している。

また、土曜日や日曜日あるいは冬休みには参加者の中に小中学生の占める割合が多く、ヒシクイ保護基金の保護調査活動が青少年の環境教育の場として生かされている。

寄金の運営は、全国からの寄付金と会費、Tシャツや絵はがきの売り上げによる。基金の活動は、多くの人々の熱意と共感によって支えられてきた。

2 原告ヒシクイ保護基金は、本訴訟において、原告オオヒシクイ個体群の代弁者として後見人役割を果たし、原告オオヒシクイ個体群のために訴訟行為を行う。

三 原告＊＊＊

1 原告・オオヒシクイ代弁者＊＊＊は、茨城県牛久市に在住し、原告ヒシクイ保護基金の他、霞ヶ浦をよくする市民連絡会議、牛久の自然を守る会の代表を務め、茨城県南西部を中心に、日夜、自然保護・野生生物保護活動に従事するものである。

2 原告ヒシクイ保護基金は、本訴訟において、原告オオヒシクイ個体群の代弁者として後見人役割を果たし、原告オオヒシクイ個体群のために訴訟行為を行う。

四 原告＊＊＊＊＊

1 原告・オオヒシクイ代弁者＊＊＊＊＊は、茨城県牛久市に在住し、原告ヒシクイ保護基金の中心を担う会員であり、茨城県南西部を中心に、日夜、自然保護・野生生物保護活動に従事するものである。

2 原告ヒシクイ保護基金は、本訴訟において、原告オオヒシクイ個体群の代弁者として後見人役割を果たし、原告オオヒシクイ個体群のために訴訟行為を行う。

五 被告橋本昌

被告橋本昌は、一九九四年（平成六年）および一九九五年（平成七年）を通じて茨城県知事の地位にあるものである。

第三 オオヒシクイが訴訟当事者となることと「自然物の生存の権利」

一 オオヒシクイ等人間以外の自然物の当事者能力

1 自然物の存在の尊厳（自然物の生存の権利）と自然物の当事者能力

（一）「最高に無知な人とは、あれこれの動植物について、それは一体何の役に立つのか、と言う人である。もし自然の仕組みが全体としてうまくいっているのだったら、それのどの部分もうまくいっているのだ。それを我々が理解しているかどうかは関係ない。生物の世界が長い年月の間に何かましいけれどもわからないものを作り上げていたのだったら、見たところ役に立たないものを捨てる馬鹿がいるだろうか？どんな歯車だってとっておくのが、賢い修繕屋のまず第一に用いすることである。」これは、生物多様性の全要素となる土地倫理（後述）の最も卓越な代弁者の一人である、アルド・レオポルドの言葉である。

生物多様性の保全は、従来から、種の保護、土地の保護または保存、自然資源の管理といったカテゴリーの中で扱われてきたが、自然保護運動、自然環境保護立法、保全生物学が展開される中で定着・発展してきた。一九九二年（平成四年）に開催された地球サミットで署名された生物多様性条約に向けての準備作業が進む中で、環境問題中略も重要なキーワードとされている。

生物多様性とは、生物とその諸プロセスとの多様性のことである。すなわち、遺伝子ないし個体差レベルの多様性、個体群ないし種レベルの多様性、群集ないし生態系レベルの多様性、景観または地域レベルでの多様性、およびそれらを絶えず変化させ適応させ続けながら機能させ続けている生態的なプロセスと進化上のプロセスの多様性をも含んだ概念が生物多様性である。

（二）現在では、各世代の人類が、限られた地域のレベルから地球レベルに至るまで、生物多様性の保全をなすべき義務ないし責任を負っていることに異論を述べる者はいない。また、この義務ないし責任の根拠が、生物多様性の様々なレベルにおける価値に求められることにも異論は存しない。

すなわち、生物多様性のヒトにとっての価値は、概ね三つのレベルでとらえられる。第一に生物多様性の構成要素の自然資源としての有用性（例えば、第一次産業が自然資源を重要な拠り所としていること、三〇〇〇近くの抗生物質が微生物に由来するなど）、第二に多様な自然生態系が果たす生態的機能による人の生活環境の維持（例えば、大気の質の維持、気候の制御、淡水の供給の調節、有機物の分解等）、第三にヒトの精神作用上果たす美的（芸術的）価値、教育的価値、レクリエーションの価値などである。

こうした価値は、現世代の我々のみならず、将来世代が等しく享受すべきものである。生物資源は、先祖から受け継いだ資産ではなく、将来世代に残すべき財産なのである。

（三）ところで、人類が生物の多様性を保全すべき義務ないし責任の根拠は、実は右に述べた人の評価にかかる「価値」に限定されるものではない。本来、人間がどのように評価するか、また認識するかに関係なく、生物の多様性の構成要素たる自然物（多様な野生状態にある生物とそれを取りまく野生状態にある非生物的な要素）は厳然と存在するものである（自然物の存在の尊厳）。この事実に基づき、人間は、「自然を自然それ自体として理解する」、「ヒトのためではなく自然そのために理解する」といった倫理的理解を持たなければならない。この考えは、レオポルドの著した『野生のうたが聞こえる』というエッセイ集の中で展開された。

すなわち、「ランド・エシック（土地の倫理）」とは、「『共同体』という枠を、土壌や水、植物、動物、つまりこれらを総称した『土地』にまで拡大した場合の倫理を指すものである。要するに、ランド・土地の倫理は、人という種の役割を、土地という共同体の征服者から、平凡な一員、一構成員へと変えるのである。それは、仲間の構成員に対する尊敬の念の現れであると同時に、自分の所属している共同体への尊敬の念の現れでもある。」と主張したのである。

このレオポルドの主張は、その後一般的な理解を呼び、一九九二年に国連憲章で採択された世界自然憲章は「生物はすべてそれぞれに独自であって、人間にとっての価値には関係なく尊重に値する。そして、そのような認識を他の生物たちに認めるためには、人間は倫理的な行動規範に導かれなければならない」と述べるに至ったのである。

（三）この倫理的理解は、実際、一定の実定法的効果を招えしている。それは、生物多様性ないし自然を保全すべき義務の立法であり、我が国においても、個別の自然環境保全立法において具体的に言及され、規定されているところである。

こうした実定法的効果が倫理的理解によって招えされた過程については、次のように理解できよう。すなわち、人間（国家、地方自治体、個人等あらゆるレベル）の自然物に対する倫理的理解の源泉をなすところの自然物の存在の尊厳（自然物の生存の権利）が派生し、こうした権利と表裏をなすものとして、義務規定の形式で人間に義務を課す立法がなされた、ということである。人間が自然物（生物多様性、自然環境）を守る実定法上の義務は、自然物の生存の権利を裏返しにしたものであることが留意されねばならない（ただし、こうした自然物の生存の権利は、人間の権利と全く同質・同内容である必然性はない。

(四)このように、自然物の存在の尊厳から自然物の生存の権利が派生するわけであるが、この権利は何らかの形で実定法的効果を生じる。そして、まさにこの実定法的効果のひとつとして、自然物の権威が認められ、自然物の当事者能力が肯定される。なぜなら、

第一に、自然物の生存の究極の救済手段となりうるものが訴訟であり、その訴訟に参加することが自然物の生存を図るために不可欠だからであり、

第二に、その訴訟に直接参加することが、自然物の生存をはかるための最善にして不可欠の手段だからである。例えば、重要な自然物の生存が危機に瀕しているが、自然物の生存をはかろうとする自然人等が存在せず、あるいは現行法上当事者適格を認められるものが存在しない場合には、得てして自然物に対する侵害主体の立場のみを尊重する結果となってしまい、自然物は自らの生存を喪失していくのを黙って受け容れるしかないという事態に至る。

2 自然物の当事者能力を承認することの効用

(一)自然物の生存をはかるための人間にとっての価値(利益)

1(一)で述べたように、生物多様性の構成要素である自然物は、遺伝子レベル、種ないし個体群レベル、生態系レベルそして景観レベルにおいて、自然資源としての有用性、生態系機能のメカニズムとしての有用性、精神作用を涵養する観としての有用性を有しており、人間はこれらの価値を将来世代に承継しなければならないことから、現世代の人間はその義務を果たすべき有効な手段を講じなければならない。

そして、より本質的義務である、自然物の存在の尊厳を尊重し、その生存を図るために有効な手段を講じなければならない。

(二)その場合、極めて有効な手段のひとつとして、自然物に対する当事者適格を認めることである。

その理由は以下のとおりである。

第一は、当事者適格の問題であるが、具体的なケースについて、自然物の生存のために訴訟を提起しようとする者であって、かつ現行法上当事者適格を有する者がまったく存在しない場合があるからである。例えば、川が汚染された場合に、民事ないし行政訴訟の提起を考えた場合、当事者適格を認めるのは一般にその川岸の住民などである。しかし、こうした住民の中には汚染自体に関心を払わない者がいる場合もあり得るし、救済を求めたいが、様々な社会的制約によって訴訟を断念することもある。

第二は、本案判断の問題であるが、例えば、ある者が当事者適格を認められても、その者自身の健康等の被害が相対的に軽微な場合には、原告の利益と汚染の差し止めから生じるこれによる被害の負担や社会的影響等を比較衡量した結果原告が敗訴することがあり得るが、川の生態系自体には極めて深刻な影響があったとしても、そのこと自体は直接的に考慮されないことになってしまう。

第三は、判決結果の受益の問題であるが、損害賠償を命じる判決においては、当然のことながら原告自身の損害が算定される結果、自然物の受けた損害自体は十分に評価されず、かつ自然物の生存の回復に向けられない、ということである。例えば、ある汚染者がその活動によって、年に一〇〇〇万円の割合で川に損害を与えているのに対

し、原告たる住民の損害額の合計がわずか一〇〇万円に過ぎず、その結果汚染者が汚染行為を停止せず、川自体の損害発生は継続するといった場合を容易に想像できる。

従って、自然物の生存をはかり、人間に課された義務を果たしていくためには、自然物の当事者能力は極めて大きな効能を持ち、かつそれを認めることが、不可欠であることは明白である。

二 自然物の訴訟能力

1 確かに、自然物が単独で原告になった場合にはそれ自体が単独で訴訟追行を行うことは物理的にのみ認められる特殊な現象ではない。

しかしながら、そのことは、自然物が原告である場合にのみ認められる特殊な現象ではない。

(一)法人に対する法制度の変遷の歴史をみても、当初から法人は法人格を有していたのではなく、法人が社会に果たす役割の重要性に鑑みて法人自体に当事者能力を認める必要性が生じ、そして、観念の存在である法人にかかる能力を認めることができる法律上の理論構成が可能となったからであり、法人に当事者能力を認める現在の制度が完成されたのである。

また、法人に当事者能力を認めたとしても、観念の存在である法人は、それ自身が訴訟追行を行うことは法人実在説に立っても物理的に不可能である。

しかし、会社と委任契約を締結し善管注意義務と忠実義務を負っている(代表)取締役が訴訟追行を行う場合には、当該代表者は会社の利益の為に訴訟追行を行う事が期待される価値判断があり、法人とは別個の人格である代表取締役の訴訟行為が、社会科学的な価値判断過程を経て、観念の存在である法人自体の訴訟行為としてみなされているのである。

このように法人の当事者能力及び訴訟能力は現代では当然の如く認められているが、それは決して、アプリオリに認められていたものではなかったのである。

(二)また未成年者、とりわけ幼児・嬰児は訴訟能力者とされるが、彼ら自身が欲するところを推察し、それに沿うように訴訟を追行することが期待できる彼らの法定代理人が、幼児・嬰児の利益のために彼らの訴訟能力が不備な点を補って訴訟行為を行うのである。

ここには、そもそも幼児・嬰児が何を欲しているかについての法定代理人に対する具体的な意思表示はないが、彼らに最も近い存在の訴訟能力者であれば、彼らの最も利益社会的の立場に立って、意にかなった訴訟行為をすることが期待できるという価値判断がある。

さらに、胎児は人の萌芽にすぎないので当事者能力を有していないが、例外的には当事者能力を有するものとされ、訴訟能力の不備な点については未成年者の場合と同様の価値判断から、母が親権者として訴訟行為を行うことが認められている。

2 そうであるなら、自然物についても、その当事者能力及び訴訟能力を観念する必要性があり、その必要性を実現する法律上の理論構成が可能であるならば、何ら法人等と別異に解する必要性は存在しないのである。

自然物に当事者能力を認める根本の必要性については前述したので、以下では自然物の訴訟行為を具体的に実現する理論構成を示す。

(一)この点、自然物と共に環境保護団体が原告として名を連ね、自然物を代弁して訴訟を追行するならば、自然物の訴訟能力は実質的に補完されるというべきである。実際、アメリカの同種訴訟においては、環境保護団体が自然物の権利を代弁する形で自然物の訴訟能力の不備な点を補っている。

(二)このような補完関係が認められるのは、自然物の立場に立って自然物が何を欲しているのかを正しく理解でき、そのためには如何なる主張立証が必要かつ最適なのかを最も良く認識し、それらに基づく当該活動の為に最も適した訴訟追行が期待できるのは、その自然物の保護に最も近い存在としての自然保護団体であるということができるからである。

そしてその様な団体以外は、自然物が物理的に有している訴訟能力の不備な点を補う資格がない。およそ自然物の生存を心配する誰でもが、そのような自然物の後見人的な地位に付けるとするのであれば、濫訴の弊害もある反面、嬰児や胎児の権利利益が正しく法廷の場で代弁できないからである。

逆に、原告たる自然物の保護に最も近い存在たる団体等(最も近い否かは、そのような団体等が原告たる自然物を保護する上でいかなる活動をしてきたか否か、組織としていかなる構成されているのか、原告たる自然物が何を欲しているのか及びその欲するところに沿う為の自然物に有する主張立証する事が可能な程度に基礎資料・情報を有しているか等の点から実質的に判断される事柄である)であるならば、嬰児や胎児と同様に自らの欲するところを言語で表現できない自然物が何を望んでいるのかを正しく推察し、自然物が法廷に立つ以上に彼らの権利利益を実質的に擁護する訴訟行為を行うことが可能になるのである。

(三)本件においては、原告オオヒシクイ個体群を現地において継続的に調査し、オオヒシクイに関する情報を保有しており、その生態を熟知し、その保護及び種の保存に関する調査研究活動を目的として活動してきた原告ヒシクイ保護基金および同保護基金の構成員らがまさに原告たる自然物の保護に最も関心のある団体」といえ、自らの訴訟行為を行うとともに、相原告たる原告オオヒシクイ個体群の後見人的役割を果たし、自然物のための訴訟行為を行うことができるのである。

三 原告オオヒシクイ個体群の、地方自治法二四二条にいう「普通地方公共団体の住民」への該当性

1 「住民」とは当該地方公共団体内に住所、つまり生活の本拠を有する者をいう(法一〇条一項)、納税者であることや選挙権者であることは必要ない。

また、行為能力(未成年者が当事者となる場合)や日本国籍(外国人が当事者となる場合)を有することも必要とされていない。住民登録はおろか法人格をも有しない権利能力なき社団さえ、「住民」たり得る。

このように「住民」の範囲が極めて広く解される理由は、住民訴訟制度は、地方公共団体の財務の適正を図り、住民全体の利益を守るためのものであって、原告自体は問題提起を行うものに過ぎないという側面が強いからである。

それゆえ、当該地方公共団体内に生活の本拠を

有し、一定の社会的作用・反作用のやりとりの中で人間と共存しながら生活するオオヒシクイを、「住民」に含めることに本質的な問題点は何ら存しない。

2 そして、住民訴訟制度の趣旨に照らせば、むしろ積極的に、原告オオヒシクイ個体群は「住民」に含まれると解すべきである。

原告オオヒシクイ個体群は、被告知事の違法行為によって本件越冬地の保護を受けられず、その結果衰退を余儀なくされ、自らの直接の被害ないし、当該損害賠償請求権の適正な行使(地方公共団体の財務行為)に直接・密接な被害関係を持つ場合、その者自身がその行使を求めることが望ましいことは明白であり、かつそのような立場にあるものが当該住民訴訟を追行することは当該地方公共団体に対して当該財務行為の行使について真剣な反省を迫るという効果がある。この効果こそ、住民訴訟の制度目的の最も本質的な要素に他ならない。従って、住民訴訟制度の趣旨に照らしても、むしろ積極的に、原告オオヒシクイ個体群は「住民」に含まれると解すべきである。

第四 鳥獣保護区制度の概要と効果

一 鳥獣保護法制の根拠

鳥獣保護法は、都道府県知事は、鳥獣の保護繁殖を目的とする事業(これに係る狩猟に関する取締りを含む)即ち鳥獣保護事業を実施することを定めている(同法第一条の二第一項)。鳥獣保護事業の実施にあたっては、環境庁長官が自然環境保全審議会の意見を聴き、且つ、農林水産大臣に協議して定める基準にしたがって、鳥獣保護事業計画を策定することとしているが(同法第四項)、鳥獣保護区制度は、鳥獣保護事業計画の柱のひとつとして実施されている。

二 鳥獣保護区制度の内容と設定の効果

鳥獣保護区は、野生生物息地域保護制度のひとつである。保護区設定の直接の効果としては、第一に、鳥獣の捕獲が禁止される(鳥獣保護法第一条一項一号)、第二に環境庁長官または都道府県知事は区域内の土地又は立木竹に鳥獣の生育及び繁殖に必要な営巣、給水、給餌等の施設を設けることができ、その土地又は立木竹の所有者はこれを拒むことができないこととなる(同法第八条の八)。具体的には、第六の三で後述する生物多様性国家戦略で紹介されているように、水鳥の餌となる水草の培養など生息環境保全のための事業が行われている。また、鳥獣保護区設定の効果はこれら二点につきものではなく、右国家戦略で述べられているように、保護区設定により、「植生や鳥獣の餌生物等を含む生息環境が一体として保全されるという効果もある」のである。

第五 原告オオヒシクイ個体群に関わる鳥獣保護区設定の経過

一 本件監査請求に至るまでの江戸崎鳥獣保護区の設定経過

1 一九五六年(昭和三一年)一〇月八日
小野川川河道と引舟の北側について鳥獣保護繁殖を目的として一五六ヘクタールを、禁猟区として設定する。

2 一九六一年(昭和三六年)一一月一日
設定期間を更新するが一九六三年(昭和三八年)六月一五日制度改正があり、禁猟区から鳥獣保護区に改正する。

3 一九七一年(昭和四六年)
当該鳥獣保護区を一一四七ヘクタール拡大して三〇三ヘクタールとする。

4 一九八一年(昭和五六年)一一月一日
当該鳥獣保護区の設定目的を集団渡来地の保護区として期間更新する。

5 一九九一年(平成三年)一一月一日
集団渡来地の保護区として稲波干拓地二一〇ヘクタールを追加設定し、当該鳥獣保護区を五一三ヘクタールに拡大する。

第六 原告オオヒシクイの状況

一 原告オオヒシクイ個体群の重要性ないし稀少性とその生息状況の推移

1 我が国に渡来するオオヒシクイの数は約三〇〇〇～四〇〇〇羽であり、その定期的な越冬地としては宮城県の伊豆沼、新潟県の福島潟、滋賀県の琵琶湖などが知られているが、その多くは日本海側の新潟県から滋賀県にかけての地域に存在する。

本件越冬地は、二ヶ所しかない太平洋側の越冬地のうちの一つで(もう一つは宮城県の伊豆沼)、太平洋側の越冬地の南限と考えられており、且つ、関東地方唯一の越冬地である。

2 関東地方はかつて国内最大級のガン類越冬地であり、本件越冬地保護事業地も昭和初期には、現在よりも小野川の川幅が所々で広くなって沼沢地となっていたことから、現在に比べオオヒシクイの生息にとって良好な環境にあり、その渡来数はかなりの数に昇ったものと思われる。

しかし、狩猟の影響と、開発により水田、湖沼、干潟などの湿地の埋め立てが盛んに行われ、生息地が奪われた為に急激にその個体数が減少し、高度成長期に入って、統計的調査が実施されなかったこともあって、集団渡来が確認されない状況にあったが、一九八五年(昭和六〇年)から一九八六年(昭和六一年)にかけての冬に開始された統計的調査の中で、五〇羽の原告オオヒシクイ個体群の渡来が公的に確認された後は毎年継続した個体群の渡来が確認され、一九九五年(平成七年)の本件訴訟まで渡来が確認されている。

戦後記録として残存する本件越冬地におけるオオヒシクイの渡来状況は次の通りである。

一九六三年(昭和三八年) 一月一五日 一羽
一九七五年(昭和五〇年) 一月一五日 二羽
一九八五年(昭和六〇年) 四月三日 一羽
一九八五年(昭和六〇年)
      二月一二日 渡来の確認はあるが数不明
一九八五年(昭和六〇年)
      二月一五日 渡来の確認はあるが数不明
一九八六年(昭和六一年) 一月一五日 五五羽
一九八七年(昭和六二年) 一月一五日 五五羽
一九八八年(昭和六三年) 一月一五日 四四羽
一九八九年(平成元年) 一月一五日 五五羽
一九九〇年(平成二年) 一月一五日 五〇羽
一九九一年(平成三年) 一月一五日 四六羽
一九九二年(平成四年) 一月一五日 五二羽
一九九三年(平成五年) 一月一五日 五二羽
一九九四年(平成六年) 一月一五日 五五羽
一九九五年(平成七年)   六四羽

なお、原告オオヒシクイ個体群の渡来状況の調査結果によれば、近年個体数が漸次増加傾向を示

してはいるが、それでも群れを維持するのに限界に近い個体数であることに変わりはない。生存可能なサイズに未だ回復することができず、成鳥と幼鳥の個体数比など個体群の構成における問題が解消されず、また個体の行動に異常が発生しており、衰退を余儀なくされている。「日本の絶滅のおそれのある野生生物」(平成三年環境庁編、いわゆる日本版レッドデータブック)では、「希少種」に指定されている。

3 このように、原告オオヒシクイ個体群は近年の調査では平均五〇羽程度と少なく、群れを維持するのに限界に近い個体数である。

しかし、「日本を保護する会」とロシア科学アカデミーとが合同で行った首環標識を用いた調査によれば、本件越冬地以外の我が国の越冬地に渡来するオオヒシクイの群れの中には多数の首環標識を付けた個体が観察され、その結果我が国に渡来するオオヒシクイの多くがカムチャッカ半島からやって来ることがわかってきたのに対し、原告オオヒシクイ個体群の中には右首環標識を付けた個体が含まれたことが一度も無く、他の越冬地に渡来する個体群とその由来を異にする可能性がある。

そうであるとすれば、原告オオヒシクイ個体群は全世界の内五〇羽程度しか存在しない貴重な、しかも絶滅の危機に瀕している個体群である可能性がある。

二 本件越冬地における鳥獣保護区設定の現状と本件江戸崎鳥獣保護区平成三年拡大部分(稲波)以外の地域の越冬地としての重要性

本件監査請求時点(平成七年七月二五日)で、本件越冬地である稲波、引舟・羽賀ならびに稲波地域に隣接する小野川、甘が明川、および霞ヶ浦湖心水域(西浦)の内、鳥獣保護区に指定されている地域は本件江戸崎鳥獣保護区平成三年拡大部分(稲波)のみであり、その他の地域は狩猟区域のままとなっている。

しかし、本件越冬地そもそも稲波だけでは成り立たに、他の地域が保存することによって成り立つものである。

稲波地区以外の越冬地の重要性は次に述べるとおりである。

1 本件引舟・羽賀地域(別紙図面四)について
(一)そもそも稲波、本件引舟・羽賀地域の両地域は、その後干拓されてしまったが、とも に霞ヶ浦の内湖だった地域であり、干拓以前はオオヒシクイの越冬にとって良好な環境であったものと思われる。

そして、オオヒシクイを含むガン類はその習性として生息地に対する伝来の固執が強固であるとされており、現在原告オオヒシクイ個体群も、この習性に従って、その環境の悪化にも拘わらず、代々越冬地として受け継がれた稲波ならびに本件引舟・羽賀地域を利用しているものと思われる。

(二)本件引舟・羽賀地域へのオオヒシクイ渡来状況は、記録があるものだけでも以下のとおりである。

(1) 一九八九年(平成元年)二月一八日から一九日にかけての雁を保護する会の調査によれば、本件引舟・羽賀地域内の水田でオオヒシクイが採食し、その数が最終的には五〇羽にのぼったことが確認されている。

418　第3章　環境，開発，自然の権利

(2) 同年同月、本件引舟・羽賀地域内の後記首都圏中央連絡自動車道（以下「圏央道」という）のルート予定地上に位置する水田にオオヒシクイが飛来し、夜間を中心に採食しているのが確認された。この飛来の状況は、水田の所有者によってビデオフィルムに撮影されている。

尚、この水田所有者の話によれば、これ以前にも、毎年同人の水田にオオヒシクイが飛来していたということである。

(3) 圏央道計画における、県都市計画地方審議会（以下「県都計審」という）環境影響評価専門部会（以下、「アセス専門部会」という）の一九九一年（平成三年）七月の県に対する報告では、圏央道のルート予定地である本件引舟・羽賀地域が原告オオヒシクイ個体群の餌場、休息場所であることが確認されている。

(4) 東京電力茨城支店は、本件引舟・羽賀地域を原告オオヒシクイ個体群の越冬地として認め、一九九五年（平成七年）から同地域内でのヘリコプターによる送電線の保守点検を中止したほか、同年七月には原告オオヒシクイ個体群が遠方から送電線を確認できるように同地区内で一五キロメートルにわたって標識を設置している。

（三）以上のように、本件引舟・羽賀地域は、稲波と並ぶ本件オオヒシクイ個体群の餌場であることが確認されているのであるが、野生動物の生息には豊富な餌場と安全な場所が必要であり、特に、オオヒシクイはその生態上、越冬地に補完しあう複数の採食地を必要とすることが明らかとなっている。

そして、本件引舟・羽賀地域と稲波はまさにお互いに補完しあう複数の採食地であり、霞ケ浦周辺の本件越冬地で今までオオヒシクイが越冬することができていたのは、稲波と引舟・羽賀という二つの採食地が保障されていたが故なのである。

この本件引舟・羽賀地域が採食地として機能しなくなれば、前述のように右地域に伝承的固執を有するオオヒシクイが、他に採食地を求める可能性は皆無に近く、その結果本件越冬地自体を放棄し、個体群が消滅する可能性が極めて高いといわなければならない。

2　本件図面六記載の地域（以下、「本件稲波および引舟・羽賀に隣接する小野川水域」という）について同地域は、餌場としてのオオヒシクイ地域、稲波および引舟・羽賀と一体不可分であり、且つ、オオヒシクイの貴重な餌資源である水性植物のマコモが植生する川である。

従って、小野川が餌場として機能しなくなることは、同時に引舟・羽賀、稲波両地域が餌場として機能し得なくなることに他ならないばかりかオオヒシクイからマコモを奪うことになる。

3　本件旧小野川水域（別紙図面六）および本件霞ケ浦湖心水域（西浦）（別紙図面七）について

両水域は、共に原告オオヒシクイ個体群の餌場であり、本件旧小野川水域が餌場として（もっとも、最近、本件旧小野川水域が餌場として一時間機能しなくなっていた事情は後述の通りである）、

本件霞ケ浦湖心水域が補助的時乃至避難場所として機能してきたものである。

言うまでもなく、常に外敵に晒されている野性動物にとって、複数の餌が保障されていることがその生存に不可欠である。従って、本件小野川水域（別紙図面六）および本件霞ケ浦湖心水域の両水域が餌として機能しなくなれば、原告オオヒシクイ個体群が消滅する可能性が極めて高くなる。

三　原告越冬地における銃猟がオオヒシクイの生息に与える影響

1　そもそも、国内に渡来するガン類は、いずれも極めて警戒心が強くその頭数を飼われけ等は全く出来ない。

又、原告オオヒシクイ個体群は、行政が保護策を講じないことと、後述するような最近相次いだ妨害行為の結果、とりわけ過敏な状況にある。

もとより、オオヒシクイ自身は天然記念物であり、狩猟鳥から外されているために直接狩猟されることはない。

しかし、直接狩猟されることはなくても、生息区域内で発砲があるということは、野生動物にとって脅威であることは当然であり、とりわけ右のようにきわめて神経質なオオヒシクイにとって発砲による生息への悪影響（所謂銃猟圧）は多大であるといわなければならない。

2　本件越冬地における銃猟の状況

茨城県においては、一九八五年（昭和六〇年）度から一九八九年（平成元年）度の五年間に狩猟者登録を受けた者および同人が県内で捕獲された鳥類が実に合計二七万五四〇二四羽に及び、特に一九八九年（平成元年）度に捕獲された鳥類が二六万三〇二四羽で全国第一位となる数字が示すように、全国有数の狩猟県である。本件越冬地が、この茨城県内にあること及び多数の鳥類が渡来するここの霞ケ浦及びその隣接地域であることからすれば、本件越冬地内における銃猟も相当数に及ぶことは明らかであり、菱の残渣状態の調査記録及び狩猟小屋（所謂鳥屋）の設置状況からも明らかである。

3　本件越冬地における銃猟が本件個体群の生息状況に与える影響

前述のように、オオヒシクイとりわけ原告オオヒシクイ個体群の過敏性及び本件越冬地内で多数の銃猟が行われているという事実から、銃猟が原告オオヒシクイ個体群の生息に悪影響を及ぼしていることは容易に想像がつくのであるが、現に以下のような具体的事実が存在するのである。

(一) 一九八八年（昭和六三年）頃、江戸崎町で越冬中の本件オオヒシクイが何者かによって密猟されている。

ちなみに、県はこれを放置し密猟者を捜査していない。

(二) 前述のように小野川はオオヒシクイの餌であるマコモが植生するが、

かつて、本件稲波および引舟・羽賀に隣接する小野川水域で原告オオヒシクイ個体群が採食する様子が観察されたが、本件監査請求時においては、本件稲波および引舟・羽賀に隣接する小野川水域には多数の鳥屋が設置され銃猟が頻繁に行われているため、原告オオヒシクイ個体群は小野川を避けて飛来するばかりか、対岸の稲波（これは鳥獣保護地区であることに留意されたい）に飛来した群れが小野川での銃声に怯え、着地せずにそのまま飛び去ってしまう様子が観察されている。

(三) 稲波から一〇〇メートル以内の範囲に、稲波に向けて三基の鳥屋が設置されており、そこから稲波に向かっての発砲が行われていた。

ちなみに、稲波は鳥獣保護区であり、鳥獣保護区に向けての発砲は違法であるが、県及び建設省はこれを放置している。

(四) 霞ケ浦の湖畔には、多数の鳥屋が設置され、本件個体群の生息場所に向けて発砲が行われている。

又、稲波、引舟・羽賀両地域と霞ケ浦を結ぶ本件個体群の飛行コースにも鳥屋が設置され、発砲が絶えない状態にあった。

(五) 夜間の発砲は違法であるにも拘わらず、一九九五年（平成七年）一月一一日午後九時頃、同月二五日午後六時頃及び同月二七日午後八時頃それぞれ、稲波地区で発砲があり、原告オオヒシクイ個体群を驚かした。

4　銃猟に使用される鉛散弾に含まれる鉛がオオヒシクイの生息に与える影響

(一) 銃弾の原告オオヒシクイ個体群の生息に与える影響は、単に狩猟圧に止まるものではない。

白鳥や雁類等の水鳥は、砂利を飲み込んで砂嚢に蓄え、食物を消化する為、鉛弾（直径約三ミリ）や釣りの重りを小石と間違えて飲み込み、胃液によって溶け出した鉛で中毒に陥るのである。

この鉛中毒の症状は非常に厳しく、消化された血液中に入った鉛によって筋肉組織が破壊されれ飛行が困難になると共に、消化器官も機能が低下し、連には餓死するというものである。

多くの野生の鳥が鉛中毒で苦しみ死んでいることは、既に一〇〇年以上も前にアメリカで指摘されていたことであるが、日本では一九八九年（平成元年）と一九九〇年（平成二年）にマガン等数万羽の水鳥が渡来することで有名な北海道美唄市宮島沼で合計一〇〇羽を越えるオオハクチョウやマガンの鉛中毒事件があったことからよりクローズアップされるに至っている。

今春、自然環境研究センターと野生動物救護獣医師協会が秋田、千葉、石川などに県で捕獲したマガモ、カルガモなど八種、合計一〇七羽を対象にした調査によれば、肝臓から最高で二四ppmの鉛が検出された個体の存在が確認されており、これは、狩猟が禁止されている千葉県所在の宮内庁の鴨場の水鳥の平均値の実に五四〇〇倍もの汚染である。

又、調査対象の全体でも、生体にとって危険レベルとされる汚染濃度二ppmを越える個体が六・五パーセントを占めている。

このように、一般的に銃猟に使用される鉛散弾に含まれる鉛が水鳥の生態に悪影響を及ぼしているのは明らかな事実である。

(二) そして、前述の本件越冬地の所在地である茨城県が全国有数の狩猟県であることからすれば、県内で使用される鉛散弾の数も又莫大な数に及ぶことは当然の帰結である。

又、一般に、一羽の鳥を撃ち落とす為には散弾が数発発射されるといわれており、そうあるとすれば、右の如く夥しい捕獲鳥類の数倍の散弾が茨城県内に残置されていることになるのである。

そして、本件越冬地も例外ではなく建設省等によってなされた菱の残渣状態の調査記録によれば、本件越冬地（当然稲波地区は除く）全域にわたって菱が残置されていることが確認されてい

地域自主アセスメントによる環境保全対策　419

るのである。
　従って、本件越冬地の原告オオヒシクイ個体群も、鉛散弾に含まれる鉛によって、前述の調査の対象となった水鳥と同程度に、或はそれ以上の悪影響を受けているといわねばならない。
　(三)この鉛散弾の問題については、アメリカで一九九一年以降、水鳥の狩猟については二ppmを越える汚染個体が全体の五パーセントを越える区域については鉛散弾の使用を禁止し、現在では全米で使用が禁止されている。
　又、ヨーロッパでも数カ国が鉛散弾の使用を禁止し、中国とロシアでも規制が始まっている。
　しかし、日本ではこの鉛散弾の使用の規制は全く進んでおらず、放置状態である。
　もとより、鉛散弾の使用の問題は、当該区域内で狩猟が許されるが故に問題となるのであり、狩猟が禁止されれば抜本的解決が図れることは言うまでもないことである。
　5　その他の人間活動が原告オオヒシクイ個体群の生息に与える影響
　本件越冬地内において、銃猟以外の人間活動によって原告オオヒシクイ個体群の生息に悪影響を与えているものは次のとおりである。
　(一)一九九四年(平成六年)一二月上旬に、越冬地内に複数のパラグライダーが連日進入し、原告オオヒシクイ個体群目掛けて低空飛行や離着陸を繰り返し、その結果本件個体群を再三脅かし飛び立たせている状況が目撃されている。
　ちなみに、この目撃者は当県の鳥獣保護員であり、その後、この状況が県環境保全課に連絡されていたにもかかわらず、県は約一ヶ月にわたって放置し続けた為、原告オオヒシクイ個体群は相当なストレスに晒されている。
　(二)霞ヶ浦では、従来から本件越冬地である大山沖でジェットスキーが行われており、原告オオヒシクイ個体群の安息を脅かしていたが、原告一九九四年(平成六年)冬以降は小野川にまで進入し、群が採食する場所から二〇〇メートル近くを爆音を響かせながら暴走するようになっており、群はその度に一斉に首を立てて緊張する状況が観察されている。
　(三)一九九四年(平成六年)一一月に原告オオヒシクイ個体群が渡来して以来、例年の一月頃迄の間、本件越冬地内においては放し飼いの犬が多数横行し、頻繁にオオヒシクイを追い回すことによって原告オオヒシクイ個体群に脅威を与えている。
　ちなみに、犬の放し飼いは県の条例違反であり、県の職員がこの事実を目撃していながら、県はこの状態を放置し続けていた。
　(四)一九九五年(平成七年)一月九日午後六時ころ、本件越冬地上空に正体不明のヘリコプターが飛来、低空飛行、地上照射等を行って原告オオヒシクイ個体群を脅かし、飛び立たせた。
　ちなみに、ヘリコプターによる妨害については、従来行われていた東京電力のヘリコプター点検が、種を保護する会の要請に答える形で、今後冬期の間自粛されることになった経緯は前述のとおりである。
　(五)一九九五年(平成七年)、本件越冬地内において原告オオヒシクイ個体群の生態調査をしている建設省の調査員の自動車が、本件越冬地内をヘッドライトをつけて縦横に走り回り、本件個体群にストレスを与えた。
　(六)一九九三年(平成五年)一二月に、本件旧小野川水域の隣接地に江戸崎町が公園を造り、夜

間の照明を行ったことにより、原告オオヒシクイ個体群が本件旧小野川水域を塒にすることが出来ない状況にあった。
　右夜間の照明は、再三の要望にもかかわらず中止されることなく継続され、本年三月になってようやく改善されたものの、群れが本件旧小野川地区水域を塒にする状況には至らずに繁殖地に渡去している。
　尚、同年一一月に渡来した個体群は、再び同水域を塒として利用している。

第七　鳥獣保護区設定基準への該当性
　一　この項では、鳥獣保護区設定の基準を明らかにし、第六で述べた本件越冬地の右基準への該当性について述べる。
　1　一般には行政庁の裁量処分については、「裁量権の範囲をこえ又はその濫用があった場合に限り、裁判所は、その処分を取り消すことができる」(行政訴訟法三〇条)とされている。いかなる場合に、裁量権の踰越または濫用があるというかは、裁量権を授権する法律の解釈及び与えられている裁量権の個別具体的な行使の実態について の法的評価に委ねられている。
　2　この点、鳥獣保護法は、鳥獣保護区の設定について「環境庁長官又は都道府県知事は鳥獣の保護繁殖を図る為必要があると認めるときは政令の定むる所に依り鳥獣保護区を設定することを得」(同法八条の八)と規定しつつ、次のとおり具体的判断基準を設定して、都道府県知事の裁量権を厳しく限定している。
　鳥獣保護法は、都道府県知事の機関委任により鳥獣保護事業計画(従って鳥獣保護区)を策定・実施する旨規定している(同法第一条の二)。これは、地域の鳥獣の生息状況に即応して鳥獣保護行政を推進していくことが必要となるからである。他方、わが国全体として統一的かつ一定水準を保持した鳥獣保護行政を推進していくことも不可欠であるため、鳥獣保護区設定を含めた計画策定のための具体的統一基準が設定されることとされた(鳥獣保護法第一条の二)。この基準は、環境事務次官および環境庁自然保護局長の都道府県知事に宛てた通達という法形式を採っている。
　すなわち、第六次鳥獣保護事業計画の基準については、環境事務次官による昭和六一年九月二四日自野第五五号、環境庁自然保護局長による同四五六号で、第七次鳥獣保護事業計画の基準については、環境事務次官による平成三年八月二七日環自野第三〇二号(以下、「第七次次官通達」という)、および環境庁自然保護局長による同三〇三号(以下、「第七次局長通達」)で規定しており、これらの基準の内に鳥獣保護区設定の基準が定められている。局長通達は、次官通達をさらに具体化するものであり、種を保護する会のヘリコプター活動について答えた通達「第七次鳥獣保護事業計画の作成要領について)」となるものである。
　従って、県知事の設定権限は、この基準によって拘束される。
　3　ただ、鳥獣保護法は我が国の野生生物保護に関わる法制の中でも最も長い歴史を持ち、法律の存在を支える立法事実は大きく変遷してきた。従って、解釈にあたっては、鳥獣保護法及び鳥獣保護区制度の立法趣旨の検討が不可欠である(「二」)。
　また、本一九九五年(平成七年)「生物多様性

国家戦略」が策定された(以下、「国家戦略」という)。これは、鳥獣保護行政を所管する環境庁を含む一一省庁の閣僚会議で承認された、全省庁の行政を内部的に拘束する目標であり、鳥獣保護区の設定についても言及しているので、これも検討しなければならない(「三」)。

二　鳥獣保護法および鳥獣保護区制度の立法趣旨
　1　鳥獣保護法の歴史
　(一)鳥獣猟規則(明治六年太政官布告第二五号)の制定
　明治六年に近代日本最初の鳥獣法制たる鳥獣猟規則が制定された。この規則では、職猟と遊猟の区分、免許者の資格、銃猟を禁止する場所の指定、銃猟の使用制限、銃猟の期間、銃猟の制限及び罰則等が規定されたが、毒類の禁止を除いては銃猟のみが規制の対象としたものであり、狩猟の対象となる鳥獣も特に限定されていなかった等、狩猟の規制を通じて公共の安寧秩序を維持するという要素が極めて強いものであった。
　(二)狩猟規則(明治二五年勅令二四号)の制定
　鳥獣猟規則は、明治二五年に勅令により狩猟規則に改められた。狩猟規則が鳥獣猟規則と異なる点は、対象となる猟具の範囲を銃器以外の網、わな等に拡げたこと、遊猟、職猟の他をそれぞれ甲種(銃器以外の猟法によるもの)と乙種(銃器によるもの)に分けたこと、捕獲を禁止する保護鳥獣を定め、また、特定鳥獣の捕獲禁止期間を定めること等である。希少化する鳥獣や、有益な鳥獣は狩猟を禁じ、また主として狩猟の対象となる鳥獣もその繁殖期には特殊を禁じて生息及び種維持を図るという考え方が、ようやくこの頃定着したところである。
　(三)狩猟法(明治二八年法律第二〇号)の成立
　明治二八年には狩猟に関する制度が初めて法律公布され、狩猟鳥獣の販売、狩猟鳥のひな、卵の採取又は販売の禁止等が行われたが、大要は従前の狩猟規則と変わるところはなかった。
　その後の明治時代の鳥獣法制の改正経緯をみると、明治三四年には、劇薬、毒薬による狩猟の禁止、禁漁区制度及び狩猟禁止区域の制度の新設などが行われ、四三年には保護鳥類の数が六〇種に増やされている。
　(四)大正時代(現行法制の基礎の確立)
　明治末期から大正にかけての産業の発展、国土の開発、狩猟人口の増加に伴い、鳥獣の生息数の減少が顕著となり、このまま推移すれば、農林業の振興にも悪影響を及ぼすことが懸念されるにおいて、益鳥保護の観点からその乱獲の防止の強化が必要とされるようになり、大正七年、「狩猟法」に抜本的かつ画期的な改正を加えて今日の鳥獣保護制度の母体が形成されるものとなった。
　この狩猟法(大正七年法律第三二号)は、保護鳥を指定する制度を廃止し、狩猟鳥獣を特定してそれ以外の野生鳥獣の捕獲を一般的に禁止することとしたほか、狩猟鳥獣でも保護上の必要に応じて捕獲制限や狩猟禁止期間の指定を行うこととするなど、野生鳥獣保護理念上、当時としては画期的なものであった。
　特に重要なのは、狩猟鳥獣以外の鳥獣の捕獲を禁止した点である。これは、狩猟法が公共の安寧秩序の維持のみを内容とするものでないことは勿論、狩猟対象の管理にとどまるものでもなく、野生鳥獣の保全を目的とする法律へと脱皮しつつあったことを示している。

第3章 環境，開発，自然の権利

(五) 一九六三年（昭和三八年）までの改正

昭和初期においては鳥獣法制の大きな変更は行われず、戦時体制に入ると軍事上の要請から毛皮獣の養殖、改良とその生産、配給の統制などを目的とする一連の措置がとられた。

戦後、米国占領軍の先進的な鳥獣保護管理理念に基づいてアメリカから行政指導者が招聘されたり、戦後の林野の荒廃復旧とも関連して、鳥獣の保護繁殖の必要性が強く叫ばれるようになったことから、我国の鳥獣行政は大きな前進をみることとなった。このため、数次にわたる法規の改正が行われたほか、愛鳥週間といった行事も、昭和二年ころから行われるようになった。

最も重要なのは次の二点である。

第一に、昭和二五年の法改正（昭和二五年法律第二一七号）では、ついに鳥獣保護区制度が創設された。

第二に、昭和二二年には狩猟鳥獣の種数を半減させたほか、狩猟鳥の一人一日当たりの捕獲数の制限等が行われた。

こうして、狩猟者等の行動のみならず、土地所有者等の私権を鳥獣保護のために公的に制限し得る途を開かれたことなったものであり、鳥獣行政の充実という観点から大いに評価し得るものであった。

(六)「鳥獣保護及び狩猟に関する法律」への改名を含む大改正（昭和三八年法律第二三号）

このように我国の鳥獣行政は、速水整備され、目的自体も狩猟の適正化から野生鳥獣の保全へと大幅に比重を移しつつあったが、効果としては、国民生活の向上に伴う狩猟具の普及及び狩猟技術の発達造びに国土開発の進展による野生鳥獣の生息環境の悪化等の諸事情を原因力野生鳥獣の減少傾向に歯止めをかけることはできなかった。

このような状況の下で農林大臣から鳥獣審議会に諮問が発せられ、その答申に基づいて法律の大改正が加えられた。その主な内容は次の通りである。

ア　法律の名称を「鳥獣保護及び狩猟に関する法律」（以下、「鳥獣保護法」）と改め、法第一条で鳥獣保護思想が明確にされた。

イ　都道府県知事が鳥獣保護事業計画を立て、これに基づく鳥獣保護事業を実施することとした。

すなわち、第一次鳥獣保護事業計画（一九六三年（昭和三八年）四月一日から一九六七年（昭和四二年）三月三一日）にはじまり、第六次鳥獣保護事業計画（一九八七年（昭和六二年）四月一日から一九九二年（平成四年）三月三一日）、第七次鳥獣保護事業計画（一九九二年（平成四年）四月一日から一九九七年（平成九年）三月三一日）へと至っている（第一次計画のみが三カ年計画で、以後は五カ年計画である。

ウ　禁猟区制度を廃止し、従来の禁猟区において土地所有者等の受認義務を課して、それを鳥獣保護区へ移行させ、並木竹の伐採制限等がなされた従来の鳥獣保護区は特別保護区として　新制度による鳥獣保護区内に指定することとしたと共に休猟区制度を　設けた。

エ　鳥獣保護行政の強化のため、都道府県の補助職員として鳥獣保護員を　置くこととした。

オ　都道府県知事の諮問機関として都道府県鳥獣審議会を置くこととした。

(七) 一九七八年（昭和五三年）の改正

一九六三年（昭和三八年）以降における我国の驚異的な経済発展は大規模な国土の開発を呼び起こし、鳥獣の生息環境も、狩猟の実体も、従来とは比べものにならないような速さで変貌を遂げ、我国の鳥獣の生息密度は戦前とは比べものにならない程少なくなり、欧米諸国と比べても極めて希薄であると指摘された。他方、国民の自然環境保全に対する意識も高くなり、これに対応した制度の改善が各方面から強く要請された。

そこで、昭和四七年一〇月、環境庁長官は自然環境保全審議会に「鳥獣保護及び狩猟の適正化について」諮問した。諮問を受けた同審議会は、自然環境保全審議会答申「鳥獣保護及び狩猟の適正化について」（昭和五三年一月二〇日自環審第一一九号、以下、「五三年答申」という）を答申した。主な諮問内容は、鳥獣保護区の設定促進について、「鳥獣保護の拠点として今後引き続いて設定を勧める必要がある。とくに、渡鳥の渡来地である干潟、湖沼等については、代替地の確保が極めて困難であることから、保護区の設定に、より一層の配慮が必要である（る）」ことであった。

この五三年答申に基づく鳥獣保護法が一部改正された。その主な内容は、次のとおりである。
ア　鳥獣保護区の特別保護区内の規制を強化し、鳥獣の保護繁殖に影響を及ぼすおそれがあるとして政令で定める行為も要許可行為とされた。

また、環境庁長官又は都道府県知事は特別保護区内における行為の制限　に違反した者に対し、その行為の中止その他必要な命令をすることができることとされた。

イ　都道府県知事は期間を定めて鉄砲制限区域を設けることができること　とされた、当該区域内では都道府県知事の承認をえなければれ銃猟を行う　ことができないこととした。

以上のように、我国の鳥獣保護法制は、国土の開発や産業の発展に伴う野生鳥獣の減少に比例して、常に鳥獣の保護の度合いをより厚くする方向に制定及び改正が為されてきたものであり、自然環境の破壊が野生鳥獣の生息環境の悪化に鑑みるとき、その各規定は野生鳥獣保護の強化という観点から解釈、運用されるべきことは当然である。

2　他の法令と足並みを揃えての制度趣旨の発展・変容

鳥獣保護法が、野生鳥獣保護の強化に向けて確実に前進しつつあった時代である一九八〇年（昭和五五年）、我が国は「ラムサール条約」（「特に水鳥の生息地として国際的に重要な湿地に関する条約」）を批准した。この条約は、人間と環境とが相互に依存していることの認識の下に、水の循環調整した、湿地特有の動植物等に水鳥の生息地となる湿地の基本的な生態学的特性を保全しようとするものである（ここにいう「湿地」には水田等も含まれる）。また、前後して日米、日ソ、日中の三つの二国間の渡り鳥条約ないし協定も批准し、国際的に水鳥の積極的な保に乗り出すこととなった。一九九三年には、釧路でラムサール条約の締約国会議が開催される運びにもなっている。

さらに同じ一九八〇年（昭和五五年）、我が国は「ワシントン条約」（「絶滅のおそれのある野生動植物の種の国際取引に関する条約」）=CITES)　を批准した。この条約の目的は、野生生物の国際希少野生動植物種取引の規制という手段でもって国際的な野生生物保全を図ろうとするものであり、今日においても、国際的な野生生物保全に関し、中心的な役割を果たしている。

ところで、このワシントン条約は鳥獣のみならずあらゆる野生動植物を保全の対象としているなど、進んだ野生生物全攻策に立脚しており、我が国もこの条約加盟を機会に、一層の野生生物保全政策の発展を企図するに至った。そして、一九八六年（昭和六一年）には環境庁自然保護局に野生生物課が設置され、一九九二年（平成四年）には、第八回締約国会議が我が国で初めて開催された（京都）。

また、国内的にも、一九八五年（昭和六〇年）に山梨県で、一九九〇年（平成二年）に熊本県で野生生物保全の政策に関する条例が成立するなど、野生生物保全の政策は確実に浸透しつつあった。

そうした状況下の一九九一年（平成三年）、環境庁長官から自然環境保全審議会野生生物部会に対し「野生生物に関し緊急に講ずべき保護方策について」諮問が行われ、これに基づき一九九二年（平成四年）には「絶滅のおそれのある野生動植物の種の保存に関する法律」（以下、「種の保存法」という）が成立した。

このように、自然環境保全行政が、「鳥獣」保護行政から野生動植物保護ないし生物多様性の保全へとめざましい発展を遂げていく中で、保全の対象こそ「鳥獣」に限定した鳥獣保護法も、その立法事実が実質的に変化することを余儀なくされている。この事実は、三で述べる国家戦略の中で明確に示されている。

三　生物多様性国家戦略の策定

1　生物多様性条約の第六条(a)は、「この条約に規定する措置のうち当該締約当事者に関連するものを反映するよう、生物多様性の保全及び持続可能な利用のための国家戦略、総合計画若しくは計画を策定すること又は既存の戦略、総合計画若しくは計画を適合させること」と規定するところ、日本政府はこれを受けて、「生物多様性国家戦略」（以下、「国家戦略」という）を一九九五年一〇月三一日付で地球環境関係閣僚会議において了承した。

国家戦略は、行政内部においてはおよそ生物多様性に関連する全省庁のあらゆる行政を拘束する指針となるものである。以後は鳥獣保護区設定権限も直接拘束されるのである。

2　国家戦略においては、「第3部　施策の展開　第1章　生息域内保全6鳥獣保護(1)鳥獣保護区の設定と管理」の個所において、鳥獣保護区の制度趣旨が、日本政府による最も新しい理解の下に、次のとおり位置づけられている。すなわち、「鳥獣は、自然を構成する大切な要素として自然生態系の維持に重要な役割を担っており、また、人間にとっても豊かな生活環境を形成する重要な要素である」り、「設定された鳥獣保護区においては、定期的な巡視、鳥獣の生息状況の調査等の管理を実施するとともに、水鳥の餌となるマコモ等の植栽や生息する池に水を安定して供給する水路を設置するなど、生息環境の保全や改善のための事業を積極的に実施している」と述べている。

さらに、鳥獣保護区の設定のあり方に関し、上記部分に続く「(2)鳥獣保護区の設定の推進」において、「鳥獣保護区の設定は、鳥獣の保護を図る上で根幹となる制度であり、この設定」により「鳥獣や鳥獣の餌も生息環境が一帯として保全されるという効果もあることから、今後も積極的に設定の推進をはかるものとする。」「その際、」「渡り鳥等にあっては、その移動性等

地域自主アセスメントによる環境保全対策　421

を踏まえた国及び都道府県設の鳥獣保護区が適切に配置されるよう留意する」と述べられている。以上が日本政府の鳥獣保護区についての最も新しい理解になるわけであるが、その特徴は以下の諸点にあるといえる。

第一に、鳥獣保護法に基づく鳥獣保護区の設定が、明確に生物多様性保全の重要な手段として位置付けられていること。

第二に、鳥獣保護区の設定は、鳥獣の保護を図る上で根幹となる制度であるがゆえに、当該鳥獣につき、生息環境の保全や改善が必要となる場合には積極的に設定の推進が図られなければならないということ。

第三に、渡り鳥等について移動性等を踏まえて鳥獣保護区配置のバランスに留意する、すなわち、繁殖地と越冬地を行き来する渡り鳥の場合、繁殖地において多様な個体群が形成されているならば、越冬地としても地域性を含め多様なものが用意されなければならない、ということである。

四　鳥獣保護区設定の基準（第七次鳥獣保護事業計画の基準）

第七次鳥獣保護事業計画の基準、すなわち第七次実官通達及び第七次局長通達中、オオヒシクイに関連する鳥獣保護区設定基準は次のとおりである。

1　七つの鳥獣保護区の態様を示す形で基本的な設定基準が規定されている（第七次局長通達第1の1の（1）のアからキ）

オオヒシクイに関連するのは次の二態様である。

（一）特定鳥獣生息地の保護（「オ」）

「絶滅のおそれのある鳥獣又はこれに準ずる鳥獣の保護を図るものであり、これらの鳥獣が生息するに十分な広さがある場所に（鳥獣保護区を）設定するものである。なお、絶滅のおそれのある鳥獣とは「日本の絶滅のおそれのある野生生物」（平成三年環境庁編（いわゆる日本版レッドデータブック））に掲載された鳥獣をいい、絶滅危惧種および危急種とされているもの、また、これに準ずる鳥獣とは、同資料において絶滅のおそれのある希少種及び地域個体群として掲げられた種、あるいは都道府県において生息数の少ない種等をいうものとする」（第七次局長通達）

（二）集団渡来地の保護（「ウ」）

「集団渡来地の保護とは、干潟等に集団で渡来してくる鳥類の保護を図るものであり、渡来する鳥類の種類又は個体数の多い干潟、湖沼、湿地、森林等（中継地を含む。）に、探餌又は休息のための後背地及び水面を含めるものとする。」（第七次局長通達）

2　特に鳥獣保護区設定をはかるべき最重点対象地が明らかにされている（第七次局長通達第1の1の①留め）。

その第一は、「自然公園法の自然環境保全制度との連携」すなわち、鳥獣保護法以外の自然環境保全制度により保護対象とされている場合である。

その第二は、七つの類型の中でも特に「特定鳥獣生息地の保護区の充実」であることである。

五　本件越冬地の鳥獣保護区設定基準への該当性

1　「特定鳥獣生息地の保護区」への該当性

（一）特定鳥獣生息地の保護は、既に述べたよ

うに、

第一に、絶滅のおそれのある鳥獣またはこれに準ずる鳥獣の生息地で、

第二に、十分な広さがある場所に設定することとされている。

そして、前者に該当する鳥獣とは、日本版レッドデータブックで指定された「絶滅危惧種」、「危急種」、「希少種および地域個体群」、あるいは都道府県において生息数の少ない種等をいうとされているところ、オオヒシクイは、同レッドデータブックで「希少種」に指定されており、本件原告オオヒシクイ個体群が都道府県において生息数の少ない種に当たることも明らかである（近年の調査平均で五〇羽程度）。原告オオヒシクイ個体群は、第一の条件を客観的に満たしている。

また、第二の条件を客観的に満たすことは、本件引舟・羽賀地域、本件旧小野川水域、本件霞ヶ浦湖心水域等の面積に鑑みれば客観的に明らかである。

（二）さらに、第六で述べたように、原告オオヒシクイ個体群の絶滅のおそれを示す具体的事実として以下の諸点があげられる。

第一に、原告オオヒシクイ個体群の越冬地は、二カ所しかない太平洋側の越冬地のうちのひとつであり、かつ関東地方唯一の越冬地であることから、他の地域への代替可能性は非常に低い。

第二に、関東地方はかつて国内最大級のガン類越冬地であったにもかかわらず、狩猟の影響や開発により、水田、湖沼、干潟などの湿地の埋め立てが盛んに行われて生息地が破壊され、個体数が激減した。

第三に、原告オオヒシクイ個体群の個体数は、近年の調査からは平均五〇羽程度であり、本来維持すべき生存可能個体数からすると、存在し続けていることが不思議なくらい少ない数である。

第四に、一九九四年（平成六年）から一九九五年（平成七年）にかけての越冬期間において、原告オオヒシクイ個体群の構成にアンバランスが見られ、また行動に異常が見られた。

以上の諸点からすると、原告オオヒシクイ個体群は、日本版レッドデータブックで指定されている「希少種」という形式以上に深刻な絶滅の危機に瀕していると評価されるのであり、その越冬地を特定鳥獣生息地の保護区に指定されるべきことは明白である。

2　「集団渡来地」への該当性

第七次局長通達によれば、「集団渡来地には、探餌または休息のための後背地及び水面を含めるものとする」とされているところ、第六で具体的に述べたとおり、本件越冬地の全域がこれにあたることは明白である。

なお、既に述べたように、江戸崎鳥獣保護区は、一九八一年（昭和五六年）以来、この「集団渡来地」として期間更新されてきている。

さらに、国家戦略によれば、鳥獣保護区の設定は、鳥獣の保護を図る上で根幹となる制度であるゆえに、当該鳥獣につき、生息環境の保全や改善が必要となる場合には積極的に設定の推進が図られなければならず、しかも、渡り鳥等について移動性等を踏まえて鳥獣保護区配置のバランスに留意する、すなわち、繁殖地と越冬地を行き来する渡り鳥の場合、繁殖地において多様な個体群が形成されているならば、越冬地としても地域性を含め多様なものが用意されなければならない、旨指摘されていることからすると、本件のようなケ

ースが保護区設定を受けられないことは考えられないことである。

また、ラムサール条約や三つの二国間渡り鳥条約を批准している日本としては、積極的に水鳥の集団渡来地をより積極的に保護区へ設定していく責務を有していることが明らかであって、これらの諸点が、上記の地域が鳥獣保護区設定基準に該当することを一層明白にしている。

3　「鳥獣保護法以外の自然環境保全制度により保護対象とされているが故に鳥獣保護区が重点的に設定されるべき場合」への該当性

（一）既に述べたように、オオヒシクイは国指定天然記念物に指定されているところ、文化財保護法による生物多様性保全に関わる記念物（天然記念物）への指定が、右いう「自然環境保護制度」に当たることは明らかである。

すなわち、文化財保護法は、同法の保護する「文化財」のひとつとして、「動物（生息地、繁殖地及び渡来地を含む。）、植物（自生地を含む。）及び地質鉱物（特異な自然の現象の生じている土地を含む。）で我が国にとって学術上価値の高いもの（以下「記念物」という。）」をあげているところ（同法第二条一項四号）、国家戦略によれば、天然記念物への指定は、「希少な種または我が国固有の動植物や極相を異にする原始的な原生林及び湿地や山地の多様な植生など自然度の高い動植物の他、人為的にもたらされた里山の二次的自然環境なども指定し、その後それを広げる。天然記念物は総数で九五五件に上り、我が国の生物多様性の保全にも大きく寄与してきた」とされており、同制度が生物多様性保全という自然環境保全制度の重要な一翼を担っていることを明らかにしている。

（二）実際、天然記念物の指定が鳥獣保護区の設定ないし鳥獣保護行政の実施と密接に連係すべきなお事実のあることは、次に述べるオオヒシクイと江戸崎鳥獣保護区に関する事実経過からも明らかである。

すなわち、オオヒシクイは一九七一年（昭和四六年）六月二八日に天然記念物に指定されると同時に、鳥獣保護区の指定も狩猟鳥から除外されている。

また、同年一一月一日江戸崎鳥獣保護区は、従来の面積が一挙に倍増されている（この月日となっているのは、茨城県においては狩猟期間が一〇年度の一一月一日に変更も含めて期間更新されているためである。）

（三）従って、文化財保護法で天然記念物に指定された種の生息地が、数ある鳥獣保護区の候補地の中でも以下重点的に設定を受けるべきことは、鳥獣保護区設定基準が定めるところであって、これにより本件越冬地が鳥獣保護区に設定されるべきことは明らかであった。

4　以上の検討から、明らかなことではあるが、鳥獣保護法及び鳥獣保護区制度の発展の歴史と今日有するに至った意義を顧みるならば、被告が如何なる措置をとるべきであったかが一層明らかになると言えよう。

第七　圏央道アセスメント手続における、茨城県知事のヒシクイ隠し

一　本件引舟・羽賀地域についての圏央道環境影響評価手続の問題点

1　オオヒシクイの越冬地である本件引舟・羽賀地域には、圏央道茨城東ルートが通過する予定であり、一九九四年（平成六年）四月二日に都

422　第 3 章　環境，開発，自然の権利

市計画決定がなされている。
　都市計画決定手続に於いては、都市計画決定に先行して、茨城県の要綱に基づく環境影響評価（以下「環境アセスメント」という）手続が行われている。
　そもそも、都市計画法（以下「都計法」という）は、一定の公共的な事業を行うにあたり、都市の健全な発展と秩序ある整備を、民主的な手続に則り図ることを目的としたものである。
　また、環境アセスメント手続については、昭和五九年八月に環境アセスメント実施要綱（以下「要綱アセス」という）が閣議決定され、環境に負荷を与えるおそれがある一定の事業については、事前に、民主的な意見を反映しつつ、事業が環境に与える影響を評価し、より環境にあたえる影響を低減する方途がないかを図るものとされている。
　そして、都市計画の決定・変更にあたっては、環境アセスメント手続に基づく調査、予測及び評価を、茨城県都市計画地方審議会（以下「県都計審」という）で審議し、その答申を知事は都市計画決定の際の判断の重要な要素として扱うこととなっている。
　このように、当該事業を行うか否かについては、あるべき形態で行われた環境アセスメント手続の結果が決定的に重要な判断要素となっており、その手続が公正に行われることは、現代においてはもはや社会の公理となっているといえる。さらに、環境アセスメント手続における瑕疵は、都市計画決定手続の瑕疵を意味し得るものであり、環境アセスメント手続の違法性は、都市計画決定手続の違法性をもたらし得る。
2　環境アセスメント準備書の問題点
　圏央道環境アセスメント手続において、事業主体の建設省は一九八八年（昭和六三年）から行っていた基礎調査に基づき、一九九一年（平成二年）春までに茨城県に対して、報告書を提出した。
　その報告書には「鳥類については、（調査区域内に）天然記念物あるいは学術上重要な種は見られない」とされており、オオヒシクイに関する記述は意図的に脱漏されたものである。
　当時の茨城県知事であった訴外竹内藤男（以下「訴外竹内」という）としては、（二）で述べる事実から明らかなように、圏央道ルート上に天然記念物が存在していることは当然に了知していたのであるから、建設省の報告書を子細に検討し、明らかな誤謬である鳥類についての報告を訂正してオオヒシクイについての情報を付加した真正な内容の環境アセスメント準備書を作成する権利が、それを住民に対して公告・縦覧する義務があったにもかかわらず、敢えてこの義務に違反し、（一）のとおり建設省の報告書を鵜呑みにする、重大な誤謬を含む環境アセスメント準備書を作成し、一九九一年（平成三年）三月、住民に対して公告・縦覧に付したのである。
　（一）『圏央道アセスメント準備書』の内容
　建設省及び茨城県は本件圏央・羽賀地域に渡来するオオヒシクイの重要な価値については当然に認識・了知していたにもかかわらず、茨城県が沿線住民の縦覧に供した『圏央道アセスメント準備書』の内容の本件訴訟に関連する部分の概要は次のとおりである。
　　（1）表五─一─一─一　予測及び評価を行う環境要素設定表
　　要素六動物の欄では「（圏央道は）天然記念物等の分布地域を通過しない」と記載されている。
　　（2）同準備書四六ページでは、「史跡名勝天然記念物として、国指定のものが二箇所、県指定のものが八箇所、市町村指定のものが二七箇所存在する。」という記載があり、それに続けて表二─三─一二─（1）及び同（2）の記載がある。
　　ところが、同表（1）は県指定天然記念物の、同表（2）は市町村指定の天然記念物の種別・名称・所在地の詳細を記載があるにもかかわらず、それよりも明らかに文化的な価値の高い国指定天然記念物（オオヒシクイ）の種別・名称・所在地についての表が脱漏している。
　　（3）同準備書六七ページでは、「6動物（1）鳥類」の欄では「江戸崎町は、(中略) 特に鳥類の生息が多い。」と記載されているが、そこには天然記念物であるオオヒシクイについては全く言及されていない。
　　また「これらの鳥類は、あくまでも霞ヶ浦及びその周辺と桜川村浮島独自の自然性の高い地域を主生息地としている。」と記載されているが、江戸崎町を主生息地とするオオヒシクイについては全く言及されていない。
　（二）『圏央道アセスメント準備書』にはオオヒシクイの記述がないが、茨城県および建設省はオオヒシクイの重要性及びその越冬地の存在を了知していた
　オオヒシクイは一九七一年（昭和四六年）六月二八日、国により天然記念物に指定された。
　そして、文化庁長官から史跡名勝天然記念物の管理についての権限を委ねられた茨城県は、自己の名を用いて史跡名勝天然記念物の掲示をするなどして、その保存・管理に寄与しているのである。
　また、茨城県は、文化財保護員や鳥獣保護委員を用いて不断に原告オオヒシクイ個体群の生態調査を行っているのである。
　その証左に茨城県が作成した一九八九年（平成元年）三月付の圏央道アセスメント準備書出演査『茨城県のガン・カモ・ハクチョウ生態調査結果』では、茨城県自らオオヒシクイをひいて「ヒシクイは（中略）、江戸崎町小野川流域が関東地方での代表的渡来地となっている。」と記載されている。
　また一九八九年（平成元年）一月一五日には、菊地浮他一名の調査員が小野川流域においてオオヒシクイ五四羽を調査・確認している、との記載もある。
　以上から、当然に前県知事であった訴外竹内は、圏央道予定ルート上に、原告オオヒシクイ個体群が存在しており、かつ圏央道の開設によりその生態に重要な影響が生じるであろうことは十分に了知していたものといわざるを得ない。
　（三）意図的な情報操作によるアセスメント手続上の義務違反
　このように、茨城県等の公官庁には原告オオヒシクイ個体群についての基本的なデータは建設省が作成した報告書提出前から保有されていたといえる。
　建設省は、このようなデータについては、報告書作成前の基礎調査段階で容易にアクセスできたはずであり、それに基づいて正確な『原告オオヒシクイ個体群』への影響を考慮した環境アセスメント報告書を提出する義務があったのに、敢えて原告オオヒシクイ個体群への影響の項目を脱漏した報告書を作成したのである。建設省は「単なる脱漏である」旨の弁解をしているが、その事自体が以上のことからは到底信用できない。
　このような事実から強く推認されるのは、建設省は、圏央道建設計画に支障のあるオオヒシクイについての記述を意図的に脱漏したということである。
　また、前茨城県知事であった訴外竹内は、遅くとも平成元年以降は、鳥獣保護員（調査員）を用いて行った原告オオヒシクイ個体群の生態調査を行っているのであるから、環境アセスメント手続において、全く不備な（意図的にオオヒシクイの存在を脱漏した）報告書が建設省から提出された場合には、住民に対する公告・縦覧以前の段階で、事業主体であり報告書の起案者である建設省に対して、その不備を指摘し、それを是正させる義務があったといえる。
　にもかかわらず、前茨城県知事であった訴外竹内は、むしろ、意図的にオオヒシクイの存在を脱漏した建設省の報告書を追認するかのように、自らが主体となり準備書を作成し、これを住民に公告・縦覧しているのである。
　このような、訴外竹内の行為は、茨城県民共有の財産であるオオヒシクイに気付かせるものであり、違法性が非常に高い行為であったといえる。
　3　以上のように、前茨城県知事であった訴外竹内が作成した圏央道環境アセスメント準備書はオオヒシクイについての記述が全くなされないまま、一九九一年（平成三年）三月に、住民に対して公告・縦覧された。
　ところが、公告・縦覧された準備書にオオヒシクイについての記述がないことに気がついた住民が、都市計画手続に則り、この点の圏央道環境アセスメント手続の瑕疵を問う意見書を、アセスメント主体である茨城県知事であった訴外竹内宛に、提出した。
　4　建設省及び前茨城県知事であった訴外竹内は、この意見書の提出を受け、自らが意図的に脱漏しようとした、圏央道ルート上に天然記念物オオヒシクイの存在を追認する手続が進行せざるを得なくなった。
　そこで、県都計審環境アセスメント専門部会は、「追加調査」と称して、一九九一年（平成三年）六月から約一カ月をかけて『オオヒシクイ生態調査』を行い、その結果を県都計審に提出した。
　そして、県都計審は同年七月三〇日、圏央道アセスメント準備書を一括（オオヒシクイ越冬地である本件引抜・羽賀地域も含めて）承認したのである。この点についての手続的瑕疵は二点を数えることができる。
　（一）一つは、環境アセスメント手続の進行の問題点である。
　国指定天然記念物であり、環境面のみならず文化財的な価値も著しく高いオオヒシクイの存在について、準備書に記載されないまま進行していたのであるから、前茨城県知事であった訴外竹内としては、環境アセスメント手続の趣旨に則り、当然そこで一旦進行していた手続を中断し、当初に遡って住民の公告・縦覧を経て、手続をやり直すべきであったものと言えよう。
　にもかかわらず、「追加調査」と並行して、環境アセスメント手続は進んでしまい、天然記念物であるオオヒシクイについての環境影響に関する住民の意見は、一度も公告または縦覧に反映されないまま、オオヒシクイの加筆部分を含めた準備書は一括承認されてしまったのである。

地域自主アセスメントによる環境保全対策　423

このような手続の進め方は、本来の環境アセスメント手続の趣旨を没却しており、知事の裁量権を著しく逸脱した、違法なものである。そしてさらに、圏央道建設を敢行するために原告オオヒシクイ個体群の存在をことさらに隠蔽しようとする強度な意図を示すものといえる。

（二）その二は、「追加調査」の不当性である。

環境アセスメントを行うについては、建設省自ら技術指針が作成されており、それに則りアセスメントを行うこととされている。

「建設省所管ダム、放水路及び道路事業環境影響評価技術指針について」の「第3、現状調査9、動物(3)①」では、「（動物についての）現地調査時期は、動物の分布状態を把握できる時期とする。」とされている。

しかも、同第4予測及び評価を行う環境要素の設定表4では「学術的価値が高いもの」と記載されている）、環境要素6「地形・地質」の設定基準については、「現状調査の結果、学術的価値の高いもの、天然記念物等の分布する地域を通る場合」と旧自らに記載されているのである。

ところが、「追加調査」が行われたのは、平成三年六月上旬、冬鳥であるオオヒシクイが越冬地である引舟にいーばずがない時期であった。当然、原告オオヒシクイ個体群は既に繁殖地に飛び去ってしまっており、引舟の越冬地にはオオヒシクイの影も形も存在していなかったのである。この事実も、前知事がオオヒシクイ保護についていかなる意図を有していたかを雄弁に物語るものである。

5　環境アセスメント評価書の瑕疵

（一）茨城県都市計画地方審議会の環境影響評価専門部会（以下、「アセス専門部会」という）では、鳥類学の専門家から原告オオヒシクイ個体群に対する圏央道計画による環境影響の有無を問うため、鳥類学者である農林・水産省農業環境技術研究所主任研究員である訴外森本信生に対して、平成三年七月初旬に開催された部会への出席を依頼した。

そして、右森本は、同年七月初旬の部会開催前に、茨城県職員との打合せにおいて、自己の発言要旨として、概略次のようなメモを手渡した。

(1) 宮城県伊豆沼の雁の越冬地近辺において、国道建設工事が行われ、国道が完成した後は、雁は越冬地を放棄して、二度とその越冬地に飛来することはなかった。

(2) (1)の国道と比較して、圏央道はその規模・自動車の交通流量予測からして比較にならない程、鳥類に与える影響が大きい。

(3) 従って、圏央道がオオヒシクイの生態に

与える影響は大きいものといわざるを得ない。

ところが、右メモの内容を事前に入手したアセス専門部会は、部会開催直前であり、メモを手渡した打合せの日の数日後の二度目の打合せの際に、右森本に対して、アセス専門部会への出席を拒絶したのである。

（二）右の事実から強く推認されることは、建設省及び前茨城県知事であった訴外竹内は、環境アセスメント手続の当初から、オオヒシクイの存在及びその生態について、学術的な議論がなされ、とすれば、行政内部で（住民の意思とは無関係に）内定したルートの変更を余儀なくされる等の影響が及ぼされることをおそれて、右内定された決定に反するような情報を遮断しようとしたこと、そのためにオオヒシクイの存在を隠蔽しようとしたということである。

二　茨城県知事としての被告の都市計画決定の違法性・不当性

一九九四年（平成六年）四月二一日になされた、被告による茨城県知事としての都市計画決定は、右のような前知事時代に違法に創出された環境アセスメント手続の重大な瑕疵を治癒する機会があったにもかかわらず、それをせずになされたものであり、やはり全体として前知事による手続きの瑕疵と同様に、違法なものといわざるを得ないのである。

三　圏央道計画と鳥獣保護区設定の作為性

また、稲波地区の鳥獣保護区設定（一九八九年（平成元年）一一月一日）が、前記圏央道計画におけるアセス中の追加調査の時期（同年六月）と相前後して行われているところからは、前県知事であった訴外竹内が圏央道計画に支障となるオオヒシクイを、本件引舟・羽賀地域から追放し、欺瞞に満ちた環境影響評価書の記述に併せて、事後的に「本件引舟・羽賀地域にオオヒシクイはいない」という虚偽の事実を創出するために、稲波地区のみを鳥獣保護区に設定し、本件引舟・羽賀地域はそれをせずに、オオヒシクイの警戒心を利用して、意図的にオオヒシクイ狩猟圧のない稲波地区に押し込めようとしたことが強く推認される。

被告は、所謂ゼネコン汚職事件に連座した訴外竹内の県政を批判し、その後を襲って茨城県知事に就任したのであるから、訴外竹内前知事としてなしたこのような開発を目的とする知事の裁量権を逸脱した違法、不当な処置に対処すべきを、当然見直すべき立場にあったにもかかわらず、これを怠り、本件引舟・羽賀地域を鳥獣保護区に指定することなく漫然と放置しているのであるか

ら、その不作為は訴外竹内の行った稲波地区のみを指定し、羽賀地域をそれに指定しない処分と違法性・不当性ともに等しいものといえるのである。

第八　監査請求

原告らは、一九九五年（平成七年）九月二五日に、本件と社会的事件として同一の事実に基づき、茨城県監査委員に対し、地方自治法二四二条一項に基づく監査請求を行ったところ、同年一一月二二日に、茨城県監査委員は、原告らに対し、右監査請求を棄却する旨の通知を行った。

第九　結論

以上に述べたとおり、被告は、鳥獣保護法に則って原告オオヒシクイ個体群の越冬地全域（本件地域）を鳥獣保護区に設定すべきであったにもかかわらず、圏央道計画などの大規模開発を敢行するという鳥獣保護とは無関係の（矛盾さえする）目的のために鳥獣保護区設定権限を恣意的に利用する等の権限濫脱によって右地域を故意に鳥獣保護区に設定しなかったものであるから、右行為により、設定があれば可能であった原告オオヒシクイ個体群の深刻な衰退状態からの回復が不可能になり、かえって一層の衰退状態に陥ったが、この事実により、県内において「人間は自然物の存在に敬意を払い、その生存を図らなければならない」との義務を負っている県の威信は著しく損なわれ、同時に県の重要な自然環境の要素にして重要な文化的財産を損傷されるとの損害を被った。

右損害は、少なくとも、被告の県知事としての一年分の給与の総額を上回ることは明らかであるので、原告らは被告に対して、損害の一部として右給与相当額を県に対して賠償するよう求めるものである。

よって、被告は茨城県に対し、不法行為に基づく損害賠償請求金として、金二、五七二、〇〇〇円を賠償する責任を負うところ、右請求は地方自治法二四二条の二第一項四号後段に基づき、それぞれ茨城県に代位して、被告に対し、茨城県は対して全額およびこれに対する一九九四年（平成六年）九月二五日から支払済に至るまで民法所定の年五分の割合による遅延損害金の支払を求めるものである。

控訴準備書面■オオヒシクイ自然の権利訴訟

平成八年（行コ）第二二号　オオヒシクイ損害賠償請求事件

原告　オオヒシクイ
　　　（住所地に越冬する地域個体群）
被告　橋本　昌

右当事者にかかる頭書事件につき、左記のとおり弁論を準備する。
一九九六年三月二七日
　　　　　　　右原告訴訟代理人

〈主任〉弁護士　坂　巳　雅行
　　　　弁護士　朝倉　淳也
　　　　弁護士　海野　浩之
東京高等裁判所第一四民事部　御中

準備書面

第一　「自然の権利訴訟」の意義

本件は、「オオヒシクイ自然の権利訴訟」とし

て提訴された。

「自然の権利訴訟」とは、自然物それ自体のために、自然物を守るべく、司法の救済を求めるものである。

これまでの自然保護訴訟も、特定の個人の権利・利益の実現のために自然を守るという枠組みを取りつつも、個々の権利侵害行為からの救済、自然破壊によって失われていくものの救済を求めてきた。

424 第 3 章　環境，開発，自然の権利

しかし，激しい自然破壊に歯止めをかけることができないまま，二〇世紀を終えようとしている今日，自然破壊の問題を司法が積極的に取り扱うべき法律上の争訟として位置づけ，問題の本質に直截的に迫れるような形式と内容を持った司法救済のあり方が問われている。

いずれの訴訟においてもそうであるが，とりわけ自然保護訴訟においては，紛争が生じるに至った根本的要因と，司法の救済が求められるに至った経緯を見るこなしには，紛争の本質を見極めることはできない。

本件についていえば，紛争の根本はオオヒシクイが地域個体群レベルで絶滅の危機に瀕している，自然物の尊厳が大きく損なわれる，ということである。

このような状況下で，鳥獣保護行政を行う茨城県知事が適切な鳥獣保護区の設定を行おうとしない，しかも擾乱造している時代錯誤的開発を進めるために鳥獣保護行政をことさらに怠っている，市民はその不当さを訴えてきたが，行政によっては省みられることなく，もはや救済を求める場は司法しかない，このような経緯で本件が提訴された。

この裁判所に対する期待を直截的に表現した訴訟こそ，右に述べた自然の権利訴訟に他ならない。そして，紛争の根本がオオヒシクイを絶滅から救うことであるなら，オオヒシクイ自身を当事者として表示し，人間がそれを代弁して訴訟手続を追行することが，「自然の権利訴訟」の趣旨を最も忠実に具体化する方法といえる。

原審判決は何故，原告オオヒシクイの弁論を欠いて分離して第一回弁論期日前に却下しなければならなかったのか，何故外の原告らと共に審理しようとしなかったのか．当審においては，自然の権利訴訟と司法の役割を深く認識された上で，原審判決に対する疑問点について立ち入った判断を下されることを期待する。

第二　原審判決の訴訟要件判断の誤り

一　原審による訴え却下の理由は，オオヒシクイを原告とする本件訴えが，当事者能力を有しないものを原告する不適法なもの（これを補正することができないことは明らか）というにある。

そして，自然物たるオオヒシクイが当事者能力を有しないものと断ずる理由とするところは，
第一に，自然物に当事者能力を認める根拠が民事訴訟法，民法等の法令上見出せないこと
第二に，事物の事理からいっても訴訟関係の主体となることのできる当事者能力は人間社会を前提にした概念とみるほかないこと
の二点である。

しかし，右に述べた二点は明らかに誤った判断である。以下，その理由を具体的に述べる。

二　第二の「事物の事理からいっても訴訟関係の主体となることのできる当事者能力は人間社会を前提にした概念とみるほかないこと」について

1　原審の判示するところは要するに，自然物は事物の事理からいって訴訟関係の主体となれないということである。

ここに事物の事理とは，すなわち物事の道理のことであり，絶対的なものであって，相対的な法解釈は相容れない概念である。

従って，当事者能力の範囲を画する絶対的な

「事物の事理」なるものが存在すること，しかも，「自然物が訴訟関係の主体となれない」との「事物の事理」が存在することが，原審判決の論理的前提となっている。よって，これらの前提が成り立つものか否かが検討されなければならない。

2　当事者能力を有するものの範囲を検討するに当たっては，そもそも当事者能力が訴訟要件とされるゆえんを明らかにしておく必要がある。

(一) 当事者能力とは，訴訟法律関係の主体となり訴訟法上の諸効果の帰属主体となりうる能力，あるいは，特定の請求を前提としない一般的な訴訟当事者となる資格のことである。当事者能力は，その間で本案判決をしても有効適切な紛争の解決をもたらさないような当事者を選別する概念であり，そのような者を当事者として訴訟の審理を打ち切って，無益な本案の審理・裁判を避ける趣旨で考えられた道具概念であり，その意味で相対的な概念である。

(二) 当事者能力の道具概念性・相対性の一例として，民事訴訟法上，法人格なき団体に当事者能力が認められている（民事訴訟法四六条）。その結果，一般には認められない権利能力が個別の論点を通じて認められることにもなる。

このような扱いがなされる理由は，実際的な有用性に尽きる。すなわち，もしこうした団体や財産の集合体に当事者能力を認めないと，誰を相手に訴訟をしたらよいかをいちいち探さなければならず，煩わしくて，団体等の名で代表者によって訴訟を追行する方が実際的で，構成員なり寄付者の期待にも合致するという趣旨以外のなにものでもない。こうした有用性を民事訴訟法が認めて，当事者能力を創出したのである。

実体法上の権利能力が認められる結果，当事者能力が認められる場合の例としては，胎児があげられよう。相続，受遺贈，および不法行為に基づく損害賠償請求権について既に生まれたものと「みなされる」（民法七二一条，八八六条，九六五条）のは，まさに紛争処理の便宜のためというに尽きる。

(三) このように，紛争解決のために当事者として成長させた方が適切なものについては，実体法レベルで権利能力を付与したり，そのレベルで権利能力を認められないものにも，訴訟法上の能力を付与している。その意味で，既に述べたように，当事者能力は，道具概念であり，相対的な疑念でもある。この結論は，当事者能力を欠くにもかかわらず，この点を看過して確定判決に至った場合，判決確定後はその者に限って当事者能力があるのと扱うのが通説であることにもあらわれている。

以上より，絶対概念である「事物の事理」によって，「当事者能力」の範囲を限定することは，概念矛盾を犯すものといわなければならない。

3　外国法においては，結果的に自然物に当事者能力が認められると評価され得る場合がある。

例えば，米国においては，裁判所は，共同原告のうちの一人の原告適格（当事者能力を含む）が公認されると外の原告適格を詮索する必要はない。その結果，自然保護団体と個人に加え，川を原告とした訴訟においても，「川」の訴えが却下されることなく，勝訴判決を得ている。また，本件と同様に，パリーラという鳥を原告とした訴訟に

おいても同様に勝訴判決に至っている。なお，右の鳥を原告とする訴訟の判決は，「「(自然保護団体）とその他は本件訴訟をパリーラの名において提訴した」と述べて，自然物と人間原告らとの間の代弁関係という，冒頭に述べた「自然の権利訴訟」の本質に対する理解を示している。

4　訴訟制度の歴史を鳥瞰するとき，明確に自然物について当事者能力が承認されていたことがある（例えば，中世ヨーロッパ）。

(一) 動物に対する訴訟事件は，中世ヨーロッパではありふれた出来事であった。一八世紀の終わりまで，ヨーロッパの多くの国々では頂を犯した動物たちが刑事法廷で裁かれ，民事訴訟の当事者として登場した。しかし，当時これに驚く者は誰もいなかったのである。

(二) 一四世紀にスイスのクール市の住民たちは，白い虫を相手方として訴訟を提起した。けれども白い虫は出廷しなかったので，裁判所は白い虫の検事と弁護士を任命し，手続を全て採った上で審理に着手した。審理を終えた裁判官は，「(上述の)白い虫は神の創造物であり，生きる権利を有しており，彼らから生存の手段を奪うのは正しくない」ことを考慮して，彼らが誰にも害をもたらさずに平穏に生きられる野生の森林地に移すよう判決を言い渡した。

一五四五年，やはりスイスでは，加害者の甲虫を別の場所へ移住させる旨の判決が下されたが，しかも特別委員会は甲虫をどこへ移住させたらいいか長期間考え，ついに十分肥沃な土地を見つけて，委員会は甲虫がどの土地を独自する権利を証明する文書を作成した。地元の人々がこの土地を通過する許可証を入手することは生やさしいことではなかった。しかも「甲虫の牧場に損害を与えない」という条件があった。当時ヨーロッパの一部は小さな公国に分断され，絶えず互いに闘っていた。この時ちょうど封建領主の戦争が始まり，軍隊が甲虫に割り当てられた土地を通過したので，教護士は，甲虫にとってその場所が不適当になったと，判決に異議を申し立てた。

動物に対する民事訴訟は，一八世紀でさえまだ続いていた。例えば，一七一二年にブラジルでは，小麦粉を持ち去り，修道院の木の柱をかじったシロアリが裁判にかけられた。検事職と弁護職を持ち，あらゆる規則に従って組織された裁判で，シロアリが修道院を立ち去り，特別に指定された屋外に移住すべきであるという判決を下した。

(三) こうした中世ヨーロッパの動物を被告とする民事訴訟は，現在の法律実務家の目からみれば荒唐無稽に映るかもしれない。表面的な荒唐無稽さにとらわれることは易い。しかし，ここで重要なのは，
第一に，民事訴訟制度の歴史の中で，わずか二〇〇年ほど前に，現実に動物に当事者能力が認められていたことであり，
第二に，動物被告の民事訴訟は－それは自然物が当事者となる民事訴訟へと敷衍できようが－例えば野生生物による農作物被害のように，人間活動が自然界の対して与える摩擦の有効な処理システムとして機能していたのではないか，と想像されることである。以下，この第二の点について具体的に述べる。

(1) 今日，人間活動が自然に対して強力なイ

地域自主アセスメントによる環境保全対策

ンパクトを与え続けており、地域のいわゆる「自然破壊」の問題を引き起こしている。生態系内の他の構成要素（構成員）同様、賢明な構成員であるべきヒトが、その地位を逸脱し、他の構成員に対して、生態系内の自然状のバランスを破壊するような影響を与えているのである。

ここに、生態系は、野生生物と非生物が互いに関係しあって形成された地域の自然界を意味する。生態系は、その維持を図るための諸機能（生態的機能）を有している。すなわち、エネルギー循環、栄養循環、水循環、それらに包括し得ないような各構成要素間の関係である。

次に第四の点につき、例をあげる。アズキゾウムシという甲虫（カブトムシの仲間）のある二種の間で、二種だけでは一方が他方を駆逐するという競争の関係が見られたところ、これらの両方に寄生するハエを入れて三種にすると、アズキゾウムシの三種が共存することが実験で確かめられている。これは、これら二ないし三の種間の関係が、生態系の構成ないしあり方を左右していることを示している。

人間が、他の構成員に対して自然でない影響を与えて、生態系のバランスを破壊している状況下においては、人間とその他の構成要素との関係は、一種の対立関係としてとらえ得る。この対立関係を「生態系内紛争」とでも呼ぶことができよう。

（2）先に紹介した農作物被害の裁判例もそうであるが、生態系内紛争が生じる場合、人間から見れば、人間活動が自然物によって阻害されるように見える。しかし、だからといって、紛争の根本的な原因が実は人間が野生生物の古来の生息地に踏み込み過ぎたことであろうが、（人間から見れば）害をなす野生生物に絶滅のおそれがあろうが、「およそ、人間各自が裁量的に自力救済できる」という発え方は、中世ヨーロッパはもちろん、今日においても、もはや支持を得ていない。むしろ、人間活動の影響を客観的に明らかにし、一定の場合には、それが制限されるべきである、と考えられている。

この結論の根拠は、動物裁判が行われた中世ヨーロッパにおいては、動物は人間と同様の神の創造物である、という宗教的立場である。しかし、今日ではこのほかにも諸々の根拠が指摘されており、自然物の尊厳はそのもっとも重要なひとつであるが、訴状で述べた諸々の生物多様性の価値も重要な根拠となる。その諸価値のうち、ここでは（1）でもふれた生態系の機能（生態的機能）が右結論の根拠となることについて、具体例をあげて説明する。

かつてボルネオの蚊を防除するプログラムの中で世界保健機構（WHO）によって大量のDDTが使われた。蚊による災害を免れた地元の人々は、間もなく毛虫の害に悩まされるようになった。毛虫が墓葺きの屋根をむさぼり食ったために、屋根が落下するようになったのである。毛虫はその習性のおかげでDDTへの暴露を制限されていたのだが、かつては毛虫の個体数をコントロールしていた捕食者のスズメバチが絶滅してしまったからである。さらなる農薬散布が屋内でイエバエを除去するために行われた。ヤモリがかつてハエの個体数をコントロールしていたのであるが、今やDDTまみれの毛虫の死体をむさぼり食った。そのヤモリをネコが捕食したが、DDTは毛虫からヤモリを経てネコにたどり着く過程で生物濃縮されて（魚などの海洋生物の食物連鎖の中で、有機水銀に起こった、水俣病のケースと同じ）ネコは死んでしまい、ネズミの異常繁殖をもたらした。ネズミは人々の食物をおそうばかりでなく、腺ペストという本物の疫病で人々を脅かすようになったのである。政府は結局、空中からパラシュートで大量のネコを降下させざるを得なくなった。

右事例から帰結されることは、人間が目先の利益に走って、当面邪魔な蚊やイエバエを除去しようとしたが、その行動が生態系のバランスを破壊した結果、人間にとってより深刻な結果をもたらしたということである。また、経済的損失も、かなりあろう。生態的機能は、人間の生存を図る上で、最も機能的でコストもかからない機能を持つ。

従って、この生態的機能を維持するためには、「人間各自が裁量的に自力救済できる」という考えはおよそ取り得ないわけであり、むしろ、人間活動の影響を客観的に明らかにし、一定の場合には、それが制限されるべきこととなるのである。

（3）右の結論を前提とするとき、生態系内紛争の処理方法のひとつとして、訴訟システムを用い、生態系内紛争の対立関係のうち最も鮮明な関係（例えば農業従事者対動物）を当事者構造に当てはめ、それぞれの生存の正当性、生態系内の役割、当該人間活動の必要性等につき法廷の場で主張をしくさせ、第三者たる裁判所が紛争解決の適切な方途を示す、という方法が十分合理的に成立し得る。手続整備によって、今日においても、合理的・効果的な紛争処理が期待できるのである。

5 結論

以上述べたところから、当事者能力は、その道具概念は、その範囲の相対性ゆえに、もはや「事物の事理」なる絶対概念によって規定されるものではないし、空間的（比較法的）、時間的（訴訟能力の歴史）検証の結果、自然物に当事者能力を認めないことが物事の道理とは到底いえないこと、むしろ積極的に自然物に当事者能力を承認するのが合理的であることが明らかとなった。

冒頭に述べた原審判示が前提とする点、すなわち、当事者能力の相対性から「事物の事理」が存在すること、しかも「自然物が訴訟関係の主体となれない」との「事物の事理」が存在することの二点は、あらゆる意味で誤った解釈である。

三 第一の「自然物に当事者能力を認める根拠が民事訴訟法、民法等の法令上見出せないこと」について

1 住民訴訟は民衆訴訟に属し、行政事件訴訟の一類型であるからして（行政事件訴訟法二条）、その訴訟手続は、法律に特別の定めがある場合を除くほか、行政事件訴訟法の定めるところによる（同法一条）。この点、まず地方自治法二四二条の二住民訴訟に関する手続についても同様である。そして、行政事件訴訟法は、行政事件訴訟に関し、同法に定めなき事項については民事訴訟法の例によると規定している（同法七条）。従って、住民訴訟に適用される法条は、地方自治法、行政事件訴訟法、民事訴訟法の優先順位となる。

最も優先的に適用される二四二条の二であるが、これは明確な手続規定であり、当事者能力の訴訟要件については、「普通地方公共団体の住民」において規定されている（その解釈論によって導き出される）ものである。

ところが、原判決は、「民事訴訟法四五条は「当事者能力・・・ハ本法ニ別段ノ定メアル場合ヲ除クノ外民法ノ他ノ法令ニ従フ」と規定することから、同法及び民法その他の法令上、右に主張される自然物に当事者能力を肯定することのできる根拠はこれを見出すことができない」と述べ、最も優先的に適用されるべき地方自治法二四二条の二を一顧だにしないものであり、法例の適用を誤ったものといわざるを得ない。

2 住民訴訟は民衆訴訟である。民衆訴訟は原告個人の権利、利益の存在及びその侵害の有無とは無関係に提起できる客観訴訟の類型に属するものである。この客観訴訟は、本来的な意味の司法権の行使とは異なり、立法政策的見地から裁判所が取り扱うことが相応しいとされたものである。

従って、客観訴訟においては民事訴訟におけるような当事者対立型の訴訟構造が必ずしもあてはまらないことは勿論、訴訟要件のあり方も同様に民事訴訟におけるものとあり得る。が、具体的に如何様に異なってくるかは、客観訴訟を行う機関が特定の立法政策的見地から裁判所に与えられたことの必然的結果として、右立法政策すなわち当該客観訴訟制度の趣旨に基づく目的的解釈によって導き出される。

3 そこで、住民訴訟における当事者能力の範囲を検討する前提として、住民訴訟制度の趣旨を明らかにしておく。

住民訴訟制度は、一九四八年（昭和二三年）の地方自治法の改正により、アメリカの納税者訴訟にならって導入されたものである。住民訴訟に前置される住民監査請求制度は、地方公共団体の財政の腐敗防止を図り、住民全体の利益を確保する見地から、地方公共団体の長その他の財務会計職員の違法もしくは不当な行為についての、その監査と予防、是正等の措置を監査委員に請求する権利を住民に与えたものであって、住民訴訟に先立ち、まず地方公共団体の監査委員に住民の請求にかかる行為についての監査の機会を与え、違法、不当な行為を地方公共団体の自治的、内部的処理により予防、是正させることを目的とするものである（最判昭和六二年二月二〇日判時一二二八・六六）。

また、住民訴訟制度は、地方公共団体の執行機関または職員による財務会計上の違法な行為が、究極的には地方公共団体の構成員である住民全体の利益を害するものであるところから、これを防止するため、地方自治の本旨（住民自治）に基づく住民参政の一環として、住民に対しその予防または是正を裁判所に請求する権能を与え、もって地方財務行政の適正な運営を確保することを目的としているのであって、執行機関または職員の財務会計上の行為の適否、その是正の要否について、地方公共団体の判断と住民の判断とが相反立する場合に、住民が自らの手により違法の防止または是正を図ることができるとしたものである。

4 右に述べた制度趣旨に基づき目的論的解釈がなされる結果、住民訴訟における訴訟要件のあり方が、現に民事訴訟法における場合と比較して相当異なってくる例がある。

（一）住民監査請求・訴訟制度で民事訴訟に比べて訴訟要件の範囲が拡張

426 第3章 環境，開発，自然の権利

されている例として、通常は単独では行為能力を有しない未成年者であっても、親権者の同意や代理行為を必要とせずに単独で監査請求を行うことができる点があげられる。

その趣旨は、未成年者保護という、民法の予定する行為能力制度の趣旨と抵触しないからということにとどまらず、たとえ行為能力を有しないものであっても、「住民」と扱うことが制度の趣旨に相応しいということにある。

(二)住民監査請求・訴訟制度で民事訴訟に比べて訴訟要件の範囲が限定されている例として、以下をあげることができる。

通常の民事訴訟事件であれば、訴訟中に原告が転居しても訴訟係属には何ら影響を及ぼさないが、住民訴訟では、当該地方公共団体から転出し住民たる資格を喪失すれば原告適格を欠くこととなるとされている(大阪地判昭和六三年一〇月一四日・判時一二九一・三)。

5 では、住民訴訟制度の趣旨、すなわち住民自治に基づき住民全体の利益を守るという見地から、地方公共団体の財務会計行為の適正を担保する、との趣旨に基づいて当事者能力の範囲の目的論的解釈を行った場合、自然物はその範囲に含まれると解すべきか。

控訴人は、本「自然の権利訴訟」(自然物を文字通り原告とする、いわば狭義の自然の権利訴訟)を住民訴訟の訴訟形式で提起したが、「自然の権利訴訟」は通常の民事訴訟の訴訟形式によることも全く可能であると解している。しかしながら、同時に住民訴訟においては、自然物に当事者能力を認めるべきより強い正当性が認められるというべきである。その根拠は、既に述べた「生態系内紛争」にある。

「生態系内紛争」は、グローバルな紛争として捉えうる場合もある。従って、国レベルで対応すべき問題として捉え得る場合もあるし、それが適切な場合もある。しかし、生態系は地域の自然界と言い換えることも可能であるように、ある雑木林に、ある干潟に、あるサンゴ礁等々、基本的にはローカルな空間を単位とするものである。

生態系はそのような存在であって、人間である地域住民をもその構成員として組み込まれている。地域住民の立場から見れば、生態系は、自らをとりまく自然環境の基本的要素である。地域の独自性ないし文化を育む基盤である。

従って、「生態系内紛争」は、地域住民から見れば、住民自治の基盤である地域の独自性ないしアイデンティティの本質に関わる紛争と言える。そうだとすれば、個々の「生態系内紛争」は本来、国よりも地方公共団体レベルでの解決に期待されるところが大きいと言わなければならない。「生態系内紛争」の解決に、「自然の権利訴訟」が極めて有効であることは既に述べたが、その紛争が一旦、地方公共団体の財務会計行為に関わるとき、「自然の権利訴訟」によって「生態系内紛争」を解決することが、「住民自治に基づき住民全体の利益を守るという見地から、地方公共団体の財務会計行為の適正を担保する」ことに大きく寄与するのである。

このように、「自然の権利訴訟」によって「生態系内紛争」を解決すること、その前提として自然物に当事者能力を認めることは、住民訴訟制度の趣旨に極めてよく合致するものといわなければならない。

以上より、住民訴訟手続上、自然物に当事者能力が認められるべきであり、自然物は「普通地方公共団体の住民」に含まれるというべきである。

6 既に述べたように、原審は、法令適用の誤りを犯した。その背景には、住民訴訟制度の趣旨についての無理解がある。原判決は「当事者能力は人間社会を前提とした概念とみるほかなく」と述べているが、そのように判示するならば、さらに進んで、「人間社会を前提」として、人間社会の政治制度(地方自治、住民訴訟)の制度本来の趣旨を生かすためには、如何なる紛争を対象にするのが適切か、如何なる者を当事者に据えるのが適切か、を検討すべきであった。安易に「自然物に当事者能力を認める根拠が民事訴訟法、民法等の法令上見出せない」としたことは、基本的な解釈態度を誤ったものというほかない。

第三 類似必要的共同訴訟の一部の者の弁論を分離することは違法であり、この弁論の分離を前提としてなされた原判決も又違法であること

一 原判決は、「地方自治法二四二条の二第一項四号の訴えは、訴訟の目的につき合一確定の要請が働く訴訟形態であるいわゆる類似必要的共同訴訟であり、一部の者の弁論を分離して終局判決をすることはできないと解せられている。」としながら、「右の理は、当事者能力を有する住民が提起する住民訴訟についての議論であり、本件のように明らかに当事者能力を欠き、これと異なる判断の可能性がないものを原告と表示して提起された訴訟にあっては、合一確定の要請自体が働く余地がないというべきであるから、オオヒシクイを原告と表示する部分につき弁論を分離して終局判決をすることができると解するのが相当である。」と判示するが、この後段部分の判断が不当である。

二 すなわち、地方自治法二四二条の二第一項四号の訴えは、合一確定の要請が働く類似必要的共同訴訟であり、合一確定の要請が働く理由は、共同訴訟人の一人の受けた判決の既判力が他の共同訴訟人にも及ぶ為、この共同訴訟人間について勝敗をばらばらに決すると、各共同訴訟人が自己の受けた判決の既判力と他の共同訴訟人に対する判決から拡張される既判力とが矛盾衝突して収拾がつかない結果となるからであり、それ故、一部の者の弁論を分離して終局判決をすることはできないのである。

そして、この理は本件訴訟においてもかわるところはない。なぜなら、弁論を分離されたと、原審で当事者能力が否定されたオオヒシクイについて、控訴審で当事者能力が認められた場合には、他の共同訴訟人とオオヒシクイがそれぞれ異なった結論の本案判決を受ける可能性があり、そうなればオオヒシクイが受けた判決の既判力と他の共同訴訟人に対する判決から拡張される既判力が矛盾衝突する結果となるからである。

三 ところが原審は、オオヒシクイは明らかに当事者能力を欠き、これと異なる判断の可能性がないから合一確定の要請が働く余地がないと判示するのであるが、これは控訴審においてもオオヒシクイの当事者能力が否定されることを当然の前提とした判断で原審における判断の範囲を逸脱するものであり、ひいては審級制度を否定するものに他ならず、不当な判断であることは明らかである。

以上、本件訴訟においても合一確定の要請は働いており、共同訴訟人であるオオヒシクイについて弁論を分離することは許されないのであるから、これを分離して終局判決した原審判決は違法である。

以 上

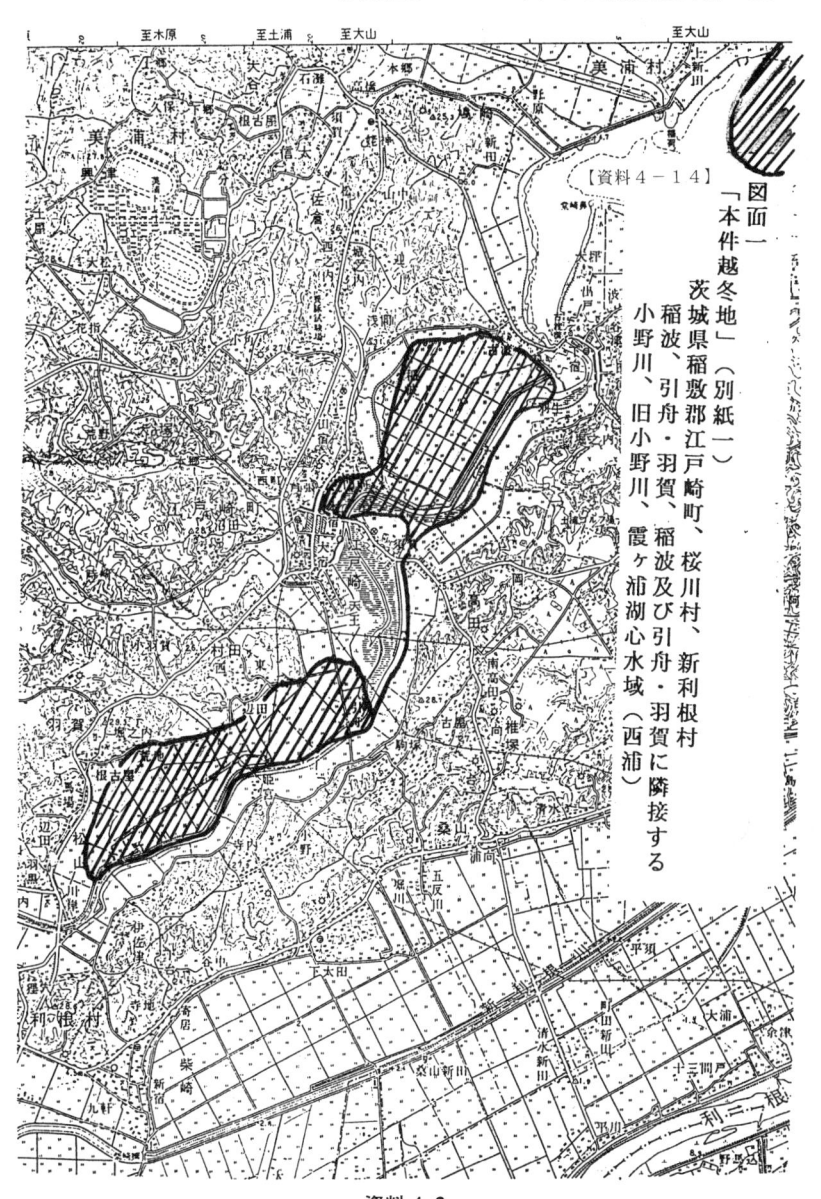

地域自主アセスメントによる環境保全対策　427

図面一
「本件越冬地」（別紙一）
茨城県稲敷郡江戸崎町、桜川村、新利根村
稲波、引舟・羽賀、稲波及び引舟・羽賀に隣接する
小野川、旧小野川、霞ヶ浦湖心水域（西浦）

【資料4－14】

資料4–2

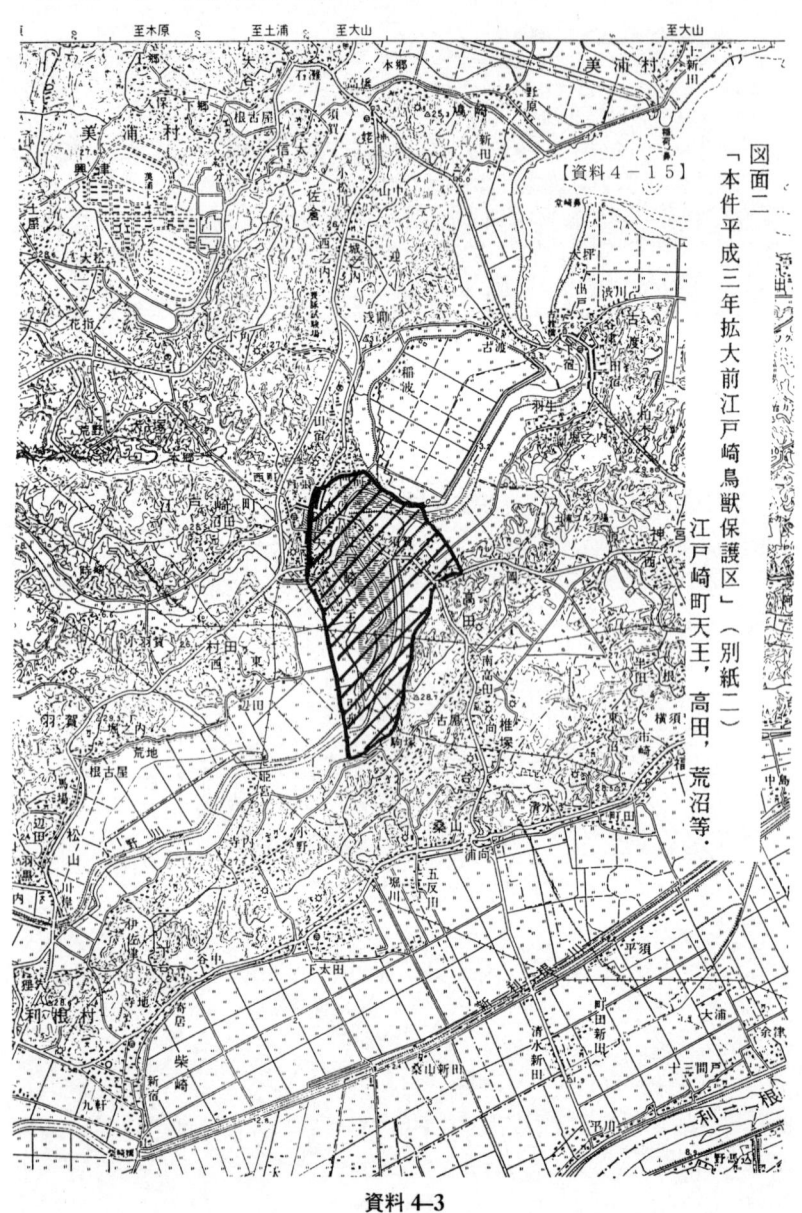

428　第3章　環境，開発，自然の権利

図面二　「本件平成三年拡大前江戸崎鳥獣保護区」（別紙二）江戸崎町天王，高田，荒沼等．

【資料4-15】

資料4-3

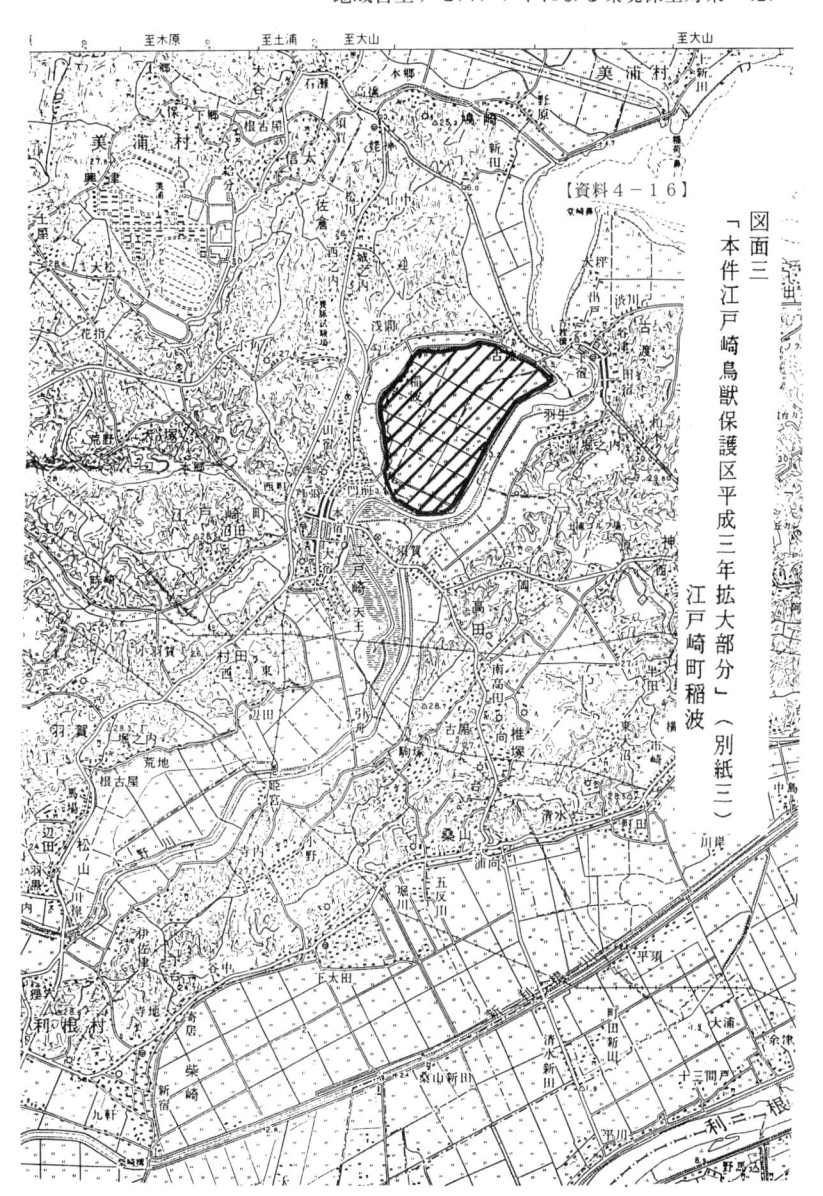

地域自主アセスメントによる環境保全対策　429

【資料4−16】

図面三
「本件江戸崎鳥獣保護区平成三年拡大部分」（別紙三）
江戸崎町稲波

資料4-4

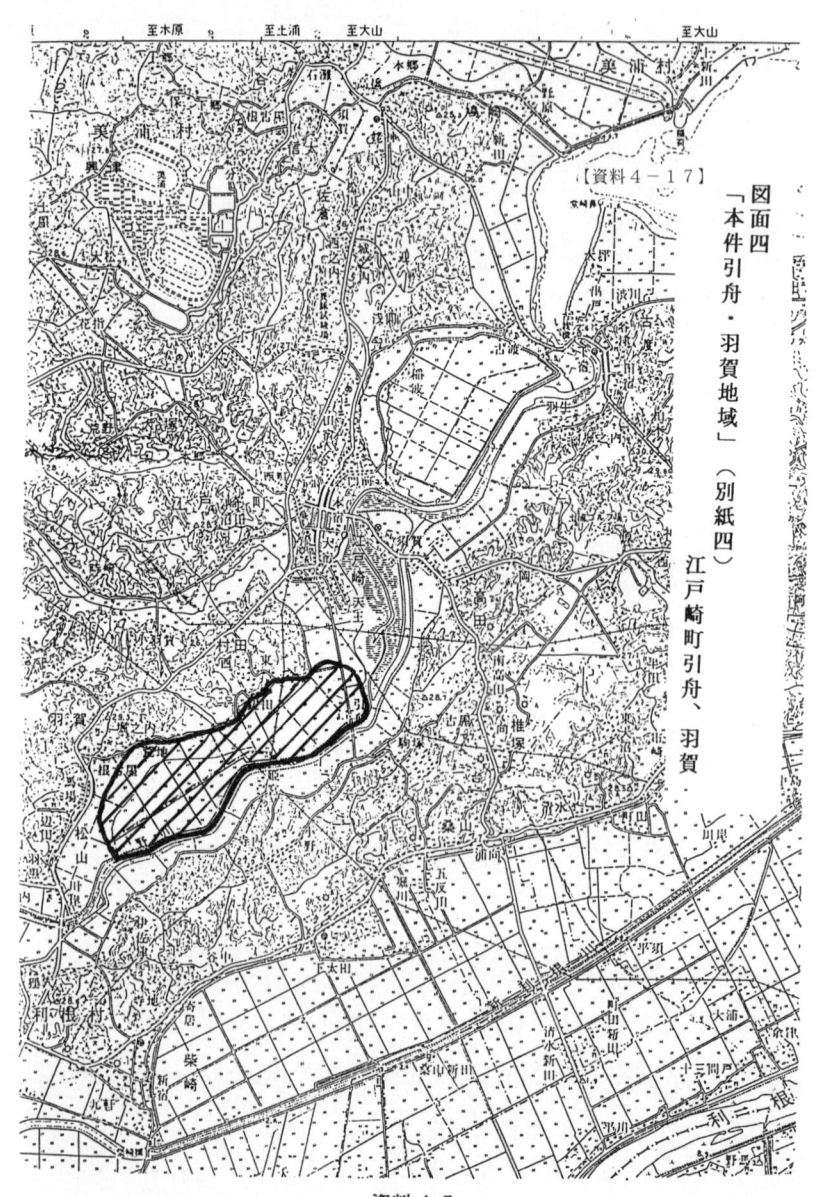

430　第3章　環境，開発，自然の権利

【資料4-17】

図面四　「本件引舟・羽賀地域」（別紙四）　江戸崎町引舟、羽賀

資料4-5

地域自主アセスメントによる環境保全対策　431

図面五
「本件稲波及び引舟・羽賀に隣接する小野川水域」（別紙五）
江戸崎町稲波，引舟，羽賀

【資料4－18】

資料4-6

【資料4−19】

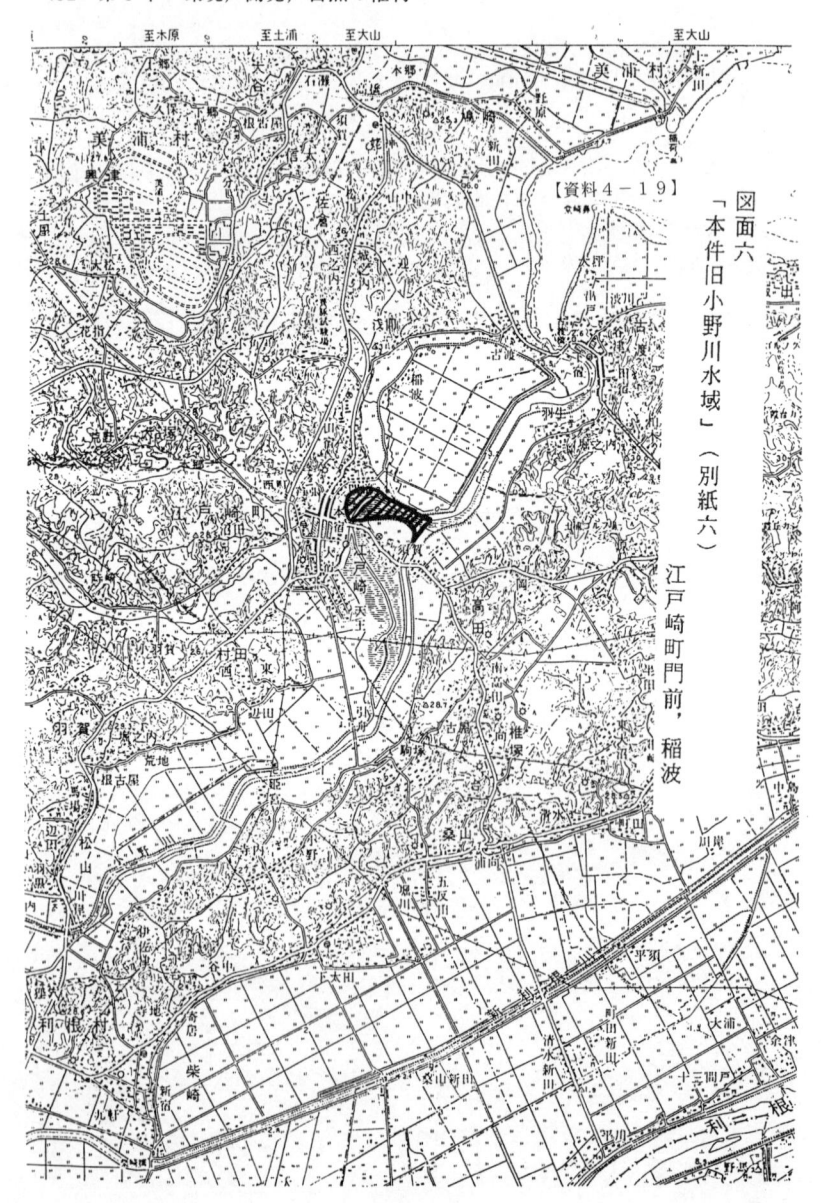

図面六 「本件旧小野川水域」（別紙六） 江戸崎町門前，稲波

資料4–7

【資料4-20】

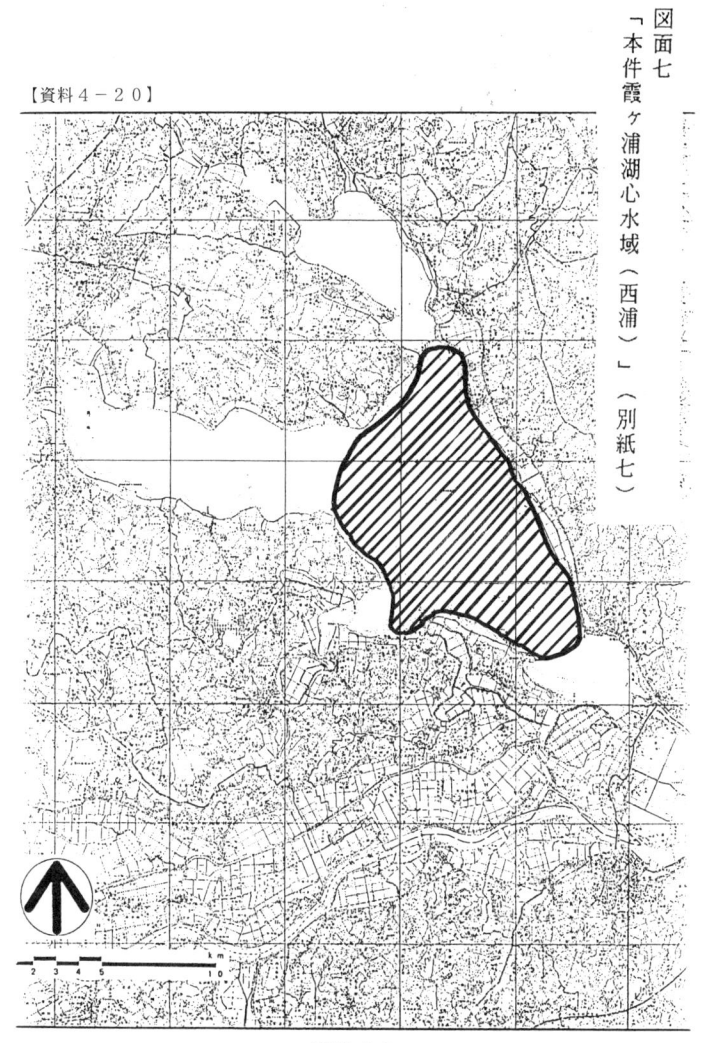

図面七 「本件霞ヶ浦湖心水域（西浦）」（別紙七）

資料4-8

434　第3章　環境，開発，自然の権利

図面6　オオヒシクイ　稲波(いなみ)

図面7　記録メデイア　稲波小野川堤防

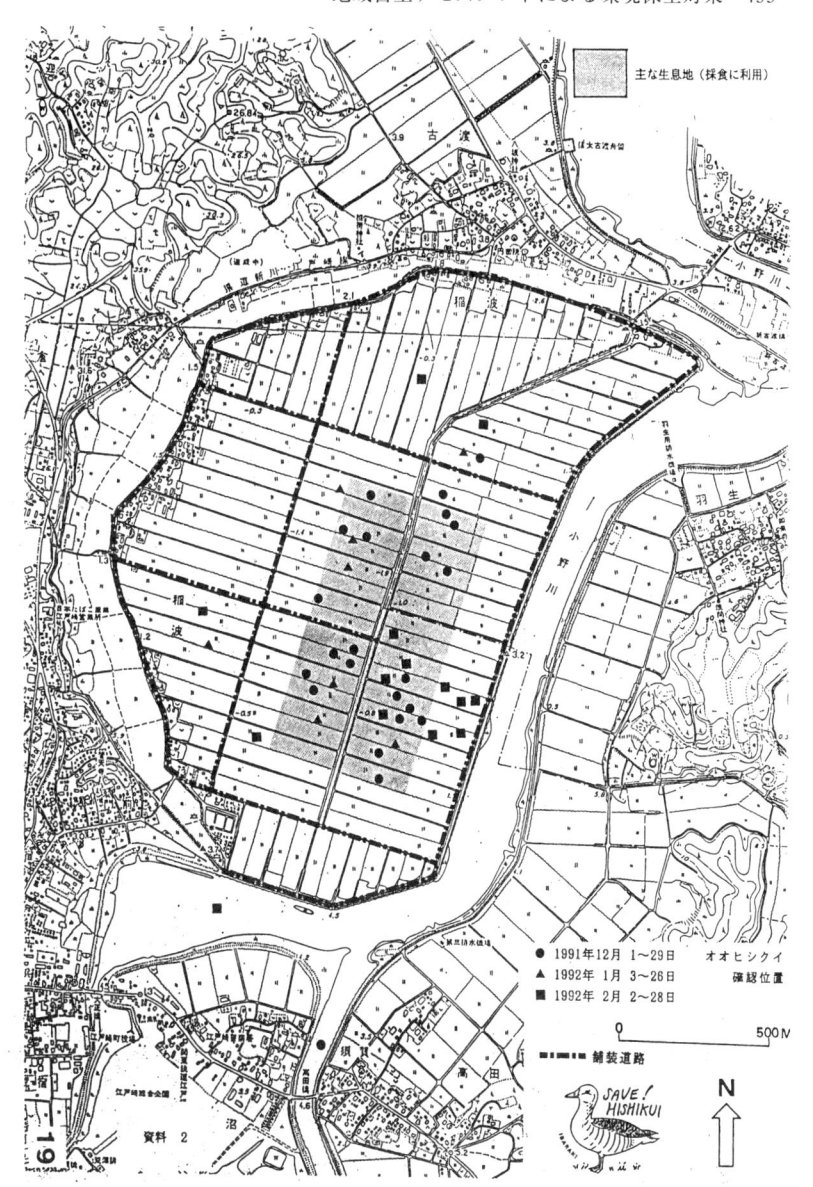

地域自主アセスメントによる環境保全対策　435

図面8　1991〜1992オオヒシクイ確認位置

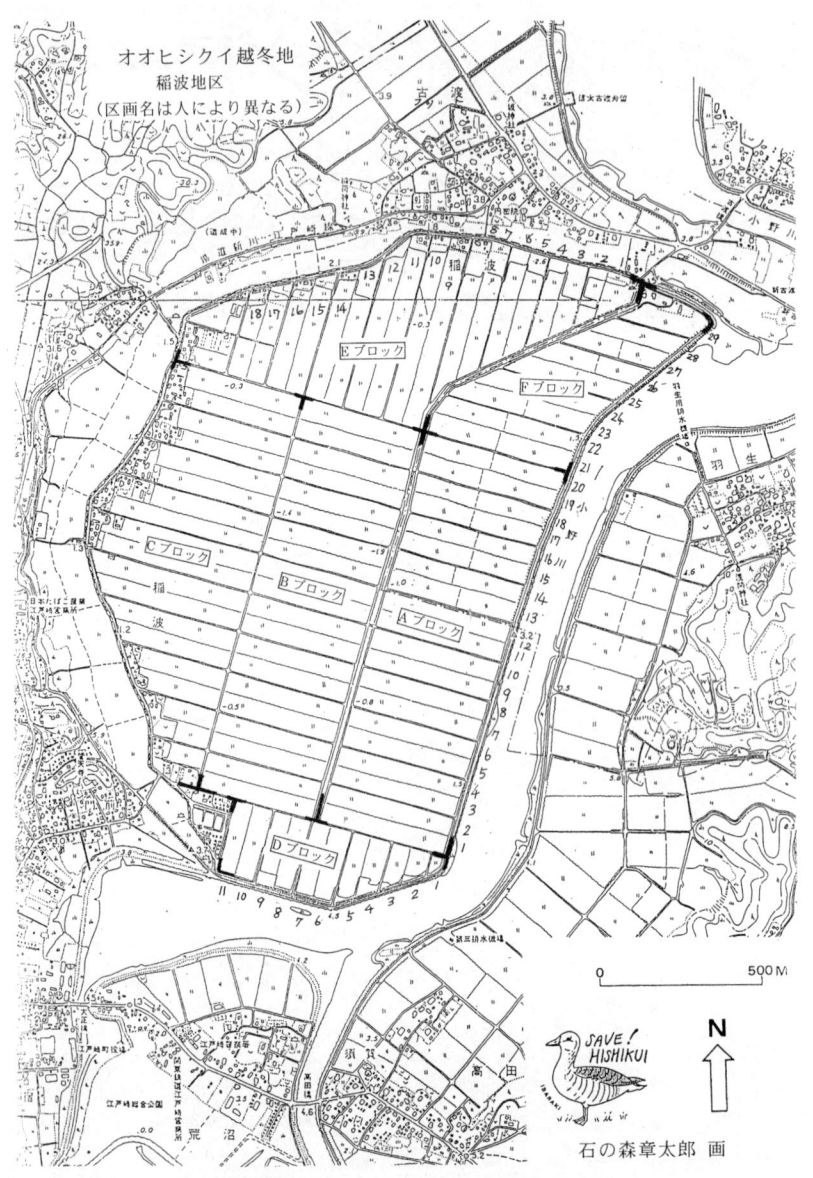

436 第3章 環境，開発，自然の権利

図面9 オオヒシクイ越冬地　稲波干拓地

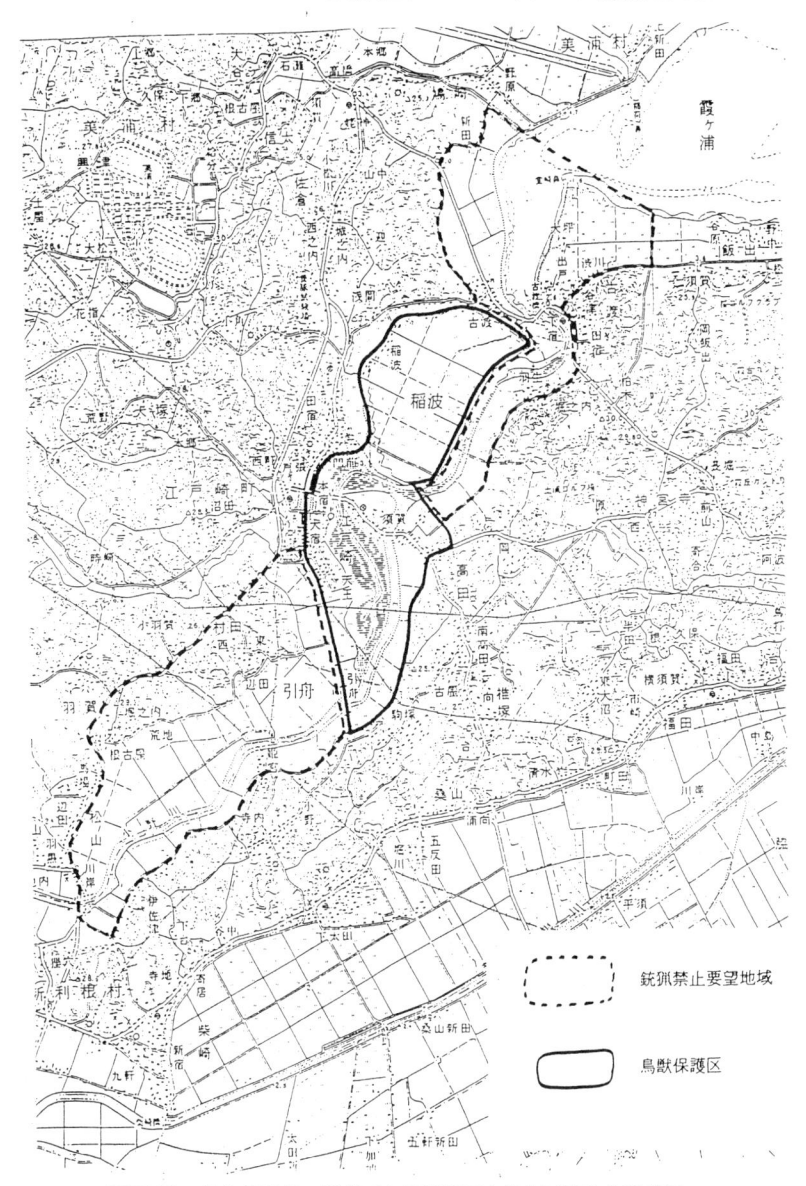

図面 10　具体的要望　甲第 21 号証附図 / 禁止区域拡大要望図

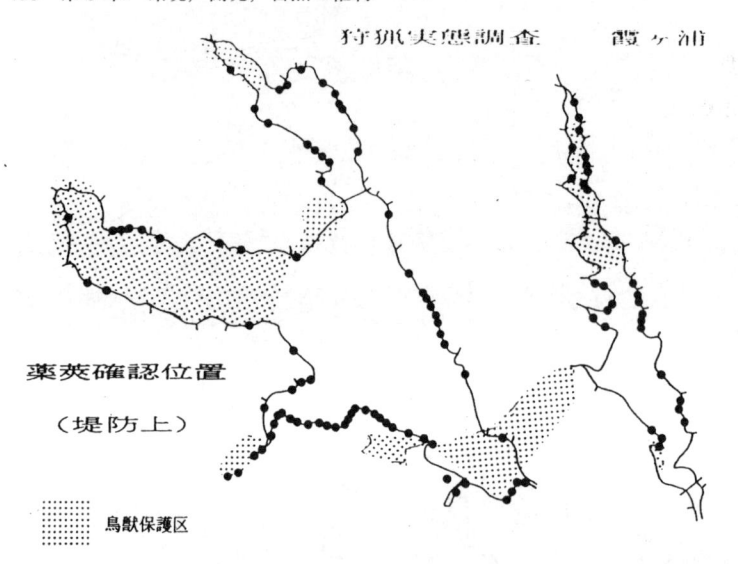

438 第3章 環境, 開発, 自然の権利

狩猟実態調査　霞ヶ浦

薬莢確認位置

（堤防上）

::::: 鳥獣保護区

1995年1月～3月調査　霞ヶ浦をよくする市民連絡会議

オオヒシクイ避難場所

鳥屋の設置場所

オオヒシクイ越冬地

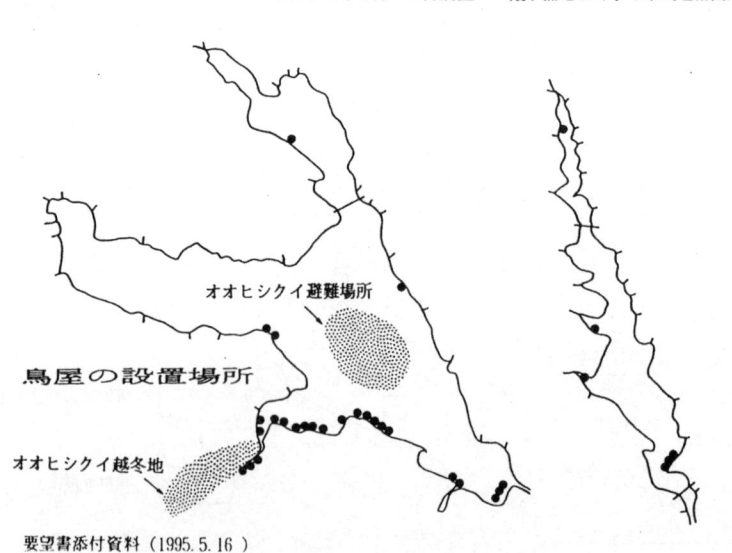

要望書添付資料（1995.5.16）

図面 11-1　具体的要望　甲第 24 号証附図 / 狩猟実態

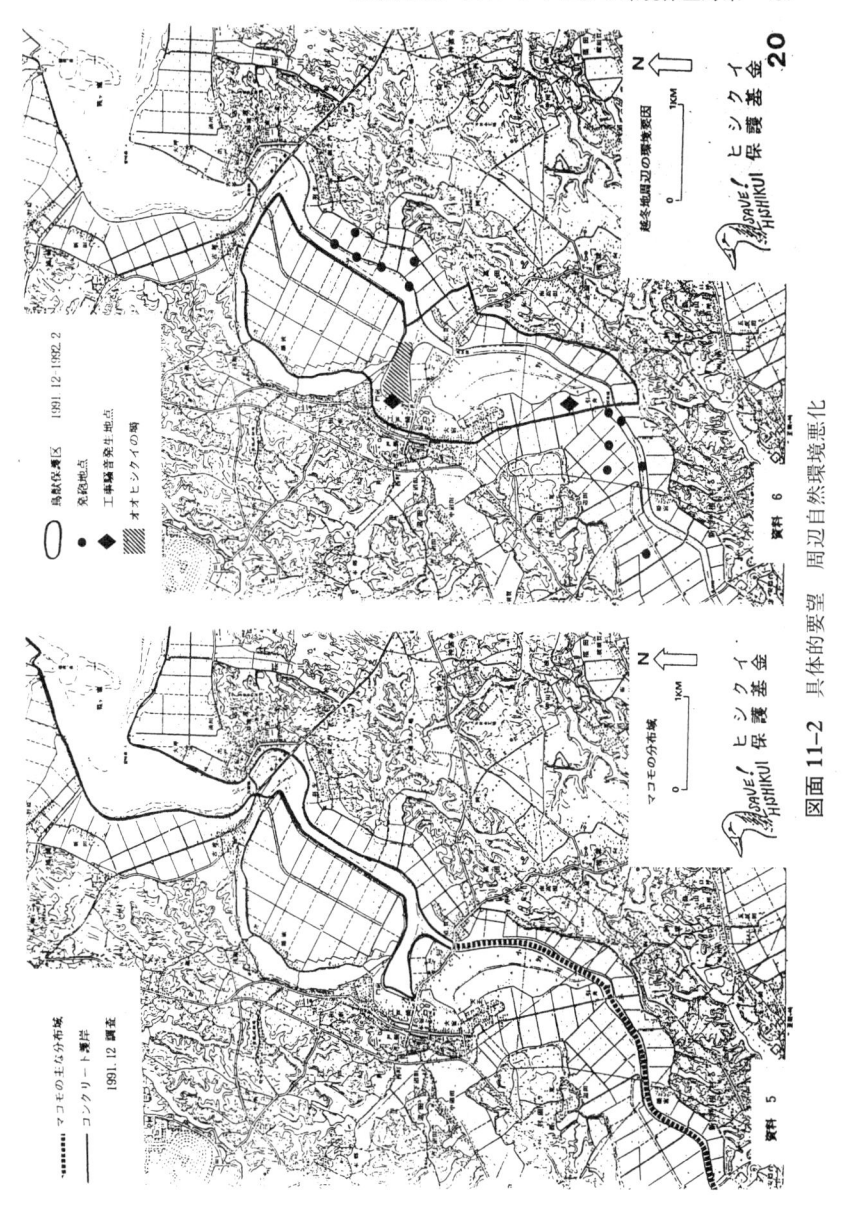

地域自主アセスメントによる環境保全対策　439

図面 11-2　具体的要望　周辺自然環境悪化

440 第3章 環境，開発，自然の権利

資料5 オオヒシクイ越冬地裁判所検証報道

地域自主アセスメントによる環境保全対策　441

【図面12-1】

撮影者　浅野正一
撮影場所　茨城県稲敷郡江戸崎町大字江戸崎乙1341（引舟）圏央道建設予定地
撮影年月日　一九八九年二月二〇日頃

○ オオヒシクイ撮影位置
圏央道計画ルート

ビデオ撮影報告書　一

対象　圏央道計画ルート上に飛来したオオヒシクイ個体群
シクイ個体群（引舟）で採食休眠するオオヒ

図面 12-1　オオヒシクイ飛来証拠ビデオ位置　甲第32号証の2

【図面12-2】

撮影者　浅野正一
撮影場所　茨城県稲敷郡江戸崎町大字江戸崎乙1341（引舟）圏央道建設予定地
撮影年月日　一九九四年二月一九日午前一〇時四〇分

○ オオヒシクイ飛行位置
圏央道計画ルート

ビデオ撮影報告書　二

対象　圏央道計画ルート上に飛来したオオヒシクイ個体群
オオヒシクイ五八羽とマガン六羽が引舟に飛来し着地体勢に入るが、下で農道工事が行われていたため妨害され、降りることが出来ず圏央道予定地上空を旋回し霞ヶ浦方向へ。

図面 12-2　オオヒシクイ飛来証拠ビデオ位置　甲第33号証の2

資料6 意見書（442〜444頁）

水戸地方裁判所　　　　　　　　　　　　　　　　　　　　　　　甲第306号証
　　民事第二部　御中

意　見　書

平成12年1月7日
小樽市桜1-2-4
畠山武道

自然保護訴訟の新しい時代を開く判決を

　これまで、自然保護法や行政訴訟を研究してきた者として、また、多少なりとも自然保護運動に係わってきたものとして、今回の裁判に対する私見を述べたいと思います。

　ところで、これまでの公害環境裁判は、主に公害被害に対する損害賠償や、身体生命・居住環境に著しい悪影響を与える事業を中止させることを目的としてきました。しかし今後の公害環境裁判は、それにくわえ、自然生態系や生物多様性の保護を目的としたものでなければなりません。その理由は、3つあります。

　第1は、生態系・生物多様性の保護が、住民、つまり生活にとって必要不可欠な生存の基盤であることです。第2は、人間は、これまで主張されてきたような自然界の絶対的な支配者ではなく、その平凡な一構成員にすぎず、従って他の生物に尊敬の念をいだき、その生存を脅かしてはならないという倫理的・道徳的義務を負っていることです。第3に、そこで最も重要なことは、特定の希少な種だけを取り出して保存するのではなく、多様な種、多様な生息地、多様な遺伝子を保護することです。これが生物多様性保護の意味に他なりません。

　では、こうした中で、裁判所に期待される役割は何でしょうか。無論、裁判所だけで、生物多様性を保護できるわけではなく、立法府や行政府がその使命を果たすべきことは当然です。しかし、裁判所は、特定の地域的、政治的利害関係にとらわれずに、公正な立場から物事を判断できる唯一の機関です。立法府や行政府の誤りをただし、法律や政策の不備を補う責務があります。

　こうした点から、今後の自然保護訴訟の司法審査には、何が望まれるのでしょうか。

　第1は、法律が適正に執行されているかどうかを、厳しく監視することです。その場合、とくに重要なことは、住民参加や住民への情報提供を目的に設けられた行政手続が守られているのかどうかを重視し、その違反を見逃さないという態度を厳守することです。

第2は、しかし、そうはいっても、裁判所が自ら違法行為を発見したり、摘発したりすることはできません。そこで、重要なことは、市民の力を借りることです。アメリカでは、法律により、あるいは判例により、一般市民や環境団体に訴えの資格が広く認められますが、これは、法律を適切に執行し、違反を取り締まるためには、市民にも法律執行の役割を与えるべきだという考えによるものです。日本においても、原告適格を広げることで、同じ効果をあげることは十分に可能です。

　第3に、自然生態系や生物多様性は、一度破壊されると、元にもどすことが極めて困難なのが普通です。そこで、自然保護訴訟は、基本的に事前の予防訴訟でなければなりません。そのためには、現在の裁判所がとっている「青写真論」といわれる考えを訂正し、事業の実施前の基本構想や基本計画策定の段階で裁判提起を認めるべきです。

　第4に、自然保護訴訟の審理にあたっては、常に包括的・全体的な視点をもつことです。なぜなら、ある地域の自然の改変は、たとえば河川改修を例にとると、開発地域およびその周辺地域の安全、災害、周囲の環境等への影響だけではなく、流域、景観地域の住民、植生、水生生物、鳥類、氾濫原、地下水、河口の漁業などにも影響を与えるからです。こうしたことを調査するのに最も適しているのが環境影響評価（アセスメント）です。そこで、環境アセスメントを単なる手続と考えるのではなく、本当に環境に与える被害の少ない代替案が選択されているか、悪影響を回避するための措置が十分に取られているかなどに着目した高密度の司法審査が望まれます。

　第5に、事実的因果関係の証明や立証責任にも、これまでとは異なった考えをする必要があります。たとえば、ある事業が将来、環境にもたらす影響は、直接に証明することはできません。そこで、生物学的・生態学的データや研究、類似の例などによる間接証明を大幅に認める必要があります。

　また、生態系バランスの破壊は大部分が自然生態系に悪影響を与えること（良い影響はきわめて稀なこと）、その破壊は回復不可能な場合が多いことなどの自然生態系の特色を考え、さらに計画策定・アセスメントの実施などを通して行政庁や事業者に情報・資料が集中していることを考えると、生態系を変更する行為には悪影響の発生が推定され、被告行政庁や事業者が、その行為が自然生態系や生物多様性に影響がないという証明責任を負うと考えるべきです。

さて、現在の裁判制度は、特定個人に属する財産権や人格権、すなわち私益を保護することを目的としています。そのために、多数の者が共通して有する利益、すなわち、すべての人々の生存に不可欠の大気、水、自然環境、生物・生態系などを共有する利益は、一般的公益として、裁判上保護されていません。しかし、多数の人が共有する利益が保護に値しないとすると、誰も違法行為を追及できなくなり、社会にとってより大きな利益が失われます。アメリカ連邦最高裁判所の1973年の判決は、「ある環境的利益が少数の者よりも多数の者によって共有されているという事実は、その利益が、司法過程による低位の法的保護にしか値しないということを意味しない」「単に他にも多数の者が損害を被ったという理由で、事実上の損害を被った者に対して原告適格を否定することは、最も被害が深刻で広範囲な政府の活動が誰によっても疑問視されないことを意味するからである。」(United States v. SCRAP, 412 U.S. 669(1973)) と述べています。

今後は、多数の人が共有する環境的利益に個人の私益をこえる高い価値を認め、裁判を、公共的な利益を守る手続につくり変えることです。

こうした主張は、とほうもない、荒唐無稽なものと考えられるかもしれません。しかし、裁判所は、四大公害訴訟や薬害訴訟にみられるように、法曹や学者と議論を繰り返しながら、法律の不備を補う画期的な判決を下してきたことを忘れてはなりません。また、最近の一連の不正支出に対する住民訴訟、情報公開訴訟においても、市民の主張をいれ、現実の行政に大きな影響を与えています。こうした柔軟な判断こそが、市民の裁判所に対する信頼をつなぎ止めているのです。

最近、全国各地でこれまでとは違った自然保護訴訟が起こされています。それは、それぞれ論点は異なりますが、環境の危機といわれる時代にあって、裁判が自然保護の新たな手段となることを願って提起されたものであり、今回の裁判も、こうした一連の流れに沿うものです。したがって、裁判所が、旧来の判例理論に固執し、安易に原告の主張を退けるなら、人々が裁判所にいだいている期待は、大きく裏切られることになります。逆に、裁判所がいくつかの点で積極的で前向きな判断を下せば、それは、自然保護訴訟の新しい時代をつげる裁判として、人々に記憶されることになるでしょう。

以上

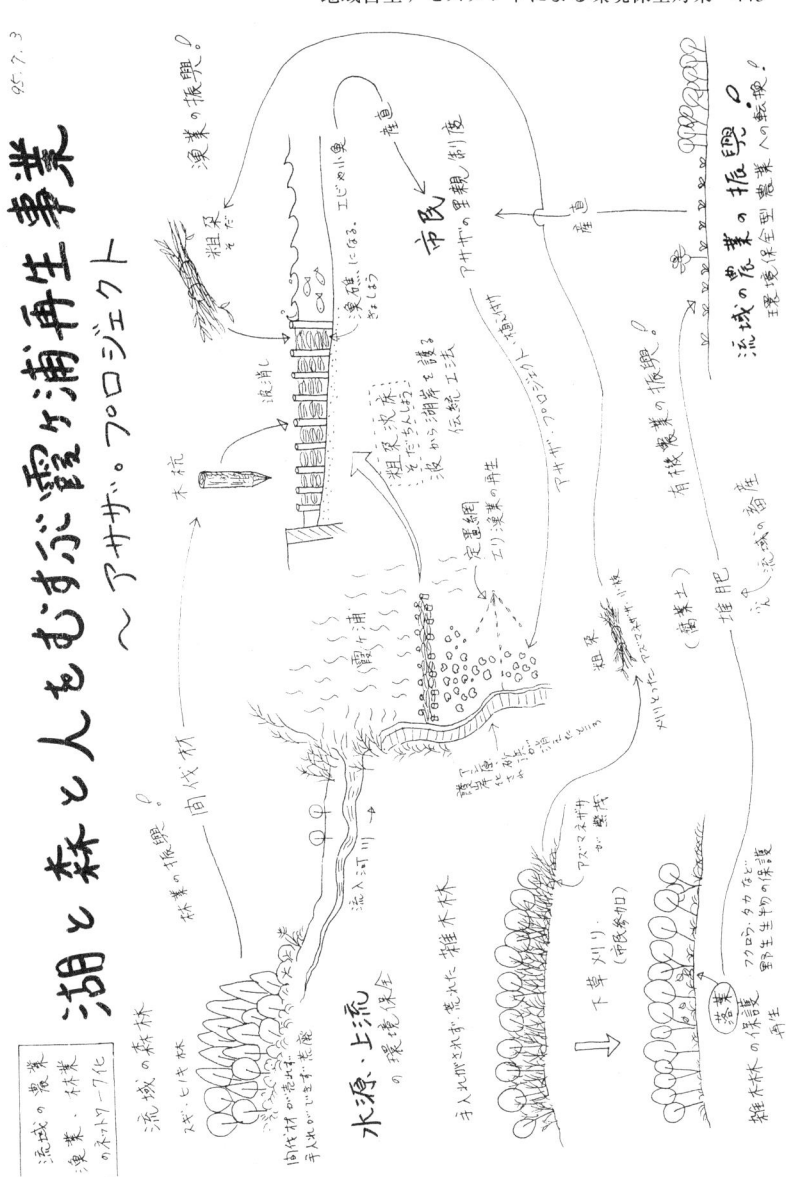

地域自主アセスメントによる環境保全対策　445

図面 13　霞ヶ浦再生事業

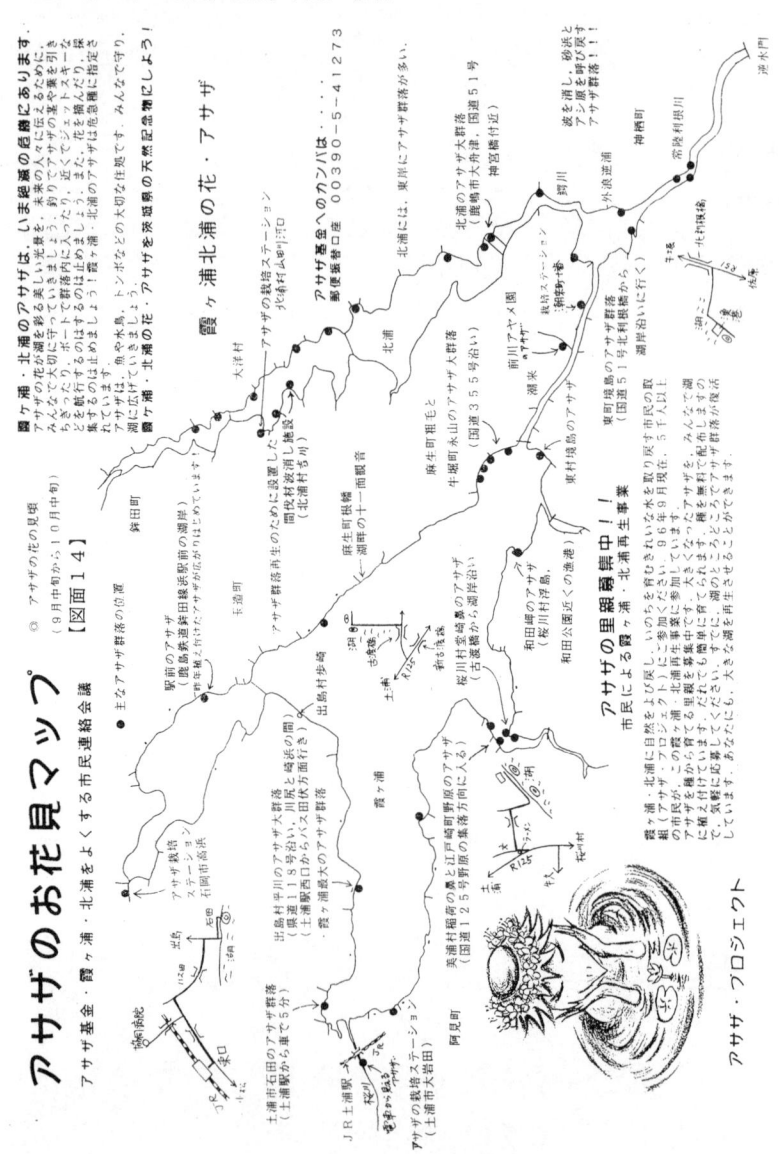

446　第3章　環境，開発，自然の権利

図面14　霞ヶ浦アサザお花見マップ

【資料7】

新環境宣言

理念と課題 (上)

第3部 環境教育

鷲谷 いづみさん
東京大学大学院教授(理学博士)

茨城新聞社
2001年3月5日

「協働」による自然再生

―保全生態学について。

鷲谷 保全生態学は生物多様性の保全や、健全な生態系の維持を目的とした研究、ということによって、水辺の植生化や大気汚染など、世界的に九〇年代後半に日本や欧米でも本格的に取り組まれるようになった新しい関心が高まっているようにした中で、自然環境問題に対する関心が高まっている。その背景には、地球規模で環境問題が深刻化しつつあるということと、そうした中で絶滅の危機にさらされている生物もそれだけ増えているという事実があるということだ。

―霞ケ浦の生態系に厳しい状況が起きていることは間違いない。(霞ケ浦開発事業の)立場から学んだ大学院保全生態学研究室の鷲谷いづみ教授に、「環境教育」のあり方についても聞いた。

「環境の時代」ともいわれる二十一世紀に入り、地球温暖化や大気汚染など、世界的な自然環境問題に対する関心が高まっている。そうした中で、東京大学大学院保全生態学研究室の鷲谷いづみ教授は、フィールドを霞ケ浦や小貝川などにしぼり、絶滅の危機に瀕する植物や鳥類などの保全・再生に取り組んでいる。その考え方や、環境教育の在り方について聞いた。

鷲谷 霞ケ浦の生態系の典型といえるが、アサザだけでなく湖の植生全体がやせているのが現在認められる霞ケ浦の植生コンクリート護岸工法について。

九割が消失したアサザはその一例だが、アサザだけでなく湖の植生全体がやせているのが現在認められる霞ケ浦の植生。治水・利水を目的とした護岸コンクリート護岸工法について。

鷲谷 自然環境への協働が高まり、行政の方針も変わりつつある。(関係が始まった。

―霞ケ浦で今、大きく発展しようとしているアサザプロジェクトに先駆けた先進的な『協働プロジェクト』であり、その意義は極めて大きい」と語る鷲谷いづみ教授=東京大学農学部保全生態学研究室

―総合的学習に本格導入される「環境教育」のあり方、取り組みについて。

鷲谷 霞ケ浦の自然との協働で新しい取り組みを始めてみることが大切だ。地域の自然にかえることも大切だ。地域の自然に根ざした環境教育というのも、自然の摂理にかなった方法や技術で取り組むのは大変実りの多いものと期待される。

―霞ケ浦の水辺の植生や水鳥の再生と水質浄化との関連、及び湖全体の再生について。

鷲谷 霞ケ浦の水辺の植生の再生が、湖の水質浄化を進めるための大きな要因であることは確か。水質浄化に向けた湖自体の自浄作用を高めるとともにつながる。霞ケ浦全体の種生の復元を目指すうえで、アサザ群落の保全・再生について検証する。環境に対する。

―3部は「環境教育」のテーマで、現場でのさまざまな事例を通して自然環境問題にどれほど理念に、地域住民の素朴な思いや理念などを聞いた。環境問題に、地域住民の素朴な疑問をプロローグとして、「環境教育」の視点から教師や子供たち、地域住民の素朴な思いや課題を探る。

再生と水質浄化との関連、及び湖全体の再生について。

鷲谷 湖全体の水辺の植生の再生が、湖の水質浄化を進めるための大きな要因であることは確か。

―一口に環境といっても、身近な自然のさまざまな面があり、学校や地域住民、企業などいろいろな立場から自然保全への関わり方があり得る。それぞれの立場から自然保全への取り組みを通して、それぞれの役割も期待される。

―霞ケ浦の水辺の植生や水鳥の

資料7 新環境宣言 鷲谷いづみさん 茨城新聞 2001.3.5

448　第3章　環境，開発，自然の権利

図面15　アサザ基地種採り　土浦市大岩田　'98.2.22

図面18　アサザ基地種採り　乾燥　ボランティア　土浦市大岩田

図面16　アサザ基地種採り　ボランティア　土浦市大岩田

図面19　アサザ基地種採り　記念写真　ボランティア　土浦市大岩田

図面17　アサザ基地種採り　選別　ボランティア　土浦市大岩田

図面20　アサザステーション植え付け　ライオンズ崎浜

図面21　アサザステーション植え付け　ライオンズ記念写真

図面24　アサザステーション植え付け　植えたアサザ　木原

図面22　アサザステーション植え付け　ボランティア　木原

図面25　アサザステーション植え付け　記念写真　ボランティア　木原

図面23　アサザステーション植え付け　ボランティア　木原

図面26　アサザステーション植え付け　粗朶沈床の上で　ボランティア

450　第3章　環境，開発，自然の権利

図面27　アサザステーション植え付け　アサザの花

図面30　一日樵 下草刈り　ボランティア 谷田部中野園

図面28　オニバスのたね　石岡ビオトープ

図面31　一日樵 下草刈り　ボランティア 谷田部中野園

図面29　オニバスのたね撒き　石岡ビオトープ

図面32　一日樵 下草刈り 粗朶の束　ボランティア谷田部中野園(刈ってあるもの)

地域自主アセスメントによる環境保全対策　451

図面33　ビオトープ造り　地元重機ボランティア　潮来徳島園地

図面36　ビオトープ造り　オニバスの花　石岡市高浜山王川河口

図面34　ビオトープ造り　地元重機ボランティア　潮来徳島園地

図面37　C.W.ニコル氏・飯島氏対談　00.8.26　水戸プラザホテル

図面35　ビオトープ造り　ヨシの根切り　ボランティア　潮来徳島園地

図面38　アサザプロジェクトシンポジウム　01.2.17　土浦市民会館

452　第 3 章　環境，開発，自然の権利

図面 39　アサザプロジェクトシンポジウム　01.2.17　土浦市民会館

図面 40　記録機材 SONY ビデオカメラ，ニコン F，1200 mm レンズ

図面 41　落ち穂を食べるヒシクイ（保護色にとける）　稲波 '95　1200 mm レンズ

図面 42　一斉に飛び立つ　稲波 '94

図面 43　鳴きながら飛ぶ　稲波 '94　150〜500 mm ズームレンズ

図面・資料一覧

〈図　面〉

図面 1　（写真）谷津田。

図面 2　1881 年頃の谷津田の分布。原図 2「小野川流域・牛久沼周辺の谷津田の区分」。1881 年陸軍部測量局迅速図。「水がつくる人と生き物のネットワーク」（霞ヶ浦研究 Vol. 1，飯島博，1989）

図面 3　（写真）水質検査。

図面 4-1〜4　圏央道の予定コース。オオヒシクイ合同調査会，圏央道計画ルート査察会，牛久の自然を守る会提供。

図面 5-1　湖水変化。「霞ヶ浦・北浦利水関係水産影響調査報告書」（日本水産資源保護協会，1968）

図面 5-2　湖岸水位資料。同上。

図面 5-3　将来の鳥。あなたが育てたアサザからはじまる再生事業。霞ヶ浦・北浦をよくする市民連絡会議提供。

図面 6　（写真）オオヒシクイ　稲波（いなみ）。

図面 7　（写真）記録メディア　稲波小野川堤防。

図面 8　1991〜1992 オオヒシクイ確認位置。「ヒシクイ実態調査報告書」（建設省（国土交通省）関東地方建設局常総国道工事事務所，1994）

図面 9　オオヒシクイ越冬地　稲波干拓地。同上。

図面 10　具体的要望。禁止区域拡大要望図。「オオヒシクイ越冬地の保護及び鳥獣区拡大を求める要望書」（甲第 21 号証附図）

図面 11-1　具体的要望。狩猟実態。「霞ヶ浦全域の禁猟化を求める要望書」（甲第 24 号証附図）

図面 11-2　具体的要望。周辺自然環境悪化。マコモ・発砲・騒音発生。ヒシクイ保護基金提供（市民による自主アセスメント，オオヒシクイの生体調査(1991–1992 年)，飯島博）

図面 12-1　オオヒシクイ飛来証拠ビデオ位置。（甲第 32-2 号証）

図面 12-2　オオヒシクイ飛来証拠ビデオ位置。（甲第 33-2 号証）

図面 13　霞ヶ浦再生事業。幼少中高校一般参加ボランティア他資料。アサザ・プロジェクト提供。

454　第 3 章　環境，開発，自然の権利

図面 14　霞ヶ浦アサザお花見マップ。幼少中高校一般参加ボランティア他，バスツアー参加者用資料。アサザ・プロジェクト提供。
図面 15　（写真）アサザ基地種採り
図面 16　（写真）アサザ基地種採り
図面 17　（写真）アサザ基地種採り
図面 18　（写真）アサザ基地種採り
図面 19　（写真）アサザ基地種採り
図面 20　（写真）アサザステーション植え付け
図面 21　（写真）アサザステーション植え付け
図面 22　（写真）アサザステーション植え付け
図面 23　（写真）アサザステーション植え付け
図面 24　（写真）アサザステーション植え付け
図面 25　（写真）アサザステーション植え付け
図面 26　（写真）アサザステーション植え付け
図面 27　（写真）アサザステーション植え付け
図面 28　（写真）オニバスのたね
図面 29　（写真）オニバスのたね撒き
図面 30　（写真）一日樵　下草刈り
図面 31　（写真）一日樵　下草刈り
図面 32　（写真）一日樵　下草刈り
図面 33　（写真）ビオトープ造り
図面 34　（写真）ビオトープ造り
図面 35　（写真）ビオトープ造り
図面 36　（写真）ビオトープ造り
図面 37　（写真）C.W. ニコル氏・飯島氏対談
図面 38　（写真）アサザプロジェクトシンポジウム
図面 39　（写真）アサザプロジェクトシンポジウム
図面 40　（写真）記録機材 SONY ビデオカメラ
図面 41　（写真）落ち穂を食べるヒシクイ
図面 42　（写真）一斉に飛び立つ
図面 43　（写真）鳴きながら飛ぶ 稲波

〈資　料〉
資料 1-1　霞ヶ浦宣言全文。（茨城新聞，1995.10.23）

資料1-2　霞ヶ浦宣言英文。(世界湖沼会議NGOフォーラム実行委員会，1995.10)
資料2　オオヒシクイと共に創る文化。「報告　日本における[自然の権利]運動」(自然の権利セミナー報告書作成委員会編，山洋社1998)，58-66頁。
資料3　法廷からの報告。同上書67〜73頁，坂元雅行弁護士。
資料4-1　オオヒシクイ自然の権利訴訟。同上書205-225頁，森の風法律事務所弁護団。
資料4-2〜8　図面一〜七。森の風法律事務所弁護団作成。
資料5　オオヒシクイ越冬地裁判所検証報道。(常陽・読売・朝日新聞，1998.2.4)
資料6　意見書。(甲第306号証)
資料7　新環境宣言　鷲谷いづみさん。(茨城新聞，2001.3.5)

図面・資料提供

ヒシクイ保護基金，NPO法人アサザ基金(牛久市栄町6-387　電話0298-71-7166・代表飯島博)
森の風法律事務所(東京都港区虎ノ門2-5-4　ヒシクイ裁判主任弁護士・坂元雅行)

引　用

『報告　日本における「自然の権利」運動』(「自然の権利」セミナー，山洋社，1998)
　「オオヒシクイ自然の権利訴訟」(オオヒシクイと共に創る文化，飯島博) 58-66頁。
　「法廷からの報告」(弁護士・坂元雅行) 67-73頁。
　「訴状　オオヒシクイ自然の権利訴訟」(森の風法律事務所弁護団) 205-225頁。

参考図書他

『環境倫理学のすすめ』加藤尚武，丸善ライブラリー，丸善，1999年。
『応用倫理学のすすめ』加藤尚武，丸善ライブラリー，丸善，1997年。
『図解スーパーゼミナール環境学』加藤尚武，東洋経済新報社，2001年。
『オオヒシクイの裁判が始まった』坂元雅行，アリス館，2000。
『よみがえれアサザ咲く水辺』鷲谷いづみ，文一綜合出版，1999。
『保全生態学』鷲谷いづみ，文一綜合出版，1999。
『植物の多様性と系統』加藤雅啓，裳華房，1997。
『C.W.ニコルの森の時間』C.W.ニコル，読売新聞社，1998。
『生態系と地球環境のしくみ』大石正道，日本実技用出版社，2001。
『地球環境化学入門』ジュリアン・アンドリュース，渡辺正訳，シュプリンガー・フェアラーク東京，1997。
『霞ヶ浦，21世紀へ——世界湖沼会議の記録』中川清，常陽新聞社，1997。

第4章　公正な競争と企業経営

EU 競争法における制裁金制度

金 井 貴 嗣

は じ め に

　1990年代に入って，世界的に，競争政策を強化する動きが活発になってきている。そのような動きの一つに，競争法違反に対する執行力の強化があげられる。米国においても EU においても，違反行為者に対して高額の罰金・制裁金が科せられるようになっている。また，違反事件の証拠収集を促進するために，違反行為に関する情報を提供した違反行為者に対して刑罰又は制裁金を減免する制度を導入する国が増えている。

　わが国においても，1990年以降，課徴金額の引上げ，法人事業者に対する罰金額の引上げ，差止請求制度の創設など，独占禁止法違反に対する執行力を強化する法改正が相次いで行われている。しかしながら，米国や EU と比較すると，なお独占禁止法違反に対する執行力が弱い。私は，別の論文において，独占禁止法違反に対する執行力を強化するために，現行の課徴金を制裁金制度に改めるよう提案し，それに伴って生ずる問題点を検討した[1]。その際，EU の制裁金制度が参考になった。EU では，1962年に，競争法違反に対する制裁金制度が導入されて以後，40年余りの歴史を有している。本稿は，EU 制裁金制度の内容，運用の実態，制度及び運用における問題点，等を，わが国の制度改革を念頭において紹介・検討するものである。

460　第 4 章　公正な競争と企業経営

1. 制裁金制度の概要

(1) EC委員会理事会規則 17 号

EU競争法81条及び82条違反[2]があったときは，EC委員会は，違反行為の排除を命じることができる(1962年理事会規則17号3条1項)。この命令に従わないときは，1日当たり50ユーロから1,000ユーロの履行強制金を科すことができる(同理事会規則16条)。また，「委員会は，事業者又は事業者団体が，故意又は過失によって，81条又は82条違反を行ったときは，1,000ユーロから100万ユーロまでの制裁金を科すことができる。この額は，違反事業者の前年度の売上額（turnover）の10%まで引き上げることができる。制裁金の算定に際しては，違反行為の重大性（gravity）及び継続期間（duration）を考慮する。」(15条2項)。同理事会規則は，制裁金制度は刑罰の性格を有するものではないと規定する(15条4項)。委員会による制裁金の賦科及び制裁金額の決定については，当事者の申立てにより，裁判所の審査に服する。

本稿で考察するのは，理事会規則17号の15条2項が定める81条又は82条違反に対する制裁金の制度である。制裁金制度の目的について，理事会規則は何も定めていないが，EC委員会の第13回競争政策リポート（1983年）は，①違反事業者に金銭的サンクションを科して，違反の再発を防止すること，及び②EU競争法の禁止の実効性を高めること，という2つの目的を有すると述べている[3]。

(2) 制度の運用

制裁金が最初に科された1969年のキニーネ・カルテル事件では，総額50万ユニットの制裁金が科されている[4]。この事件からほぼ10年の間に18件に制裁金が科されているが，金額は比較的少額である。その後1980年代半

ば頃から，制裁金を科される事業者の数および制裁金の額がともに増加している[5]。EU制裁金制度の運用の歴史において第一の画期的事件とされているのが，1980年のパイオニア事件である[6]。この事件は，日本のパイオニア社の製品を欧州市場で供給する欧州子会社と，この会社から供給を受けるイギリス，ドイツ及びフランスの輸入総代理店によって市場分割カルテルが行われた事件である。これら4社は，フランス国内の価格を維持する目的で，イギリス及びドイツからフランスへ輸出することを禁止し，フランスの総代理店がイギリス及びドイツから輸入することを禁止する協定を締結した。旧85条1項に違反するとして，パイオニアの欧州子会社に200万ユニット，フランスの輸入総代理店に60万ユニット，ドイツの輸入総代理店に40万ユニット，イギリスの輸入総代理店に20万ユニットの制裁金が科された。

　本件において欧州裁判所は，その後の制裁金の運用にとって重要となる次のような判断を下した。第1に，15条2項の「売上額」とは，違反事業者の総売上額をいい，違反行為の対象となった商品の売上額ではない[7]。第2に，EC委員会が，違反行為に対する抑止力を高めるために，制裁金の水準を引き上げることが適切であると認めるならば，委員会は，理事会規則17条の範囲内で制裁金の額を引き上げることができる，と述べて，制裁金算定について，委員会に広範な裁量権を認めた[8]。第3に，違反行為の「重大性」を評価するにあたっては，問題となった違反行為のタイプによって異なる違反行為の性質及び重要性，当該事件に固有の事情等，多様な要因を考慮しなければならない。具体的には，違反行為の対象とされた商品の数量及び金額，違反事業者の規模及び経済力，および当該事業者が市場に及ぼした影響等をあげている[9]。判決は，この点に関して次のように述べている。「制裁金の算定においては，一方においては，事業者の総売上額及び違反行為の対象とされた商品で算定された売上額の一定割合を考慮に入れることが許されよう。前者は（不完全ではあるが）事業者の規模及び経済力をあらわし，後者は，違反行

為の影響の大きさをあらわす。他方において，これら多様な考慮要因のいずれかを他の要因と比べて不釣合いなほど重視しないことが大切である。そうすれば，制裁金が，総売上額を基礎にした単純な計算によって導かれるようなことはないであろう。特に，違反行為の対象商品が総売上額のうち僅かな割合しか占めていない場合に，その点を注意することが必要である。」[10] と。

(3) 制裁金制度の新展開

1990年代に入って，制裁金制度に新たな展開がみられる。第1に，1つの事件についてみても，1事業者についてみても，制裁金の額がかなり高くなってきている。1992年のテトラパック事件では，旧86条違反とされたテトラパック社に対して，7,500万ECU（同社の総売上額の2.5％に相当）の制裁金が科されている[11]。81条違反事件では，1994年，セメント・カルテル事件の41事業者に総額2億4800万ECU，1998年，フォルクス・ワーゲン社事件で，同社に1億200万ECU[12]，TACA事件で，総額2億7300万ECUの制裁金が科されている[13]。第2に，委員会は，1998年に，制裁金の算定方法に関するガイドライン（Guidelines on the method of setting fines imposed pursuant to Article 15 (2) of Regulation No. 17 and Article 65 (5) of the ECSC treaty）を作成し，公表している。それまで，委員会による制裁金の賦科及び制裁金の算定方法については，透明性及び公平性の点で問題があるとの批判があった。ガイドラインは，そのような批判に応え，あわせて違反行為に対する抑止力を高めるために定められたものである（ガイドラインの内容については，後述する）。第3に，委員会は，1996年，カルテル事件の情報提供者に対して制裁金を減免する制度を導入した。それまでも，委員会の事件調査に協力した違反行為者に対して制裁金を軽減する措置をとってきたが，違反事件の情報収集力を高めるために，減免制度を導入し，減免の要件等を定めたガイドラインを作成・公表した（この点についても，後述する）。

2. 賦科要件

(1) 賦科対象行為

理事会規則15条2項は，81条違反及び82条違反に対して制裁金を科すことができる旨規定しているが，違反事件すべてにおいて制裁金が科せられるわけではない。これまでの運用例をみると，1964年から1999年の間に下されたEC委員会の決定事件441件のうち107件において制裁金が科されている[14]。これらのうちの圧倒的多数が，81条違反である。81条違反の中では，価格カルテルのほか，EU競争法の立法趣旨(統一市場の形成)から，並行輸出入を禁止する協定に対して制裁金が科されている例が多い。1983年の第13回競争政策リポートは，深刻な(serious)違反行為に対して制裁金を科すとして，次のような行為をあげている。81条違反については，「輸出禁止，市場分割，水平的・垂直的価格制限」を，82条違反については，「供給拒絶，差別対価，排他的・選択的長期供給契約及び忠誠リベート」をあげている[15]。

どのような行為に制裁金が科せられるのか，の問題に関わる諸論点についてふれておく。第1に，これまで違法とされたことのないタイプの行為や違法性の基準が確立していない行為には，制裁金を科さないか又は減額する取り扱いがなされている。例えば，イタリアン・フラット・ガラス事件においては，複数の事業者間で自動車ガラスの取扱い量と供給経路を取り決めた行為に対して，81条に加えて，「支配的地位の共有（collective dominance）」概念を採用して82条も適用されているが，82条について「支配的地位の共有」という解釈ががそれまで採られてこなかったことを理由に，82条違反については制裁金が科されていない[16]。これに対して，輸入総代理店と取引先ディーラーによる輸出禁止協定が81条違反とされた事例において，以前は，輸入総代理店にのみ制裁金が科され，ディーラーには科されなかったのが，

ディーラーにも科された事件において，事業者は平等原則に反すると主張したが，裁判所は斥けている[17]。この点，1998年のフォルクスワーゲン事件（後述）では，ディーラーは協定の「被害者」であるとして，制裁金は科されていない。

　第2に，82条の市場支配的地位の濫用に対して制裁金が科されている例が少なからず存在する。前述したように，委員会は，1983年の第13回競争政策リポートで，82条違反に対しても制裁金を科す方針を表明している。しかし，82条違反に対して，高額の制裁金が科されるようになるのは比較的最近のことである。これにともない，制裁金賦科の可否及び額の算定について，不服申し立てがなされるケースも少なくない。82条違反の場合，具体的にどのような行為が違反となるのかを判別することが困難なことが主たる理由である。例えば，略奪的価格設定が82条違反とされたAKZO事件では，制裁金額が減額されている。その理由として，① AKZOが設定した不当に低い価格が「濫用」に当たるかについて，明確な基準が確立されてない，② 違反行為が及ぼした影響が小さい，③ 暫定措置命令（interim measures decision）違反を，制裁金加重要因とするに十分な理由が示されていない，等があげられている[18]。同じく，市場支配的地位の濫用が問題となったTetraPak事件では，82条違反の単一の事業者に対する制裁金の額としては，それまでの最高額の4倍にあたる7500万ECUの制裁金が科された。事業者は，つぎの理由をあげて制裁金の減額を主張した。すなわち，① 本件は，支配的地位が認定されている市場と異なる市場で濫用行為が行われても82条違反となるとの解釈をとったが，このような解釈は本件がはじめてである，② 本件で問題となった略奪的価格設定が「濫用」に該当する基準について明確な基準はない（この時点ではAKZO事件の判決は下されていない）と。しかし，違反行為の重大性の程度が大きい，および競争を制限していることが明白である，との理由で制裁金は減額されなかった[19]。

（2） 故意・過失

理事会規則17号15条2項は，事業者が「故意又は過失によって」違反行為を行ったときに，委員会は制裁金を科すことができると規定する。そして，制裁金の額を算定する際に，違反行為の重大性と継続期間を考慮しなければならないと定めている。したがって，故意・過失と違反行為の重大性は，それぞれ別個独立の要件となっている。

「故意に（intentionally）」は，自己の行為が競争を制限することを認識していることをいう[20]。かかる認識の存在は，従業員・役員等の自然人の心理状態に即してみるのではなく，事業者の違反行為を構成する諸事実から客観的に判断される。例えば，ホフマンラロシュ事件において，裁判所は，故意の要件について，次のように判示している。すなわち，「ロシュ社が自己のシェアを維持するために，買手に対する全量購入と忠誠リベートを定めた契約が重要であることと，それらの行為がもたらす影響について言及した「経営情報（management information）」とその他の内部文書は，新たな競争業者との取引を阻止するための販売政策を故意に追求しようとしたことを示しており，1970年以降，契約が増加していることが，かかる意図の存在を証明している。」と[21]。そのような認識があれば，自己の行為が81条又は82条に違反していることの意識は必要ないとされている[22]。

「過失」は，自己の行為が競争制限をもたらすであろうことを予見できたであろう場合に，その注意義務を懈怠したことをいう。実際の運用では，故意と過失を厳密に区別しているわけではない。截然と区別できない場合には，「故意あるいは少なくとも過失により」として，事件を処理している[23]。過失の存在を認定するには，何らかの「落ち度＝非難可能性」がなければならない。この点について，例えば，委員会が，契約条項から輸出禁止条項を削除するよう命じてからも，特定の商品についてその後4年間輸出禁止条項を定めていたことをもって過失の存在が認定されている事例がある[24]。

通常，価格カルテル，共同ボイコット，市場分割カルテルなどの行為が，故意又は過失なしに行われることはないのに対して，ジョイントベンチャーのような行為に非難可能性を認めることは難しい。他方，82条違反の場合には，違反行為者自らが市場支配的地位にあるのか否か，自己の行為が「濫用」に該当するのか否かを判別することが難しいから，「故意又は過失」を認めることができるか，という問題がある。この点について，例えば，ユナイテッド・ブランド事件では，違反事業者が，青バナナの販売を禁止し，価格差別と注文数量以下で出荷した行為について，裁判所は，国内外において長年にわたり取引を行い，競争法にも通暁していることを理由に，自己の行為が競争を制限することを「知っていた又は知りうべきであった」と認定している[25]。

(3) 賦科対象者

理事会規則17号15条2項は，「事業者（undertakings）」が81条又は82条違反を行ったときに制裁金を科すと定めている。EC条約には，「事業者」の定義を定める規定はない。裁判所は，「事業者概念には，主体の法的地位や資金調達方法の如何を問わず，経済活動を行っているすべての主体が含まれる」と解している[26]。理事会規則17号15条2項は，事業者に対して制裁金を科すと定めているが，EC条約256条(旧192条)は，「人（persons）に対して金銭の支払い義務を負わせる委員会の決定は，すべての加盟国において執行可能である」と定める。この支払い義務の執行は，執行される国の民事訴訟の規定に基づいてなされる。民事訴訟の規定は，法的人格のない主体に対する執行を認めていない。これらの規定から，委員会は，制裁金を自然人又は法人に対して科さなければならないことになっている。

違反事業者と制裁金を科す自然人又は法人が同一である場合には問題はないが，両者が一致しない場合もありうる。例えば，1つの事業者が，複数の

会社から成っている場合には，どの会社に制裁金を科すかを決めなければならない。どの会社に制裁金を科すかについては，委員会の裁量に委ねられている[27]。子会社の行為について，親会社に制裁金を科すことも，子会社と親会社の両方に科すこともできるとされている[28]。親会社が，第3国で設立された会社で，委員会の決定を執行することができない場合には，子会社に制裁金が科される。

3. 制裁金の算定

(1) 一般原則

制裁金の額について，理事会規則17号15条2項は，81条又は82条違反を行った事業者に対して，「1000ユーロから100万ユーロまでの制裁金を科すことができる。この額は，違反事業者の前年度の売上額の10%まで引き上げることができる。」と規定している。この上限金額の範囲内で，委員会は，違反行為の重大性（gravity）と継続期間（duration）を考慮して，制裁金の額を算定することとされている。

制裁金の算定に際しては，EEC条約上要請される「比例原則（proportionality）」と「無差別・平等原則（equity and non-discrimination）」に従わなければならない。比例原則からは，制裁金の額が，違反行為の重大性，違反事業者の規模及び違反行為に対する責任と釣り合っていることが必要とされる[29]。例えば，同一の違反行為に参加した事業者でも，その規模の違いによって制裁金の額に格差をつけることが，比例原則に合致する。他方，無差別・平等原則から，比較可能な事案について無差別・平等の取扱いをしなければならない。例えば，同じような違反行為で，事業者の規模も同じであれば，制裁金の額も同じでなければならない。

制裁金の算定は，3つのステップを踏んで行われる。第1に，違反行為の重大性（gravity）と継続期間（duration）を考慮して，「基礎額（basic amount）」を算定する。第2に，加重要因（aggravating factors）と軽減要因（attenuating factors）を考慮して，基礎額を増加させ又は軽減する。第3に，カルテル事件について，違反行為の情報提供者に対して，制裁金の減免を行う事情があれば，減免措置を講じる。

制裁金の算定方法については，1998年に，制裁金の算定方法に関するガイドラインが公表されているが，それ以前の運用を簡単に述べておく。

（2） 重大性の評価

1980年パイオニア事件判決は，制裁金の算定方法についても注目すべき判示をしている。まず，違反行為の重大性の評価について，違反とされた行為のタイプによって異なる違反行為の性質及び重要性，事件に固有の事情など，多様な要因を考慮しなければならない。具体的には，違反行為の対象とされた商品の数量・金額，違反事業者の規模・経済力，および違反事業者が市場に与えた影響等を考慮しなければならない，と判示している[30]。

EC委員会・第13回競争政策リポートは，「委員会は，制裁金の算定に際しては，違反行為の重大性，継続期間及び故意・過失に関する当該事件のあらゆる事実を考慮する」と述べている[31]。これまでの委員会決定及び判例において，制裁金を加重する方向で考慮された要因として，つぎの諸要因がある[32]。すなわち，① 違反行為が故意によるものか，② 競争制限の性質，③ 違反行為によって得た利益，④ 違反企業の規模，各社の市場占拠率・地位，⑤ 違反行為が行われた期間，⑥ 違反行為の対象とされた商品の重要性，⑦ 各当事者が違反行為の中で果たした役割，⑧ 違反行為を繰り返し行ったか，⑨ 抑止効果，⑩ 違反行為の実際の影響，⑪ 違反行為が組織的に行われたか，等である。他方，制裁金を軽減する要因には，以下のものがある。① 違反行

為を早期に中止した，② 委員会の調査に協力的である，③ コンプライアンスの方針を採用している，④ 違反状態の是正を受け入れている，⑤ 違反とされた行為の違法性が明確でない，⑥ 委員会の告知を信頼した，⑦ 委員会の対処が緩慢であった，⑧ 国の法律又は政府の措置によって混乱が生じた，⑨ 経済状況の困窮，⑩ 他の会社から圧力を受けた，⑪ 違反行為の末梢的部分に関与したにすぎない，⑫ EU 域外での売上げの占める割合が大きい，⑬ 違反を認める申し出（plea-bargaining），等である。

それでは，これらの諸要因を考慮して，具体的にいかなる方法で算定するのであろうか。パイオニア事件判決は，制裁金の算定方法として，事業者の総売上額で算定する方法，および違反行為の対象とされた商品で算定された売上額の一定割合で算定する方法をあげている。事業者の総売上額は，事業者の規模・経済力を表し，違反行為の対象とされた売上額は，違反行為が及ぼした影響の大きさを表す，と述べている[33]。その後，EC 委員会は，1991年の第21回競争政策リポートにおいて，違反事業者が違反行為によって得た利益を，制裁金を算定する際の出発点にすると，述べている[34]。他方で，委員会は，1994年のセメント・カルテル事件のプレスリリースにおいて，通常は，違反行為の対象とされた商品の共同市場における売上額で，制裁金を算定すると述べている[35]。この点に関して，次のような見解がある。すなわち，違反事業者の総売上額に一定のパーセンテージを乗じて制裁金を算定する方法には，法的根拠も経済的正当性も見出しがたい。違反行為に対する抑止効果を高めるには，制裁金の額は，違反行為によって生じた損害又は利益に相応する額とすべきである。これらの損害又は利益を測定することができない場合に，違反行為に係る商品の売上額を代替値として用いることができる，との見解である[36]。

3. 1998年制裁金の算定方法に関するガイドライン（[1998] O. J. C9/3）

EC委員会は，1998年に，制裁金の算定に関するガイドラインを公表している。ガイドライン策定の目的は，「制裁金の賦科及び制裁金額の算定における透明性と公平性を確保」することにあった。ガイドラインは，制裁金の算定方法について，新たな方法を示したというより，これまでの委員会及び裁判所の判断を確認するものといわれている。

［**重大性の評価**］制裁金の算定は，まず，違反行為の重大性と継続期間を基準にして「基礎額」を算定する。違反行為の重大性を評価する要因は，①違反行為の性格，②（測定できる場合には）市場への影響，③関連地域市場の規模である。これらの要因を考慮して評価された重大性の程度に応じて，違反行為は，つぎの3つに類型に分類される。

第1は，「軽微な違反行為（minor infringements）」である。これに該当する行為は，垂直的制限で市場への影響が軽微なものである。この類型に該当する場合，1,000ユーロから100万ユーロの間の制裁金が科せられる。

第2は，「重大な違反行為（serious infringements）」である。これに該当する行為は，水平的制限，垂直的制限で第1の類型に該当するものより市場への影響が大きいもの，および市場支配的地位の濫用（競争者を排除する目的で行われる供給拒絶行為，差別行為，排除行為及び忠誠リベート）である。この類型に該当する行為には，100万ユーロから2,000万ユーロの間で制裁金が科せられる。

第3は，「きわめて重大な違反行為（very serious infringements）」である。これに該当する行為は，水平的制限（価格カルテル，市場分割カルテル，市場統合を妨げる協定，例えば，国ごとに市場を分割する協定），事実上独占的地位にある事業者による明白な濫用行為である。この類型に該当する行為には，2,000万ユーロ超の制裁金が科せられる。

ガイドラインは，違反行為の重大性を評価するにあたって，次の点を考慮

に入れるとしている。すなわち，(a) 上記の3類型のいずれかに該当するとされる場合でも，制裁金の算定においては，違反行為の性質に応じて異なる扱いをすることができる，(b) 違反行為者が消費者等に相当の損害を与えることができる経済力を有していることを考慮に入れて，制裁金を十分な抑止力たりうる水準に設定する必要がある，(c) 一般的に，大企業は，自己の行為が違法であることを認識するに足るだけの法的・経済的知識とインフラを有している，(d) 一つの違反行為に複数の事業者が参加している場合，各事業者の競争侵害行為の程度に応じて，制裁金の額に格差を設ける必要がある，と。

[継続期間] 違反行為の重大性を評価して算定された額をもとに，つぎに，その額に，継続期間の長さを基準にして一定額が加算される。違反行為の継続期間も，次の3つに類型化されている。

第1が「短期の違反行為」で，1年未満の違反行為である。この場合には，重大性を評価して算定された制裁金額通りの制裁金である。

第2が，「中期の違反行為」で，違反行為の継続期間が1年から5年までである。これに該当する場合には，重大性を評価して算定された制裁金額に，その50%を上限として増加する。

第3は，「長期の違反行為」で，5年を超えるものである。この場合には，重大性を評価して算定された金額に，継続期間1年につき10%を上限として加算する。

ガイドラインは，継続期間について，つぎのようなコメントを付している。すなわち，長期にわたる違反行為に対して厳しくしているのは，消費者に対して長期にわたって有害な影響を及ぼしている競争制限に，効果的な制裁を科す必要があるからである。このアプローチは，1996年の制裁金減免ガイドラインとも合致する。というのは，違反行為が長くなればなるほど制裁金が高くなれば，委員会に違反の申告をしよう，あるいは調査に協力しようとするインセンティブが増大するからである，と。

[加重・軽減要因]　違反行為の重大性と継続期間を考慮して算定された「基礎額」をもとに，以下にあげるような加重又は軽減する要因を考慮して，基礎額が増減される。

　ガイドラインは，加重要因として，以下の項目をあげている。すなわち，①同一の行為者が同じ行為類型の違反を繰り返し行ったか，②委員会の調査に協力することを拒否したか又は調査を妨害したか，③違反行為においてリーダー的役割を果たしたか又は違反行為を扇動したか，④違反行為を強行するために，他の事業者に対して報復的措置を講じたか，⑤違反行為によって不当に獲得した利得額を算定することが客観的に可能であれば，その利得額を上回るように制裁金額を増加させる必要性があるか，である。

　他方，軽減要因としては，①違反行為においてもっぱら受動的な役割を果たしていた，②違反となる協定の実行に携わっていない，③委員会の調査開始後，すぐに違反行為を中止した，④行為が違反となるか否かについて，事業者に合理的な疑いがあった，⑤違反行為が過失によるもので，故意はなかった，⑥1996年制裁減免ガイドラインの範囲外であっても，事業者が手続きに協力的であった，である。

　　[一般的コメント]　ガイドラインには，次のような一般的コメントが付されている。すなわち，

　(a) 上記の方法によって算定された金額は，いかなる場合でも，理事会規則17号の15条2項が規定する，事業者の世界全体における売上額の10%を超えることはできない。ECSC条約に違反する協定の場合，同条約65条5項が定める上限は，違反行為の対象商品の売上額の2倍で，一定の場合には違反事業者のECSC商品の売上額の10%まで引上げることができる。世界全体の売上額を算定する際の会計年度は，可能な限り，委員会の決定がなされる年の前年でなければならない。それが利用できない場合には，その前の年とされる。

(b) 上記の算定がなされたら，当該事件の諸事情によっては，次のような客観的な要因を考慮して制裁金の額を調整すべきである。すなわち，当該事件に固有の経済的情況，違反行為者が得た経済的又は財務的利得（第21回競争政策リポート，ポイント139参照），個々の違反行為者の特徴および支払能力，等である。

(c) 事業者団体に関わる事件においては，可能な限り，委員会の決定及び制裁金の賦科は，構成事業者に対してなされるべきである。それができない場合（例えば，構成事業者が数千に及ぶ場合）およびECSC条約に属する事件を除き，上記の原則に従って算定し，各構成事業者に科されたであろう制裁金額を合計した額に相当する制裁金総額を事業者団体に科すべきである。

(d) 一定の場合には，委員会は，継続期間や加重・軽減要因に基づかない，1,000ユーロの「象徴的な」制裁金を科す権限を有する。委員会は，かかる制裁金を科す理由を決定の中で示さなければならない。

(4) 事例研究

ガイドライン公表後，ガイドラインの算定方法にしたがって制裁金が算定された事例を2件取り上げ，制裁金がどのように算定されたかを紹介する。

(1) フォルクスワーゲン事件委員会決定[37]

本件は，フォルクスワーゲン社，その子会社であるアウディ社とオートジャーマ社が，イタリアの正規ディーラーとの間で，並行輸出入の禁止を内容とする協定を締結し，10年間余りにわたって実施していた事件である。これら4社が81条違反に問われたが，制裁金は，フォルクスワーゲン社だけに科せられた（アウディ社とオートジャーマ社は，同社の子会社であるとの理由で，またイタリアの正規ディーラは本件協定の被害者であるとの理由で，科せられなかった）。

委員会決定は，制裁金を算定するにあたって，関連性のあるあらゆる事情を考慮しなければならない。とりわけ，違反行為の重大性と継続期間を考慮しなければならないと述べ，重大性の評価要素として，(1) 違反行為のタイプ，(2) 市場への影響，及び (3) 関連市場の規模をあげ，本件行為は，共同市場の創設という EC 条約の目的に反するものであり，また，本件協定によって，イタリア以外の加盟国市場にも，イタリアからの価格競争が及ばないという点で影響が生じていること，協定の実効性を確保するために特別の措置を講じていること，等に照らして，「きわめて深刻な」違反行為であると評価した。重大性を評価して算定された制裁金は，5,000 万 ECU とされた。

つぎに違反行為の継続期間について，本件行為は，1987 年 12 月に開始され，委員会決定の日現在も終了していない。その期間は，10 年余りにもわたっている。ガイドラインは，継続期間が 5 年を超える場合には，重大性を評価して算定された額に，年 10% を上限とする百分率を乗じて得た額を増加するとしている。本件において，委員会は，1988 年から 1997 年の 10 年間のうち，協定内容の実効性を強化するための措置を講じていた 1993 年から 1996 年の 4 年間については，年 10% を，1988 年から 1992 年の 5 年間と 1997 年については，年 5% を乗じて得た額(5,000 万 ECU × 5% × 6 年 = 1,500 万 ECU に，5,000 万 ECU × 10% × 4 年 = 2,000 万 ECU を加えた合計額 3,500 万 ECU)を重大性を評価した額(5,000 万 ECU)に加えた。重大性と継続期間を考慮にいれた「基礎額」は，8,500 万 ECU になる。

委員会は，この基礎額を加重する要因として，つぎの点をあげている。① 1995 年の 2 月と 3 月に，委員会が，フォルクスワーゲン社に，同社の行っている行為が違法である旨を知らせる手紙を出した後も，同社は違反行為を取りやめる措置を講じなかった，② 同社の車を扱うディー

ラーに対する優越的地位を利用して，本件協定を強要し，ディーラーに経済的損害を及ぼした。これらの加重要因を考慮して，基礎額の20%分（1,700万 ECU）を加算するとした。

以上から，本件では，基礎額 8,500万 ECU（重大性の評価額 5,000万 ECU＋継続期間の評価額 3,500万 ECU）に，加重要因の評価額 1,700万 ECU を加えた 1億 200万 ECU が制裁金額とされた。

(2)　ブリティッシュ・シュガー事件[38]

砂糖の製造業者 2 社と仲介業者 2 社の計 4 社が，イギリス国内の産業用砂糖及び小売向けの砂糖の価格競争を制限する協定（又は協調行為）を行った。本件価格カルテルにおいて主導的な役割を果たしたブリティッシュ・シュガー社に対して科された制裁金は，つぎのようにして算定された。

まず，違反行為の重大性について，つぎのように評価した。本件協定（又は協調行為）は，水平的レベルで，価格の決定方針を調整することによって，競争を制限しようとするものである。本件カルテルは，高度に集中した市場において行われた。本件カルテルの参加者のシェアの合計は，産業向け砂糖で 90%，小売向けで 89% に上っている。しかしながら，本件では，最低価格又は特定の顧客向けの価格を共同で決定したことを示す十分な証拠がない。現実の競争制限効果が，本件カルテル行為によって生じたのかどうか疑いがないわけではない。委員会は，そのような効果が立証されているのかどうかについては信頼を置いていない。さらに，本件の関連市場の地理的範囲は，イギリスに限られている。これらの点からすると，本件違反行為は，「深刻な (serious)」違反行為に該当する。ブリティッシュ・シュガー社に対する制裁金は，同社の関連市場におけるシェア，プライスリーダーの地位にあること，及び本件カルテルの中心的役割を果たしていたこと，等を考慮して，1,800万 ECU

となる。

　継続期間については，本件カルテルは，最初の会合が開かれた1986年6月20日から，協定を取りやめた1990年7月2日までの4年間継続したので，ガイドラインの「中期の違反行為」に該当する。この点を考慮すると，ブリティッシュ・シュガー社の制裁金は，重大性を評価して算定された額（1,800万ECU）の40%に相当する720万ECUが加算される。重大性と継続期間を考慮して算定された「基礎額」は，2520万ECUとなる。

　加重要因としては，①ブリティッシュ・シュガー社は，本件カルテルの主導的役割を果たしたこと，②以前に違反事件に問われたときに，コンプライアンス・プログラムを設けて，以後違反行為をしないことを約束したにもかかわらず，再び違反行為を行った点を考慮して，基礎額の75%に相当する1,890万ECUを加算し，合計で，4,410万ECUと算定した。

　他方，軽減要因として，本件の違反行為者は，いずれも異議告知書を受領してから，委員会が立件の基礎とした事実について争わない旨を委員会に申し出ているので，この点を考慮して，制裁金額を10%分控除して得られた額3,960万ECUが，最終的な制裁金額とされた。

　これらの事件における制裁金の算定は，ガイドラインの算定手続きに従って行われている。ガイドライン以前においては，重大性と継続期間を評価する際，関連するあらゆる要因を考慮に入れて制裁金を算定することとされていた。実際には，違反行為が市場に及ぼした影響，あるいは違反行為によって得た利益を重視して，違反行為の対象とされた商品の共同市場における売上額に一定の割合を乗じた額を出発点とし，それに他の要因を考慮して制裁金が算定されていた。

これに対して，フォルクス・ワーゲン社事件及びブリティッシュ・シュガー社事件においては，重大性の評価については，ガイドラインの3つの類型のいずれかに該当するかは示されているが，重大性を評価して算出された金額の根拠は示されていない。

4. 制裁金減免制度

従来，委員会は，制裁金を算定する際，委員会の調査への協力を考慮に入れて制裁金を算定してきた。委員会の調査に協力的な事業者については，制裁金の額を軽減し，逆に，非協力であったり，調査を妨害する事業者については制裁金を増額する取扱いがなされてきた[39]。1996年，委員会は，違反事件に関する情報収集力を高めるために，「制裁金の減免に関する告示（Notice on the non-imposition or reduction of fines in cartel cases）」を定めて，委員会の調査に協力した事業者に対して，制裁金を免除又は軽減する措置を制度化した[40]。以下に，この告示の内容を紹介する。

［1996年制裁金の減免に関する告示］
A　この告示は，委員会の調査に協力した事業者が，制裁金の減免を受けるための条件を定めるものである。…調査への協力は，委員会が制裁金を算定する際に考慮する様々な要因の一つでしかない。本告示は，委員会が，制裁金を算定する際に他の要因を考慮することを妨げるものではない。
B　事業者が，制裁金の全額免除又は75％軽減を受けるための条件（a〜eのすべてを充足する必要がある）
(a) 委員会が，事件に関わった事業者の調査を正式に開始する前に，カ

ルテルに関する情報を提供すること。但し，委員会が，既に，カルテルの存在を立証するに十分な情報を収集している場合はこの限りでない。

(b) カルテルの存在を立証する決定的な証拠を，最初に提出した者であること

(c) カルテルを暴露した時までに，違法行為への関与を取りやめていること

(d) カルテルに関するあらゆる関連情報および委員会が利用可能なあらゆる文書・証拠を，委員会に提供するとともに，調査期間中，絶えず全面的な協力を取り続けること

(e) 他の事業者にカルテルへの参加を強要することなく，また，自らカルテルの先導者として行動したり，違反行為となる決定的な役割を果たしていないこと

C 制裁金を 50%～75% 軽減

Bの(b)から(e)の条件を充足し，且つ，委員会が正式に調査を開始した後に，委員会が決定を下すに十分な根拠を得ていないカルテルの当事者であるあることを条件に，カルテルの内容を委員会に暴露すること

D 制裁金を 10%～50% 軽減

異議告知書（a statement of objection）が送達される前に，委員会に，違反行為の存在を立証するのに大いに役立つ情報，文書その他の証拠を提供すること

異議告知書を受領してから，委員会が立件の基礎とした事実について争わない旨を委員会に申し出ること

この制裁減免告示は，カルテルが行われた場合に限定されている。カルテルの場合，合意形成行為が隠れて行われるために発見するのが難しいからで

ある。制裁減免制度は，違反行為者に，情報提供を促すことによって，委員会の調査・事件処理手続に伴う困難・費用を軽減しようとするものである。委員会の調査能力が高まれば，委員会の人員・予算を他の事件に振り向けることが可能になり，違反行為一般に対する抑止効果が高まると考えられている[41]。

2002年2月19日に，1996年減免ガイドラインが改定された。新ガイドラインは，制裁金を免除する場合と軽減する場合とに区分して，免除又は減免する条件を以下のように定めている[42]。

A. 事業者の制裁金を免除する場合
　次のいずれかの場合には，事業者の制裁金を免除する。
(1) 委員会が，理事会規則17号14条3項の調査の開始決定手続をとることを可能にする証拠を，最初に提供した場合で，証拠提供の時点で，委員会が調査開始手続きをとることを可能にするに足る証拠を有していないことが条件である。
(2) 委員会が，81条違反を認定することを可能にする証拠を，最初に提供した場合で，証拠提供の時点で，委員会が81条違反を認定するに足る証拠を有しておらず，且つ，②上記(1)の免除を受けている事業者がいないことが条件である。
　上記(1)又は(2)の免除を受けるには，さらに以下の3つの条件を充足しなければならない。
i) 委員会の行政手続中に，常時且つ迅速に，協力し，違反行為に関するすべての証拠を委員会に提供すること。
ii) 上記(1)又は(2)に基づいて証拠を提供した時点で，違反行為への関与を取り止めていること。
iii) 他の事業者に，違反行為への参加を強制する措置をとっていない

こと。

B. 事業者の制裁金を軽減する場合

制裁金の軽減を受けるには，既に委員会が有する証拠に相当の付加価値（added value）を有する証拠を提供し，且つ，提供した時点で違反行為への関与を取り止めていなければならない。

- 最初に提供した事業者には，30%〜50%を軽減
- 2番目に提供した事業者には，20%〜30%を軽減,
- それ以後に提供した事業者には，20%を上限として軽減する。

委員会は，証拠が提供された時点，付加価値の程度，提供後の協力の範囲・継続性を考慮して軽減の程度を決定する。

5. 制度・運用上の問題点

先にみたように，制裁金の算定については，委員会に広範な裁量権が与えられ，裁判所もこれを認めている。しかし，制裁金を科される件数が増え，科される制裁金の額も高くなるにつれ，制裁金がどのような要因を考慮して，いかなる基準で算定されたのかを明確にすべきであるとの批判が強くなってきている。1998年に，委員会が，制裁金の算定に関するガイドラインを作成・公表したのは，「制裁金の賦科及び制裁金の算定における透明性と公平性を確保する」という目的からであった。ガイドラインが，この目的を達成しているかについては，疑問が提起されている。ガイドライン公表後も，委員会の制裁金賦科の決定について争われている事例が少なくない。

ガイドラインの内容について，指摘されている点をあげると，第1に，ガイドラインで用いられている文言が，一般的・抽象的であるため，どのような違反行為を行ったら，どれくらいの額の制裁金が科されるのかを予測する

ことができない，といわれている[43]。この点については，事業者が制裁金の額を算出することができるのがよいのか否かをめぐって議論がある[44]。すなわち，制裁金の額を算定できるようにすれば，事業者は，自己の違反行為から得られる利益と科される額を計算して，違反行為を行うか否かを決定するであろうから，違反行為に対する抑止効果が小さくなってしまう。違反行為が摘発される確率が低ければ，コスト・ベネフィットを計算して，敢えて違反行為を行うこともあろう。だから，計算できないほうが抑止効果があるとする見解がある[45]。他方，その点を踏まえて，制裁金の算定方法を明確にし，なお違反行為者のコスト・ベネフィットの計算どおりにならないように制裁金を科せば，抑止効果がある[46]。EU においても，米国における反トラスト法違反に対する罰金額の算定が，量刑ガイドラインでかなり明確になっているのを参考にして，制裁金の算定を明確にすべきであるとも主張されている[47]。

第 2 に，ガイドラインは，制裁金算定の基準及び考慮要因等に関する従来の委員会決定・判例を参考にしていない，と批評されている[48]。例えば，コンプライアンス政策の採用は，判例によって制裁金を軽減する要因とされているのに，ガイドラインには掲げられていない。コンプライアンス・プログラムについては，その存在及び実施が，必ずしも制裁金の額を軽減するとは限らない。事件発覚後に，コンプライアンス・プログラムを導入したことによって，制裁金が軽減された例がある[49]。これに対して，既に，コンプライアンス・プログラムを導入している事業者が，違反行為を行った場合に，制裁金が加重された例がある[50]。このような取扱いは，事業者に，コンプライアンス・プログラムの導入を抑制させることになるとの批判がある[51]。

継続期間についても，委員会の調査が，委員会の過失で遅延した場合に，制裁金額が軽減されるのかについて触れていない。この点，委員会が判例原則を逸脱した運用をするおそれがあるように思われる[52]。

第 3 に，EU においては，近年，制裁金の額が著しく高くなってきている

が，制裁金の額を高くすれば，制裁金が刑罰の性格をもつおそれがあり，もし，刑罰の性格をもつことになれば，証拠収集を含む手続を厳格にするよう改める必要がある，との指摘もある[53]。

結びに代えて

　EU 競争法の制裁金制度は，30 年余りの運用の歴史をもつ。この間，EC 委員会の制裁金の算定について，裁判所で争われた事例もかなりの数に上っている。賦科対象行為の明確性，算定方法の透明性等，基本的な問題点は，1998 年に，制裁金の算定に関するガイドラインが公表されても，十分に解決が図られたとは言いがたい。これらの問題点を抱えながらも，この制度が機能してきたのは，EC 委員会に，制裁金の賦科及び算定について，広範かつ強力な権限が与えられ，裁判所が，かかる権限に承認を与えてきたことにある，と思われる。この点は，わが国において，制裁金制度の導入を検討する際，肝に銘じておく必要がある。

1) 金井貴嗣「独占禁止法違反に対する課徴金・刑事罰の制度設計」日本経済法学会編『独占禁止法のエンフォースメント』（日本経済法学会年報第 22 号）17 頁。競争法の執行力強化に関する最近の国際的な動向については，郷原信郎＝高崎秀雄＝楠茂樹「諸外国における独禁法違反行為に対する制裁の概要」法律のひろば・2001 年 5 月号 30 頁，上杉秋則＝栗田誠＝舟橋和幸＝山本和史『21 世紀の競争政策』87 頁以下（舟橋執筆），参照。
2) 1999 年，EC 条約の条数が変更された，旧 85 条・86 条が，81 条・82 条になった。本稿では，過去の事例等を紹介するときは，「旧 85 条」のように記すことにした。また，貨幣の単位も，「ユニット」「ECU」及び「ユーロ」と，事件当時の名称で記すことにした。
3) 13th Report on Competition Policy, para. 62 (Commission, 1983).
4) Quinine Cartel [1969] CMLR D41.
5) Mark Furse, Article 15 (2) of Regulation 17: Fines and the Commission's

Discretion, [1995] 2 ECLR 110, at 114.
6) Pioneer v. Commission [1983] ECR 1825 paras. 120–121.
7) *Ibid.*, para. 117.
8) *Ibid.*, paras. 108–109.
9) *Ibid.*, para. 120.
10) *Ibid.*, para. 121.
11) Tetra Pak II [1992] OJL72/1; [1992] 4 CMLR 551.
12) Volkswagen [1998] OJL124/60; [1998] 5 CMLR 33.
13) Trans-Atlantic Conference Agreement [1998] OJL95/1; [1999] 4 CMLR 1415.
14) Marc Van Der Woude & Christopher Jones, EC Competition Law Handbook, 1999/2000 ed. at 26–42.
15) 13th Report on Competition Policy (Commission, 1983) para. 63.
16) Italian Flat Glass [1989] OJL33/34; [1990] 4 CMLR 535. See, Martin Smith, Competition Law Enforcement & Procedure, 185.
17) BMW Belgium v. Commission [1979] ECR 2435; [1980] 1 CMLR 370.
18) AKZO Chemie BV v. Commission [1991] ECRI 3359; [1993] 5 CMLR 215.
19) Tetra Pak v. Commission [1996] ECRI 5951, at paras. 46–49.
20) Pioneer case, supra note (6) para 221.
21) Hoffmann-La Roche v. Commission [1979] ECR; [1979] 3 CMLR 211, at para. 139.
22) PVC Cartel [1999] 5 CMLR 303.
23) C. S. Kerse, E. C. ANTITRUST PROCEDURE, 297–298 (4th ed. 1998)
24) Deutsche Philips [1973] OJL293/40; [1973] CMLR D241.
25) United Brands Co. and United Brands Continental BV [1977] ECR 207; [1978] 1 CMLR 429, at paras. 298–301.
26) Hofner and Elser [1991] ECRI 1979.「事業者」と，制裁金が科される自然人又は法人の特定の問題については，次の文献を参照。Wouter P. J. Wils, The Undertakings as Subject of E. C. Competition Law and the Imputation of Infringements to Natural or Legal Persons, 25 (2) European Law Review 99 (2000).
27) Wils, supra note (26) at 113–114.
28) Benelux Flat Glass [1984] OJL212/13; [1985] 2 CMLR 350. See, Ivo

484　第4章　公正な競争と企業経営

   Van Bael, Fining a la Carte: The Lottery of EU Competition Law [1995] 4 ECLR 237 at 238.
29) 13th Report on Competition Policy (Commission, 1983) para. 64.
30) Pioneer case, supra note (6) para. 120.
31) 13th Report on Competition Policy. para. 64.
32) Van Bael, supra note (28) at 239–241.
33) Pioneer case, supra note (6) para. 121.
34) 21st Report on Competition Policy (Commission, 1991) para. 139.
35) Cement Cartel press release IP/1108 of 30 Nov. 1994.
36) Wouter P. J. Wils, The Commission's New Method for Calculating Fines in Antitrust Cases, 23 (2) European L. Rev. 252, at 255 (1998).
37) Volkswage case, supra note (12).
38) British Sugar [1999] OJ L76/1; [1999] 4 CMLR 1316.
39) Wouter P. J. Wils, The Commission Notice on the Non-Imposition or Reduction of Fines in Cartl Cases: A Legal and Economic Analysis, 22 (2) European L. Rev. 125 at 127 (1997).
40) EU競争法における制裁金減免制度については，野木村忠邦「EU競争法違反と過料の免除・減額措置」国際商事法務28巻9号1041頁（2000），参照。
41) Wils, supra note (39) at 130.
42) Commission notice on immunity from fines and reduction of fines in cartel cases (2002/C 45/03).
43) Russell Richardson, Guidance Without Guidance-A European Revolution in Fining Policy? The Commission's New Guidelines on Fines [1999] ECLR 360, at 365–366.
44) Alison Jones & Brenda Sufrin, EC Competition Law, 908 (Oxford, 2001).
45) Luc Gyselen, The Commission's Fining Policy in Competition Cases-"Questo e il catalogo" in P. Slot and A. McDonnell eds. Procedure and Enforcement in EC and US Competition Law (1993), 63 at 64.
46) Wouter P. J. Wils, "The Commission's New Method for Calculating Fines in Antitrust Cases," 23 E. L. Rev. 252, at 256–257 (1998).
47) Van Bael, supra note (28), at 243.
48) Richardson, supra note (43), at 366.
49) National Panasonic [1982] L354/28; [1983] 1 CMLR 497; Napier Brown-British Sugar OJ [1988] L284/41.

50) British Sugar, OJ [1999] L76 1 at paras. 208–209.
51) Van Bael, supra note (28), at 239.
52) Richardson, supra note (43), at 366.
53) Richardson, supra note (43), at 367.

企業倫理を中心とした信頼される企業経営

高 橋 弘 之

はじめに

　ここでは，倫理の問題の中から，経営・企業倫理に重点を置くことにする。私は，理工学部で生産管理，品質管理を研究している。従って，倫理全般を網羅的に扱うのでなく，テーマを絞ることにした。

　最近，従来では考えられない品質問題が広範囲に，しかも多頻度で発生している。法律，規定，標準類，マニュアル等を確実に遵守すれば，予防しえる内容が多い。本来，倫理はこれらに記載される以前の人間としてのあるべき姿を対象にしている。しかし，真理，善，正しさの中には，時代とか環境条件で変わるものもある。数学者は，「数学で証明された定理・公式だけが，時間を超えてその正しさを受け継ぐ。」と述べている。特に，人が関わるテーマでは，価値観が状況に応じて変わるので，基本的には考えも変わることがあるが，変わらない・変えてはいけないこともある。

　人々が集団生活をし，文化に気が付いた時に，掟とか戒めが考え出された。孔子は論語の中で「人間にとって一番大切なものとしては，思いやりだ。」と弟子に伝えている。Mosesは十戒の後半で，また大乗仏教の六波羅蜜では次のように戒めている。

Moses	大乗仏教
父母を敬え	人のために尽くせ
殺してはいけない	殺人を犯さない
盗んではいけない	盗みをしない
うわさをしてはいけない	事実をありのままに見る
隣人に偽証をしてはいけない	耐え忍ぶことを身に付ける
隣人の家をむさぼってはいけない	知恵を身に付ける

などと記録に残されている。

私の研究に関わる法律の目的を整理すると共に,倫理規定の収集分析の基に,あるべき姿としての信頼される経営システムについて考察する。

1. 最近発生した品質問題

食品の生産には,食品衛生法が制定されている。取引に関しては,不当景品類及び不当表示防止法,品質表示法,製造物責任法,商法(415, 416, 417, 489, 709, 711条)などで定められ問題を予防しようとしている。食品では,牛乳の腐敗,狂牛病,O157,サルモネラ菌による食中毒,ある原料を使用しないよう指導・要請されていたにもかかわらず使用してしまった,しかもその使用状況の記録が完全でなかった,源に遡り対応することが困難などの問題がおきている。

自動車では,長年に亘るリコール隠しがあり,自動車などのリコール情報に示されているように多くの企業で欠陥品を生産し販売していた。ここで,リコール制度と改善対策制度の定義を示す。

「リコール制度」とは,欠陥車による事故を未然に防止し,自動車ユーザー等を保護することを目的とし,自動車製作者などが,その製作または輸入した同一型式で一定範囲の自動車の構造,装置または性能が自動車の安全上,

公害防止上の規定に合致しなくなる恐れがある場合，または適合しない状態で原因が設計・製作過程にある場合に，国土交通省に届け出て自動車を回収し無料修理する制度。

「改善対策制度」とは，自動車が道路運送車両の保安基準に不適合な状態ではないが，安全上，公害防止上放置できなくなる恐れがある場合，その旨を国土交通省に届け出て自動車を無料修理する制度。

家庭電化製品にも，発火，発煙の重大な欠陥が起きている。計算機のアダプターが使用中に加熱し火災を引き起こした。回路がショートし発火したこともある。ボード不良でインストール不能のモデルがあった。テレビについても発火問題があった。欠陥とは言われないかも知れないが，洗濯機，冷蔵庫，掃除機，空調機，ジューサーの「騒音」には，耐えがたいものがある。

計算機を購入し2年ほど経ったとき，ある機能が働かなくなった。自動診断のソフトが内蔵されていたので確認した。30分ほど診断をし，「異常なし」と表示され，疑問のある場合，センターへ連絡と指示された。電話しても情報が正しく伝わらず納得できる答えは得られなかった。

プリンターの例では，消耗品のリボン，カートリッジを使いきり購入しようとしたが，その型式のものが生産中止で入手できなかった。プリンターそのものは十分に機能を保持していたが，印刷ができなかった。8ミリの映写機についてもフィルムで同様なことがあった。主な電気製品は生産終了後，部品ごとに交換部品の保有年限が決められているが，部品とか消耗品が入手できないために本体が使用不能となることも多い。創造的破壊の基で新製品・新材料が開発されることは需要増大と市場の活性化に必要であるが，資源が有限であり，環境問題からも考え直してみる必要があろう。

欠陥住宅で問題が起きている。土地造成不良による地盤の不当沈下・地耐力不足，設計ミス，構造計算ミス，使用材料の選定ミス，施工工程の手抜きによる床・柱・壁・外壁の傾き，表面の美的欠陥，遮音不足，コンクリート

の剥がれ，亀裂，強度不足，耐久性不足，瑕疵担保責任の不徹底，仕様書の異なる設備の設置，など住宅に関して話題に上っている。更に，広告・チラシ類の機能・性能・周囲環境の誇大広告，不当表示もある。

2. 生活に関係する法律とその目的

法律はその第一条で，その目的を表している。そこで，生活に関係するものを幾つか集め，「定め」と「期待」を表示することにした。

法律	定め	期待
国家公務員法	適用すべき基本基準 最大限の能率を発揮して職務遂行 民主的に選択・指導されること	国民に対し公務の民主的かつ能率的運営の保障
警察法	民主的理念を基調とする管理と運営を保障 能率的な任務遂行し得る組織	個人の権利と自由保護 公共の安全・秩序維持
道路交通法		道路の危険防止 その他の交通の安全 道路交通に起因する障害の防止
土地基本法	土地の基本的理念 国・地方公共団体・事業者・国民の責務 土地施策の基本事項	適正な土地利用の確保 正常な需給関係 適正な価格形成 国民生活の安定向上 国民経済の健全な発展
建築基準法	建築物の敷地・構造・設備及び用途に関する最低基準	国民の生命・健康・財産の保護 公共の福祉の増進
環境基本法	環境保全の基本理念 国・地方公共団体・事業者・国民の責務 環境保全施策の基本事項	保全施策の総合的・計画的推進 国民の健康で文化的生活の確保 人類の福祉に貢献

消費者保護法	国・地方公共団体・事業者の責務 消費者の果たすべき役割 施策の基本事項	消費者の利益保護増進 国民消費生活の安定向上の確保
食品衛生法		飲食に起因する衛生上の危害発生防止 公衆衛生の向上・増進に寄与
不当景品類及び 不当表示防止法	私的独占の禁止 公正取引の特例	商品・役務の取引に関連する不当な顧客誘引の防止 公正な競争の確保 一般消費者の利益保護
製造物責任法	製造物の欠陥による人の生命身体財産に係わる被害が生じた場合製造業者等の損害賠償責任	被害者の保護 国民生活の安定向上 国民経済の健全な発展
電気通信事業法	公共性の基で運営の適正・合理性	役務の円滑提供 利用者の利益保護 事業の健全発達 国民の利便確保 公共の福祉増進
民法	私権ハ公共ノ福祉ニ尊フ 権利ノ行使及ビ義務ノ履行ハ信義ニ従ヒ誠実ニ之ヲ為スコトヲ要ス	

　法律を遵守することは，公正・公平な活動に不可欠である。法律の中には最低限の水準を決めていると明記しているものもある。従って，これらを守ることは，「当たり前」であり，倫理面からは，法律を守っていれば良いとは言えない。それにしても警察官の飲酒運転・轢き逃げ，接待，情報漏洩，など職業倫理に反することが多発している。また，国立大学の教官による採点ミス隠し，研究費の不正支出，人権を無視する行為，研究に絡む収賄なども起きている。いずれも人々の信頼を裏切っている。

　東京大学では，国家公務員法に加え「教官の倫理規定を作成した。」とホームページに示されている。社会的責任を果たす上でも，問題をいろいろな方

法で予防することが大切である。

3. 倫理規定とその精神

いろいろな業種，職種，階層で倫理に係る問題が発生し，これを防止・予防する試みがある。

(1) アメリカの取り組み

インターネットで倫理を検索してみたところ，アメリカ大使婦人の話題を見出した。極めて細かい点に配慮がなされていた。資産報告書作成の苦労，飼い犬についても記述する必要があり，友人と朝食での付き合いでも，コーヒー，ロールパン，ハンバーガーは良いが，クロワッサンは不可とのこと。行政府の職員は1回につき20ドルまでの贈り物はいいが，同じ人からは年間50ドルまでと決められている。

アメリカの電気電子技術者学会（IEEE）では，倫理規定が策定されている。

1. 全般的な項目として，社会・人類に貢献，他人に害を与えない，正直である，公平・公正である，著作権・特許権・知的所有権を尊重する，プライバシーを守る，信頼される。
2. 専門家としての責任: 作成したものは最高品質である，専門能力を養うと共に維持する，作業に係る法律を理解し責任を負う，専門家として評価を受ける。
3. リーダーの役割: 社会的責任を負う，生活の質・効率・安全を高める。
4. 規約を守る: 規約を維持し改善する，規約を違反した場合は処分する。

また8項目の原則を決めている。

1. 常に公共の利益を図る。
2. 顧客と従業員の利益を図る。
3. 製品を標準化する。
4. 誠実に判断する。
5. 経営者・管理者・リーダーはものの開発・維持には倫理的な手段方策を用いる。
6. 誠実で信頼される仕事をする。
7. 関係者を公平に扱い，互いに協力し合う。
8. 自主学習を生涯続け，倫理にかなう行動をする。

(2) 日本の取り組み

倫理規定とか迷惑防止条例などがあるが，ここでは，倫理規定を検討対象とする。

3・(2)・1　行政関係

1)　国家公務員倫理法と倫理行動規準　職員が遵守すべき倫理原則，倫理保持のための倫理規定，贈与の報告・公開，倫理審査委員の設置，倫理監督官の設置を決めている。贈与規制では，金銭・物品・不動産の贈与，供応接待，金銭の貸し付け，無償での物品・不動産の貸し付け・サービスの提供，未公開株式の譲り受けを禁止している。行動規準では，職員は国民全体の奉仕者との自覚，知り得た情報の不当差別的取り扱いの禁止，公正な職務の執行，職位・職務を私的利益に利用禁止，国民の疑惑・不信を招く行為の禁止，公共の利益増進に全力で取り組む，行動が公務の信用に影響を与えることの認識について定めている。

2)　地方公務員倫理条例　国家公務員倫理法に準じて定められている。

香川県の場合，贈与・疑惑・不信を招く行為の禁止，知り得た情報の一部の者への有利な取り扱いの禁止，職務・地位を私的利益に使うことの禁止

防府市の場合　倫理行動基準として不当な差別的取り扱いの禁止，公正な職務執行，職務・地位を私的目的に用いることの禁止，疑惑・不信を招く行為の禁止，行動が公務の信用に影響を与えることの認識を決めている。また，利害関係者との間の禁止行為として，金銭・物品・不動産の贈与，金銭の貸付を受けること，無償で物品・不動産の貸付を受けること，無償で役務を受けること，未公開株式を譲り受けること，供応接待・共に飲食・遊戯・ゴルフ等をすること，共に旅行することなどを定めている。

3・(2)・2　学会の倫理規定

日本機械学会　規定は前文と綱領からなる。前文では，専門能力を発揮して，社会と人の活動を支え，産業と文明の発展に努力し，人類の安全・健康・福祉の向上・増進，環境保全を図る。科学技術が人類の環境と生存に重大な影響を与えることの認識，良心と良識に従う行動の自覚，社会から信頼と尊敬を得るために次の綱領を遵守するように決めている。綱領では，技術者としての責任，自己研鑽と向上，情報の公開，契約遵守，他者との協力，知的成果・財産権の尊重，公平性の確保，個人の自由と人格尊重を規定している。

日本矯正歯科学会　前文では，社会的秩序維持として，医師法，医療法があるが，これは最低限のことと考え，行動の最高基準として倫理規定で内部規制を制定したと書かれている。倫理規定には，会員の基本的心構え，専門職業としての自己規制，他の医師への誹謗禁止による信頼確保，公正証言の義務，公正料金，薬物・材料・治療法の規制，新しい考案の公開，などを決めている。

日本心理臨床学会　倫理規定を作り，道義的事項を倫理綱領として定めている。綱領は，専門的業務の及ぼす結果に対する責任，人権尊重，訓練・経験による的確な技能の活用，常に知識・技術の研鑽，高度の技術水準の確保，対象者に不必要な負担をかけること，苦痛・不利益をもたらすことの禁止，

業務上知り得た事項を漏らさない，知識・意見の公開，綱領を理解し違反しないこと，違反の申告発生時には調査・裁定を受けることがあると規定している。

3・(2)・3　言論・出版・放送関係の倫理規定

民間放送　公共の福祉，文化向上，産業と経済の反映に役立たせ，平和社会の実現に寄与することを使命と決めている。使命を自覚し，民主主義の精神に従い，基本的人権と世論を尊び，言論・表現の自由を守り，法と秩序を尊重して社会の信頼にこたえる。正確で迅速な報道，健全な娯楽，教育・教養の進展，児童・青少年に与える影響，節度を守り真実を伝える広告の内容充実に努めるとして144項目を決めている。更に，放送音楽などの取り扱い内規として，人種・民族・国民・国家についての誇りを傷つけない，個人・団体・職業など，そしり・軽蔑・名誉を傷つける表現をしているものは使用しないなど10項目を定めている。また，児童向けコマーシャルに関する留意事項も決めている。

新聞　21世紀を迎え，あらためて新聞の使命を認識し，豊かで平和な未来のために力を尽くすことを誓い倫理綱領を定めた。編集・制作・広告・販売などすべての新聞人は，責務をまっとうし，読者との信頼関係を築き，言論・表現の自由を守り，自らを律し，品格を重んじる。報道・論評は自由を有し，責任を自覚し，公共の利益を害さないよう配慮する。任務は真実の追究であり，正確・公正で，記者個人の立場・信条に左右されず，世におもねらず，所信を貫く。公正な言論のために独立を確保する。人間の尊厳に最高の敬意を払い，個人の名誉を重んじ，プライバシーに配慮する。表現に品格を保つ。販売には節度と良識をもって接する。更に新聞販売綱領と新聞広告倫理綱領を定めている。

3・(2)・4　大学教官倫理綱領

大学の倫理の取り組み方を東京大学の例で示す。収賄容疑事件をきっかけ

に，倫理特別委員会，その下部機関として作業部会を設け，教官個人の倫理とその確保体制のあり方，道徳的・法的枠組みと研究教育の発展との調和点に関して綱領を決め，この倫理感に従い行動するように誓い合っている。教官倫理の基本理念の項目は，大学人として要求される厳しい倫理性，国家公務員としての一般的道義，公務員として収賄の禁止，教官倫理の点検と問題防止システムの確立，教官倫理と自由闊達な研究の推進である。また，点検項目として，物品購入，民間からの研究教育費の受け入れ，教官の専門性に基づくサービスの提供，特許の取り扱いなどを示している。

4. 信頼される経営システムに基づく活動

　法律・倫理・哲学に関する研究は参考資料の「電子社会システム シンポジウム」に詳しく示されているので，ここでは割愛する。企業の不祥事・ミス，企業に対するクレーム・不満・非難等により，市場から消えた，市場の競争力を失い占有率を極端に低下させた，業界の業績ランクを低下させた，赤字決算に追い込まれた，経営トップが交代した，企業統合とか分割がなされたなどの現象が起きている。企業は継続的な発展が株主，従業員，顧客，取引先，地域社会に期待されている。

期待される内容
- 株　主： 公平・正確・迅速な情報公開，投資効率，株価，継続的な成長力，経営能力，新規分野への進出，
- 従業員： 生活の質，満足できる職場環境・職務内容，実力の発揮，環境に対応し得る能力取得，公正・公平な評価
- 顧　客： Q・P・D・E・S で満足できる製品・サービス
    - Q: Quality, P: Price, D: Delivery

　　　　E: Environment, S: Safety
　　　　維持費用，製品の寿命・リサイクル，アフターサービス
取引先：　信頼できる取引，長期取引，共同研究・開発，情報の共有化
地域社会：　納税，地域イメージの向上，文化活動，環境保全，社会貢献

　倫理問題を予防するには，経営活動において，先に示した法律，法令，規定，基準を遵守させるシステムを作成，これに基づく教育と共に，これらには記述規定されていないが普遍的に人間として「有るべき質」が要求される。
　経営を機能別に示し，機能を発揮する過程で，倫理に係る項目を考える。企業組織の原則の一つに，「責任と権限の一致」がある。システムとしてこの原則を達成し易くする考え方・アプローチには，3種の管理方式すなわち，方針管理，日常管理，機能別管理があり，これらをセットとして活用する。ここで，「管理」は統制，抑制という概念は含まない。管理は「PDCAを回すこと」と定義する。ここで，PDCAとは次に示す内容である。

P: Plan　蓄積してある技術・情報を活用し方針，管理特性・項目，目標値，目標達成手順・組織・役割分担，達成期限，使用する標準類・基準・マニュアル，活動結果の評価法を決める。活動中に収集すべき情報・データ，処理法，判断方法，伝達先，蓄積法，検索法，活用法を決める。

D: Do　計画に基づいて実施する。要因と結果を収集する，計画と異なる条件があれば記録する。必要な対策の前作業として行動する。

C: Check　PとDとの差を確認する。実際に入手される情報・データには変動があるので予め決めた判断方法に従う。

A: Act　差異が見出された場合その項目，水準，要因とそれぞれの影響（効果），改善対策案，最適改善法，改善結果の評価，標準の改定，Pへ戻る。

次に経営管理方式の特徴を表示する。

経営管理方式

項目	方針管理	日常管理	機能別管理
対象者	部下を持つ管理者	一般従業員	部門長とそれを支える人
目的	管理能力の育成	決定した基準・標準を守る	仕事の流れ順に役割を明らかにする 前後の機能・情報の内容を理解する
進め方	年度方針を決める 管理特性・項目を決める 目標値を決める 管理特性・項目を分解する 目標達成のために現状打破する方法を組織を通じて新方式・新システム・新工程を考える Pに基づいて実施する 方針の達成度評価	長期・中期計画を経営環境に応じ短期計画を決める 標準類に基づく方法を教育し実施する 計画・標準と異なる情報を入手したとき改善案を関連する人と考える 提案をする	市場調査 基礎研究開発 製品企画 製品設計と審査・決定 内外作区分 工程設計と審査・決定 工程管理方式 工程管理特性・項目 情報収集・処理・伝達 試作・評価・決定 検査方式 購買・調達・生産 生産・工程管理 販売・顧客満足度調査

利益を例に管理特性・項目の分解過程を示し，責任の明確化に資す．

(1) 年度利益を期別，月別，週別，日別，曜日別等と時間軸で細分化する．

(2) 利益を製品別，地域別(都道府県，市，町村)，得意先・顧客別に分ける．

(3) 利益を部門別，職場別，工程別，個人別に分ける．

(4) 利益を新製品，従来製品に分ける．

(5) 利益を生産方式，調達方式，販売方式，物流方式，保管方式に分ける．

(6) 利益を売上と費用に分け，(1)から(5)について同様に分解する．なお，費用は管理のし易さを考えて，固定費と変動費に分ける．ま

た，自部門，自己の役割分担内の作業かを明らかにすることが大切である。
（7）利益は時間・重さ等の物理量に換算できる。更に，これらを要因系の4M (man, machine, material, method) との関係を求めておく。
この種の準備が管理活動には欠かせない。

経営の機能を示し，これに関係する主な倫理項目を規定と関連させて示すことにする。

共通する項目

情報関係：　部門内・部門間で情報の収集・伝達・報告・伝達・連絡・会話・相談・指示等がかわされる。用いてはならない用語・表現がある。他の人を誹謗しない。広報内容は節度が要求され，正確・迅速・公平性が必要である。

判断関係：　仕事を通じて判断・決断・決定・評価を下す場合がある。法律に従うと共に，公正さと迅速さ，更に判断を下した根拠を明確にする必要がある。

社員教育：　経営環境が急速に変化し，これに対応する教育が各部門で行われる。平等性，個人の特性・能力に合った科学に基づく教育法・指導法，教育結果の公平な評価，自己啓発・相互啓発を支援する仕組，偏りの無い教材

公共の福祉関係：　自己の利益のみでなく社会貢献のための仕組

各経営機能と主な倫理項目

経営機能を分解し先に示した倫理規定に該当する主な項目を示す。

機能		主な項目
経　営　者	経営体の継続的発展	情報公開・最適方針設定
研究開発	新しいシステム・製品・工程の開発	生命財産に危害を与えない
設　　計	仕様、構造・使用材料の決定	安全性、使用不可の材料
		リサイクル、省エネ・資源、廃棄物削減

500　第4章　公正な競争と企業経営

生　　産	材料を製品に変換 工程管理による品質保証	品質・コスト・時間の確保
購　　買	材料の調達、購入先の評価	合理的な購入価格設定
営　　業	需要情報の収集・販売・顧客情報管理	合理的な販売価格設定
人　　事	従業員の採用	公平性
検　　査	合否決定、良品・不良品の区分	正確性、不良品の流失防止
市場調査	要求品質・需要量の調査	正確・迅速な処理
品質保証	保証体系の作成と運用	満足される品質確保

　不確定の基で経営活動をする場合，予測を超えた条件に遭遇する場合がある．しかし，一般には失敗は許されない．更に，責任を逃れたり，たらい回しにする態度は悪い．経営の原則には，「例外管理の原則」がある．計画では決めていなかった事態・条件には短期間に緊急に善後策をたてる仕組が必要なのである．だが，例外を多用すると信頼が失われる．そこで，過去の実績と直近の情勢を考えて，長期計画の下に最悪の場合，極く普通に起きる場合，最良の場合の3通りを想定し，対処法を予め考えておく．時間の推移に応じて，どの場合に近づいているかを調査し，それに相応しい対処法に切り替える．これから継続的に発展し目的達成には経営上の失敗は許されない．まして，自滅する倫理に劣る行為は是非とも予防したいものである．

　マニュアル・各自の自覚・セルフコントロール・事例を中心としたグループディスカッション教育は言うまでも無いが，情報の共有化のもとITを活用した仕組・システムで防ぐ工夫も必要である．

参考文献・参考資料

《インターネットに依る倫理規定関係》
　1　日本機械学会倫理規定・第77回理事会記録
　2　日本矯正歯科学会倫理規定
　3　日本心理臨床学会
　4　放送倫理基本綱領　社団法人　日本民間放送連盟
　　　放送基準・放送音楽などの取り扱い内規
　　　児童向けコマーシャルに関する留意事項

5 新聞倫理綱領
新聞販売綱領
竹内　淳　言論・表現の自由を脅かす「青少年社会環境対策基本法案」
6 全国銀行協会連合会倫理憲章
7 社会経済生産性本部経営コンサルタント倫理規定
8 図書館員の倫理綱領
9 ライオンズクラブウェッブ通信ガイドライン
10 日本ソーシャルワーカー協会倫理綱領
11 産業保険専門職の倫理指針
12 日本薬剤師綱領・薬剤師倫理規定
13 日本コーチ協会（JCA）倫理綱領
14 システム監査人倫理規定
15 弁護人倫理規定
16 東大教官倫理綱領
17 公務員倫理法案大綱要旨
国家公務員倫理規定
国家公務員倫理審査会
国家公務員倫理法の概要
18 香川県職員倫理条例
19 防府市職員倫理規程
20 大野岩雄　犬も報告の国と接待漬けの国と
21 CESA 倫理規定
22 Natinaol Institute for ENGINEERING ETHICS
NIEE Statement of Ethics Principles
23 National Society of Engineers Board of Ethical Review
24 Ethics Codes of IEEE
25 A Survey of Internet Resources on Ethical Theory
26 日本学術会議 17 期活動計画(申し合わせ)
27 電子社会システム　シンポジウム
《インターネットに依るリコール情報》
1 自動車リコールなど情報
三菱自動車 matzuda suzuki いすゞ 日産
フォルクスワーゲン
2 電源アダプター

3　マザーボード
《インターネットに依る法律関係》
　1　科学技術基本法
　2　科学者憲章
《六法全書》
《著書》
　1　Kevin W. Bowyer Ethics and Comput erized World (2000) IEEE, inc.

あとがき

　本書は，2000年12月5日に開催された第18回中央大学学術シンポジウム「現代社会における倫理の諸相」の成果である。

　1998年4月，日本比較法研究所を担当研究所とし，各研究所から2名ずつ選出された計16名の委員から構成される同シンポジウム企画委員会が発足した。同年7月24日，第1回企画委員会が開かれ，シンポジウムの統一テーマを「現代社会における倫理の諸相」とすることが決定した。同年10月16日に開催された第2回企画委員会では，シンポジウム趣意書を作成し，これをもとに同年12月14日，本学の全専任教員にたいしてシンポジウムのプロジェクト・チームの編成とそれへの参加を呼びかけた。

　1999年4月9日には第1回プロジェクトチーム・メンバー会議(以下プロジェクト会議と略称)が開催され，16名(最終的には17名)のプロジェクトへの参加希望者が確認された。同年5月31日には第2回プロジェクト会議が開かれ，小菅奎申氏(法)が「倫理的閉塞の現状」と題する報告を行った。同年7月5日には第3回プロジェクトチーム会議が開かれ，高橋弘之氏(理)が「企業活性化のための企業倫理の動向」と題する報告を行った。同年7月27日には第4回プロジェクト会議が開催され，古田裕清氏(法)が「現代倫理の考え方: 環境倫理問題を例として」と題する報告を行った。また，同会議において，「総論(主査・土橋茂樹氏(文))」「環境(主査・古田裕清氏(法))」および「企業・経済(主査・石崎忠司氏(商))」の3つのサブチームを編成することが決定した。

2000年6月6日には第5回プロジェクト会議が開かれ，シンポジウムのプログラムを確定した。また，2000年7月21日にはシンポジウム実行委員会が開催され，シンポジウム実施案が承認された。

　他方，3つのサブチームの研究活動は，以下の研究報告を中心に展開していった。企業・経済チーム——1999年11月10日 小山明宏氏（学習院大学経済学部）報告「コーポレート・ガヴァナンスと企業倫理」，2000年4月5日 鈴木幸毅氏（駒澤大学）報告「経営倫理と環境倫理」。環境チーム——1999年12月11・12日 国際シンポジウム「地球環境問題と法戦略」（於香川大学）へのメンバー有志の参加，2000年2月24日 田口善弘氏（理）報告「複雑系としての環境問題」。総論チーム——2000年3月21日 野崎守英氏（文）報告「喧嘩両成敗について」。

　第18回学術シンポジウムは，このような研究活動の集大成として開催され，100名近い参加者を集めた。それぞれの報告の後には活発な質疑応答が行われ，同シンポは成功裏に終わったといえよう。

　2001年1月23日，「シンポジウム叢書編集委員会」が発足した。メンバーは木下毅（日本比較法研究所所長），土橋茂樹（総論チーム主査），古田裕清（環境チーム主査），石橋忠司（企業・経営チーム主査），金井貴嗣（企業・経営チーム，日本比較法研究所所員），西海真樹（環境チーム，日本比較法研究所所員）の6名である。同委員会は，シンポジウムの成果を刊行することを決定し，準備を重ねた。当初の予定より大幅に遅れたとはいえ，ここにその目的を果たせたことは，編集委員一同の喜びとするところである。

　シンポジウムの準備・開催，それに叢書発刊までの作業に献身的に協力してくださった日本比較法研究所事務室の前室長加藤清氏，現室長金子昌広氏，副課長宮下隆三郎氏，中央大学出版部副部長平山勝基氏にたいして，心よりお礼申し上げる。

2003年1月
シンポジウム研究叢書編集委員会

執筆者紹介

甲斐義幸（かい よしゆき）	理工学研究所研究員，中央大学法学部教授
舟橋一郎（ふなはし いちろう）	保健体育研究所研究員，中央大学法学部教授
野崎守英（のざき もりひで）	人文科学研究所研究員，中央大学文学部教授
小菅奎申（こすげ けいしん）	人文科学研究所研究員，中央大学法学部教授
都筑学（つづき まなぶ）	人文科学研究所研究員，中央大学文学部教授
サドリア・モジュタバ	政策文化総合研究所研究員，中央大学総合政策学部教授
土橋茂樹（つちはし しげき）	人文科学研究所研究員，中央大学文学部助教授
古田裕清（ふるた ひろきよ）	人文科学研究所研究員，中央大学法学部助教授
西海真樹（にしうみ まき）	日本比較法研究所研究員，中央大学法学部教授
上田平三郎（うえだへい ざぶろう）	元中央大学理工学部実験講師
金井貴嗣（かない たかつぐ）	日本比較法研究所研究員，中央大学法学部教授
高橋弘之（たかはし ひろゆき）	理工学研究所研究員，中央大学理工学部専任講師

現代社会における倫理の諸相　　　　　　　中央大学学術シンポジウム研究叢書　3

2003 年 3 月 25 日　初版第 1 刷印刷
2003 年 3 月 31 日　初版第 1 刷発行

編　者	第 18 回中央大学学術シンポジウム研究叢書編集委員会
発行者	辰川弘敬

発行所　中央大学出版部
〒192-0393
東京都八王子市東中野 742-1
電話 0426（74）2351　FAX 0426（74）2354

© 2003（検印廃止）　　　　　研究社印刷・千代田製本
ISBN4-8057-6145-8